교육행정 및 교육경영

권순형 · 안병훈 · 문영빛 · 정창권

창지사

머리말

교원양성과정이 설치된 교육대학, 사범대학, 교육대학원 그리고 일반대학의 교직과정에서 교직을 이수하는 학생들은 필수적으로 교육학 과목을 수강하고 있습니다. 교직 이수를 위한 교육학의 하위 분과로 약 10여 개 내·외의 과목이 있습니다. 이들 10여 개 내·외의 과목 가운데 학생들이 가장 이해하기 어려운 과목 중 하나가 교육행정이 아닐까 싶습니다. 교육행정은 학교 현장 그리고 교육행정기관에서 '실제' 일어나고 있는 행정 현상을 대상으로 하고 있습니다. 교육행정은 학교 현장에서 이루어지는 실제 행정행위의 현상들이 개념과 이론으로 구성되어 있기 때문에 교육행정이라는 과목이 다소 어렵게 느껴질 수도 있을 것으로 생각됩니다.

교육행정이라는 과목을 수강하시게 되는 여러분은 이 책을 읽어 나가면서, 각 장에서 제시된 주요 개념을 단순하게 암기하려 하지 말고, 해당 개념을 이해하고 학교 현장에서 어떻게 나타나고 있는지 인터넷에서 관련 사례를 찾아보거나 교직에 먼저 진출한 선배 또는 교수님과 토의해 보는 것을 권장합니다. 교원양성과정에서 '교육실습'을 다녀온 학생이라면 학교와 교육행정을 조금이나마 이해하는 것이 수월하겠습니다만, 아직 충분한 정도는 아닐 수 있으므로 교육행정을 경험해 본 선배 또는 교수님과의 대화 및 질문을 통하여 관련 내용을 사례 중심으로 이해하는 것도 좋은 공부 방법이 될 것입니다.

뛰어난 교육행정가에게 필요한 역량은 다양하겠습니다만, 그 가운데 '문제해결(problem solving)' 역량은 교육행정의 실제를 만나게 되는 선생님들에게 매우 중요합니다. 여러분이 교원양성기관을 졸업하고 학교 현장에 발을 내딛게 되면 다양한 문제 상황에 봉착하게 될 것입니다. 학교 현장에서 여러분의 선배 교사, 교장·교감선생님 또는 장학사님들께서 여러분의 애로사항과 문제 상황에 대하여 고민을 들어 주고 여러 조언을 해 주시겠지만, 여러분이 담당하게 되는 업무에 있어 최종적인 해결사는 바로 여러분(교사가 된 이후의 여러분) 자신입니다. 학교에서 발생되는 다양한 제반 문제를 해결하는 데 있어 이 책의 이론과 사례는 여러모로 도움을 줄 수 있을 것으로 기대합니다.

특히, 이 책에서는 각 장마다 '사례연구(case study)'라는 제목으로 1–2개의 사례와 해설을 본문에 삽입하였습니다. 이와 같은 사례는 여러분 가운데 임용시험을 준비하는 학생들에게 도움이 될 수도 있을 것으로 기대됩니다만, 이들 사례는 오늘날 우리나라 학교 현실 속에서 제기되는 교육행정의 주요 이슈들을 사례 형식으로 구성한 것으로 사례의 핵심을 이해하고 최선의 방법은 무엇인지에 대하여 고민하는 것이 중요합니다. 사례 문제 해결을 탐색하는 과정이 쌓이고 쌓이면 여러분 자신도 모르는 사이에 교육행정 마인드가 여러분의 머릿속에 자리 잡게 될 것입니다. 이와 같은 교육행정 마인드는 시간이 지나면서 여러분이 학교 현장에서 학급을 운영하거나 학교교육과정 편성과 운영은 물론, 학교행정업무를 처리하는 데 있어 많은 도움을 주게 될 것입니다.

한편, 이번 『교육행정 및 교육경영』 집필 과정에서는 기존의 교육, 행정 분야에서 다루고 있는 내용과 함께 시대적 변화의 흐름에 맞춰 일부 내용을 추가하였습니다. 이 책의 제6장은 교육정책과 시스템사고에 대하여 소개하고 있습니다. 오늘날 우리 학교는 학교 외부의 다양한 요구와 기대에 직면해 있고 학교는 이와 같은 요구를 전적으로 거부하기 어려운 것이 사실입니다. 이와 관련하여 시스템사고라는 관점에서 교육정책을 이해하는 별도의 장을 구성하였습니다. 시스템사고 관점에서 교육정책에 대한 집필을 위해 한국시스템다이내믹스 학회장을 역임하신 정창권 박사님을 이번 집필진에 모시게 되었습니다(시스템사고 관점에서 교육정책에 대한 새로운 해석을 시도해 주신 정창권 박사님께 진심으로 감사드립니다). 또한, 이 책의 제12장에서는 미래사회의 도래와 교육행정의 대응이라는 주제로 학교 규모, 학교 구성원 간 관계, AI·빅데이터 활용과 교육행정, ESG와 교육행정 등 기존의 교육행정의 범위를 넘어서는 내용도 일부 포함시켰습니다. 이와 같은 주제들은 임용시험을 준비하시는 예비교사들에게도 도움이 되겠습니다만, 교육대학원에 재학 중인 현장 교원에게도 의미 있는 내용이 될 것으로 기대합니다. 본 교재를 접하면서 이해가 어렵거나 좀 더 상세한 설명이 필요한 경우 저자들에게 언제라도 연락해 주시면 감사하겠습니다.

이 책이 세상에 나오기까지 저에게 도움을 주신 많은 분들에게 감사의 인사를 올리고 싶습니다. 교육행정이라는 학문 분야에 발을 들여놓을 수 있도록 안내해 주신 춘천교육대학교 윤홍주 교수님, 학문적으로 더욱 성숙할 수 있도록 지도하여 주신 한국교원대학교 김도기 교수님께 깊은 감사를 드립니다. 두 분 교수님을 만나지 못했더라면 교육행정이라는 분야를 알기도 어려웠고, 평생 공부하는 사람으로 남겠다는 생각을 하지 못했을 것입니다. 짧은 지면으로나마 두 분 교수님께 진심으로 감사의 마음을 전해 올립니다. 이번 교재 집필에서 8장 장학론, 9장 교원인사행정, 11장 학교 및 학급경영을 집필해 주신 경남정보대학교 유아교육과 문영빛 교수님과 제5장 교육정책의 이해와 과정, 제10장 교육재정 및 학교회계를 집필해 주신 선문대학교 교양학부 안병훈 교수님께 감사드립니다. 무엇보다 본 교재를 집필할 수 있도록 제안해 주신 창지사 최석영 과장님에게도 깊은 감사를 드립니다.

끝으로 지방행정공무원으로 40년 동안 성실히 근무해 오시면서 '행정(行政)'이 무엇인지 암묵적인 가르침을 주신 아버지, 지금도 늘 걱정스러운 눈빛으로 아들 걱정에 여념이 없으신 어머니께 깊이 감사드립니다. 공부하는 남편을 만나 준 사랑하는 아내 미숙과 학교에서 열심히 공부하고 건강하게 잘 자라 주고 있는 아들 용재, 용범에게도 고맙다는 인사를 전합니다.

감사합니다.

2022년 8월

저자를 대표하여 권순형

차례

CHAPTER 05 교육정책의 이해

CHAPTER 06 교육정책과 시스템사고

CHAPTER 07 교육법의 이해

CHAPTER 08 장학론

CHAPTER 01

교육행정 및 교육경영의 기초

학습 목표

- 교육, 행정 그리고 경영의 개념을 이해하고 각 개념 간 관계를 설명할 수 있다.
- '교육에 관한 행정'과 '교육을 위한 행정'의 개념을 이해하고 그 차이를 설명할 수 있다.
- 교육행정의 주요 기능을 이해하고 '내'가 속해 있는 조직의 기능과 비교하면서 설명할 수 있다.
- 교육행정의 주요 원리를 이해하고 원리의 충돌과 조화에 관한 사례를 예로 들면서 설명할 수 있다.

우리는 신문이나 언론매체 등을 통해 ‘교육’ 또는 ‘학교’라는 말과 함께 ‘행정’ 또는 ‘경영’이라는 말을 자주 접하게 된다. 교육은 우리가 학창시절부터 학교에서 경험해 왔고 지금도 대학에 다니면서 공부하고 있기 때문에 쉽게 이해될 수 있지만, ‘행정’ 또는 ‘경영’이라는 말을 듣거나 경험하기는 쉽지 않다.

이 과목을 수강하기에 앞서 여러분은 ‘교육학개론’을 비롯하여, 교육사 및 교육철학, 교육사회학, 교육심리학 등 다양한 교직과목을 통해 ‘교육’이라는 개념을 접해 왔다. 이들 과목을 수강하면서 ‘교육’에 대한 개념을 접할 때 여러분이 어떤 생각을 했는가를 떠올려 보자. 아마도, 교육이라는 개념이 학자들의 수만큼이나 다양하다는 점을 느꼈을 것이며, 여러분이 초 · 중 · 고등학교 현장에서 받아 왔던 교실수업의 상황이나 학교와 일치하는 점도 있고 그렇지 않은 점도 있었을 것으로 생각된다.

한편, 대학생활을 해 오면서 동아리활동이나 학과학생회활동을 경험해 본 적이 있을 것이다. 만약, 동아리나 학생회에서 행사를 준비한다면 행사에 누가 출연할 것인지, 섭외는 어떻게 할 것인지, 무대 준비를 위해 필요한 물품은 누가 구입하며 어디에서 구입할 것인지, 예산(돈)은 어떻게 마련할 것인지 등 고민해야 할 것이 많다. 행정(또는 경영)은 여러분이 경험한 행사 준비 경험과 유사한 측면도 있지만 또 한편으로는 차이도 있다. 학교에서 이와 같은 행사 준비를 하는 것이 행정(경영)활동과 유사할까? 만약 아니라면, 여러분이 살고 있는 동네에 있는 주민자치센터의 공무원이 서류를 만들거나 학교 행정실에서 학교생활기록부를 떼어 주는 등의 일이 행정(경영)을 의미할까?

아직 본격적으로 학교(또는 교육행정기관) 현장의 경험이 없는 여러분에게 교육행정이라는 개념은 어렵고 쉽게 떠오르지 않는 개념이라 생각된다. 이와 같은 점을 고려하여 여기에서는 교육과 행정에 대한 개념을 시작으로 교육행정의 주요 요소, 원리 등을 설명하고 사례연구(CASE STUDY)를 통하여 관련 개념에 대하여 상세하게 설명하고 있다. 이 책의 다른 장과 비교할 때, 제1장은 개념에 대한 설명이 많고 이해해야 할 것이 많지만, 차근차근 반복해서 읽다 보면 행정(경영)이라는 개념, 나아가 교육행정이라는 개념에 대해서 보다 쉽게 다가서게 될 것이다.

1. 교육행정의 개념 및 특징

1) 교육과 행정 그리고 경영

교육행정은 '교육(Education)'이라는 용어와 '행정(Administration)'이라는 용어의 합성어[1]이며, 교육경영은 '교육(Education)'이라는 용어와 '경영(Management)'이라는 용어의 합성어이다. 교육행정이나 교육경영의 개념에 대한 이해를 위해 교육, 행정 그리고 경영이라는 세 가지 용어에 대한 개념을 먼저 살펴보도록 한다.

(1) 교육이란?

'교육'은 우리의 삶 속에서 자주 사용되는 용어이다. 일반적으로 '가르치고 배우는 것'으로 이해되는데, 이 관점은 교육이라는 현상의 일부분만을 설명한 것이다. 본래 교육이라는 용어 속에는 다양한 관점과 해석이 함축적으로 녹아 있다. 여러분은 '학생을 교육시키는 것은 동물을 훈련시키는 것과 다르다'라거나, '인간다운 인간을 길러 내는 것이 교육'이라는 말을 접해 본 적이 있을 것이다. 즉, 단순하게 '가르치고 배우는 것'만을 교육으로 이해하기에는 한계가 있다는 점을 알게 된다. 즉, 교육이라는 개념 속에는 가르치고 배우는 것을 넘어 의도적으로 조직화된 활동이라는 점, 인간을 대상으로 하는 활동이라는 점, 그리고 바람직한 무엇인가를 포함하는 활동이라는 점 등이 개념적으로 함축되어 있다(조화태 외, 2018:9). 이상의 세 가지 요소를 보다 구체적으로 살펴보면 다음과 같다.

먼저, '의도성'에 관한 것이다. 이것은 교육이라는 것이 인간의 활동이자 행위이기 때문에 인간의 의도가 반영되는 의도적이라는 활동이라는 것을 의미한다. 인간은 무엇인가를 성취하고자 하는 '동기(motivation)'와 성취하고자 하는 '목표(goal)'를 가지고 있고, 목표를 실현하기 위해 인간은 수단적 선택과 자율적인 판단에 입각하여 실행하며, 그 책임은 본인이 지게 된다. 교육이 의도성을 가지고

---

1) 둘 이상의 어근(실질 형태소)으로 이루어진 것으로 '명사+명사'처럼 이루어진 단어를 의미함.

있다는 말은 인간이 '동기'와 '목적'을 가지고 있고, 이것을 실현시키기 위한 수단적 선택과 수행에 따라 책임이 가르치는 자와 학습하는 자에게 있다는 점을 의미한다. 이처럼 의도적인 행동과정을 교육으로 이해한다면 자연적으로 발생하거나 우연적인 것들은 교육의 범주에서 제외된다.

다음으로, '전인적 인간의 변화'에 관한 것이다. 교육은 인간의 행위와 밀접한 관련이 있기 때문에 다양한 동기와 목적에 따라 이루어진다. 그러나 교육의 동기나 목적을 어떻게 규정하고 설명하든지 교육이 인간의 변화에 일차적인 관심을 둔다는 것은 부인할 수 없는 사실이다(조화태 외, 2018:11). 즉, 인간의 동기와 목적은 인간의 신념과 지식, 행동이나 태도, 기술 또는 기능 등의 변화를 통하여 가능하고, 인간이 바라는 모종의 의도적인 목적 달성의 전제 조건으로 어떠한 형태로든 변화가 전제되어야 한다. 인간이 이룰 수 있는 변화는 무수히 많지만, 일반적으로 지(知), 정(情), 체(體) 등의 요소가 균형적으로 변화되는 것과 관련하여 우리는 '전인(全人)'이라고 언급하게 되는데, 앞서 언급한 세 가지 요소의 고른 변화가 수반되어야 함을 의미한다.

마지막으로, '바람직한 변화'에 관한 것으로 인간의 변화와 관계가 있다. 여기에서 변화는 앞서 언급한 전인이라는 개념에 더하여 '바람직한' 변화도 포함한다. 바람직한 변화라고 할 때 혹자는 도대체 어떠한 것이 바람직한 변화라는 것인가라고 반문할 수도 있다. 여기서 언급하고자 하는 '바람직함'에 대해서는 학자들마다 다양한 관점과 해석이 존재하지만, 교육이라는 개념 속에는 바람직한 방향에 대한 규범적 검토와 논의가 필요하다는 점은 분명하다. 즉, 교육은 바람직한 무엇인가를 추구하고, 교육의 과정을 설정한다는 것은 바람직한 무엇인가를 실천해 나가기 위한 가치판단과 선택의 과정이며, 이와 같은 가치판단과 선택에 따른 결과에 대하여 도덕적 책임이 수반된다는 점에서 규범적 관점의 요소를 포함하게 된다(조화태 외, 2018:13). 이상의 내용을 정리하면 '교육은 바람직한 방향의 가치판단과 선택을 전제로 목적의식적인 활동을 통하여 바람직한 인간의 전인적인 변화'를 의미하는 것으로 볼 수 있다.

(2) 행정이란?

행정이란 무엇인가에 대하여 명확할 정도로 개념을 규정하는 것은 쉬운 일이 아니다. 이것은 행정이라는 현상에 대한 관점과 해석이 다양하다는 점도 한 몫을 하겠지만, 오늘날 행정이 우리들의 삶에 미치는 영역과 내용이 광범위하다는 것과도 관련이 있다. 행정에 관한 연구 분야인 행정학계에서 '행정'은 소극설[2], 적극설[3] 등으로 언급하면서 행정의 개념적 징표를 정의하기도 하지만, 이것 역시 명확하게 행정의 개념을 설명하기에는 한계가 있다(백완기, 2001). 하지만, 기본적으로 행정은 국민 개개인의 영역이 아닌 모든 국민과 관련이 있는 공(公: Public)적인 영역과 관계된 일이라는 것은 분명하며, 국가나 지방자치단체 또는 공공기관이 수행하고 있거나 관련이 있는 일(work)이라는 점은 분명하다.

행정이라는 현상에 주목해 보자. 먼저, 행정은 일정 부분 '강제력'을 수반한다. 행정을 담당하는 자들은 주로 국가, 지방자치단체 또는 공공기관에 종사하는 사람들이다. 이들은 자신들의 자율적인 의지대로 일을 할 수 없다. 이들은 적어도 법률이나 시행령, 시행규칙 등 국민의 대표기관인 국회에서 제정하거나 동의한 법령에 따라 일을 처리한다. 해당 법령에서 국민 전체의 이익을 보전하거나 지키기 위해 특정한 국민의 자유와 권리를 제약하는 내용을 담고 있다면 행정 담당자의 업무처리 과정에서 일정 부분 '강제력'이 수반[4]된다. 이 때문에 행정이라는 현상의 속성 가운데 '강제력'이 포함된다.

---

2) 행정에 관한 개념 정의 가운데 하나로 국가작용 가운데 법을 제정하는 입법, 법을 판단하는 사법작용을 제외한 나머지 국가작용을 행정으로 이해하는 입장이다. 이 입장은 국가의 작용을 입법, 사법, 행정이라는 삼권분립 관점에 입각하여 정의하므로 표면상 이해는 쉽지만, 행정의 범위가 광범위해진다는 측면이 있다.

3) 행정에 관한 개념 정의 가운데 하나로 행정을 국가의 목적 또는 공익의 실현을 목적으로 하는 작용으로 이해하는 입장이다. 이 입장을 지지하더라도 국가의 목적이 무엇인지, 공익이 무엇인지 등에 대하여 다른 견해가 있을 수 있다.

4) 하지만, 이와 같은 강제력의 행사는 무제한적으로 행사할 수 있는 것은 아니다. 행정 담당자의 강제력이 위법하거나 부당한 경우 국민은 행정심판이나 행정소송을 통하여 행정 담당자의 위법 또는 부당함에 관한 소를 제기할 수 있다.

다음으로, 행정은 '공익'이라는 목적을 추구한다. 공익이라는 개념 역시 행정이라는 개념처럼 명확하게 규정하는 것은 쉬운 일이 아니다. 공익이라는 개념에 있어 '공(公: Public)'이라는 음절이 의미하는 것처럼, 이것은 '공평하다'는 것과 함께 '이익'이라는 뜻을 품고 있다. 즉, 공평하다는 것은 개개인의 사사로운 이익을 추구하는 입장이 아니라 사회 전체 또는 국민 전체의 입장을 우선적으로 고려해야 하며, 이익이 된다는 것은 개인의 이익을 추구하는 것이 아니라 사회 전체 또는 국민 전체에게 이익이 되어야 한다는 것을 의미한다.

마지막으로, 행정은 국민의 세금에 의한 '공적 재정(Public Finance) 체계' 내에서 운영된다는 특징이 있다. 한 국가가 유지되고 발전해 나가기 위해서는 다양한 과업을 수행하고 있고 이 과정에서 상당한 재원이 소요된다. 예컨대, 모든 국민의 생명과 신체의 자유를 지키기 위해 경찰이 필요하며, 도로나 하천 등은 국민 생활의 편의를 위해 건설된다. 이와 같은 활동 또는 건설은 한 개인의 사유재산을 통하여 사회에 제공하기에는 한계가 있기 때문에 국민들의 세금을 통하여 공적으로 제공된다. 특히, 이와 같은 공적 재원에 의하여 제공되는 서비스는 국민의 감시와 통제를 받게 되며, 행정 담당자들은 국회에서 제정한 법령에 따라 행정을 집행해야 할 의무를 지니게 된다. 이상의 내용을 요약해 보면, '행정은 우리 사회 및 국민 전체의 이익을 증진시키고 개선시키기 위해 일정 부분 강제력을 수단으로 수행되는 정부의 활동'으로 이해될 수 있다.

(3) 경영이란?

본래 경영이라는 어원은 불어의 'le main(손)'에서 왔다고도 하며, 이탈리아어의 'mannegiaire(정돈하다)'에서 유래되었다고 보는 견해도 있다(임창희, 2004). 즉, '손으로 잘 주무르다' 또는 '정리정돈'의 의미가 있으며, '사람이 나이가 들어 지혜로워지면서 할 수 있는 행동' 등으로 이해될 수 있다(임창희, 2004). 이상의 어원적 개념에 따르면 경영은 조직이 사용 가능한 각종 인적·물적·정보 자원을 활용하여 조직의 목적 달성을 위해 행하는 활동으로 정의될 수 있다. 우리가 일반적으로 경영이라는 개념을 사용할 때에는 공공분야인 군대나 경찰 혹은 학교보다 기업조직에 비유하여 사용하는 경우가 많다. 여기에서는 경영의 개념을 기업조직의 예를 들어 가면서 설명하도록 한다.

먼저, 기업조직은 기업의 이윤추구를 제1의 목적으로 하며, 기업조직은 공공조직과 달리 사적 '이윤추구'의 원칙에 따라 기업을 운영해 나간다. 기업이 전적으로 사적 이윤만을 추구하고 사회적 책임이나 사회공헌 등이 전혀 없는 것은 아니지만, 일반적으로 기업은 매출을 통하여 이윤을 얻고 바로 이 이윤으로 기업조직을 유지하고 성장해 나간다. 한편, 기업조직은 변화무쌍한 시장경쟁 속에서 생존을 위해 조직의 구조와 기능을 탄력적으로 운영하며 경영해 나간다. 예컨대, 우리의 일상생활 속에서 사용하는 스마트폰만 하더라도 하루가 다르게 기능이 고도화되어 가고 있다. 스마트폰 고객들로부터 지속적인 재구매 의사를 확보하기 위하여 기업은 다양한 전략을 수립하고 조직구조를 혁신하거나 변화시킨다. 기업조직의 경영은 공공분야의 행정과 달리 고객의 요구, 스마트폰 시장 및 경쟁사 등 기업의 외부 환경에 민감하게 반응하지 못하는 경우 자연적으로 도태될 수밖에 없으므로 기업경영에서 '탄력성'은 기업의 생존을 위해 필수적인 요소라 할 수 있다. 마지막으로 기업조직은 '효율성(Efficiency)'을 제1의 경영 원칙으로 삼고 있다. 효율성에 대해서는 다양한 개념적 정의가 가능하지만, 일반적으로 '최소한의 투입으로 최대한의 성과를 얻고자 하는 것'을 의미한다. 기업은 이와 같은 경영 원리에 따라 조직전략 및 구조를 적합하게 변화시킨다. 즉, 기업조직이 생산물을 만들기 위해 투입되어야 하는 투입요소를 최소화하고 매출과 직결되는 산출요소를 극대화하는 과정이야말로 기업이 생존하는 데 있어 최적화 전략인 셈이다. 요약하면, 경영은 조직이 스스로 목적하는 바를 달성하기 위해 조직이 갖고 있는 인적자원(Human Resources)과 물적자원(Material Resources)을 가장 적합하게 활용 가능하도록 조직의 내·외부를 구성하고 유지하는 활동으로 이해될 수 있다.

(4) 교육, 행정 및 경영 간 관계

지금까지 교육, 행정 그리고 경영에 대한 제 개념을 검토하였다. 앞서 언급한 것처럼 교육행정 또는 교육경영은 '교육'이라는 어원과 '행정' 또는 '경영'이라는 용어의 합성어로 볼 수 있다. 이들 합성어는 '교육'이라는 현상에 있어 '행정이라는 관점에 보다 초점'을 둘 것인가, 아니면 '경영이라는 관점에 보다 초점'을 둘 것인가에 따라 교육행정 및 교육경영이 구분되는 경향이 있다. 교육행정 또는 교육경영에 대한 본격적인 논의에 앞서 '행정'과 '경영'이라는 개념을 학술적으로 구분한다면 다음과 같이 구분해 볼 수 있다(윤정일 외, 2009:20; 신현석 외, 2011:22).

- 경영은 이윤극대화를 추구하며, 행정은 공익을 추구한다.
- 경영은 정치적 권력에 의존하지 않지만, 행정은 공권력에 기초하고 있어 강제적이다.
- 경영은 경쟁성이 높아 능률적이며, 행정은 독점성을 지니고 있어 경쟁력이 낮다.
- 경영은 법률적인 제약을 덜 받으며, 행정은 법적 구속력을 받는다.

이상의 견해 외에도 여러 학자의 견해를 종합해 보면, 경영은 행정에 비해 기술변화에 보다 민감하며, 윤리성이 상대적으로 약하고 공개성이 약한 것으로 설명되고 있다(신현석 외, 2011:22). 즉, 행정은 공공의 영역이자 사회 또는 국민 전체의 이익과 관련이 있는 것으로 국가목적 달성을 위한 봉사적 관점으로 파악되는 반면, 경영은 개인의 이익과 관련된 것으로 특정 조직의 운영 효율성과 탄력성에 보다 중점을 두는 경향이 있다. 이처럼 행정은 공공분야에 적용되고 경영은 민간

분야에 적용되는 경향이 있으나 이와 같은 구분이 절대적인 것은 아니다[5]. 이처럼 행정과 경영의 개념이 학술적으로는 구분이 되지만, 행정(또는 경영) 실무에 있어서는 혼용되는 경향이 있으며, 학교(또는 교육행정) 현장 실무에 있어서도 '교육행정' 및 '교육경영', '학교행정' 및 '학교경영' 등으로 다양하게 나타나고 있다. 요컨대, 학술적으로 교육이라는 현상에 있어 교육행정 및 교육경영은 행정 및 경영 개념 구분에 따라 설명한다면 구분할 수도 있겠으나, 학교(또는 교육) 현장 실무에서는 행정과 경영 현상의 맥락에 따라 두 개념을 구분하기도 하며 혼용[6]되기도 한다.

2) 교육행정을 바라보는 두 시선

교육행정은 '교육(Education)'이라는 용어와 '행정(Administration)'이라는 용어의 합성어라는 점은 앞서 언급하였다. 일반적으로 교육행정을 언급하는 경우, '교육'과 '행정' 가운데 어디에 초점을 두는가에 따라 크게 두 가지 관점으로 나눌 수 있다. 먼저, 교육행정이라는 용어에서 '교육(Education)'을 강조한다면 '교육을 위한 행정'으로 언급되는 관점이 있다. 이 관점은 교육의 독자적 성격을 강조하며, 교육의 자주성과 전문성을 강조하며 학교의 자율성을 위해 행정이 수단적 역할을 해야 함을 강조하지만, 제도의 비능률성의 문제, 책무성 및 통합성이 경시되는 경향이 있다(신현석 외, 2011:18). 반면, 교육행정이라는 용어에서 '행정(Administration)'을 강조하는 경우 '교육에 관한 행정'으로 언급되는 관점이 있다. 이 관점은 행정의 통합성을 강조하며 효율성을 추구하는 등의 장점이 있으나, 행정편의주의 문제가 제기되기도 하며 관리·통제 위주의 행정현상으로 나타날 수 있다(신현석 외, 2011:18). 이상의 내용을 표로 제시하면 〈표 1-1〉과 같다.

---

5) 비교적 최근 공공분야의 무사안일주의에 대한 지적 및 성과 강조 등의 영향으로 말미암아 기업가적 정부 또는 작은 정부를 주장하는 목소리도 존재하며, 기업 등의 민간분야에 있어서도 사회적 책임 또는 사회 공헌을 강조하는 등 공적 책임이 강조되고 있다(예컨대, ESG 경영).

6) 이하, 본 교재에서는 특별하게 '교육경영' 또는 '학교경영'을 별도로 언급하지 않는 한 '교육행정'이라는 용어로 통일하여 설명하도록 한다.

〈표 1-1〉 교육과 행정의 관계 설정

<table>
<tr><th>개념
모형</th><th>eA(正)</th><th>Ea(反)</th><th>EA(合)</th></tr>
<tr><td rowspan="2">내용</td><td>A about e</td><td>a for E</td><td>EA(ideal type)</td></tr>
<tr><td>교육에 관한 행정</td><td>교육을 위한 행정</td><td>교육행정(이상형)</td></tr>
<tr><td>장점</td><td>• 행정의 통합성 강조
• 효율주의 논리
• 행정적 능률성 강조</td><td>• 교육의 독자성 강조
• 교육의 자주성, 전문성 강조, 정치적 중립성</td><td rowspan="3">• 교육적 가치+행정적 가치
• 교육적 논리와 행정적 논리의 통합 지향
• eA 지양, Ea지향

※ E : Education,
A : Administration,
EA : Educational-Administration</td></tr>
<tr><td>단점</td><td>• 행정편의주의 발생
• 관리·통제 위주 행정</td><td>• 제도적 비능률성
• 행정적 가치 경시
• 인적/물적 자원 비능률성</td></tr>
<tr><td>대표
사례</td><td>• 교원성과급</td><td>• 교원행정업무 경감
(학교업무 정상화)</td></tr>
</table>

출처: 신현석 외(2011:18)의 내용을 일부 수정.

먼저, '교육에 관한 행정'에 있어 대표적인 사례는 교원성과급을 들 수 있다. 교원성과급은 학교에 근무하는 교원을 대상으로 우수한 교원에 대한 보상을 통하여 사기를 진작시키고 근무 의욕을 고취시키기 위해 도입되었다. 하지만, 이와 같은 교원성과급제도에 대하여 학교 현장에서는 교원의 성과를 무엇으로 판단할 것인가에 대한 명확한 기준의 부재, 나아가 교직 문화의 특성상 협조적 문화에 저해된다는 등 비판의 목소리도 끊이지 않고 있다. 이처럼 교원성과급제도는 '교육'이라는 가치에 보다 초점을 두기보다 제2장에서 설명하게 되는 과학적 관리론에 입각한 행정적 통일성, 관리·통제 위주의 '교육에 관한 행정'의 대표적인 사례로 이해될 수 있다.

반면, '교육을 위한 행정'의 대표적인 사례로는 지난 1981년부터 본격적으로 시작되어 온 교원행정업무 경감 정책을 예로 들 수 있다. 2010년 이후로는 각 시·도 교육청에서 '학교업무정상화[7]'라는 이름으로 구체화되어 온 이 정책은 교원의 행정업무 부담을 경감시키고 교육활동에 전념하게 하려는 대표적인 사례이다. 이 정책은 교사가 수업에 집중하게 하며 학생들의 상담과 생활지도 확보를 위해 교사의 업무를 경감시키기 위한 정책으로, 앞서 살펴본 교원성과급제도와 달리 '교육을 위한 행정'의 대표적인 사례로 이해될 수 있다.

이처럼 교육행정의 개념은 교육행정 또는 교육정책 사례마다 강조하는 점에 있어 차이가 있다. 해당 교육정책의 목표와 내용을 검토하여 교육에 관한 행정에 초점을 두고 있는지, 교육을 위한 행정에 초점을 두고 있는지 파악해 볼 수 있다. 요컨대, 위 〈표 1-1〉에 제시된 구분처럼 교육행정은 '교육에 관한 행정' 또는 '교육을 위한 행정'으로 나눌 수 있으나, 우리가 지향해야 할 교육행정의 개념은 교육적 가치와 행정적 가치가 조화를 이루는 관점이 중요하다는 점은 두말할 나위도 없다.

하지만, 학교 현장의 실무에 있어 두 가지 관점이 반드시 조화롭게만 나타나는 것은 아니다. 특히, 교육행정을 담당하거나 집행하는 일선 학교장 또는 교사가 두 관점 가운데 어디에 보다 초점을 두는가에 따라 학교경영의 방식 또는 학교조직 문화가 확연하게 달라지기도 한다. 다음 사례의 희망초등학교 교감과 A교사의 대화에서 각자 어느 입장을 취하고 있는지 살펴보도록 한다.

---

7) 이 외에도 학교업무최적화 및 학교업무적정화 등 시·도교육청마다 명칭에 차이가 있으나 교원의 행정업무를 경감시키고 교육활동에 전념하게 하려는 정책적 목표는 동일하다.

CASE STUDY 1

다음은 희망초등학교의 20ㅇㅇ년도 학교계획 수립을 위한 각 부서 담당자들의 대화 내용이다.

교감 : 금년도 우리 희망초등학교 학교계획 수립에 있어서 여러 부장님들께서 행정실에서 제공해 주신 예산 내역을 참고하시어 부서 예산을 편성해 주시기 바랍니다.

(부서별 임시 예산편성 내역을 보다가)

A교사 : 교감선생님 저희 과학부는 올해 예산이 터무니없이 적은데요. 다양한 과학활동을 아이들과 함께 하고 싶고, 우리 아이들도 원하고 있는데, 행정실에서 제공해 주신 예산 내역을 보면 과학부 예산이 너무 적어서 현실적으로 아이들이 관심을 두고 있는 활동을 계획하기에는 조금 어렵지 않나 합니다만….

교감 : 아, A선생님. 선생님 말씀도 일리가 있습니다만, 일단은 행정실에서 우리 학교 1년 전체 예산 가운데 교육활동비로 쓸 수 있는 예산의 범위 내에서 편성해 주세요. 나중에 추경(추가경정예산) 작업을 하게 되면 추가로 쓸 수도 있으니까요.

A교사 : 네 교감선생님, 알겠습니다.

- 두 사람의 대화에서 교감선생님과 A교사는 '교육에 관한 행정'또는 '교육을 위한 행정' 입장 가운데 어느 입장에 가까운가? 그 이유는 무엇인가?

3) 학술적 관점에서 교육행정의 개념 및 성격

앞서 검토한 것처럼 교육행정은 교육이 보다 잘 이루어지도록 관리·지원·조성하는 것과 관련이 있다. '교육'과 '행정'이라는 두 어원 가운데 어디에 초점을 두는가에 따라 '교육행정'이라는 용어도 두 가지 이상의 의미를 갖는 것처럼 교육행정의 개념은 중첩적이라 할 수 있다. 여기에서는 교육행정학을 연구해 온 학자들의 관점에서 교육행정의 개념 및 성격을 검토하도록 한다.

(1) 학술적 관점의 교육행정 개념

① 국가통치권론

국가통치권론은 교육행정을 국가의 권력작용, 즉 총체적인 국가행정의 관점에서 파악하는 입장으로, 교육행정은 국가의 행정작용 가운데 '교육에 관한 행정'이라고 보는 입장이다(윤정일 외, 2018:13). 이 입장은 우리나라의 국가통치권에 따른 여러 사무 가운데 교육에 관한 행정 사무를 교육부에서 담당하고 있으므로 교육행정을 교육부가 수행하는 법적 기능 혹은 행정작용으로 정의하는 입장(윤정일 외, 2018:14)으로 국가공권설(남정걸, 2012:24) 또는 법규해석적(박성식, 2011:15) 정의라고도 한다. 즉, 교육행정은 국회가 제정하거나 동의한 법령에 대하여 교육부, 시·도교육청(교육지원청), 단위학교 및 각종 평생교육시설 등에서 교육 관계 법령에 따라 집행해 나가는 것에 초점을 두게 된다. 이와 같은 입장은 과거 우리나라가 일제 강점기 시절, 교육행정이 관주도적 성격을 지녔던 것과 무관하지 않고, 해방 이후 고도의 경제 성장기 시절에는 정부주도형 국가발전체계 속에서 상당한 의미가 있었다. 하지만 교육행정의 특수성이나 전문성 등을 무시한 채 관료주의 일변도로 교육행정이 이루어질 수 있다는 점에서 비판의 소지가 있다.

② 조건정비론

조건정비론은 교육행정을 교육목표의 효율적인 달성을 위해 필요한 인적·물적 제반 조건을 정비하고 확립하는 수단적·봉사적 활동으로 정의하는 입장이다(남정걸, 2012:25; 윤정일 외, 2018:14). 이 입장은 1945년 광복 이후 미국의 민주적 교육사조의 도입과 함께 널리 보급되었으며(남정걸, 2012:45), 미국의 교육행정 개념에 영향을 받아 정립된 것으로 이해된다. 보다 구체적으로 A. B. Moehlman은 조직과 행정의 과정은 교수(teaching)의 필요에 의하여 발생하는 것이기 때문에 조직이나 행정은 교수의 목표 달성에 있어 목적이 아닌 수단이 되어야 함을 강조하였고, 행정은 본질적으로 교육과정의 기본목표를 충실하고 효과적으로 실천하기 위한 봉사작용이라는 점을 강조하였다(Molehman, 1951: 박성식, 2011:16 재인용). 이와 같은 입장을 지지하는 경우, 행정은 교육을 위해 존재하는 것으로 행정 자체가 목적이 되는 것은 불허하며 행정은 어디까지나 교육의 목적 달성을 위한 수단이라는 점을 강조한다. 오늘날 우리나라 학교는 과거보다 학생들의 교육활동과 교사의 수업(instruction)을 강조해 오고 있다. 무엇보다 학생의 교육적 성장을 위해 학교는 다양한 교육활동을 기획하고 있고, 학교교육계획 수립 과정에서 학생과 학부모를 참여시키고 있으며, 이들의 교육적 성장을 위해 학교가 '무엇'을 '어떻게' 할 것인지 고민해 오고 있다. 이와 같은 맥락들은 교육행정이 조건정비론의 입장에서 운영되고 있는 대표적인 모습이라 할 수 있다.

조건정비론은 교육의 이상향에 가장 적합한 교육행정 개념의 정의이긴 하지만 다음과 같은 한계도 존재하는 것이 사실이다. 우리나라 학교교육은 공교육 제도라는 틀 속에서 운영되고 있고 학교의 운영은 국민의 세금을 통한 재원으로 운영되고 있다. 만약, 국민의 세금 확보가 무한정으로 가능하다면 조건정비론 입장은 가장 이상적인 교육행정의 관점이 될 것이다. 하지만 국민의 세금 징수는 법으로 정해져 있고, 국민경제의 성장에 따라 세금 징수 총액이 달라질 수 있다는 점을 고려한다면 학교가 무한정의 예산을 확보하여 사용하기에는 한계가 있다. 따라서, 조건정비론적 입장은 '교육'을 우선적으로 고려하는 이상형적 관점이긴 하지만, 우리의 현실을 고려할 때 무조건적으로 수용하기에는 어려운 측면이 있는 것도 사실이다.

③ 협동행위론

협동행위론은 교육행정에 대해 교육의 목적을 효과적으로 달성하기 위한 여러 사람의 협동적 행위라고 보는 입장이다(남정걸, 2012:25). 이 입장은 교육행정의 대상인 학교나 교육행정기관의 특수성보다 행정 대상의 공통적인 속성을 강조하면서 앞서 설명한 국가통치권론 또는 조건정비론의 입장과 다른 맥락에서 행정의 고유한 특징을 강조하는 입장이다. 예컨대, B.C 2000년 전 이집트의 피라미드를 완성하거나 고대 중국의 만리장성 축성, 조선시대 향교에서 유생들의 학습과 평가 등에 있어서도 사업계획을 수립하고 많은 사람이 목적 달성을 위해 협력하며 일했다는 점을 예로 들 수 있다(남정걸, 2012). 즉, 이와 같은 행정 '행위'는 기본적으로 오늘날 학교나 교육행정기관에서 이루어지고 있는 '행위'와 크게 다르지 않다는 입장이다. 요컨대, 협동행위론에서 파악되는 교육행정은 학교와 같은 집단이나 조직을 전제로 한다는 점, 교육행정은 반드시 달성하고자 하는 목표를 가지고 있다는 점, 교육행정은 합리적인 협동행위를 통하여 과업을 수행한다는 점에 주안점을 두고 교육행정을 설명하고 있다. 이 입장은 교육행정뿐만 아니라 '행정'이라는 현상에서의 공통점을 강조하고, 본서의 제2장에서 검토하게 되는 행동과학론적 입장의 보편적 특수성을 강조한 나머지 교육행정의 고유한 특수성을 무시하고 지나치게 추상적이고 일반적으로 접근하게 된다는 단점을 가지고 있다(남정걸, 2012:27).

2. 교육행정의 성격

교육행정의 성격은 교육행정이라는 분야를 어떻게 파악하는가에 따라 다양하게 이해될 수 있다. 앞서 교육행정의 개념적 특성에서 검토한 것처럼 '행정'에 초점을 두는 경우 국가의 교육에 관한 권력작용으로 이해될 수도 있고, '교육'에 초점을 두는 경우 교육을 위한 지원과 조성이라는 관점으로 이해될 수도 있다. 이처럼 교육행정의 성격을 논하기에 앞서 행정의 일반적 특징을 먼저 검토하고, 교육행정의 독자적인 특징을 구분하여 살펴보도록 한다.

1) 교육행정의 일반적 특징

교육행정의 일반적 특징은 보건, 복지와 같은 일반적인 행정 분야에서 나타나는 현상과 유사하며, 크게 '봉사적 성격', '정치적 성격' 및 '민주적 성격' 등 세 가지로 구분된다.

① 봉사적 성격

기본적으로 '행정'은 국가 그리고 국민과 관련된 일을 수행하며, 국민 삶의 질적 수준을 높이고 국민의 행복추구 기여에 1차적인 목적을 두고 있다. 예컨대, 보건행정 또는 복지행정 분야만 하더라도 국민들의 건강과 사회복지 조성에 목적을 두고 있는 것을 예로 들 수 있다. 이처럼 행정의 성격을 국민에 대한 '봉사적 성격'을 지니고 있는 것으로 이해하는 경우 교육행정 역시 예외는 아니다. 앞서 교육행정의 개념을 설명하면서 '조건정비론'적 관점을 언급했는데, 교육행정에서 교육이라는 목적 달성을 위해 필요한 인적·물적 제 조건을 정비하는 것은 중요한 의미를 지닌다. 우리나라 「헌법」 제31조제1항에서는 "모든 국민은 능력에 따라 균등하게 교육을 받을 권리를 가진다."라고 명시하고 있는 바, 국민의 교육받을 권리의 보장을 위해 국가는 국민의 교육에 관하여 봉사적 입장에 서 있는 것으로 볼 수 있다. 과거 1990년대 이전 우리나라 행정은 국가의 경제성장을 위해 행정이 상당한 역할을 수행하였지만, 관주도적·행정우위적·관료적 행정 풍토 역시 만연하였던 것도 사실이다. 오늘날 행정은 국민에게 봉사하는 관점이 보다 강조되고 있으며 교육행정 분야에서도 예외는 아니라 할 수 있다.

② 정치적 성격

행정은 일정 부분 '정치'와 연결되어 운영되는 특징을 보인다. 행정이 정치와 연결되어 운영된다는 것은, 정치와 행정은 하나라는 정치행정일원론적 입장[8]을 지지하는 경우 더욱 명확해진다. 한 사회의 사회적 변화와 발전의 속도가 해당 사회의 법이 허용하는 범위보다 빠르게 변화하는 경우가 있다. 즉, 법률이나 제도보다 사회적 변화나 발전의 속도가 빠르면 행정은 법률적 공백 상황을 맞이하게 되며, 현실적으로 행정적 집행이 어려운 경우도 발생될 수 있다. 정치와 행정이 엄격하게 분리되어야 한다는 관점을 지지하는 경우라면 이와 같은 법률적 공백 상황에서 행정은 사회적 변화와 기대에 적절히 부응하기 어렵게 된다. 이 때문에 행정은 일정 부분 국민의 정치적 기대에 부응하고 보다 적극적이고 탄력적으로 행정을 운영하며 국민의 삶의 질을 높이는 것에 기여[9]할 필요가 있다.

교육행정은 교육이라는 목적 달성을 위한 수단적인 성격을 지니고 있기 때문에 교육행정 활동 내용은 고정적인 것이라기보다 역동적인 성격을 지니고 있다(윤정일 외, 2011:19). 즉, 교육이라는 목적 달성에는 한 가지 방법만 있는 것은 아니며 여러 가지 방법이 있을 수 있고, 그 가운데에서도 교육행정의 수혜자인 학생, 학부모 그리고 교직원들이 선호하거나 선호하지 않는 방법도 있을 수 있다. 이 과정에서 교육행정의 수혜자들에게 보다 적합하면서도 효율적인 수단적 방법을 강구하게 되지만, 반드시 적합하거나 효율적인 방법만 강구되는 것은 아니다. 즉, 교육행정 수단의 선택 과정[10]에서 교육행정과 관련이 있는 특정 이익단체의 입장이 대두되는 경우도 있고, 정치적인 입김이 일정 부분 작용하는 경우도 있다. 이와

---

8) 이와 반대로 정치와 행정은 엄격히 분리되어야 한다는 입장을 '정치행정이원론'이라 한다.

9) 그렇다고 하여 행정이 법률의 근거 없이 정치적인 요구에 따라 무조건적으로 행정을 집행하거나 운영할 수 있다는 의미는 아니다.

10) 본서의 제5장 교육정책에서 보다 자세하게 언급하겠으나, 교육행정 수단의 선택은 정책결정과 밀접한 관련이 있다.

같은 특징으로 말미암아 교육행정은 일정 부분 정치적 성격을 지니고 있으며, 교육행정가는 교육행정 과업 수행에 있어서도 교육행정의 정치적 성격에 대해 인지할 필요가 있다(윤정일 외, 2011:20).

③ 민주적 성격

마지막으로 행정은 민주적인 성격을 지니고 있다. 우리는 일반적으로 '민주적'이라는 용어를 자주 사용하고 있지만, 개념적인 추상성으로 말미암아 민주성이라는 용어에 대하여 쉽게 설명하는 것은 어렵다. 행정에서 민주성은 정부와 국민 간의 관계에 초점을 두는 정치적 민주주의(Political Democracy)와 조직 내의 민주적 관리를 의미하는 조직 내 민주성(Organizational Democracy) 둘로 나누어 볼 수 있다(이종수, 2009). 전자는 국가의 행정은 국민과의 관계에 있어 국민의 요구에 부응하는 것이 중요하다는 의미이며, 후자는 조직 구성원의 사회·심리적 욕구 또는 정서적 요인을 고려하여 조직이 운영되는 것이 중요하다는 것이다.

행정에서 민주성을 위와 같이 정의할 때, 교육행정의 민주적 성격을 언급한다면 교육행정은 교육행정 수혜자인 학생, 학부모 그리고 교원의 요구에 부응되어야 한다. 또한 교육조직 내적 민주성과 관련하여 교육청, 교육지원청 그리고 단위학교에 있어 조직 구성원의 의견과 견해를 수렴하여 조직 의사결정이 진행되어야 한다. 특히, 후자와 관련하여 과거 우리나라 학교는 학교장 중심의 권위주의적 학교 풍토와 문화를 갖추고 있었으나, 최근 들어서는 학교 구성원의 의견을 최대한 수렴하는 등 교육조직 내적 민주성이 상당 부분 진척되어 온 것으로 볼 수 있다.

2) 교육행정의 독자적 특징

이상에서 제시된 교육행정의 일반적 특징은 교육행정도 행정이라는 속성을 일정 부분 지니고 있기 때문에 일반행정 분야에서 통용되는 성격에 비추어 교육행정의 성격을 제시한 것이다. 이하, 교육행정의 독자적 성격에 관하여 살펴보도록 한다.

(1) 캠벨(Campbell) 등의 교육행정의 독자적 성격

교육행정의 독자적 성격은 교육행정이 교육을 위한 행정이어야 한다는 논리에서 연유하는 특징이다(윤정일 외, 2011:21). 캠밸 등(Campbell et al, 1971)은 교육행정이 공공행정·병원행정·기업행정·기타 다른 조직 행정과 공통점을 지니고 있으면서도 그 나름의 특수성을 가지고 있다고 언급하였다. 특히, 파슨스(Parsons, 1958)는 일반적인 조직체제는 기술적(Technical), 관리적(Managerial), 제도적(Institutional) 등 세 가지 수준을 갖추고 있다는 점을 지적하였다. 이와 관련하여 학교는 교수(Teaching) 기능이 기술적 수준에 해당되며, 학교 공동의 목적 또는 프로그램을 위해 교사 집단의 노력을 집중시키는 것 등은 관리적 수준에 해당되고, 학교 밖의 사회로부터 학교를 위한 재정적 지원을 구하는 것 등은 제도적 수준 등에 해당된다는 점을 밝히고 있다(Campbell et al, 1971:125). 이들이 주장하는 교육행정의 독자적인 특징[11]을 제시하면 다음과 같다.

〈표 1-2〉 파슨스의 조직체제 분류 기준에 따른 교육행정의 독자적 성격 분류

파슨스 조직체제 분류 기준	독자적인 성격을 파악하기 위한 질문	교육행정의 독자적 성격
제도적 수준 (Institution)	조직이 제공하고자 하는 서비스가 무엇인가?	중요성(cruciality)·공개성(visibility)
기술적 수준 (technical)	조직이 서비스를 제공하기 위해 수행하는 활동의 특성은 어떠한가?	복잡성(complexity)·친밀성(intimacy)
	조직 구성원들의 활동에 대한 평가는 어떻게 이루어지는가?	평가의 난이성 (difficulty of appraisal)
관리적 수준 (managerial)	조직에서 일하는 사람들의 특성은 어떠한가?	전문성(professionalization)

출처: Campbell, R. F, Bridges, E. M, Corbally, J. E, Nystrand, R. O && Ramseyer, J. A(1971). *Introduction to Educational Administration*. 4th ed. p. 125-128의 내용을 재구성.

11) 캠밸 등(Campbell et al, 1971)이 주장한 교육행정의 독자적 성격은 어떤 측면에서는 교육의 독자적 성격으로 보아도 무방하다. 다만, 이들의 주장에 있어 파슨스의 조직체제 분류 기준과 교육행정의 독자적 성격을 파악하기 위한 질문들이 '조직(Organization)' 관점에서 제시되었다는 점을 상기할 필요가 있다.

① 제도적 수준의 특징 : 중요성

앞서 파슨스의 조직체제 분류 기준 세 가지를 검토하였던 바, 제도적 수준에서 교육행정의 독자적인 성격은 '조직이 제공하고자 하는 서비스가 무엇인가?'와 관련하여 도출된다. 이와 관련하여 교육은 우리 사회에 있어 아이(학생)들의 사회화(Socialization), 정치화(Politicalization) 등을 담당하는 것으로 파악한다. 예컨대, 모종의 사회체제에 존재하는 여러 조직 구성원의 대부분은 학교교육을 마친 후에 해당 조직에 입직하게 된다. 이들은 자신이 속해 있는 조직에서 습득한 지식과 기능도 있겠지만, 기초적인 지식, 기능, 가치·태도 등은 학교교육을 통하여 길러진다는 점은 분명하다. 교육, 나아가 교육조직은 사회체제 내 여러 조직의 인적자원의 역량을 길러 준다는 점에서 다른 여타 조직과 비교할 때 중요성(Cruciality)을 지니는 것으로 볼 수 있다.

② 제도적 수준의 특징 : 공개성

한편, 제도적 수준에서 교육행정의 또 다른 특징 가운데 하나로 공개성(Visibility)을 들 수 있다. 교육조직의 대표 격인 학교는 기업체보다 상대적으로 공적인(Public) 특징을 지니고 있다. 특히, 학교교육의 수혜당사자인 학생과 학부모는 물론 지역사회에 있어서도 학교교육의 정보를 공개할 필요가 있다. 예컨대, 우리나라의 경우에도 학교의 정보는 학교알리미 시스템을 통하여 학교의 기본적인 정보가 대국민에게 공개되고 있으며, 이것은 학교교육이 공적인 특징을 지니고 있다는 사실과 무관하지 않다. 이와 같은 공개성은 다음에 설명하게 되는 친밀성(Intimacy)의 전제 조건에 해당되며, 학교의 이해관계자들과 보다 높은 친밀성을 유지하기 위해 학교의 공개성[12]은 요청된다.

---

12) 하지만, 이와 같은 공개성의 특징이 전제된다고 하여 학교의 모든 정보가 공개되어야 하는 것은 아니다. 예컨대, 학생 성적이나 학생 개인정보 등 특정 영역의 정보가 일반 대중에게 공개되는 경우 당해 학생의 권리를 침해할 가능성도 있다는 점을 상기할 필요가 있다.

③ 기술적 수준의 특징 : 복잡성

조직체제의 기술적 수준에 있어 교육행정의 중요한 특징 가운데 하나로 복잡성(Complexity)이 존재한다. 모종의 조직체에서 '기술적(Technical)'이라 함은 조직이 목적하는 최종적인 산출물을 완성시키는 데 있어 필요한 조직의 능력(또는 기능)으로 이해될 수 있다. 이와 같은 기술적인 특징은 공장과 학교를 비교해 보면 명확하게 차이가 드러난다. 먼저, 공장에서 볼트를 죄거나 컨베이어 벨트에서 생산품이 제조되는 과정은 상당 부분 예측이 가능하며, 소비자가 원하는 품질에 적합하게 생산되는지 관리가 가능하며 작업자가 표준 매뉴얼대로 작업공정 과정을 거치면 큰 이변이 없는 한 원하는 생산품을 산출물로 얻을 수 있다.

하지만, 학교의 수업은 공장에서 볼트를 죄거나 생산품이 제조되는 과정과 원천적으로 차이가 있고, 수업을 통한 학습효과는 학생들의 수만큼이나 차이가 발생하게 된다. 예컨대, 교사가 학생들을 잘 가르치기 위해 수업지도안을 사전에 작성하지만, 수업지도안대로 수업이 진행되는 경우는 드물며, 학교교육과정을 학기초에 계획하더라도 계획대로 완벽하게 운영되는 경우 역시 쉽지 않다. 이것은 공장에서 물건을 생산하거나, 건물을 짓거나 교량을 건설하는 등의 과업(Work)과 달리 교육은 '인간'을 대상으로 하며, 인간이 학습하는 과정과 학습효과는 사람들의 수만큼이나 다양하며 차이가 존재하기 때문에 교수·학습 과정과 교육과정 운영은 공장에서 물건을 생산하는 과정과 비교할 때 상대적으로 복잡한 성격을 지니고 있다.

학교조직의 핵심적인 기술이라 할 수 있는 교육과정 운영과 수업이 공장에서 물건을 만드는 과정과 달리 상대적으로 예측이 불가능함으로 말미암아 학교경영이나 교육행정에 있어 공장에서 물건을 생산하는 방식을 그대로 적용하기에는 한계가 있다. 무엇보다 학교는 학생을 대상으로 교육이 진행되며 학교조직의 핵심적인 기술인 교수·학습과정은 불명확한 특징을 가지고 있기 때문에 교육행정에 있어 복잡성이 항시 존재한다.

④ 기술적 수준의 특징 : 친밀성

앞서 교육은 '인간'을 대상으로 진행된다는 것을 언급하였다. 인간을 대상으로 진행되는 만큼 학생과 학생, 교사와 학생, 교사와 학부모, 교사와 교사 간에는 상호 관계(Relation)를 맺게 된다. 공장에서 물건을 생산하는 과정도 작업자 간에 교류가 전혀 없는 것은 아니지만, 학교 구성원의 교류와 관계는 공장보다 상대적으로 중요한 의미를 지닌다. 또한, 학교에서 수업은 교사와 학생의 상호 신뢰와 관계가 중요하며, 상호 신뢰와 관계가 원만할수록 학교에서 수업의 질과 학습효과는 배가 된다. 오늘날 우리나라 학교는 마을교육공동체, 학부모회, 교육기부자 등 다양한 유형의 학교공동체 구성원들과 함께 호흡하면서 학교가 운영되고 있으며, 이와 같은 활동들은 학교와 학교공동체 구성원들의 친밀성[13]으로부터 시작된다고 해도 과언이 아니다.

⑤ 기술적 수준의 특징 : 평가의 난이성

조직체제의 기술적 수준의 특징 가운데 '평가의 난이성(Difficulty of Appraisal)'을 들 수 있다. 이것은 조직 구성원의 활동에 관한 평가는 어떻게 이루어지는가와 관련하여 제기되는 특징이다. 일반적으로 사기업의 경우 평가는 기업의 수익창출과 관련하여 매출액을 통하여 평가되지만, 학교처럼 공공분야 조직에 대한 평가는 쉽지 않다. 여기에서는 학교조직을 예를 들어 '평가의 난이성'부터 설명하도록 한다. 먼저, 학교조직을 평가한다고 하는 경우 학교조직의 '무엇'을 평가해야 하는가? 또한, 학교조직을 평가하는 경우에도 '어떻게' 평가하는 것이 학교의 활동을

---

13) 이와 같은 친밀성이 전제되지 않은 채 학교활동 참여를 종용하는 경우, 학교와 학부모집단 사이에 각종 오해와 갈등이 발생되는 경우가 있다. 예컨대, 학교가 녹색교통봉사대를 모집하는 경우 학교와 학부모들이 사전에 충분히 소통하고 교류하며 라포르(Rapport)가 형성되어 있다면 자발적인 학부모들의 지원과 관심을 이끌어 낼 수 있으나, 그렇지 않은 경우 학부모들로부터 반발과 갈등이 발생될 수도 있다. 전통적으로 학교에서는 교사와 학생이 주된 '주인공'으로 무대에서 활약해 왔으나, 비교적 최근에는 학부모, 지역사회 인사 등 다양한 구성원들이 학교경영에 참여하거나 의견을 제시해 오고 있다. 이들과 친밀감을 어떻게 가져갈 것인지, 어떠한 관계를 맺을 것인지가 교육행정가에게 보다 중요한 의미를 지닐 수 있다.

정확하게 평가하는 방법인가? 마지막으로, 학교조직의 '성과'는 학생의 활동에 대한 결과만을 평가하는 것이 옳은가? 아니면, 교사나 학부모 등 학교교육과 관련이 있는 '모든 구성원'을 평가해야 하는가?

이에 대한 답을 구하는 것은 쉬운 일이 아니다. 일각에서는 학생들의 학업성취도 성적, 이른바 중간·기말고사 성적이나 모의고사 성적과 같은 인지적 영역의 결과를 학교성과로 파악해야 한다는 입장도 있을 수 있고, 또 일각에서는 학생들의 인성이나 태도 등 정의적 영역의 결과를 학교성과로 파악해야 한다는 입장도 있을 수 있으며, 또 한편으로는 학생의 신체적 성장 또는 운동기능 향상과 같은 심동적 영역의 결과를 학교성과로 파악해야 한다는 입장도 있을 수 있다. 또, 이상 세 명이 주장한 모든 것을 평가해야 한다고 주장하는 이도 있을 수 있다.

이들의 주장은 나름대로 의미가 있다. 학교교육을 통하여 학생이 이전과 다르게 의미 있는 '변화'를 이루었고 그것이 '바람직'한 것이라면 이는 곧 학교교육의 성과로 볼 수도 있다. 하지만, 이상 언급된 세 가지 영역을 학교조직의 평가 영역으로 인정한다고 하더라도 그것에 대한 평가 방법을 고려해 보면 몇 가지 난관에 봉착하게 된다. 가령, 심동적 영역인 신체적 성장이나 운동기능의 향상은 상대적으로 측정이 가능하겠으나, 인지적 영역 및 정의적 영역에 대한 측정[14]이 가능한가에 대해서는 이견이 있을 수 있다. 마지막으로 학교조직 구성원과 관련하여 교사의 교수능력에 대하여 평가하는 경우에 있어서도 여러 가지 이견이 있을 수 있다. '최선의 교수·학습방법은 존재해도 최고의 교수·학습방법은 존재하지 않는다'라는 언명이 말해 주는 것처럼 수업이라는 상황은 학습자의 특성, 교실 환경, 학습내용, 교수자의 자질 및 수업 분위기 등 다양한 요인에 의하여 영향을 받는다. 이와 같은 상황에서 교수자의 교수능력 또는 활동을 올곧이 평가하는 것은 쉬운 일이 아니다.

---

14) 인간의 심리적인 속성에 대하여 사회과학 분야에서 통용되는 Likert 5단 척도('매우 아니다'부터 '매우 그렇다'로 이루어진 5점 척도)로 측정 가능한 것으로 볼 수 있으나, 이와 같은 측정이 그 사람의 심리적 속성에 대한 완벽한 측정값으로 볼 수 있겠는가에 대해서는 이견이 있을 수 있다.

요컨대, 교육조직의 경우 '교육'이라는 속성상 일반적인 사기업 또는 여타 공공조직과 달리 평가가 쉽지 않은 특징을 지니고 있다. 이와 같은 특징으로 말미암아 조직체제의 기술적 수준에 있어 '평가의 난이성'이라는 특징이 제시되기도 한다.

⑥ 관리적 수준의 특징 : 전문성

마지막으로 조직체제의 관리적 수준 특징 가운데 '전문성(Professionalization)'을 들 수 있다. 학교는 교사라는 전문가 집단으로 구성되어 있으며, 이들은 전문적인 역량을 토대로 교육과정을 편성하고 운영하며 수업에 임한다. 특히, 사람을 대상으로 교육하는 데 있어 필요한 지식, 기능 그리고 가치·태도가 요구되며, 이와 같은 능력들은 단기간에 습득되기 어렵다. 우리나라에서는 교원이 되기 위해 교원양성과정을 통해 소정의 교육을 받아야 하며, 국공사립학교의 교원임용시험을 통해 임용되는 등 전문적인 과정과 전문적 역량을 갖추고 있는가에 대한 검증과정을 두고 있는 것만 보더라도 전문성을 강조하고 있음을 알 수 있다.

교육행정에 있어 전문성은 교사 개개인을 전문가로 보고 있으면서도 이들의 개별적인 역량을 결집하여 학교효과를 극대화하는 것과 밀접한 관련이 있다. 교사 개개인은 자신의 전공 분야에 있어 전문성을 갖추고 있는 것은 분명하지만, 교사 간 협력을 통하여 학교교육과정을 편성하고 운영하는 것은 교실을 넘어 학교라는 공동체의 목표 달성에 있어 필수적인 요소라 할 수 있기 때문이다. 따라서, 전문성은 교사 개인의 전문성 함양도 중요하지만 학교공동체 활동에 보다 적극적으로 기여하여 학교효과를 배가 시킬 수 있도록 지원하고 조정하는 역할 역시 조직의 전문성이라는 측면에서 중요한 의미가 있다.

⑦ 장기성

이상 제시된 교육행정의 성격은 캠벨 등(Campbell et al, 1971)이 제시한 교육행정의 독자적 성격에 대하여 우리나라 학교의 사례에 비추어 설명한 것이다. 이 외에도 교육행정의 독특한 특징 가운데 하나로 '장기성'이라는 특징이 있다. 이것은 교육이 미래지향적이자 장기적인 활동이므로 교육행정도 그 지향하는 목표가 장기적이라는 것이다(윤정일 외, 2011:22). 교육행정의 성과는 도로를 건설하거나 건물을 신축하는 것처럼 단시일 내에 그 성과가 나타나는 것이 아니며, 오랜 시간 꾸준히 진행되어야 그 성과가 나타나게 된다(윤정일 외, 2011:22). 즉, 교육을 통한 효과는 단기간에 바로 나타나는 것이 아니라 상당한 시간을 소요하여 그 결과가 나타난다는 것을 의미한다. 앞서 캠벨 등(Campbell et al, 1971:125-130)이 제시한 독자적 성격은 '인간'을 대상으로 하는 병원조직 또는 종교조직에서도 일부 비슷한 특징이 나타나기도 하지만(Campbell et al, 1971), '장기성'은 교육행정에서 보다 두드러지게 나타나는 특징으로 이해될 수 있다. 교육행정이 장기적인 성격을 지니고 있다는 점은 결국 교육행정의 대표 격인 학교조직이나 교육정책 분석에 있어 '시간'이라는 차원이 중요하게 고려되어야 함을 시사한다.

3. 교육행정의 주요 요소

우리는 지금까지 교육행정의 개념 및 성격을 중심으로 교육행정이 무엇인가에 대하여 살펴보았다. 이제는 교육행정의 주요 요소가 무엇인지 검토할 차례이다. 먼저, 교육행정의 범위는 어디까지인지(영역) 검토하고, 이어서 교육행정에서는 어떠한 일을 하는지(과업) 알아보며, 끝으로 누가 교육행정에 관여하는지(대상) 살펴보도록 한다.

1) 교육행정의 영역

교육행정의 영역이라 함은 교육행정 활동의 범위를 한정하여 말하는 것으로, 법규적 측면과 업무 내용의 측면으로 구분해 볼 수 있다(김종철, 1985:8). 먼저, 법규적 측면에서의 구분이라 함은 우리나라 「정부조직법」 제26조의 중앙정부 행정관청 가운데 '교육부'와 「정부조직법」 제28조제1항[15] 교육부가 관할하는 업무(인적자원개발정책, 학교교육 · 평생교육, 학술에 관한 사무)와 관련 있는 행정활동을 의미한다. 이와 같은 구분에 따르면, 유 · 초 · 중등교육기관의 행정활동 업무는 '학교교육'의 범위에 포섭되며, 학원이나 평생교육기관의 인 · 허가업무 등은 '평생교육'의 범위에 포섭된다.

한편, 업무 내용적 측면에서 교육행정 영역은 다음과 같이 구분된다(윤정일 외, 2011:23). 학교 또는 교육행정기관이 수행하는 업무를 사전에 준비하고 계획하는 것과 관련이 있는 '기획행정', 조직 구성원 및 업무의 적재적소 배치에 관한 '조직행정', 교육과정 편성 · 운영 및 교과서 등에 관한 '교육내용행정', 교직원의 전문성 개발 및 신장에 관한 '장학행정', 학생의 전입학 및 배치 등에 관한 '학생행정', 교원의 복무 · 승진 등에 관한 '교원인사행정', 학교의 재정 및 회계 등 돈과 관련이 있는 '재무행정(또는 학교회계)', 학교 또는 교육행정기관의 건축 및 시설에 관한 '시설행정', 학교 또는 교육행정기관의 업무활동을 촉진하고 진행하는 '사무관리[16] 및 학교교육 연구 및 홍보에 관하여 '연구 및 홍보행정' 등으로 구분되기도 한다.

남정걸(2012:23)은 강길수 · 김영식 · 김종철(1973)의 교육행정 내용 영역 여덟 개 내용[17] 영역에다 과정별 영역 여덟 개[18]를 교차하여 교육행정 영역의 2원적 접

---

15) 「정부조직법」 제28조(교육부) ① 교육부장관은 인적자원개발정책, 학교교육 · 평생교육, 학술에 관한 사무를 관장한다.

16) 민법상 사무관리(법률상 의무 없이 타인을 위하여 그 사무를 관리하는 행위)가 아닌 일반적인 '업무관리'

17) 내용 영역에는 교육내용 · 목표 · 과정 · 자료 · 방법, 학생 인사, 교직원 인사, 시설행정, 재정, 사무관리, 홍보, 연구 등 8개 요소가 해당된다.

18) 과정 영역에는 기획, 정책결정, 조직, 의사소통, 지도, 조정, 통제, 평가 등 8개 요소가 해당된다.

근을 시도하였고, 1984년 그의 저서에서 중앙부처, 시도교육청, 지역교육청, 단위학교 등 조직적 차원을 추가하여 교육행정 영역에 관한 3원적 종합모형을 제시하였다. 이와 같은 3원적 종합모형은 교육행정의 과정과 내용 그리고 조직단위에서 이루어지는 영역을 제시해 주고 있다는 점에서 대부분의 교육행정 교과서에서 소개되고 있다. 예컨대, 교육행정 영역의 3원적 종합모형에 따르면 교육부(조직차원)에서 교육과정(내용 차원)에 대한 기획행위(과정 차원)는 아래 그림의 P(1, 1, 1)로 대응될 수 있다.

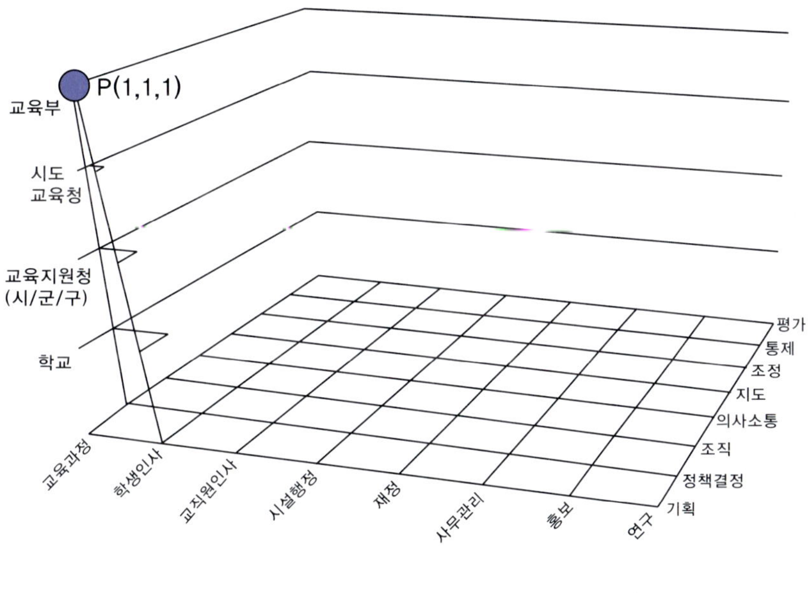

[그림 1-1] 삼차원적 교육행정가의 행위모형(예시)

위 그림에서 조직 차원, 내용 차원 및 과정 차원의 내용은 교육행정의 시대에 따라 과업 내용 및 과정이 복잡해짐에 따라 보다 세분화되어 나타날 수 있다. 위에 제시한 모형은 남정걸(2012)에 제시된 과업내용 및 과정, 조직 차원의 예시를 토대로 제시한 것이며, 각 요소들은 시대에 따라 변화될 수 있다.

요컨대, 이처럼 교육행정의 영역을 조직 차원과 내용 차원 그리고 과정 차원으로 구분하여, 교육행정이 어떤 조직이 무엇을 어떻게 하는 것을 나타낼 수 있다는 점에서 의미가 있다.

2) 교육행정의 과업

오늘날 교육행정 과업은 복잡하며 다양하다. 이것은 사회적 변화와 과학·기술의 발달에 따라 교육행정이 담당하는 업무의 범위가 상대적으로 증가하거나 감소하게 된다는 사실과 무관하지 않다. 앞서 교육행정의 영역에서 '내용 측면'과 '과정 측면' 두 가지 차원에서 요소를 언급하였으나, 이와 같은 업무는 단위학교, 교육지원청, 시·도교육청, 교육부의 과업 범위 및 정책적 변동사항에 따라 차이가 있게 된다. 여기에서는 교육행정 분야에서 '과업'을 언급할 때 일반적인 개념을 검토하고, 단위학교에 있어 교사를 중심으로 교원이 수행하는 행정업무의 구조를 검토하도록 한다.

(1) 미국의 교육행정 과업

미국의 교육행정 분야에서 과업에 대한 논의는 W. K. Kellogg재단의 후원으로 교육행정협동프로그램(Cooperative Program in Educational Administration)에 의하여 진행되었다(Kimbrough & Nunnery, 1988:44). 여기에서 교육행정의 주요 과업으로 ① 수업 및 교육과정 개발(Instruction and Curriculum Development), ② 학생 인사(Pupil Personnel), ③ 지역사회학교 리더십(Community-school Leadership), ④ 직원 인사(Staff Personnel), ⑤ 학교시설(School Plant), ⑥ 학교통학(School Transportation), ⑦ 조직 및 구조(Organizational and Structure), ⑧ 학교재정 및 회계관리(School Finance and Business management) 등 8가지로 정리하였다. 이후에도 교육행정에 대한 과업의 논의는 학자마다 조금씩 달리 논해지고 있었으나, 사회문화적·경제적 변화에 따라 학교의 과업도 달라질 수 있음을 언급하고 있다(Kimbrough & Nunnery, 1988:45).

(2) 우리나라의 교육행정 과업 -학교에서 교사가 수행하는 행정 과업은?-

이상에서 언급한 내용은 미국의 교육행정 과업에 관한 내용이다. 우리나라의 경우, 위에서 언급된 여덟 가지 업무 외에도 다양한 교육행정 과업이 단위학교에서 수행되고 있다. 학교에서 교사가 수행하는 대부분의 행정업무는 공적인 업무라는 데 이견은 없을 것이다. 이와 같은 견지에서 행정학 분야의 개념 구분에 따르면 고전적 개념과 현대적 개념으로 구분하여 볼 수 있다(권순형 외, 2020).

먼저, 고전적 개념으로서 업무는 사무 중심이었다. 종래 업무의 본질에 대하여 '종이를 사용한 기록·활용 및 보존'이라는 사무의 범위 내로 좁게 인식하였고, 이에 따라 업무의 개념도 사무실에서 이루어지는 '서류의 생산·유통·보존 등 서류에 관한 작업(paper work, desk work)으로 한정'하여 파악하였다(행정안전부, 2018)

다음으로, 현대적 개념으로서 업무는 사무를 포함한 모든 일을 지칭하기 시작하였다. 현대에는 고도 정보화 사회가 되어 감에 따라 정보의 가치가 중요해지면서 업무의 개념에 행정목적을 달성하기 위한 정보의 수집·가공·저장·활용 등 일련의 정보처리 과정을 포함시키게 되었으며, 행정업무와 관련하여 대국민적 성과를 강조함에 따라 사무실에서 이루어지는 일뿐만 아니라 국민과의 접점에서 이루어지는 일련의 행정 과정에서 수반되는 각종 행위를 포괄하는 것으로까지 업무의 개념이 확대되었다(행정안전부, 2018). 이렇듯 최근에 들어서는 수요자 중심 행정이 강조되는 추세로 인해, 업무의 개념이 포괄적으로 규정되는 측면이 강하다(권순형 외, 2020)

우리나라에서 교육행정 과업이라 말하는 경우에는 '법률'에 교사의 직무로 규정되어 있는가의 여부에 따른 경우가 있다. 이것은 우리나라 학교가 공적 조직이라는 「교육기본법」 제9조제2항[19]의 규정과 무관하지 않으며, 국·공립학교 교원의 경우는 국가공무원이며 사립학교 교원의 경우에도 「국가공무원법」과 「교육공무원

19) 학교는 공공성을 가지며, 학생의 교육 외에 학술 및 문화적 전통의 유지·발전과 주민의 평생교육을 위하여 노력하여야 한다.

법」을 준용하고 있기 때문에 법률에 명시된 것만을 교사의 과업으로 파악하는 관점이라 할 수 있다. 단위학교에서 교사의 직무와 관련하여 법령에 제시되어 있는 내용을 정리하면 다음과 같다.

〈표 1-3〉 교원의 업무에 관한 각종 법령 종합

영역	하위 영역	내용	관련 근거
학생 교육 및 관리	교육과정 및 수업	교사는 법령이 정하는 대로 학생을 교육 교육과정을 운영하며, 방송 프로그램, 정보 통신매체, 교외 체험학습 등을 활용하여 학생에게 수업	「초·중등교육法」 제20조제4항 및 동법시행령 제48조 제2항 내지 제5항
	학생평가	학생의 학업성취도 및 인성 등을 종합적으로 관찰 · 평가하여 학생지도 및 상급학교의 학생 선발에 활용할 수 있는 자료를 지도	「초 · 중등교육법」 제25조
	생활지도	학생의 인권 존중 및 학생의 인격이 존중되는 교육적 방법으로 훈육과 훈계 등의 방법으로 지도	「초·중등교육法」 제18조의4항 및 동법시행령 제31조 제2항
	학생자치 지도	학생의 자치활동을 권장 · 보호하기 위하여 필요한 사항을 지원	「초 · 중등교육법」 시행령 제30조
	건강증진 지도	학생의 체위 향상 · 영양관리 · 질병의 치료와 예방 등을 위해 필요한 지도를 하여야 하며, 체력 향상을 도모하기 위하여 건강검사 실시	「학교보건법」 제7조 및 제9조 「학교건강검사규칙」
	학급담당 교원의 명시	학급담당교원은 학급을 운영하고 학급에 속한 학생에 대한 교육활동과 그와 관련된 상담 및 생활지도 등을 담당함	「초 · 중등교육법 시행령」 제36조의5
전문성 신장	자질 함양	교원은 교육자로서 갖추어야 할 품성과 자질을 향상시키기 위하여 노력	「교육기본법」 제14조제2항
	연구개발	교육공무원은 그 직책을 수행하기 위하여 연구와 수양에 노력	「교육공무원법」 제38조제1항
	연수	교원은 수업에 지장을 주지 아니하는 범위에서 소속기관의 장의 승인을 받아 연수기관이나 근무 장소 외의 시설 또는 장소에서 연수	「교육공무원법」 제41조

영역	하위 영역	내용	관련 근거
복무	이행의무	공무원은 성실 의무, 복종의 의무, 친절 공정의 의무, 비밀 엄수의 의무, 청렴의 의무, 품위 유지의 의무 등이 있음	「국가공무원법」 第56조 내지 第66조
	금지의무	직장 이탈 금지, 정치 운동의 금지, 영리업무 및 겸직 금지, 집단 행위의 금지 등이 있음	
대외 관계	전문직 교원단체 참여	교원은 상호 협동하여 교육의 진흥과 문화의 창달에 노력하며, 교원의 경제적 · 사회적 지위를 향상시키기 위하여 각 지방자치단체와 중앙에 교원단체를 조직	「교육기본법」 第15조第1항

출처: 이치호(2017:55)와 이상철(2018:25)의 연구를 참고하여 재구성.

법령에서 제시된 위와 같은 업무 외에도 학교현장에서 교육행정 과업을 수행하는 경우 파생적으로 다양한 업무가 나타나게 된다. 예컨대, 학생생활지도의 경우 교사가 학생을 생활지도 하는 것에서 그치는 경우도 있으나, 경우에 따라서는 상담과 생활지도에 관한 내용을 기록하고 공문서 행위까지 업무가 진척되는 경우가 있다. 위에서 제시된 교사의 직무는 그 대부분이 '교육활동'과 직접적인 관련이 있으나, 당해 직무 수행을 위해 행정 과업이 부수적으로 수반되는 경우가 많다. 과거, 1970년대만 하더라도 단위학교에 일반직 행정공무원이 존재하지 않았고 교육행정을 지원해 주는 인력도 없었으며 학교의 모든 과업은 교원이 직접 수행하던 시절이 있었다. 이와 같은 상황에서 교원은 교육활동에 전념하기 어려웠으며, 정부에서는 교원행정업무 경감을 위하여 정책적 노력을 기울여 왔고, 학교에는 행정업무를 담당하는 자들이 채용되어 오늘에 이르고 있다.

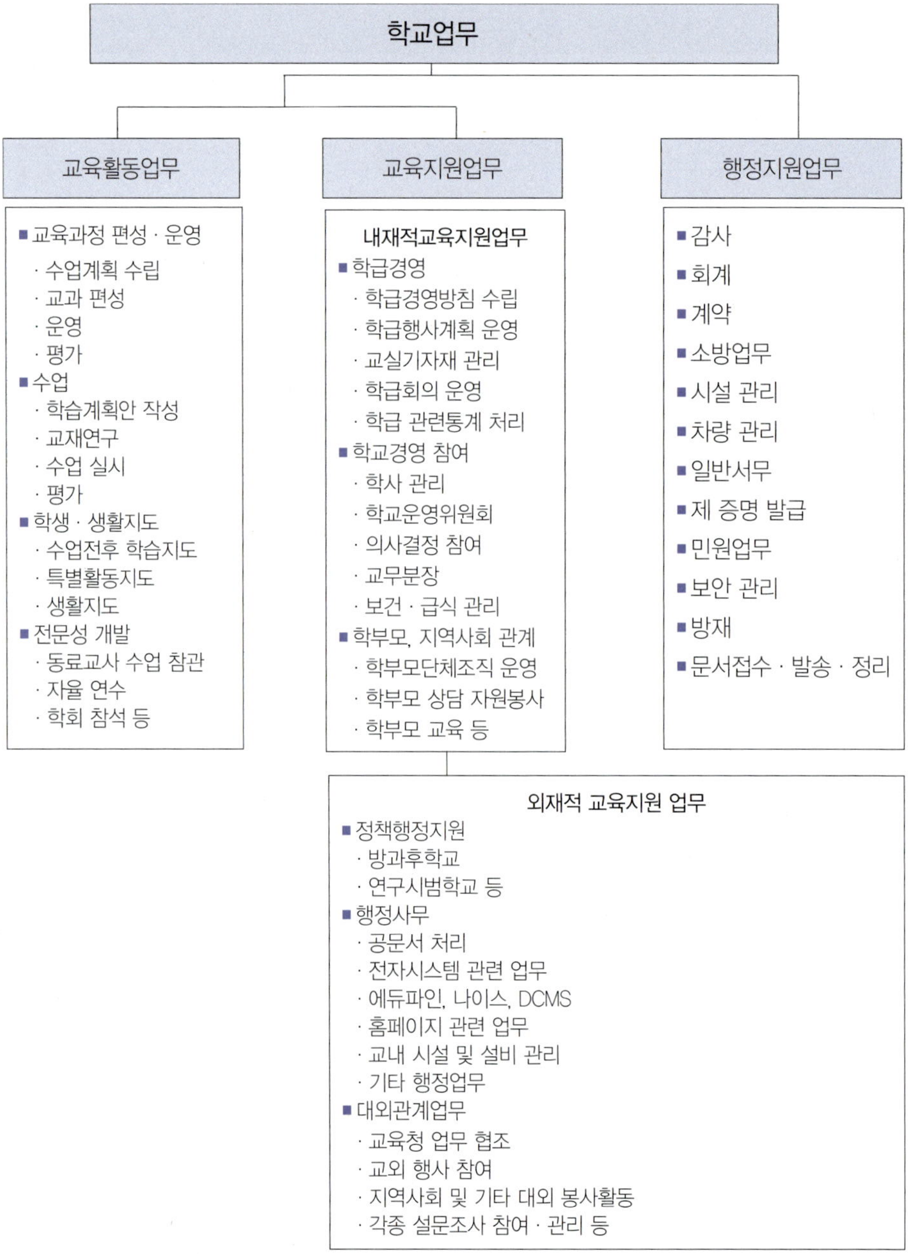

[그림 1-2] 학교업무 구분 표준안

출처: 정영수 외(2011:131).

위 그림에 제시된 내용을 살펴보면 크게 '교육활동업무'와 '교육지원업무' 그리고 '행정지원업무' 등 3원적 구조로 제시되어 있다. 먼저, 행정지원업무는 감사, 회계, 계약, 소방업무 등으로 오늘날 이와 관련된 업무는 대부분 단위학교의 교육행정실에서 일반직 공무원이 담당하고 있다. 한편, 교육활동업무는 교사의 교수·학습활동과 직접적인 관련을 맺고 있는 행정업무라 할 수 있다. 예컨대, 교육과정을 편성·운영하거나 학습계획안을 작성하는 등 이와 같은 업무는 실제 '수업'을 위한 교사 본연의 직무에 해당되는 업무들이라 할 수 있다. 행정업무 및 교육활동업무의 사이에서 학교교육활동에 있어 필요하지만, 엄밀한 의미에서 볼 때 교육활동업무인지 아니면 행정업무인지 모호한 업무들도 존재한다. 위 그림에서 가운데 위치한 '교육지원업무'가 대표적이다. 학교·학급경영, 대외관계업무 등이 대표적이라 할 수 있는데, 이와 같은 업무들은 교육활동과 간접적으로 관련이 있고, 단위학교가 모종의 교육조직으로 기능하는 데 있어 필연적으로 요구되는 과업이라 할 수 있다.

(3) 학교조직에서 교원행정업무 구조

학교에서 교사가 교육행정 과업을 일정 부분 수행한다는 점은 앞서 언급하였다. 그렇다면 실제 교사들은 학교조직에서 과업을 어떻게 수행할까? 교직은 다른 직종과 달리 개인주의적 성격이 강하게 나타나는 측면이 있다. 이것은 교실수업의 장면을 생각해 보면 쉽게 이해가 되는데, 교사는 자신의 수업에 있어서는 다른 교사와 협력수업을 진행하는 경우를 제외하면 대부분 본인이 수업을 진행하게 된다. 이와 같은 특징은 본서 제4장의 학교조직의 특징에서 구체적으로 언급되겠으나, 학교조직의 독특한 특징 가운데 하나라 할 수 있다.

교직이 개인주의적 성격을 지닌다고 해서 교육행정업무도 전적으로 개인적으로 처리되어야 하는 것은 아니다. 단위학교에서 교사 개인이 담당하는 주된 업무는 존재하지만, 학교교육과정을 운영하는 다른 교사와 협력하여 함께 일을 진행하는 경우도 많다. 예컨대, 초등학교에서 학예회 또는 운동회를 진행하는 경우 단위학교에서 여러 교사가 함께 계획하고 서로 문의하며 학생들의 교육활동 경험의 폭을 넓히기 위해 협력하면서 업무를 처리해 나간다. 이 과정에서 중요한 것은 업무 간 '연결(Linkage)' 및 '교사 간 협력(Collaboration)'으로, 이는 중요한 기능적 기제로 작동하게 된다. 즉, 단위학교에서 교사의 주된 업무는 교사 개인이 볼 때에는 '개인적 업무'로 파악되지만, 단위학교 전체 차원에서는 모종의 하위 단위 과업에 해당된다. 이와 같은 단위 과업들은 학교조직 전체의 과업으로 이루어지게 되는 바, 단위학교 과업 간에는 상호 '연결(Linkage)'되어 있고, 이와 같은 연결은 업무의 내용 및 성격에 따라 강하게 연결되는 경우와 약하게 연결되는 경우도 있다.

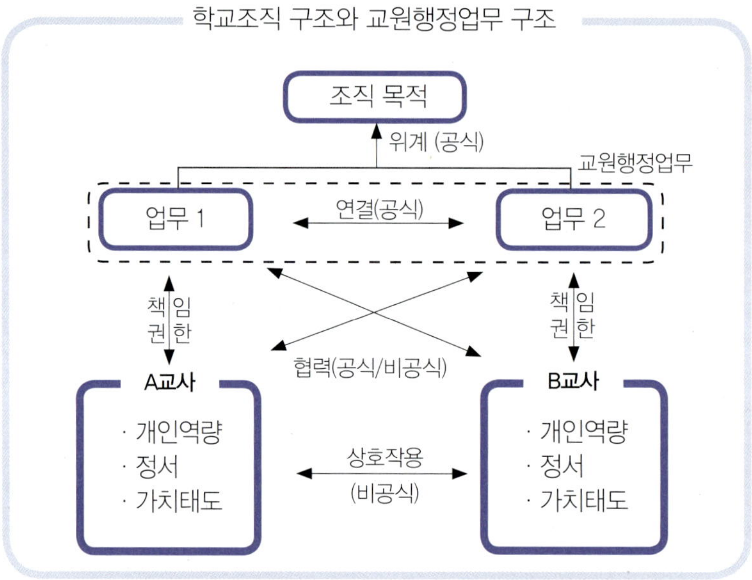

[그림 1-3] 학교조직 구조와 교원행정업무 구조

출처: 권순형 외(2020:127).

또한, 교사 간에는 비공식적인 상호작용 또는 공식적인 협력을 통하여 업무를 처리하게 된다. 먼저, 공식적으로는 교사 개인이 담당하고 있는 업무는 다른 교사가 담당하고 있는 업무와 연결되어 처리되는 경향[20]이 있다. 또한 교사 간에 비공식적인 상호작용을 통하여 상호 도움을 주고받는 경우도 있다. 예컨대, 초등학교의 경우 동학년 협의회에서 이와 같은 도움을 주로 받고 있으며, 중등학교의 경우 동학년 또는 교과협의회에서 이와 같은 도움을 받기도 한다. 한편, 병설유치원에 근무하는 유치원교사 또는 단위학교에 근무하는 보건교사의 경우 학교에서 다른 유치원교사 또는 보건교사와 협력하는 경우는 현실적으로 어렵다. 따라서, 이들의 경우 지역 내 유치원교사협의회(또는 비공식적 모임) 및 보건교사협의회(또는 비공식적 모임)에서 도움을 주고받는 경우가 있다.

요컨대, 교육행정의 과업 '내용'은 시대 및 사회가 학교에 요구하는 바에 따라 변화되지만, 교육행정 과업의 '기능'은 시대나 사회 변화에 따라 큰 변화가 없다. 즉, 교육행정의 과업의 내용적 측면에서는 시대나 사회가 학교에 요구하는 바에 따라 새로운 과업이 학교로 유입되는 경우 학교의 업무[21]가 되기도 한다. 하지만, 앞서 교육행정의 영역에서 살펴본 것처럼 기획, 조정, 통제, 의사소통 등과 같은 행정 과정에 있어 기능적 요소들은 예나 지금이나 그대로 통용[22]된다. 따라서, 교육행정을 학제적으로 '연구'하는 경우에는 바로 이 과정적 측면의 요소가 '무엇'이며, '어떻게' 작동되는가를 탐구하는 데 중점을 두게 된다.

3) 교육행정가

지금까지 교육행정의 영역과 과업에 대하여 살펴보았다. 교육행정의 주요 요소와 관련하여 마지막 주제는 '누가' 교육행정을 담당하는가이다. 교육행정 분야에서는 교육행정을 담당하는 자를 '교육행정가'라는 말로 표현한다. 교육행정가라

---

20) 하지만, 이와 같은 구조는 중·대규모 학교에서 흔히 나타나는 현상이며, 소규모 학교인 6학급 이하의 초등학교 또는 3학급 이하의 중학교, 병설유치원의 유아교육 행정업무, 보건교사의 보건업무 등은 다른 교사의 업무와 공식적으로 연결되어 나타나기 어려운 구조로 되어 있다.

21) 불과 10년 전만 해도 '미세먼지' 관련 업무는 학교업무가 아니었으나, 지금은 단위학교에서 학교 공기의 질 관리업무가 존재하는 점을 예로 들 수 있다.

22) 이와 같은 기능은 기술의 변화로 더욱 강조되는 측면과 부각되지 않는 경우가 발생할 수 있다.

는 말은 교육행정 분야에 종사하는 자를 통칭하여 이르는 말로, 교육행정의 범위에 따라 다소 그 범위가 포괄적이라 할 수 있다. 김종철(1985:15-16)은 교육행정 활동의 주체가 되는 자를 교육행정가로 언급하면서 학교에서는 학교장 또는 교감이 교육행정가에 해당되며, 교육장, 장학사, 장학관 등 교육전문직에 속한 사람들과 교육부 또는 시도교육청의 일반직 공무원(서기관, 사무관 및 주무관 등) 등 크게 세 부류로 나누어 교육행정가를 언급하였다. 이와 같은 구분은 교육 관계 법령에서 각 주체에게 교육행정과 관련된 과업을 부여하고 있음으로 인하여 교육행정가로 분류한 것으로 볼 수 있다.

김종철(1985:15-16)의 이와 같은 분류는 오늘날에도 그대로 적용된다. 다만, 교사가 교육행정가인가 아닌가에 대해서는 이견이 있을 수 있다. 물론 교사의 제1의 직무는 교실수업이며, 학생지도 및 상담이라는 데 있어서는 이견은 없다. 다만, 교사가 교육행정가인가라는 질문에 대하여 교사가 담당하는 직무의 범위와 폭이 넓기 때문에 교사의 직무의 세부적인 측면을 고려하여 교육행정활동에 해당되는가를 판단해 볼 필요가 있다. 앞서 교육행정 영역은 업무 내용 측면과 업무 과정 측면으로 구분되며, 이 가운데 업무 과정과 관련하여 기획, 조정, 통제, 의사소통 등이 핵심적인 기제라는 점을 언급하였다. 이 가운데 후자, 즉 교육행정 업무 과정에 있어 교사가 기획하거나, 조정[23]하는 등 행정과업 기능적 요소와 관련하여 학교에서 공식적으로 수행하는 경우라면 해당 업무에 대하여는 교육행정가로 볼 수도 있다. 하지만 교사의 경우 대부분은 교수·학습활동 및 학생지도·상담활동을 수행하며, 이와 같은 직무를 수행하는 경우에는 교육행정가로 파악되기 어려우며, 교사 고유의 직무를 수행하는 것으로 파악되어야 한다.

---

23) 교사 가운데 학교장의 임명을 받아 보직교사(부장교사)로 업무를 수행하는 경우가 있다. 이들(보직교사)의 경우 교사이면서 동시에 교육행정가로 임무를 수행하는 것으로 파악될 수 있다. 이처럼 교사가 어떠한 직무를 수행하며 그 직무의 성격이 어떠한 것인가에 따라 교사가 교육행정가인가에 대한 질문의 답을 구할 수 있다.

4. 교육행정의 주요 원리

교육행정이 이루어지고 있는 실제 현장에서는 교육행정의 이론과 달리 당위성과 규범적 측면의 논쟁이 제기되는 경우가 있다. 이를테면, 학교의 예산을 어떠한 기준과 원칙에 따라 배분하는 것이 학교교육과 교육행정에 가장 의미 있는 것인가를 고민하게 되는 경우가 있다. 대부분의 교육행정 현장에서 교육행정가는 어떠한 의사결정에 앞서 모종의 기준과 원칙을 생각하게 되고 이에 입각하여 의사결정에 임한다. 바로 기준과 원칙이 교육행정의 원리에 해당되며, 이것은 곧 교육행정이 지향해야 하는 당위성 혹은 가치로서 교육행정의 기본적인 이념 혹은 원리로 규정된다(박성식, 2011:31). 또한 교육행정가의 의사결정에 있어 모종의 기준과 원칙은 학교가 놓여 있는 상황과 학교 밖의 다양한 조직과의 관계 등에 따라 다른 기준과 원칙이 적용되기도 한다. 여기에서는 교육행정 현상의 문제 상황에 대한 해결 또는 각종 교육행정 의사결정에 앞서 교육행정가가 고려하게 되는 기준과 원칙에 대하여 검토하도록 한다.

1) 기회균등의 원리

기회균등의 원리는 교육행정 분야에서 가장 핵심적인 위상을 차지하는 원리이다. 우리나라 「헌법」 제31조제1항에서는 "모든 국민은 능력에 따라 균등하게 교육을 받을 권리를 가진다."라고 명시하고 있다. 또한, 「교육기본법」 제3조에서는 "모든 국민은 평생에 걸쳐 학습하고, 능력과 적성에 따라 교육받을 권리를 가진다."라고 명시하고 있는 등 국가가 제공하는 교육에 대하여 누구나가 균등하게 교육받을 기회[24]를 부여받도록 하고 있다.

---

24) 교육의 기회균등은 교육행정학에서도 제시되고 있고, 교육사회학에서는 '평등론'이라는 주제 아래 제시되고 있다. 보다 구체적으로 모든 사람에게 동등한 기회가 주어져야 한다는 '허용적 평등', 교육의 기회를 가로막는 각종 경제적, 지리적 제반 장애를 제거해야 한다는 '보장적 평등', 학교의 시설, 교사의 자질, 교육과정 등에 있어 차이가 없어야 한다는 '과정의 평등', 학습결과에 있어 차이가 없어야 한다는 '결과의 평등'까지 네 가지로 제시되고 있다(김신일, 1985).

교육행정 분야에서 기회균등의 원리는 국가의 교육에 관한 책무성을 포함하는 것으로 초·중등교육 분야에서는 의무교육제도로 구체화되어 나타나고 있다. 즉, 국민의 학습권을 보장하고 이에 접근할 수 있는 기회를 국가가 보장해야 한다는 것을 의미한다. 이와 같은 기회균등의 원리는 교육정책의 집행 기준 가운데 가장 중요한 원리를 의미하지만, 보다 세부적으로 고민해 보면 교육의 '무엇'을 '어떻게' 그리고 '어느 정도까지' 균등하게 배분해 주어야 하는가와 관련하여 세부적인 고민이 필요한 바, '교육'을 어떻게 정의하는가에 따라 교육의 기회균등에 관한 세부적인 기준은 사람마다 차이[25]가 있을 수 있다는 점을 유념할 필요가 있다.

2) 합법성의 원리

합법성의 원리라 함은 모든 행정은 법령에 의거하고 법령이 정하는 범위 내에서 이루어지는 것을 원칙으로 한다는 것으로, 공법학 분야의 '법치행정'의 원칙과 일맥상통한 의미를 지니고 있다. 우리나라 「헌법」 제40조에서는 "입법권은 국회에 속한다."라고 규정하고 있으며, 「헌법」 제66조제4항에서는 "행정권은 대통령을 수반으로 하는 정부에 속한다."라고 규정하고, 「헌법」 제101조제1항에서는 "사법권은 법관으로 구성된 법원에 속한다."라고 규정하고 있다. 이것은 몽테스키외가 천명한 '삼권분립(三權分立)'에 대하여 우리나라 헌법 역시 천명한 것으로 볼 수 있다. 이와 같은 구분에 따르면 국회는 법을 제정하며, 행정부는 국회가 제정하거나 동의한 법령대로 집행하며, 사법부는 행정부의 법집행 행위가 위법하거나 부당한 경우 사법적 판단을 통하여 제동을 걸게 된다.

이상의 내용은 입법, 행정 및 사법에 대한 삼권분립의 구조와 행정에 관한 일반적인 '법치행정'의 원칙을 언급한 것이다. 이와 같은 원칙은 교육행정에 그대로 적용된다. 우리나라 「헌법」 제31조제6항에서는 "학교교육 및 평생교육을 포함한 교육제도와 그 운영, 교육재정 및 교원의 지위에 관한 기본적인 사항은 법률로 정한

25) 이와 같은 차이로 말미암아 「헌법」 제31조 및 「교육기본법」 제3조 등에 관한 대법원 판결 또는 헌법재판소 판결례는 중요한 기준을 제공해 줄 수 있다.

다."라고 규정하고 있고, 이와 같은 교육제도의 운영은 국회가 제정하거나 동의한 교육관계법령의 담당자인 교육행정가에 의하여 집행하도록 하고 있다. 따라서, 이와 같은 구조에서 교육행정가는 국회에서 제정한 형식적 의미의 '법률 제○○○호'와 같은 법률은 물론이며, 정부에서 발의하고 국회의 동의를 얻은 정부입법의 형태인 '대통령령' 및 '시행규칙'을 포함하여 지방자치단체의 '조례와 교육규칙' 등에 위배된 집행을 할 수 없다[26].

3) 효율성의 원리

앞서 기회균등의 원리 및 합법성의 원리는 교육 관계 법령으로부터 파생적으로 유추한 원리이다. 반면, 효율성(Efficiency)의 원리는 법령으로부터 파생된 원리가 아니라 '조직의 운영(Operation)'과 밀접한 관련이 있는 원칙이다. 효율성의 원리라 함은 교육행정 조직 또는 정책의 집행에 있어 '최소한의 투입으로 최대의 산출을 거두고자 하는 것'을 의미한다. 보다 구체적으로는 '산출/투입' 간의 비교를 통하여 어떠한 방식이 보다 효율적인가에 대한 판단에 있어 준거 역할을 할 수 있으므로 중요한 의미를 지닌다.

26) 만약, A학교장이 학교교육과정 편성에 있어 현행법(초·중등교육법)에 규정이 없고, 대법원이나 헌법재판소의 판결도 부재하며, 관습법도 존재하지 않는 경우, 교육행정가는 자신이 생각하는 교육내용에 대하여 학교교육과정으로 편성할 수 없는가? 이와 관련하여 본서의 제7장 '교육법과 교육제도'에서 보다 자세하게 다루도록 한다.

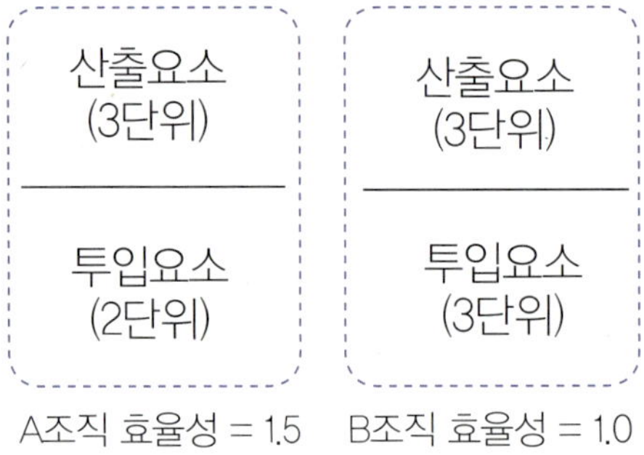

[그림 1-4] 일반적인 효율성의 원리 도식화

예컨대, 위 [그림 1-4]에서 A조직의 경우 2단위를 투입하였고 3단위를 산출하였으므로 효율성은 1.5로 볼 수 있고, B조직의 경우 3단위를 투입하였으나 3단위만을 산출하였으므로 효율성은 1.0으로 이해될 수 있다. 교육행정에 있어 효율성의 원리를 이와 같은 방식으로 이해한다면 인적자원(교직원) 또는 물적자원(교육비, 시설투자)의 투입을 '최소화' 해야 한다는 내용으로 이해될 수 있고, 이 때문에 교육 관계자로부터 많은 비판을 받게 된다.

하지만, 이와 같은 비판은 '효율성'이라는 개념에 있어 '투입'만을 강조한 경우이며, 효율성의 원리에 대한 내용을 보다 구체적으로 고려한다면 이와 같은 비판에 대한 새로운 시각으로 접근이 가능하다. 효율성의 접근은 앞서 그림에서 제시된 방식으로 이해되는 것이 일반적이지만, 다음과 같은 방식으로 접근이 가능하다. 먼저, 기업과 같이 '투입' 최소화에 초점을 두고 접근하는 방식이 있다. 이 입장에 따르면 '산출'보다 기업의 생산에 소요되는 투입물을 최소화하려는 입장을 취하게 되며, 경우에 따라 조직의 인력 등을 구조조정하게 된다. 반면, 학교와 같은 공공분야에서는 '산출' 극대화에 초점을 두고 접근하는 경우가 많다. 이 접근에 따르면 기업과 다른 맥락에서 효율성에 대한 이해가 가능해진다. 즉, 어느 조직이나 투입은 변동이 없는 고정적(fixed)인 것으로 가정한 상황에서 각 교육조직별로 산출해야 하는 정도를 높이는 경우가 여기에 해당되는 것이다. 이를 구체적인 그림으로 도식화하여 제시하면 다음과 같다.

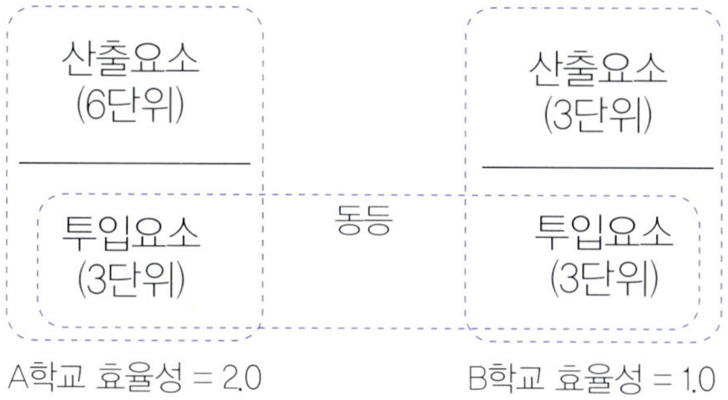

[그림 1-5] 학교교육 분야 효율성의 원리 도식화(예시)

[그림 1-5]에서 제시된 것처럼 투입요소를 동등하게 제시한 상황에서 산출요소를 극대화하는 경우, B학교보다 A학교가 보다 효율적으로 운영되고 있는 것으로 이해될 수 있다. 기업 분야에서는 투입의 최소화 및 산출 극대화 두 가지 모두 중시하고 있으나, 공공분야는 해당 분야의 수혜를 보다 많은 사람이 누릴 수 있는 데 초점을 두는 것으로 이해할 필요가 있다. 따라서, 앞서 제시된 그림과 달리 투입은 동등[27]하게 맞춘 상황에서 산출을 극대화하는 관점을 통하여 효율성을 평가해 볼 수 있다.

4) 전문성의 원리

교육행정은 교육을 위한 행정이므로 교육활동의 본질을 이해하고, 교육의 특수성을 체험적으로 인식하며 교육행정에 관한 이론과 기술을 습득한 충분한 훈련을 쌓은 전문가가 담당하여야 한다(윤정일 외, 2011:30). 통상적으로 전문성이라는 용어에는 업무 내용 자체가 전문적이라는 의미와 함께 업무 수행을 위한 기술 및 기능과 관련하여 방법적 전문성이라는 의미가 포함되어 있다. 이와 같은 관점은

27) 공공분야의 투입 요소를 '동등'하게 맞추는 것도 사실 쉽지 않다. 즉, 동일한 기능을 수행하는 공공분야 각 기관마다 어느 정도 투입하는 것이 동등한 투입인가에 대한 문제로 귀착된다. 보다 구체적으로 살펴보면, 규모에 따라 차등적으로 투입요소에 차이를 두는 것도 '동등'한 것으로 볼 수 있는지, 아니면 규모에 관계없이 단위 공공조직의 투입요소를 완전하게 동일하게 맞춰야 하는가 등의 문제로 볼 수 있다. 보다 세부적인 내용은 이 책의 범위를 넘어서는 것으로 논외로 한다.

교육행정가에게도 그대로 적용된다. 교육행정은 교육행정에 대한 내용적 측면과 교육행정에 관한 제 문제 해결을 위한 방법적 측면의 전문성이 포함된다. 우리나라에서 교육감은 교육 경력 또는 교육행정 경력이 있는 자만이 출마하도록 한 것, 교장과 교감 등 학교행정가의 경우 교장 또는 교감 자격을 갖춘 자만을 임용하도록 하고 있는 것 등이 교육행정에 있어 전문성을 보장하기 위한 모종의 조치로 이해될 수 있다.

5) 역동성의 원리

역동성의 원리라 함은 교육행정이 구현되는 실제적인 과정이 미리 정해진 절차대로 움직여 나가는 것이 아니라 예측 불가능한 방향으로도 움직여 나갈 수 있는 것을 의미한다. 앞서 언급된 원리들은 교육행정의 당위적 규범적 차원에서 설명되는 원리라면, 역동성의 원리는 교육행정 및 교육정책 현상을 설명하고 해석하는 데 중요한 원리로 이해될 수 있다. 역동성(Dynamics)은 동태성이라는 말로도 바꾸어 쓸 수 있으며, 생태학적 관점에서 주로 활용되는 경향이 있다. 이를테면, 자연 생태계에서 종의 진화와 성장 그리고 쇠퇴, 다른 종과의 공존 그리고 경쟁 등 생태계 구성요소 상호 간에 영향을 주고받는 것을 생각해 볼 수 있다. 이와 같은 역동성은 교육행정, 특히 교육정책 현상에서 자주 확인된다. 예컨대, 국민의 교육에 대한 수요를 충족시켜 주기 위해 교육정책을 수립하였으나, 의도하지 않았던 외부효과(Side effect)가 나타나기도 하는 예[28]를 들 수 있다. 즉, 교육정책 결정자가 의도하였던 정책목표와 달리 교육정책의 집행 과정에서 당초 의도하였던 것과 다르게 정책이 집행되거나 외부효과를 발생시키는 경우가 종종 나타나기도 한다. 이와 같은 과정은 정책과학에서 의도한 '목표–수단' 프로그램으로 정형화하기 어려운 정책맥락, 정책환경과의 상호작용 등으로 말미암아 발생되는 것으로 정책의 역동성으로 설명될 수 있다.

---

28) 이와 관련한 사례로 정책 패러독스라는 개념을 생각해 볼 수 있다(신현석·이예슬, 2021).

이상에서 언급된 교육행정의 원리들은 교육행정활동을 수행하는 방향을 제시해 주기도 하며, 그것을 평가하는 모종의 기준이 되기도 한다. 이와 같은 원리는 시대나 상황의 변화에 따라 변화하기도 하며(윤정일 외, 2011:30), 앞서 제시된 각각의 원리는 독자적으로 작용되기보다 상호 관련을 맺으면서 작용되기도 한다. 특히, 어떠한 원리는 다른 원리와 충돌되기도 한다. 예컨대, 합법성의 원리를 강조하는 경우 효율성의 원리를 충족시키지 못하는 경우도 있다. 학교 현장에서 효율적으로 학교를 운영하는 것에 보다 의미를 둔다면 효율성의 원리가 학교 의사결정에 있어 중요한 기준이 되겠지만, 합법성의 원리에 보다 의미를 두게 되면 경우에 따라 효율성의 원리를 포기하게 되기도 한다. 교육행정에 있어 이상에서 제시된 원리는 교육행정가에게 중요하게 고려되어야 하는 사항이긴 하지만 절대적인 기준이라고 할 수는 없다. 즉, 교육행정가 본인이 수행하는 업무의 특성, 교육정책적 요구사항, 조직 구조, 행정 수요자의 요구사항 등을 종합적으로 판단하여 각각의 원리에 대하여 조화롭게 운영하려는 노력이 필요하다. 이와 같은 점 때문에 교육행정을 기계적으로 집행하는 관점에서 탈피하여 교육행정을 일종의 '예술성[29]' 관점에서 파악하는 입장도 있다.

29) 교육행정의 예술성에 대해서는 '허병기(2008). 교육조직의 문화적 리더십이 갖는 예술성' 참조.

CASE STUDY 해설

- '교육에 관한 행정'은 교육보다 '행정'에 초점을 맞춘 관점이며, 교육을 위한 행정은 행정보다 '교육'에 초점을 맞춘 입장이다. 즉, 교육을 위한 행정은 교육 자체에 목적을 두고 행정은 교육이 보다 잘 이루어지기 위한 조건의 조성 및 지원에 초점을 맞춘 관점이라 할 수 있다.
- 앞부분에서 제시했던 지문에서 A선생님은 "다양한 과학활동을 아이들과 함께 하고 싶고, 우리 아이들도 원하고 있는데.."라고 말한 대화 내용에서 보이는 것처럼 학생들과 '교육활동'에 초점을 맞추고 있으며, 교감선생님은 "행정실에서 우리 학교 1년 전체 예산 가운데 교육활동비로 쓸 수 있는 예산의 범위 내에서 편성"해 줄 것을 언급하고 있다. 즉, 교감선생님은 교육보다 정해진 예산 범위 내에서 교육활동 프로그램을 구성할 것을 요청하고 있다.
- 이와 같은 내용으로 보면 A선생님이 바라보는 교육행정의 관점은 '교육을 위한 행정'에 가까우며, 교감선생님은 '교육에 관한 행정'에 보다 가깝다는 것을 알 수 있다.
- 한 가지 덧붙이자면, 교감선생님의 경우 '예산의 범위 내에서'라고 언급한 것에 유념할 필요가 있다. 본서의 교육재정에서 보다 자세하게 설명하겠지만, 우리나라 학교는 정부 재원에 의하여 운영되고 있다. 따라서, 학교교육에 있어 무제한적인 예산 사용이 가능한 것은 아니며 학교 규모별로 정해진 예산의 범위 내에서 교육활동이 진행되는 측면이 있다. 이와 같은 현실적인 제약 때문에 교감선생님의 입장에서는 '교육에 관한 행정' 입장을 강조하게 된 것으로 볼 수 있다.
- 교육행정은 '교육을 위한 행정'이라는 조건정비설이 우리가 지향하는 가장 이상적인 정의임에는 분명하지만, 우리 학교는 정해진 예산 범위 내에서 교육활동이 전개될 수밖에 없는 구조라는 현실적인 측면을 반드시 고려할 필요가 있다. 이 때문에, 교육행정에 있어 학교 내부 자원의 '효율적인(efficiency)'배분과 학교 외부 자원의 적극적인 활용(예, 학부모님들의 교육기부 및 마을교육공동체 등)을 통하여 충분한 재원을 확보하려 한다는 것을 고려할 필요가 있다.

CHAPTER 02

교육행정의 발달과정

학습 목표

- 우리나라 교육행정학의 발달 과정을 이해하고 그 특징을 설명할 수 있다.
- 교육행정학의 고전이론인 과학적 관리론과 인간관계론을 이해하고 설명할 수 있다.
- 체제이론의 개념 및 주요 특징을 이해하고 교육행정 현상을 체제 이론 관점에서 설명할 수 있다.
- 관료제의 개념 및 주요 특징을 이해하고 학교조직을 관료제적 관점에서 설명할 수 있다.

교육행정학은 우리나라에서 자생적으로 만들어진 이론이 아니라, 미국 교육행정의 이론적 내용을 통하여 발전되어 왔다. 우리나라의 교육행정학이 미국의 교육행정학의 영향을 받았다는 사실은 해방 이후 우리나라의 역사적 사실과 밀접한 관련이 있다. 우리나라는 1945년 해방 이후 미군정기를 거쳤다. 이 과정에서 한국의 교육은 미군정 당국에 의하여 주도되었고 미국의 학교경영(특히, 조직이론) 이론 및 교육행정에 관한 내용이 도입되었다. 또한, 1960~1970년대에 우리나라는 고도 경제성장기를 거치면서 당시 유능한 인재들이 미국 유학을 통하여 미국의 교육행정학을 공부하고 귀국하여 한국의 교육행정학 이론의 초석을 놓았다는 사실 역시 우리나라 교육행정학 발달사에서 중요한 사실 가운데 하나라 할 수 있다.

비교적 최근 자생적 · 한국적 교육행정 이론의 개발을 위한 노력이 경주되고 있으나, 우리나라 교육행정학은 미국 교육행정의 영향을 받았으며 여전히 교육행정학 연구에서 중요한 위치를 차지하고 있다는 사실은 부인할 수 없다. 따라서, 이 장에서는 이와 같은 사실을 고려하여 교육행정학의 발달 과정을 학습하도록 한다. 먼저, '경영' 또는 '행정' 분야에서 교육행정학 이론에 관한 고전이론인 과학적 관리론과 인간관계론을 검토하도록 한다. 고전이론인 과학적 관리론과 인간관계론은 조직관리 및 조직에서 인간을 어떻게 이해하고 있는가에 대한 중요한 시사점을 제공해 준다. 또한, 체제이론은 기존의 고전이론과 관점을 달리하여 교육행정이라는 현상을 사회체제와 상호작용하는 관점에서 해석하고 시사점을 제공하는 특징이 있다. 마지막으로, 현대사회의 조직에서 나타나고 있는 '관료제' 이론에 대하여 심도 있게 검토하고, 관료제 이론이 교육행정학에서 차지하는 위상과 의미를 이해하도록 한다.

1. 고전이론

여기에서 살펴보게 되는 고전이론은 미국 경영학의 고전이론이다. 미국의 경영학은 프레더릭 윈슬로 테일러(Frederick Winslow Talyor) 이후 약 100여 년에 가까운 역사를 가지고 있다(이진규·김종진·최종인, 2016:38). 미국의 경영학에서 고전이론의 탄생은 근대 산업사회 발달과 무관하지 않다. 산업혁명 이후, 고도로 산업화된 사회에 있어 당시 새로운 조직(기업 또는 공장)에 적합한 관리체계를 갖출 필요가 있었고, 이와 같은 요구에 따라 공학, 심리학, 경제학, 철학 등 다양한 학문적 배경을 갖춘 실무자들이 중심이 되어 발전되어 온 측면이 있다. 경영학에서 고전이론이라 하면 크게 '과학적 관리론(Scientific Management)'과 '인간관계론(Human Relation)' 두 가지를 떠올린다. 이들 두 가지 이론 외에도 다양한 이론이 있으나, 이후 전개되는 이론의 구조는 과학적 관리론과 인간관계론의 범위 내에서 응용되는 측면이 있기 때문에 본서에서는 두 가지 이론을 중심으로 고전이론을 소개한다.

1) 과학적 관리론

(1) 과학적 관리론의 배경 및 특징

과학적 관리론을 설명하기에 앞서 1900년대 초반 미국 산업사회의 배경을 이해할 필요가 있다. 당시, 미국의 산업계에서는 생산성 향상을 저해하는 근로자들의 다양한 형태의 태업(soldiering)[1)]이 상당한 문제로 제기되었다. 공장 근로자들의 태업에는 임금 인상, 근무조건 개선 등 여러 가지 이유가 있겠으나, 미국 산업계 전반으로 볼 때 생산성 향상에 있어 노동자들의 태업 방지는 주요 이슈 가운데 하

1) 태업이라 함은 '표면적으로는 작업을 하면서 집단적으로 작업능률을 저하시켜서 사용자에게 손해를 주는 일종의 쟁의행위'로 정의될 수 있다.

나였다. 이 과정에서 미국의 프레더릭 윈슬로 테일러(Frederick Winslow Talyor)는 노동자와 사용자 간 협력을 통하여 이익을 공정하게 배분하는 것을 주요 골자로 하는 '과학적 관리론(Scientific Management)'을 발표하기에 이른다. 테일러의 과학적 관리론은 당시 미국의 산업계(특히, 공장 등 제조업)에서 만연해 있던 주먹구구(Being clumsy) 방식의 관리를 벗어나 합리적 관리가 가능하도록 하였다(이진규 · 김종진 · 최종인, 2016:39). 그는 먼저 당시 미국 산업계 근로자들의 태업 원인이 노동을 많이 하면 임금률이 삭감되지 않을까 하는 우려 때문이라는 판단을 하였고, 실제 사용자 측의 임금률 저하와 노동자 측의 조직적 태업의 악순환은 계속되는 것으로 파악하였다(이진규 · 김종진 · 최종인, 2016:39).

이에 대하여 테일러는 표준 작업량의 불명확성을 고쳐야 한다는 관점에서 근로자의 1일 작업량을 과학적으로 결정하기 위해 시간연구(Time study)와 동작연구(Motion study)를 실시하였다. 그리고 임금의 유형을 두 가지로 나누어 목표량을 초과 달성한 근로자에게는 높게, 이를 달성하지 못한 근로자에게는 낮은 임금을 적용하는(이른바 성과급제) 방법을 제안하였다. 아울러, 이와 같은 과업에 적합한 노무자의 선발과 교육훈련 방법을 고안하고 제안하였다. 특히, 테일러가 저술한 '과학적 관리법(The principles of Scientific Management)' 제2장에서는 테일러가 현장에서 직접 실시한 연구 사례를 소개하고 있다.

〈'과학적 관리법(The principles of Scientific Management)'에 실린 작업능률화 예시〉

사례1

당시 미국의 선철 운반 사례를 소개하였는데 그 내용을 살펴보면, 하루에 1인당 평균 12.5톤을 운반하는 대가로 1.15달러를 받았던 사람들이 과학적으로 고안된 작업방식으로 일하면서 하루에 1인당 47톤을 운반하고 1.85달러를 받게 되었다. 아울러, 종업원 스스로 작업량을 결정하고 정해진 임금을 받는 공장에서의 작업 피로도와 소요 에너지를 과학적으로 분석한 결과, 선철 운반 시 그 무게와 옮기는 동작을 조화롭게 구성하면 종업원의 피로도는 상당히 낮아지며, 성과는 기대 이상으로 향상된다는 점을 제시하였다.

사례2

두 번째 사례는 삽질 작업의 사례를 제시하였는데 삽의 무게와 사용 방법, 작업계획에 따라 단순한 노동활동도 과학적 관리법을 도입하면 훨씬 효율적으로 일하게 될 수 있다는 점을 제시하였다. 즉, 선철이나 입탄을 담은 삽의 무게가 21파운드가 될 때 가장 능률적이라는 사실과 옮기는 내용물에 따라 다른 모양의 삽을 사용하는 것이 보다 효율적이며, 집단적으로 획일화된 작업방식보다 개별적으로 방식을 달리하는 경우 능률이 크게 향상된다는 점을 보여 주었다.

출처: 박기찬·이윤철·이동현(2005:50-51).

위에 제시된 사례 연구처럼 테일러는 과업 수행에 있어 '능률(Efficiency)'을 중시했고, 작업 과정에서 비능률을 제거하는 것이야말로 사용자와 근로자 간 합리적으로 생산성을 향상시킬 수 있는 일종의 원칙이라는 점을 제시하였다. 지금 생각해 보면 지극히 당연한 원칙이지만, 일상적인 조직의 작업 과정에서 이와 같은 원칙을 세부적으로 지켜나가는 것은 쉽지 않다. 이에 대하여 테일러는 어떠한 과업이든지 해당 과업의 시간연구와 동작연구 등을 통하여 과학적인 분석을 수행할 수 있고, 이를 통한 효율적인 작업 방법이 가능하다는 점을 주장하였다. 나아가, 근로자의 생산성이 향상될 수 있고, 생산성 향상에 따른 이익이 근로자의 임금 인상으로 이어진다면 근로자의 태업은 막을 수 있으며, 사용자와 근로자 간 상생의 길에 이를 수 있음을 제시하였다. 과학적 관리론의 주요 관점을 정리하여 제시하면 아래 〈표 2-1〉과 같다.

〈표 2-1〉 과학적 관리법의 주요 관점

과학적 관리법	주요 관점
과학적 관리법의 정의	노동자와 사용자 간 협력을 통하여 이익을 공정하게 배분하는 과학적 분석에 입각한 관리
과학적 관리법의 목적	노사 간 최대 번영과 함께 종업원의 최대 번영을 창출
과학적 관리법의 기법	1. 과업 분석 및 관리 2. 하루의 공정한 작업량 3. 차별 성과급제
과학적 관리법의 대상	과학적 관리법은 1911년 미국기계공학회에 제출된 것을 1913년 출판한 것으로 관리자는 물론 모든 종업원들에게 적용 가능한 사례를 제시하고 있으며, 회사뿐만 아니라 가정관리, 농장관리, 교회나, 학교(대학) 등에도 적용 가능한 것으로 제안
과학적 관리법의 내용	현장 경험을 사례로 정리하여 과학적 관리법의 제반 원칙 도출

출처: 박기찬·이윤철·이동현(2005). 경영의 고전을 읽다. 49쪽의 내용을 일부 수정함.

이와 같은 과학적 관리론은 조직과 인적자원 관리에 있어 과학화를 제시하면서 능률을 극대화하는 데 상당한 기여를 한 것으로 평가해 볼 수 있다. 하지만, 생산과정에서 인간성을 완전히 배제한 채 인간을 기계처럼 취급하였다는 점에서 많은 비판을 받고 있는 것도 사실이다(윤정일 외, 2011). 즉, 과학적 관리론은 작업의 성질과 전통, 인간의 개성과 잠재력 등 인간의 특성에 대한 고려 없이 작업 과정 자체에 초점을 두고 있기 때문에 작업을 담당하는 인간에 대한 고려가 부족했다는 것이다(윤정일 외, 2011). 이와 같은 점으로 말미암아 학생에 대한 교육을 담당하는 학교조직에 그대로 적용되기는 어렵다는 일부 비판도 존재한다. 과학적 관리론과 교육행정에 대한 적용 및 시사점은 절을 달리하여 설명하도록 한다.

(2) 과학적 관리론과 교육행정

앞서 설명한 것처럼 지난 20세기 초, 과학적 관리론은 모든 분야의 영역에서 경영관리를 위한 가장 효율적인 기술과 원리로 수용되어 급격하게 확산되었다(윤정일 외, 2011). 특히, 교육의 영역에서도 학교경영의 비효율과 낭비를 제거하고 관리의 효율 극대화를 통하여 테일러의 과학적 관리론을 도입해야 한다는 주장이 강하게 제기되었고, 이와 같은 주장의 대표자는 스폴딩(Spaulding)이었다(윤정일 외, 2011). 그는 교육의 가장 큰 취약점은 비능률이라는 점에 있으며 교육행정에 있어서도 기업경영의 원리를 도입해야 한다는 점을 제안하였다. 한편, 보비트(Bobbit)도 1913년 「도시 학교체제의 문제에 적용되어야 할 관리의 일반적 원리」라는 논문을 제시하면서 학교의 일반적인 관리는 물론이며 장학(Supervision)에 있어서도 적용할 것을 주장하였다. 이들의 주장을 요약하면 다음과 같다.

- 학교에 대한 과학적 관리론의 적용
  - –가능한 모든 시간에 교육시설을 활용할 것
  - –교직원의 작업능률을 최대한 유지하고, 교직원의 수를 최소한으로 감축
  - –교육에서의 낭비를 최대한 제거
  - –교원은 학생 교육에 전념하고 별도의 행정가가 학교를 책임져야 함

1910년대 미국에서는 모든 분야에서 과학적 관리론이 적용되었기 때문에 학교 조직에서도 당연히 적용되고 학교의 비능률과 낭비를 제거해야 한다는 점은 당시 미국 학교가 놓인 상황을 고려할 때 당연한 주장이었다. 하지만, 당시에도 그룬버그(Gruenberg)같은 학자는 교육의 과정은 인간의 인성 계발을 목적으로 하는 것으로, 공장에서 규격화된 제품을 생산하는 과정과는 비교할 수 없다는 점을 제시(윤정일 외, 2011)하는 등 과학적 관리론의 적용에 대한 비판적 입장도 있었다.

2) 인간관계론

앞서 설명한 과학적 관리론은 대량생산을 통하여 작업의 능률을 올리는 데 상당한 기여를 한 것으로 평가해 볼 수 있다. 하지만 과학적 관리론은 근로자를 임금의 노예로 평가절하한 측면이 있고, 과업의 과정에 초점을 두었다는 점에서 비판을 받았다. 즉, 공장에서 근로자는 기계의 부속품이 아니라 모종의 '인간

(human)'이라는 점과 작업 과정 이외에 사용자와 근로자 상호관계 및 근로자 간의 상호관계 등에 대한 관심은 적었다. 이와 같은 과정에서 과학적 관리론을 비판하면서 새롭게 제안된 이론이 '인간관계론'이다.

(1) 인간관계론의 등장 배경 및 특징

인간관계론은 폴렛(Follet)의 연구로부터 시작된 것으로 볼 수 있다(윤정일 외, 2011). 폴렛은 행정학 연구에 있어서도 심리학적 관점 도입을 통해 경직된 과학적 관리론에 대한 비판적 시각을 제공했으며, 조직 구성원 간 관계에 기반한 역동적 관계를 설명하고자 하였다. 본격적인 인간관계론의 시작은 하버드 대학교의 경영학 교수인 메이요(Mayo)와 뢰슬리스버그(Roethlisberger)를 중심으로 하는 연구팀에 의하여 주도된 8년 연구부터 보는 것이 일반적이다.

① 호손공장 실험 개요

호손실험으로도 불리는 이 실험은 비인간적인 기계적 도구관에 반하여 조직관리에 있어서 인간의 관점을 환기시키는 계기가 된 실험이었다. 이 실험은 다년에 걸쳐 수행되었던 바, 조명실험(1928–1930), 전화계전기 조립실험(1927–1929), 면접 프로그램(1928–1930), 건반배선 조립실험(1931–1932) 등으로 구분된다.

② 호손공장 실험 : 조명실험

먼저, 조명실험은 작업현장의 조도(밝기)와 노동자의 작업능률 간 관계를 분석하기 위한 실험이었다. 즉, 작업장의 조도를 높여 주면 노동자의 작업능률이 올라갈 것이라는 가설을 검증하는 데 목적을 두고 실행되었다. 이 실험에서는 3개 부서의 조도 수준을 일정한 간격으로 높이면서 생산량의 증가 정도를 조사하였다. 여성 근로자를 통제집단과 실험집단으로 구분하여 통제집단에는 일정한 조도를 유지하였으나, 실험집단에서는 일정 수준으로 조도를 점차적으로 높였다. 이 실험에서는 실험집단의 근무조건(작업장의 밝기)을 개선시켜 주면 생산량도 증가할 것으로 예측하였으나, 실험 결과 두 집단 간에 생산량에는 차이가 없었다. 조명

실험 결과 작업현장의 조도(밝기)와 생산량 간에는 차이가 없었으며, 조도 이외에 다른 요인에 의하여 생산량에 영향을 주고 있다는 점을 확인하는 계기가 되었다.

③ 호손공장 실험 : 전화계전기 조립실험

두 번째 실험은 전화계전기 조립실험으로, 이 실험은 2차에 걸쳐서 진행되었다. 제1차 실험에서는 서로 사이가 좋은 2명의 여성 근로자로 하여금 좋아하는 4명의 여성 근로자를 선택하도록 하고, 6명이 1개조가 되어 다른 근로자들과 다른 장소에서 일을 할 수 있도록 하였다. 또한 2차 실험에서는 5명의 여성 근로자를 별도로 선발하여 집단 임금제도의 영향을 관찰하였다. 이 실험은 약 1년 6개월에 걸쳐 진행되었다. 실험 초창기에는 일정한 작업조건을 유지하였으나 점차적으로 변화를 주었다. 휴식 시간과 빈도 등을 조정하고 간식을 제공하는 등 작업조건의 변화를 가하였다. 이와 같은 변화에도 불구하고 생산량은 계속적으로 증가하는 결과를 보였다. 특히, 실험처치(작업조건 변화)가 있었음에도 초기 실험 때와 동일한 상태로 작업조건을 변경하였으나 산출량은 오히려 높아지는 결과를 보였다. 이와 같은 결과는 작업능률에 영향을 미치는 것은 휴식이나 간식의 제공이 아니라 심리적 만족도, 소속감 등이 중요하다는 점을 시사한다. 전화계전기 조립실험에서 여성 근로자들의 작업능률이 높았던 것은, 자신들은 선택된 자들이며 별도의 공간에서 작업한다는 일종의 자부심, 마음이 맞는 사람들과 일할 수 있는 점이 지속적인 생산량 증가에 영향을 미치는 것으로 나타났다(윤정일 외, 2011).

④ 호손공장 실험 : 면접 프로그램

세 번째 실험은 면접 프로그램으로, 종업원의 관심사를 직접 이야기하도록 하고 그들이 어떠한 생각을 갖고 있는가를 확인하기로 하였다. 이 실험은 호손공장의 검사부에 근무하는 1,600명부터 시작하여 그 후에는 종업원 21,126명으로 확장하여 그들의 신변상의 문제와 근무환경에 대한 불만, 기타 의견 등을 면접 방식으로 조사하였다(윤정일 외, 2011). 면접 프로그램 실시 결과, 조직 내 구성원들은 이성보다는 감정이 그들에게 영향을 미치고 있었고, 자신의 의견을 직설적으로 표현하는 것이 아니라 우회적으로 표현하며 주로 자신의 입장에서 사태를 파악하는 경향이 있다는 점을 확인할 수 있었다. 결국 이 실험을 통해서, 조직에서 생산성 향상에 있어 근무 여건 개선이나 봉급인상과 같은 물리적인 조건 개선만큼이나 중요한 것이 조직 내 '인간'이며, 이들 간의 관계가 중요하다는 점을 인식하게 되었다.

⑤ 호손공장 실험 : 건반배선 조립실험

마지막 실험인 건반배선 조립실험은 전화교환기에 사용되는 건반배선을 조립하는 14명의 남자 노동자를 건반배선 작업 관찰실에 배치하고 1명의 조사원을 함께 배치하여 작업행동을 관찰하는 실험이었다. 이 실험은 두 번째 실험인 전화계전기 조립실험과 유사하긴 하였으나, 14명의 노동자에 대하여 인위적 조작 없이 14명으로 구성하여 실험을 하였다는 점에서 차이가 있었다. 실험 결과 몇 가지 주목할 만한 점이 나타났다. 먼저, 생산성은 노동자의 능력이나 기술보다 노동자들의 비공식조직에서 정해 놓은 일정한 규칙, 즉 비공식적 표준작업량에 의한다는 것이었다. 14명의 노동자들은 실험을 통하여 시간이 지나게 되면서 2개의 비공식집단으로 구분되었던 바, 이와 같은 비공식집단 내에서는 비공식집단의 규범이 존재했고, 구성원의 행동을 통제하는 규범도 나타나게 되었다. 예컨대, 일을 너무 열심히 하면 '일벌레'로 비난받았고, 너무 일을 못해도 '뺀질이'라는 비난을 받게 된 것이 그것이었다.

요컨대, 인간관계론은 앞서 과학적 관리론에서는 확인할 수 없었던 조직 내 '인간'에 대한 이해와 관계의 중요성을 다시 한 번 확인하는 계기가 되었다. 특히, 비공식집단의 존재와 비공식집단의 규범이 공식적인 규정을 흔들 수도 있다는 점은 과학적 관리론에서의 가정과는 근본적으로 다른 차이가 있었다는 점도 확인되었다. 호손공장 실험은 기계적 합리성보다 인간적 요인을 중시하는 방향으로 행정관리가 되어야 한다는 점에 공헌을 하였으나, 경영자와 노동자 간 갈등의 본질을 정확하게 파악하지 못하였다는 비난, 추상적이고 사소한 문제에 치중하여 조직운영과 관련된 주요 문제점을 제대로 파악하지 못했다는 점, 조직에서 생산성과 효과성의 문제를 도외시하였다는 점에서 비판을 받기도 하였다.

(2) 인간관계론과 교육행정

인간관계론은 교육행정에 있어 과학적 관리론이 공헌하였던 것처럼 교육행정에 커다란 공헌을 하였다. 1930년대 당시 미국에서는 진보주의 교육운동이 한창 진행중이었고, 학생과 교사 상호 간의 신뢰감, 학생의 흥미 및 개성 존중 등이 중시되고 있었다. 인간관계론은 미국의 진보주의 교육운동과 함께 결부되어 이른바 민주적 교육행정, 인간주의적 장학을 위한 방법적 원리로 크게 부각되었다(윤정일 외, 2011). 예컨대, 민주적 교육행정에서는 교직원의 사기와 인화를 촉진하는 것은 결국 '사람'이며, 교육행정은 '봉사'활동이고, 의사결정은 광범위한 참여를 통하여 이루어져야 하고, 행정적 권위는 집단에 의하여 주어져야 한다는 것이 대표적인 예라 할 수 있다(신중식, 1984).

몰맨(Moehlman)은 『학교행정』이라는 그의 저서에서 교육행정이 교수의 필요에 의해 발생하는 것이므로 그것은 교수(Teaching)의 목표를 달성하기 위한 수단이고 행정은 본질적으로 교육과정의 목표를 효과적으로 실현하기 위한 봉사활동임을 강조하였다(윤정일 외, 2011). 과학적 관리론이 교육행정에 있어 낭비 제거, 능률과 효과성 향상에만 초점을 맞추었던 것과 달리 인간관계론은 교육행정에 있어 '민주적 교육행정'의 초석을 놓는 데 크게 기여하였다. 교육행정에 있어 가장 대표적인 조직 가운데 하나가 학교이며, 학교는 학생과 교원 그리고 직원, 학부모 등 수많은 사람으로 구성되어 있다. 이들은 개인적으로는 감정을 가지고 있고 상호 교류를 하며 조직의 목적을 달성하기 위해 노력한다. 즉, 교육행정의 대표격인 학교조직은 '인간'으로 구성된 조직으로, 이와 같은 조직에서 구성원의 의사소통, 협력, 사기 증진, 의사결정, 지도성 등은 조직의 성패를 결정할 수 있을 정도로 중요한 의미를 지닌다.

CASE STUDY 2

① 학생-학부모-교사가 만들어 가는 약속 '존중 · 신뢰의 학교문화'

우리는 보통 학생 · 학부모 · 교사를 '교육 3주체'라 말한다. 가르치는 교사와 배우는 학생, 학부모가 함께 교육의 방향성을 만들어 간다. ㅇㅇ교육청은 '교육 3주체'가 서로 존중하고 신뢰하는 민주적 학교문화 기반 조성을 위해 노력하고 있다. 학교공동체 구성원의 자발적 참여와 토론문화 활성화 지원을 통해 학생들의 민주시민의식을 키운다. 이를 위해 민주시민교육과는 올해 기본계획을 세우고 '3주체 생활협약' 제정 · 운영을 지원하고 있다. 지난 2017년 6개 학교에서 찾아가는 3주체 생활협약 제정을 시작해, 2018년 16곳, 2019년 21곳, 지난해 24곳에 이어 올해 30여 곳의 학교에 3주체 생활협약 제정 지원 연수를 준비 중이다(중도일보, 2021. 6.27일자).

② 교원 성과상여금 4월 초 지급 가능성 .. 균등 지급은 어려울 듯

교원 성과급이 4월 초를 전후로 지급될 것이란 관측이 나오고 있다. 관심을 모았던 균등 지급 요구는 받아들여지지 않은 것으로 보인다. 6일 교육계에 따르면 교육부가 조만간 교육공무원 성과상여금 지급지침을 확정 지을 것으로 알려졌다. 구체적인 내용이 확인되고 있지 않지만 다음 주부터 시도교육청별로 후속작업이 진행된다면 4월 초를 전후로 교사들에게 지급될 수 있을 것이란 전망이다. 교원 성과급은 매년 5월쯤 지급됐으나 지난해 코로나19에 따른 소비 진작 차원에서 3월 말로 앞당겨 지급된 바 있다. 교육부는 당초 2월 중 성과급 지급지침을 확정 지을 계획이었으나 인사혁신처 등 관계부처와 협의가 길어지면서 시기가 늦어진 것으로 전해졌다. 관심을 모았던 교원 성과급 100% 균등 지급은 사실상 받아들여지지 않은 것으로 보인다(에듀프레스, 2021. 03. 06일자)

- **①번 신문기사의 내용은 인간관계론으로 이해할 수 있으며, ②번 신문기사의 내용은 과학적 관리론으로 이해될 수 있다. 두 가지 관점을 토대로 위 신문기사의 내용에 비추어 설명하라.**

3) 관료제론

관료제(bureaucracy)라는 말은 특정한 조직 구조나 현대 정부 그 자체를 나타내는 용어로 쓰이기도 하며, 그러한 조직이나 정부의 병폐를 지적하는 용어로 사용[2] 되기도 한다(오석홍, 2005). 관료제라는 용어는 이론적으로는 학술적으로 시작된 용어로, 막스 베버(Max Weber)에 의하여 창안되었다. 그는 조직의 특정한 형태 또는 구조를 '관료제'라는 용어로 제시하였다. 특히, 베버는 기존의 비능률과 권위주의적 병폐 등으로 요약되는 일반적인 관료제와 달리, 기존 조직에서 보다 특징적인 관료제적 측면을 추상화하여 만든 순수 이상형(ideal type)으로 조직구조를 관료제로 개념화하였다(Max Weber, 1946: 윤정일 외, 2011:44 재인용). 여기에서는 관료제의 출현 배경 및 특징을 이해하고, 교육행정에 미친 영향 등을 차례로 검토하도록 한다.

(1) 관료제의 등장 배경

관료제에 대한 다양한 개념적 속성이 있지만, 여기에서는 특정한 조직의 형태와 구조를 관료제로 이해하는 관념적 관료제를 중심으로 논의하고자 한다. 관료제는 독일의 사회학자 막스 베버(Max Werber)가 1911년 논문을 발표하였는데, 그의 논문이 1940년대 이후 미국에서 영어로 출간되면서 세간의 이목을 집중시켰다고 한다(오석홍, 2005). 막스 베버의 논문에서는 어떠한 조직체는 반드시 통제와 권위가 있게 마련이라고 하면서 권위가 정당화되는 방법에 따라 크게 세 가지 유형이 있다는 점을 제시하였다.

2) 우리가 일반적으로 '관료'라고 이야기를 하면 책상에 다리를 거만하게 꼬고 있는 거만한 공직자를 떠올리기도 한다. 이와 같은 이미지는 관료에 대한 부정적인 이미지만 강조한 것이다. '관료'라는 의미가 이처럼 부정적인 의미로만 쓰이는 것은 아니다.

- **전통적 권위(Traditional Authority)** : 이것은 왕위 세습처럼 추종세력들이 지도자의 권위를 '원래 그러하였다'라는 방식으로 받아들이는 것을 의미한다. 과거 왕조시절, 왕권에 의하여 정당화되었던 권위가 대표적이다.
- **카리스마적 권위(Charismatic Authority)** : 이것은 권위의 근거가 지도자의 비범한 능력에 있으며, 지도자에 대한 추종자의 경외심에 대한 복종의 기초가 되는 권위이다. 초인적인 신체나 정신적 능력을 소유한 예언자나 주술자 혹은 종교, 정치, 군사 분야의 지도자와 같이 많은 추종자를 이끄는 사람들에게서 그 예를 찾아볼 수 있다.
- **합법적 권위(Rational-Legal Authority)** : 이것은 지배의 근거를 법규정에 의한 합법성에 두고 있는 권위로, 지도자는 법적 절차에 의하여 임명되거나 선출되며 추종세력들은 정해진 절차와 법에 따라 임명된 지도자의 권위에 복종하는 구조가 대표적이다.

막스 베버는 위에서 제시된 세 가지 권위 가운데 합법적 권위야말로 관료제에 있어 가장 이상적인 형태라는 점을 주장하였다(오석홍, 2005). 즉, 합법적 권위는 조직에 있어 행정운영의 계속적인 근거를 제공해 주고, 능력을 중심으로 하는 지도자의 합리적인 선임이 가능하며, 지도자로 하여금 자신의 권위를 행사하기 위한 합법적인 수단을 갖게 하는 등 관료제 조직에서 가장 이상적인 조직 형태로서 합법적 권위의 중요성을 주장하였다. 막스 베버가 언급한 관료제 조직은 모종의 이상적인 조직으로 볼 수 있으며, 어떠한 조직이 지속적으로 유지되기 위해서는 지도자의 권위 역시 합법적인 절차와 과정을 거친 지도자가 임명될 때, 조직의 존속이 가능하다는 점을 보여 주고 있다. 오늘날 공공분야(학교나 공무원 조직과 같은)의 직원 채용 또는 부서장 임용 등에 있어서도 유사하다는 점을 확인해 볼 수 있다.

(2) 관료제의 주요 특징

막스 베버에 의하여 제시된 관료제는 이상적인 조직 형태로서 일상적으로 우리가 접하게 되는 조직의 형태 또는 구조와 일정 부분 차이가 있을 수 있다. 그가 제시한 관료제는 조직의 계서제의 원리를 따르며, 직원은 개인적 감정 없이 형식주의적 비인격성에 입각하여 직무를 수행하고, 직원의 자격은 시험이나 자격증에 의하여 증명되며, 고용당국은 규정된 조건 하에서만 직원을 해직시킬 수 있고, 직원의 보수는 계서제의 직위에 따라 책정 · 지급되며, 승진은 상위자의 판단에 의하되 선임 순서나 실적에 의하는 특징을 보이고 있다. 특히, 미국의 교육행정학자인 호이(Hoy)와 미스켈(Miskel)은 베버의 관료제가 교육조직의 구조 분석과 이해에 매우 의미가 있다는 점을 주장하면서 주요 특징으로 다음과 같은 점을 제시하였다(Hoy & Miskel, 2008).

- **분업과 전문화**(Division of Labor and Specialization) : 조직의 목적 달성을 위한 과업이 구성원의 책무로서 공식적으로 배분된다.
- **몰인정성**(Impersonal Orientation) : 조직의 분위기가 감정에 의하여 지배되지 않고 엄정한 공적 정신에 의하여 규제된다.
- **권위의 위계**(Hierarchy of Authority) : 부서가 수직적으로 배치되고 하위 부서는 상위 부서의 통제와 감독을 받는다.
- **규정과 규칙**(Rules and Regulation) : 의도적으로 확립된 규정과 규칙 체계를 통하여 활동이 일관성 있게 규제된다.
- **경력지향성**(Career Orientation) : 연공이나 업적 혹은 양자를 조합한 승진제도를 갖추고 있으며 경력이 많은 자가 우대된다.

호이(Hoy)와 미스켈(Miskel)은 교육조직인 학교에서도 조직의 목적 달성을 위한 과업이 구성원의 책무로서 공식적으로 배분되며, 조직의 분위기가 감정에 의하여 지배되지 않고 엄격하게 공적 정신에 의하여 지배되는 것으로 보았으며, 부서가 수직적으로 배치되며 하위 부서는 상위 부서의 통제와 감독을 받는 것으로 보았다(Hoy & Miskel, 2008). 또한 학교에서 의도적으로 확립된 규정과 규칙 체계를 통하여 학교 구성원인 교직원과 학생의 행동이 일관되게 규제되며, 교직원의 경우 연공이나 업적에 따라 평가를 받고 승진하는 구조를 가지고 있는 점을 들어 관료제의 특징을 가지고 있는 것으로 파악하였다. 호이(Hoy)와 미스켈

(Miskel)이 주장한 교육조직에서의 관료제적 특징이 오늘날 한국의 학교조직에 그대로 드러나고 있는가를 고민해 보면, 일정 부분 타당한 내용도 있고 타당하지 않은 내용도 있다는 점을 확인하게 된다.

한편, 막스 베버는 관료제의 순기능과 역기능에 대하여 다음과 같이 주장하였다. 관료제의 분업과 전문화는 조직 구성원의 전문성을 향상시킨다는 순기능도 있으나, 권태감이 누적되어 오히려 전문성을 저하시킬 수 있다는 것이다. 몰인정성의 경우 조직 구성원 상호 간에 합리성을 증진시킬 수 있다는 점에서 순기능적인 측면이 있으나, 사기 저하를 불러올 수 있다는 점에서 역기능 측면도 존재한다. 권위의 위계의 경우 조직 구성원의 순응과 원활한 조정이 가능하다는 점에서 순기능적 측면도 존재하지만, 의사소통에 있어 장애가 될 수 있다는 점에서 역기능적 측면도 존재한다. 규정과 규칙의 경우에도 조직의 지속적인 유지를 위해 계속성과 통일성을 확보할 수 있다는 측면에서 순기능적 측면이 있으나, 목표와 수단 자체가 전도되는, 즉 규정과 규칙이 모든 것을 대변하는 목표 전도현상이 있을 수 있다는 역기능적 측면도 존재한다. 마지막으로, 경력지향성의 경우 조직 구성원이 장기적으로 근무할 수 있다는 점에서 동기를 유발시키는 기제로 작동하기도 하지만, 경력지향성은 실적(능력)이 높은 조직 구성원에게 적합한 대우를 해 주기가 어렵다는 점에서 실적과 연공(경력지향) 사이에 갈등이 항상 존재한다.

〈표 2-2〉 베버(Weber)의 관료제 모형의 순기능과 역기능

관료제의 특징	순기능	역기능
분업과 전문화	전문성 향상	권태감의 누적
몰인정성	합리성 증진	사기 저하
권위의 위계	순응과 원활한 조정	의사소통 장애
규정과 규칙	계속성과 통일성 확보	경직과 목표 전도
경력지향성	동기의 유발	실적과 연공의 갈등

2. 행동과학론 및 체제이론

우리가 앞서 살펴보았던 '과학적 관리론'과 '인간관계론'은 다양한 측면에서 상호 대비가 된다. 조직을 바라보는 양쪽의 입장에 있어 상호 강조하는 바가 근본적으로 달랐기 때문이기도 하겠지만, 양쪽 모두 관리자의 입장에서 조직을 인위적인 조작을 통해서라도 조직 목적을 달성해야 한다는 점에서는 양쪽 입장은 비슷한 특징을 가지고 있다. 고전이론에서 과학적 관리론과 인간관계론의 시각이 오늘날에 미친 영향을 무시할 수 없지만, 행정을 조직 내에서의 문제로만 파악하고 조직 외부의 환경에 대한 고려가 약했던 점, 좁은 범위의 몇 가지 변수만을 고려했다는 점 등에 대해서는 과학적 관리론과 인간관계론 모두 비판을 받고 있다(윤정일 외, 2011).

1) 행동과학론

과학적 관리론과 인간관계론에 대한 위와 같은 문제점에 대해 심리학, 사회학, 행정학, 경영학 등 교육행정과 인접한 사회과학 분야 연구자들의 도움으로 교육행정 분야에서 개인과 조직의 문제를 복합적으로 연구하려는 사조가 나타났으며, 이와 같은 경향은 이론화 운동(Theory Movement)이라고 불리게 된다. 즉, 조직에 있어 모종의 개념, 원리, 모형, 연구설계 등을 통하여 일종의 가설을 세우고 자료를 수집하여 이와 같은 가설을 검증하는 방식을 통하여 교육행정의 이론적 발전을 주도하게 되었던 것이다. 이와 같은 행동과학론의 경향과 방법론은 오늘날까지도 이어지고 있다. 조직의 성과 또는 조직 내 변수들 상호 간의 관계를 파악하기 위해 설문조사지를 구안하고, 조사지를 회수하여 통계패키지 분석을 통하여 연구자가 생성한 가설이 타당한가를 검토하는 과정이 가장 대표적이라 할 수 있다. 이와 같은 연구 경향은 오늘날까지 이어지고 있는 바, 여기에서는 행동과학론의 등장 배경과 주요 특징에 대하여 언급하도록 한다.

(1) 교육행정에서 행동과학론의 등장 배경

교육행정의 이론화 운동은 처음에는 교육행정가와 교육행정학자 사이에서 이루어지다가 미국의 지역사회 개발 운동에 힘입어 교육행정학자와 사회과학자 간의 협동적 연구 계획이 추진되면서 본격화되었다(윤정일 외, 2011). 이른바 신운동(New Movement)이라고도 불리는 이 경향은 1946년과 1947년 미국 교육행정가연합회(AASA)가 주창한 교육행정의 전문화 활동, 1947년에 결성된 미국 교육행정학교수협의회(NCPEA)의 활동, 1950년 미국 켈로그 재단의 후원을 받아 하버드대학을 비롯한 5개 대학이 중심이 되어 수행한 교육행정협동연구계획(CPEA) 등 1950년대를 전·후하여 교육행정에 대한 연구가 이전과 달리 과학적 관리론과 인간관계론을 넘어선 독자적인 이론화 정립에 박차를 가하게 되었다.

교육행정에 있어 이론화 운동의 또 다른 의미로는 교육행정 분야를 모종의 학문적 분야로 격상시키기 위해 이론이 필요했고, 당시 교육행정 연구자들은 교육행정 연구에 있어 실제적 처방보다 객관적이고 과학적인 방법을 통하여 교육행정 이론 개발 가능한 것으로 판단하였다. 커버스톤(Culberstone)이 중심이 되어 추진되었던 당시 이론화 운동에서는 '과학적 이론은 있는 그대로 다룬다'거나 '연구는 이론에 기반을 두고 이론에 의하여 전개된다'라거나, '가설 연역적 체계가 이론 개발에 가장 좋은 모델이다'라는 등의 교육행정 이론 개발을 모색하였다(윤정일 외, 2011).

(2) 행동과학론과 교육행정

교육행정의 이론화 운동에 힘입어 교육행정은 새로운 국면을 맞이하게 된다. 과거에는 과학적 관리론과 인간관계론 등 현장 실무적 처방 중심의 관리론에 치중하였다면, 1950년대부터(물론, 미국의 1950년대를 의미한다)는 인접 사회과학 분야인 심리학, 경영학, 행정학, 정치학 등의 도움을 통하여 교육행정의 이론 체계를 공고히 하고자 하였다. 이와 같은 흐름의 시대를 행동과학론의 시대라고 하며, 교육행정은 연구가설로부터 수집된 자료를 통하여 검증된 일반화 이론이 존재하며, 어느 학교조직에서나 일반화될 수 있는 이론이야말로 교육행정의 독자적인 이론에 해당되는 것으로 생각되었다. 가령, '학교장의 리더십이 학교조직에 어떠한 영향을 미치는가?' 또는 '교사의 사기와 동기는 어떠한 환경에서 조성되는가?'와 같은 가설이 대표적이라 할 수 있다. 이와 같은 가설에 대한 검증은 실증주의 관점에 토대를 두고 인간이 지각할 수 있고 인지할 수 있는 내용에 대하여 객관적이고 과학적인 연구방법(주로 통계학)과 가설검증을 통하여 연구 결과를 제시하는 특징을 보이고 있다. 이와 같은 경향은 오늘날까지 이어져 오고 있으며, 한국의 교육행정에 상당히 큰 영향을 미친 것도 사실이다.

하지만, 행동과학론 관점이 교육행정의 발달에 상당한 영향을 미쳤음에도 불구하고, 행동과학론은 교육행정 현상의 모든 제 측면을 설명하기에는 한계가 있다는 지적도 있어 왔다. 예컨대, '학교장의 리더십이 학교조직 효과'와 관련이 있는 것은 분명하지만, 학교장의 리더십과 학교조직 관계 분석에 있어 개별 학교가 지니고 있는 고유한 문화적·맥락적 특징에 대한 고려 없이 설문조사에 입각한 자료 수집과 통계적 방법을 통한 분석에 초점을 두고 있다는 점이다. 즉, 행동과학론 접근 자체가 지니고 있는 한계(가설 연역적 접근방법의 한계)로 인하여 교육행정의 모든 부분을 설명할 수 없다는 비판도 있다. 행동과학론 관점이 주장하는 이론 개발을 위한 연역 가설체계라는 것을 예로 들면, 교육행정의 모든 현상이 연역 가설체계로 설명되는 것은 아니며 경우에 따라서는 귀납적 체계에 따라 설명되는 것도 있고, 어떠한 방법론적 체계에 의하더라도 설명이 어려운 부분도 존재할 수 있다는 점을 묵과한 것이다.

요컨대, 행동과학론이 교육행정을 모종의 학문적 위치로 격상시키는 데 크게 공헌을 한 것은 분명하다. 오늘날에도 여전히 행동과학론 관점에 입각한 교육행정 연구들이 진행되고 있는 등 역사적으로 유래가 깊은 것도 사실이다. 본서에서 소개되고 있는 제3장 그리고 제4장의 미국 교육행정의 연구 결과들 대부분은 행동과학론 관점에 입각한 이론들이라 할 수 있다.

2) 체제이론

체제론적 접근방법(System Approach)은 체제분석(System Analysis) 또는 체제관리(System Management)라는 이름으로 언급되기도 하며, 1940년대 일종의 사회과학과 자연과학의 연구방법론으로 광범위하게 알려져 왔다(윤정일 외, 2011:60). 이 접근방법은 앞서 언급된 방법과 달리 다음과 같은 점에서 차이를 보인다. 먼저, 체제론적 접근방법은 총체적·학제적 접근방법이다(오석홍, 2005:48). 이 접근은 미시적인 현상에 주목하는 것이 아니라 거시적인 관점에서 개별 요소들의 특징을 이해하려는 접근을 의미한다. 예컨대, 학교에서 학생이 수업시간에 조는 경우를 생각한다면, 학생이 수업시간에 조는 행위를 학생 개인만의 문제로 치부하지 않고 학생 개인의 심리적 특징 및 학생의 건강뿐만 아니라 학급환경, 교사의 수업 방법, 동료 학생과의 관계 등을 종합적으로 검토하는 입장을 취하게 된다. 체제론적 접근방법은 공동목표의 추구를 위하여 조정되어야 할 구성요소 또는 부분들과의 관계를 이해하는 데 필요한 개념적 틀을 제공해 오고 있다(오석홍, 2005:48)

(1) 사회과학 분야에서 체제(System)의 정의

사회과학 분야에서 체제(System)는 다양하게 정의되고 있다. 다만, 체제 개념과 관련하여 여러 가지 정의에서 공통되는 가장 기본적인 요소는 체제를 '일련의 변수' 또는 '일련의 연관된 산물'로 파악하는 것이다. 이와 관련하여 국내 조직론 분야의 전문가인 오석홍 교수는 '체제란 총체적인 관계 속에서 공동의 목표 달성을 지향하는 상호 연관된 사물'로 정의하면서 오늘날 현대사회의 모든 조직은 폐쇄체제(Closed System)가 아니라 개방체제(Open System)로 파악되어야 한다는 점을 주장하였다(오석홍, 2005:50). 이와 같은 그의 주장은 체제론적 접근 이론에 선구적인 역할을 해 온 버탈란피(L. V. Bertalanffy)의 '체제란 교호작용하고 있는 일련의 요소'라는 주장을 그대로 따르고 있는 것으로 볼 수 있다.

이상의 내용을 종합하면 우리가 살아가는 사회, 그리고 이 책의 주요 배경이 되는 교육행정 현장인 학교 역시 일종의 체제(System)로 이해될 수 있고, 기존의 과학적관리론, 인간관계론, 행동과학론 접근과 다른 관점으로 이해하게 된다. 여기에서는 체제이론의 주요 개념적 요소 및 유형 등을 살펴보고 교육행정에 미친 영향을 설명하도록 한다.

(2) 개방체제(Open System)의 특징

앞서 체제의 정의에 대하여 살펴보았던 것처럼 체제는 모종의 여러 가지 미시적인 요소들로 이루어진 총체를 의미한다. 본래 체제론은 생물학(Biology) 분야에서 세포로 구성된 유기체의 총체를 지칭하는 것으로 시작되었으나, 사회과학 분야에서는 조직을 유기체로 이해하였던 고전적 조직이론과 접합되면서 관리론의 중심적 개념으로 사용하게 되었다(윤정일 외, 2011). 여기에서는 생물학적 개념이 아닌 사회과학 분야, 특히 조직론적 관점에서 체제를 설명하도록 한다.

어떤 하나의 체제가 존재할 때, 해당 체제는 일정한 경계(Boundary)를 가진다. 이 경계는 물리적인 경계일 수도 있고 심리적인 경계일 수도 있으나, 대체적으로 물리적인 경계가 많이 사용[3]된다. 또한 체제는 시·공간적으로 존재하며, 유기체와 같이 생성·진화·성장을 거치고, 종국적으로는 소멸하는 경향을 보인다(윤정일 외, 2011). 이와 같은 체제의 속성들은 생물학 분야의 개념을 사회현상에 적용하여 이해한 것으로, 사회현상 속에서 일종의 유·무형의 형체를 설명하는 데 있어서도 유용하게 활용된다. 특히 사회적 조직을 설명하는 데 있어 조직이 일종의 체제에 해당되는 것으로 이해되는 경우, 조직의 물리적인 경계를 기준으로 내부와 외부로 구분하고 이로부터 내부의 속성들은 유기체와 같은 과정을 거치는 것으로 이해할 수도 있다.

---

3) 체제와 환경의 구분에 있어 심리적인 경계로 파악하는 경우, 체제를 이해하는 사람마다 그 범위의 폭은 상당한 차이가 발생하게 된다. 이 때문에 통상적으로 '물리적인 경우(학교 울타리를 경계로 그 내부는 학교체제, 그 밖은 학교 외부 환경)'로 구분하는 경우가 일반적이다. 체제의 범위를 어디까지로 설정할 것인가는 체제를 통하여 설명하고자 하는 주제의 특징, 해결하고자 하는 문제의 성격 등에 따라 결정될 것인 바, 이 과정에서 어느 정도 주관적인 개입은 필연적으로 나타나게 된다.

(3) 체제이론 관점에서 살펴본 학교조직

체제이론의 제 속성을 학교조직에 적용하여 이해한다면, 학교조직을 복합적이면서도 역동적인 모종의 '체제(System)'로 파악해 볼 수 있다. 먼저, 학교조직을 모종의 체제로 가정하는 경우, 학교로 투입(Input)되는 요소들이 있을 수 있다. 이와 같은 투입요소는 다양하겠지만, 일반적으로 교직원(인적자원), 학교예산·시설(물적자원)이 가장 대표적이다. 또한 학교의 성과라 할 수 있는 학생의 인지적·정의적·심동적 영역에 해당되는 결과는 학교조직을 체제로 파악하는 경우 일종의 산출(Output)로 이해해 볼 수 있다. 가령, 학생의 인지적 성과는 학업성취도로 파악하거나 학생의 정의적 영역의 성과는 학생의 태도 및 인성의 변화로 파악하거나, 학생의 심동적 영역의 성과는 신체적 성장 또는 운동기능의 향상 등으로 정의하는 것이 대표적이라 할 수 있다. 하지만, 학교를 모종의 체제론에 입각하여 이해할 때 투입요소는 명확하게 설정하는 것이 가능하지만, 산출에 대해서는 이견[4]이 있는 것도 사실이다.

학교를 체제 관점에서 이해하는 경우, 투입과 산출은 상대적으로 파악이 쉽지만 과정(Process)의 경우 확인하기 어렵다. 이로 말미암아 학교조직 체제 내의 구성요소(이때의 구성요소는 연구 범위와 주제에 따라 다양하겠으나, 교원, 학생, 학부모 등의 인적 구성원이 될 수도 있고, 교육과정, 교과서, 수업 등이 될 수도 있음) 간 상호작용처럼 우리가 확인하기 어려운 일종의 과정(Process)으로 블랙박스에 해당되는 것으로 이해되고 있다. 즉, 투입과 산출은 상대적으로 명확하게 확인이 가능하지만 과정에 해당되는 교사와 학생의 상호작용, 교육과정이 학생에게 미치는 영향 관계, 교사 상호 간의 협력 과정 등은 학교체제에서 과정(Process)에 해당되는 영역이다.

한편, 학교체제에서 중요한 영역으로 '환경(Environment)'도 중요한 의미를 지니고 있다. 학교를 체제이론 관점에서 이해하는 경우, 환경은 학교체제 외부에 있는 요소들을 의미한다. 학교체제에서 환경을 어떻게 정의할 것인가는 학교체제의

4) 본서의 제1장 교육행정의 특징 가운데 '기술적 수준의 특징 : 전문성'을 참조하기 바람.

경계(Boundary)를 어디까지로 설정한 것인가에 따라 달라질 수 있다. 일반적으로는 물리적인 학교 울타리 내를 학교로 이해하지만, 경우에 따라서는 물리적인 범위를 넘어서는 경계를 설정하게 되는 경우도 있을 것이다. 학교조직의 내부와 환경을 구분 짓는 경계가 설정되면 학교 외부 환경은 학교조직 내부와 끊임없이 상호작용을 하게 된다. 앞서 체제는 개방체제(Open System)를 전제하고 있으므로 체제 외부 환경은 체제 내부와 상호작용하면서 체제에 영향을 주기도 하며, 체제 내부로부터 영향을 받기도 한다. 학교체제의 경우 학교 외부의 교육정책, 지역 주민 또는 학부모의 학교에 대한 요구 등이 환경의 대표적인 요소라 할 수 있다.

마지막으로 학교체제에서 중요한 요소 가운데 하나로 '환류(Feedback)'를 생각해 볼 수 있다. 일반적으로 조직체제는 체제의 산출(Output)을 검토하여 다음번(예컨대, 검토가 2020년 2학기 교육과정이라면 '다음번'은 2021년임) '투입(Input)'을 조정하게 된다. 우리가 만나게 되는 대부분의 조직체제에서 이 과정은 대단히 중요하다. 조직체제의 지속가능한 성장과 발전을 위해 조직의 산출이 어느 수준인가를 판단하고 다음번 투입에 대해 조정하는 것은 보다 효과적(Effective)이며 효율적(Efficiency)인 조직으로 거듭나는 데 있어 중요한 기능을 수행한다. 환류는 조직체제가 스스로 자신의 산출을 점검[5]하고 조직이 성장하기 위해 투입과 과정 요소를 조정할 수 있는 모종의 평가활동의 의미도 지니고 있으므로 중요하다. 이상의 내용을 도식화하여 제시하면 아래 [그림 2-1]과 같다.

---

5) 이와 같은 '환류(Feedback)' 활동은 우리나라 학교 현장에서 학교평가가 대표적인 기제라 할 수 있다. 그러나 우리나라 초중등학교가 평가 결과를 통하여 스스로 자신의 '투입(input)'을 조정하는 의사결정을 하는 것은 현실적으로 불가능하다. 여기에는 여러 가지 이유가 있다. 먼저, 우리나라 국·공·사립학교는 국가 재정에 의하여 운영되고 있으며(물적자원), 교원의 인사 역시 교육공무원법에 따라 운영되고 있다(인적자원). 따라서 학교평가를 통하여 학교체제가 지속적인 발전 가능성을 담보하는 구조는 아니라 할 수 있다. 엄밀한 의미에서 단위학교책임경영(SBM), 학교자치 등이 가능하려면 학교체제가 스스로의 결정에 대하여 책임을 지는 구조가 전제되어야 하는 바, 우리나라는 이와 같은 구조가 아니라는 점에서 '체제이론'에서 언급하는 환류 기능이 사실상 작동되기 어려운 구조라 할 수 있다(다만, 사립대학의 경우는 '환류'가 의미가 있으며, 대학의 자체평가는 대표적인 환류 기능을 수행하고 있다).

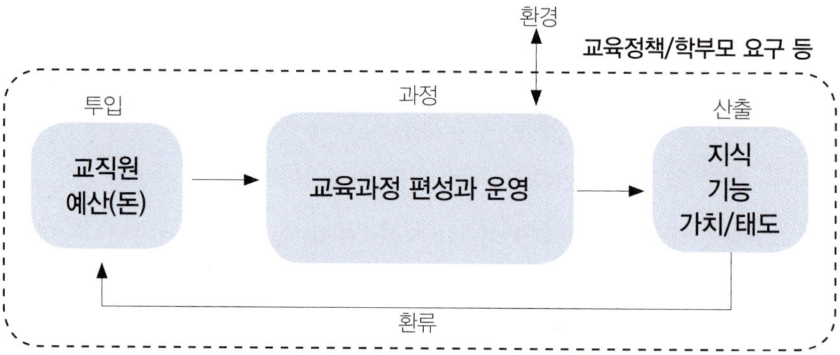

[그림 2-1] 체제이론 관점과 학교조직(예시)

3. 교육행정 이론의 발달과 과제

본 장에서는 교육행정의 이론적 발달에 관한 내용을 개략적으로 소개하였다. 제2장의 서두에서 언급한 것처럼 교육행정은 우리나라의 고유한 영역이 아니라 미국의 교육행정으로부터 영향을 받았으며, 이와 같은 영향은 일제 치하 이후 해방을 맞이하면서 미군정기를 거쳤던 바(1945-1948), 미국의 교육행정과 일정 부분 관련을 맺을 수밖에 없었다. 미국의 교육행정도 1940년대 이후부터 독자적인 이론 형성을 위해 노력하였으나, 교육학이 행정학·경영학·심리학·사회학 등 제반 사회과학(특히, 행동과학) 방법론의 영향을 받았으며, 이와 같은 영향을 통하여 교육행정만의 독자적인 이론을 구축하기 위해 상당한 노력을 기울였다. 하지만 과연 '교육행정의 독자적인 이론'이 존재하는가에 대해서는 '그렇다'라는 답변과 '아니다'라는 답변의 양면적인 입장이 존재하기도 한다. 이것은 교육행정은 일종의 행정현상을 분석하기 위한 방법으로 충분하다는 입장과, 교육행정은 '교육'이라는 모종의 특정한 현상에 관한 행정을 의미하므로 독자적인 영역과 내용이 존재할 수 있다는 양립적인 인식에 기인한다.

교육행정의 이론에 있어 독자적인 이론이 존재하는가 또는 그렇지 않은가에 대한 논쟁은 후일 논의하도록 하고, 학부(또는 교육대학원 석사과정)에서 공부하고 있는 여러분은 본서의 제2장에 제시된 내용 가운데 고전이론에 주목할 필요가 있다. 언뜻 고전이론 하면 낡고 쓸데없는 이론이라 생각되기 쉽지만, 테일러의 과학적 관리론과 호손공장의 인간관계론에 관한 여러 실험들은 오늘날 조직이론, 특히 학교조직론에 시사하는 바가 매우 크다. 오늘날 우리 학교에서 교원 또는 학생에 대한 정책을 유심히 들여다보면 크게 과학적 관리론과 인간관계론에서 언급되었던 원칙과 논리들이 반복되는 경우가 있다. 예컨대, 교원성과급제도는 오늘날 우리 학교현장에서 여전히 적용되고 있으며, 이 제도는 과학적 관리론의 원칙에 입각하여 설계되었다고 해도 과언이 아니다. 또한 베버의 관료제 이론에서 주장된 내용들은 오늘날 학교에서 각종 규정에 입각한 의사결정, 교원의 호봉제(경력지향성), 실적주의(임용시험 제도에 의한 교원 임용) 등에 여전히 영향을 미치고 있다. 이처럼 고전이론은 오늘날 교육행정과 정책을 이해하는 데 기초 양분이 될 수 있다는 점에서 여러분의 학교 도서관에 비치된 다른 저자의 '교육행정 및 경영' 제2장의 내용을 참고하여 이론적 지평을 보다 넓힐 것을 권한다.

CASE STUDY 해설

● 교육행정의 이론은 경영학의 고전에 대한 이해를 필요로 한다. 경영학의 대표적인 고전이론으로 '과학적 관리론'과 '인간관계론'을 생각해 볼 수 있다. 과학적 관리론은 과업 수행에 있어 능률을 강조하는 입장으로 생산성을 극대화하는 것과 관련이 있으며, 인간관계론은 조직 내 인간에 대한 이해를 바탕으로 조직 구성원 간 관계, 사기 등 사회심리적 특징이 중요하다는 점을 설명하고 있다.

● 상기 지시문의 ①번은 학생과 학부모 그리고 교사가 함께 만들어 가는 학교문화에 대한 내용을 제시하고 있다. 이와 관련하여 과학적 관리론의 입장에서 이해한다면 학생과 학부모는 교육을 제공받는 수요자의 입장으로 이해될 수 있고, 교원은 교육을 제공하는 공급자의 입장으로 이해될 수 있다. 이 관점에서는 교육을 제공하는 공급자인 교원은 최소의 비용으로 최대한의 성과를 이루기 위한 방법을 통하여 학교교육의 성과를 극대화하려는 관점을 갖게 될 것이다. 반면, 인간관계론 관점에서 이해한다면 학교공동체는 학교교육의 공급자인 교원만이 아닌 학교의 구성원인 학생과 학부모 모두가 함께 참여하고, 상호 이해하는 관점이 중심이 될 것이다. 요컨대, 상기 지시문 ①번은 학생, 학부모 그리고 교사가 함께 만들어 가는 존중과 신뢰의 학교문화를 언급하고 있는 바, 이것은 인간관계론 관점에 입각한 해석으로 이해될 수 있다.

● 상기 지시문 ②번은 교원의 성과상여금에 대한 내용이 제시되어 있다. 교원 성과급은 교원의 업무 성과를 평가하여 성과가 우수한 교원에게는 보다 높은 상여금을 지급하고 성과가 낮은 교원에게는 낮은 상여금을 지급하는 것을 주요 골자로 하고 있다. 이것은 조직의 구성원이 금전적 유인가에 의하여 동기가 유발된다는 기본적인 가정을 하고 있고 동시에 조직 구성원의 능률성을 강조하고 있다. 지시문의 내용을 살펴보면 교원들은 성과상여금에 대하여 균등지급을 원하고 있다. 이것은 교원의 업무는 제조업처럼 '성과'에 대한 합의가 곤란하다는 점 때문이다. 즉, 교원의 업무는 인간인 학생에 대한 교육과 학생지도 등이 주가 되는 바, 이와 같은 내용을 측정하여 평가하는 것은 사실상 어렵다. 이와 같은 점을 고려한다면 교원의 업무에 대한 성과상여금 지급 기준 및 평가 등에 있어 과학적 관리론에 입각한 접근에 대한 재고가 필요할 수 있다.

● 요컨대, 경영학의 고전이론인 과학적 관리론과 인간관계론은 조직의 과업 및 구성원에 대한 접근에 있어 차이가 있다. 학교의 문화, 풍토, 학생, 학부모와의 관계, 교원의 사기 등의 영역에서는 인간관계론 관점에서 이해되어야 하며, 학교회계(예결산), 시설 · 설비 등의 영역에서는 과학적 관리론 관점에서 이해될 필요가 있다.

CHAPTER

03

동기이론과 리더십

학습 목표

- 동기와 리더십의 개념을 이해할 수 있다.
- 동기이론의 내용을 이해하고, 교직에서 일어나는 상황에 적용해 볼 수 있다.
- 리더십에 관한 내용을 이해하고, 학교현장에서 필요한 리더십이 무엇인지 설명할 수 있다.

학교도 모종의 조직(Organization)으로 파악한다면 조직의 일반적인 특징을 공유하면서 학교만의 독특한 특징을 지니게 된다. 이와 같은 학교조직에서 개인은 어떠한 의미를 지니고 있는가? 먼저, 학교조직에서 개인이라고 하면 교사, 직원, 교감, 학교장 등을 떠올릴 수 있다. 이들은 학교에서 개인에 해당되며, 이와 같은 개인은 나름대로 역할과 기대 속에서 행위를 하게 된다. 예컨대, 학교장은 학교의 목표 달성과 학교교육과정의 편성과 운영에 대한 최고 책임자 역할을 수행하며, 교사는 학교교육과정 운영과 충실한 수업 운영에 대한 역할을 담당하고 있는 것을 생각해 볼 수 있다. 교육행정 분야에서 조직 내 개인에 대한 이해는 크게 학교관리직군(교감, 교장)의 관점과 피관리직군(교사, 행정직원)의 관점으로 나누어 생각해 볼 수 있다. 전자의 경우 학교에 대한 최종적인 책임을 지면서 교직원들의 사기를 북돋우는 역할을 하며, 후자의 경우 나름대로 조직 내 욕구(needs)를 가지고 있고 이와 같은 욕구를 충족시키는 방향으로 조직 내에서 행동과 역할을 수행하게 된다. 이와 관련하여 교육행정 분야에서는 '리더십(학교관리직군)'과 '동기이론(피관리직군)'에 대한 이론적인 내용이 전개되어 왔다. 물론 두 가지 이론 모두 학교관리직군에게 있어 보다 필요한 이론이라는 것은 부인할 수 없으나, 교사의 경우에도 학생을 교육하고 지도하고 있기 때문에 리더십과 동기이론의 이론적인 내용과 요소에 대한 검토는 필요하다.

1. 동기이론

1) 동기의 개념

조직에서 개인은 어떤 의미를 지니고 있을까? 이 책의 제4장 조직이론에서 조직에 대해 자세히 언급되겠지만, 조직을 공동의 목적을 추구하는 2명 이상의 개인(Individual)들의 집합으로 간략하게 정의한다면, 조직에서 개인(Individual)에 대한 이해는 곧 조직에 대한 이해를 높여 줄 수 있다는 점에서 의미가 있다. 앞서 제2장에서 행동과학에 대하여 간략하게 언급한 것처럼 행동과학이 태동하면서 사회과학 연구는 인간의 행동에 대한 탐구에 초점을 두게 된다. 즉, 어떠한 조직에서 한 개인이 특정한 행동에 있어 어떤 이유 때문에 그와 같은 행동을 하게 되었는가를 밝히는 것이다. 이와 같은 행동과학의 연구 경향은 조직 내 개인에 대한 이해를 한층 높였으며, 조직 내 개인에 대한 이해를 넘어 조직에 대한 이해의 지평을 확장해 왔다. 이 장에서는 다음 장에서 이어질 조직에 대한 내용에 앞서 조직 내 개인의 '동기(Motivation)'라는 개념과 '리더십(Leadership)'이라는 두 개념에 대하여 검토하도록 한다.

조직 내 개인의 동기(Motivation)란 사람의 행동에 있어 어떠한 행동을 하도록 유인하는 요인을 의미한다(윤정일 외, 2011:71). 예컨대, 조직 내 어떤 사람은 열심히 일하는가 하면 또 어떤 사람은 게으름을 피우는 경우도 있다. 여기에서 열심히 일하는 사람이 '왜' 열심히 일하는지를 밝히는 것은, 조직 구성원(개인)에게 조직의 목적 달성을 위해 그와 같은 행동(열심히 일하는 것)을 유지하게 하고 촉진시키며, 일정한 방향으로 유도하게 한다. 또한 게으름을 피우는 사람에 대해서는, 어떠한 조건이 갖추어지면 보다 조직의 목적에 부합되는 행동을 촉진시키는지를 파악하는 데 초점을 두게 된다. 이처럼 조직이론에서 동기에 대한 관심은 조직의 목적 달성에 있어 가장 원초적인 기제(Mechanism)라 할 수 있다. 여러 학자의 동기에 대한 개념을 정리하면 다음과 같다.

- 다양한 형태의 자발적인 활동 가운데 개인적인 선택을 통제하는 과정 (Vroom, 1964)
- 인간의 행동을 유발하고 그 행동을 유지시키며, 그들을 일정한 방향으로 유도하는 과정 (J.Tiffin & E.J. McCormick, 1965)
- 행위의 방향과 강동 및 지속에 대한 직접적인 영향 (Atkinson, 1958)

위의 제시된 학자들의 정의의 공통점을 살펴보면, 동기는 인간 행동의 활성화, 행동의 방향 제시, 행동의 지속 및 유지라는 세 가지 요소를 기본적인 개념으로 포함하고 있다(Steers & Lyman, 1979: 윤정일 외, 2011:72 재인용). 즉, 동기라 함은 조직 내 개인의 내부에 존재하는 욕구(Needs), 갈망(Desires), 기대(Expectation) 등과 같은 행동을 활성화하는 힘을 통해 개인이 어떠한 형태로 행동하도록 안내하며, 목표를 지향하도록 하고 그 행동을 지속·유지하도록 이끄는 것(윤정일 외, 2021)을 의미한다.

2) 조직 내 개인의 동기유발 과정

어떠한 조직에서 한 개인의 동기가 유발되는 과정은 어떠한가? 학교에서 학생들의 시험 성적과 관련된 예를 들면 다음과 같다. 예컨대, A라는 학생이 현재의 시험 성적에 대한 불만족을 본인이 인지하면서 보다 높은 성적을 얻어야 한다고 갈망하고 있다고 하자. 이 상황에서 A학생은 높은 성적이라는 갈망을 가지고 있으나 아직까지 구체적인 특정 행동으로 나타나지 않은 상황이다. 만약, A학생이 높은 성적을 얻기 위해 자신에게 부족한 내용을 학습하고 시험계획을 수립하는 경우 A학생에게는 시험 성적 향상에 관한 '전에 없었던 새로운 행동'이 나타나게 된다. 이와 같은 새로운 행동(시험계획 수립과 부족한 내용 학습)을 통하여 높은 성적을 얻게 된다면 높은 성적은 이 학생에게 보상 내지는 개인적 목표 달성이 창출된 경우라 할 수 있다. 따라서 이와 같은 일련의 경험을 통하여 A학생의 내적 상태는 수정되며, 이 과정은 본인에게 학습되며 다음번 시험에서도 그대로 재현될 가능성이 높다.

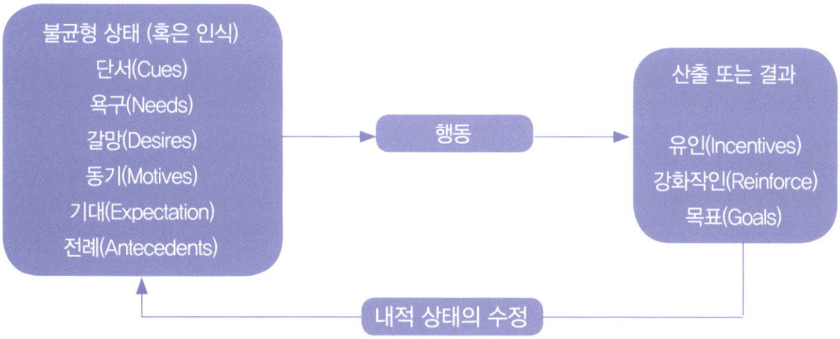

[그림 3-1] 동기의 개념 모형

출처: 윤정일·송기창·조동섭·김병주(2011:72).

이상의 내용은 학교에서 학생의 학업성취에 대한 일종의 예를 토대로 개인의 동기가 유발되는 과정을 설명한 것이다. 만약, 학교조직에서 교원의 경우 동기유발 과정은 위의 사례와 동일하게 나타날까? 반드시 그렇지는 않다. 왜냐하면 위에 제시된 A학생의 사례는 학생 개인이 자신의 시험계획과 학습계획을 스스로 결정하고 행동에 옮기는 것을 설명하였다. 반면에 조직은 2명 이상의 여러 사람이 함께 일하고 있고, 조직의 제도나 규범은 조직 내 한 개인이 좌지우지할 수 있는 것도 아니며, 한 개인이 조직 내 자신의 욕구를 달성하기 위해 이용 가능한 자원, 노력 등에는 한계가 있기 때문이다. 즉, 학교에서 교원의 경우 교원 개인마다 자신의 욕구, 갈망, 기대 수준에 차이가 있고, 이와 같은 차이는 양적인 차이뿐만 아니라 질적인 차이도 포함하고 있으며, 교원의 욕구나 갈망은 학교조직의 제도적 장벽 또는 기대 규범에 어긋날 수 없다는 제약도 존재한다. 이처럼 조직 내 개인의 동기유발 과정은 앞서 검토한 한 개인이 자신의 능력만으로 성취하는 것과 차이를 보일 수 있기 때문에 동기유발 과정에 대한 다양한 이론이 전개된다. 가장 대표적인 동기이론의 유형은 다음 〈표 3-1〉과 같다.

〈표 3-1〉 동기이론의 유형 구분

유형	특성	이론
내용이론	무엇이 동기를 부여하는지 특별한 요인을 구분해 내는 데 관심을 둠	Maslow 욕구체계론 Alderfer ERG이론 Herzberg 동기-위생이론
과정이론	동기를 유발하기 위하여 각 요인들이 어떻게 상호작용을 하는지 과정에 관심을 둠	Vroom 기대이론 Adams 공정성이론 Locke 목표설정이론

출처: 윤정일·송기창·조동섭·김병주(2011:73).

앞서 살펴본 A학생의 사례와 달리 조직에서 한 개인의 동기가 유발되는 것과 관련하여 많은 학자가 다양한 이론을 제시하였고, 심리학 분야의 이론이 차용되기도 하였다. 먼저, 조직 내 개인의 동기를 부여하는 특별한 요인(Factor)이 무엇인가에 관심을 두는 내용이론과 동기를 유발하기 위하여 동기 요인들이 상호작용하는 과정(Process)에 관심을 두는 과정이론으로 구분된다. 이하에서 각각의 내용을 자세히 검토하도록 한다.

3) 내용이론

어떠한 조직체에서 한 개인이 특정한 행동을 유발하는 것을 동기라고 정의하는 경우, '특정한 행동'을 유발하는 것이 '무엇'인가를 밝히는 것은 조직의 목적을 달성하기 위해 중요한 의미가 있다. 동기이론에서는 이와 같은 '무엇'에 해당되는 것에 대한 내용을 탐구해 왔던 바, 내용이론으로 언급되고 있다. 본서에서는 매슬로우(Maslow)의 욕구위계론, 허즈버그(Herzberg)와 그의 동료들이 연구한 동기-위생이론, 앨더퍼(Alderfer)의 생존-관계-성장(ERG)이론 등 세 가지를 검토하도록 한다.

(1) 매슬로우(Maslow)의 욕구위계론

인간의 본성을 규명하려는 심리학의 새로운 영역에 대하여 매슬로우(Maslow)는 인간은 고차원의 욕구를 지니고 있고 이것이 바로 인간의 본성이라는 점을 설명하였다(박기찬·이윤철·이동현, 2005). 이와 같은 인간의 본성은 인간의 욕구와 밀접한 관련이 있으며, 인간의 행동은 인간의 욕구가 충족됨에 따라 계층화되는 형태로 나타날 수 있다는 점을 1943년에 제시하였다. 즉, 인간의 욕구는 저차원 수준의 욕구가 충족되면 그 다음 단계의 욕구로 전이되어 다음 단계의 욕구 충족을 요구하게 된다는 것이다. 다음 그림에서 보는 것처럼 인간의 욕구는 크게 다섯 가지로 구분되어 있는 것으로 제시하였다.

① 생리적 욕구(Physiological Needs) : 인간의 기초적인 의식주에 관한 욕구이며, 생명 유지를 위해 필수적인 부분(예, 식욕, 성욕 등)

② 안전 욕구(Safety Needs) : 생리적 욕구가 충족된 후에 나타나는 욕구로 위험, 위협으로부터 자신을 보호하는 욕구를 의미

③ 사회적 욕구(Social Needs) : 사회적이고 사교적인 동료의식 등에 관한 욕구로 어떠한 집단에 소속되어 있을 때 충족(예, 소속감, 귀속, 우정, 사랑)

④ 존경 욕구(Esteem Needs) : 자기 존중에 초점을 두고 있고 타인의 인정과 존경을 포함

⑤ 자아실현 욕구(Self-Actualization) : 지속적인 자기발전을 위하여 잠재력을 최대한 발휘하는 데 초점을 둔 욕구

〈표 3-2〉 매슬로우 욕구위계에 대응되는 조직요인

욕구수준	조직요인
자아실현 욕구(5단계)	도전적인 직무, 일의 성취
존경 욕구(4단계)	직책, 승진
사회적 욕구(3단계)	조직에 대한 소속감
안전 욕구(2단계)	직업안정성, 안전한 작업환경
생리적 욕구(1단계)	급여, 근무 여건

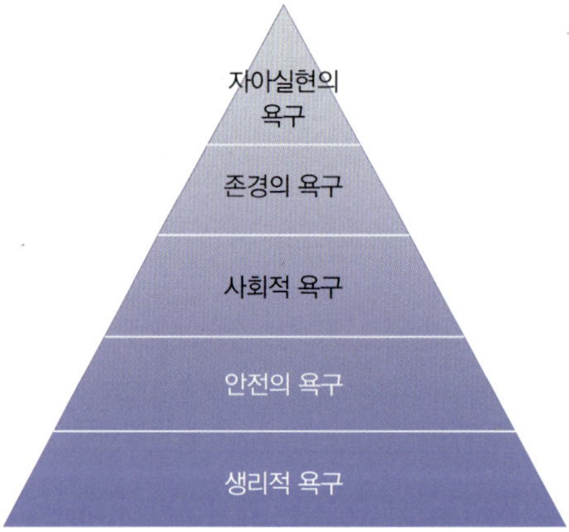

[그림 3-2] 매슬로우 욕구위계 모형

욕구위계론은 인간의 성장 단계를 설명하는 발달심리학의 이론과 상당 부분 유사한 점이 있다. 특히, 매슬로우는 정신적으로 문제가 있는 사람들보다 대중에게 본보기가 될 수 있는 사람들을 대상으로 인간의 동기 양상을 살펴보았다. 이와 같은 점은 인간의 동기에 대해 한 사회에서 모범적[1]인 생활을 영위해 나가는 사람들의 동기를 파악하고자 노력했다는 것을 의미한다.

1) 그의 저서에 따르면 아인슈타인, 루스벨트와 같은 모범적인 인물에 대하여 탐구한 것으로 전해지고 있다.

한편, 매슬로우의 욕구위계론은 인간의 동기를 설명하는 데 가장 먼저 언급되는 이론이라 할 수 있지만, 다음과 같은 비판도 받고 있다. 먼저, 저차원의 욕구에 해당되는 생리적 욕구와 안전의 욕구는 자본주의가 발달한 미국의 경우에는 상대적으로 의미가 없다는 점이다. 즉, 어느 정도 사회적으로 발달한 국가에 있어 저차원의 욕구는 거의 대부분 충족되므로 저차원의 욕구는 의미가 없을 수 있다는 점을 지적한 것이다. 이와 관련하여 포터(Poeter)는 매슬로우의 욕구위계론에서 생리적 욕구를 제외하고 4단계(존경 욕구)와 5단계(자아실현 욕구) 사이에 자율 욕구(Autonomy Needs)를 포함시키며, 5단계의 명칭을 변경할 것을 제안하기도 하였다(윤정일 외, 2011). 요컨대, 욕구위계론은 행동과학 분야에서 인간의 동기를 설명하는 인지적으로 가장 영향력 있는 이론이라는 점은 부인하기 어려우며, 이 이론은 이후 이어지는 동기이론에 영향을 주게 된다.

(2) 허즈버그(Herzberg)의 동기-위생이론

허즈버그(Herzberg)와 그의 동료는 매슬로우(Maslow)의 욕구위계론에 근거를 두고 동기-위생이론(Motivation-Hygiene Theory)을 제안하였다(윤정일 외, 2011:76). 앞서 매슬로우의 욕구위계론이 인간의 사회적 생활관계 속에서 발현되는 기본적인 저차원 욕구부터 자아실현과 같은 고차원 욕구까지 단계적으로 욕구를 해소하게 된다는 점을 검토하였다. 허즈버그와 그의 동료들은 이와 같은 욕구에 초점을 두고 있으나 한 개인의 내부에 있는 욕구 에너지 자체에 초점을 두는 것보다 '일(work)에 있어 긍정적 또는 부정적 태도를 유발시키는 것'이 '무엇'인가에 초점을 두었다.

이들은 203명의 회계사와 기술사를 대상으로 자신의 직무에 있어 즐겁게 느낀 경우를 생각해 보고 그와 같은 감정을 유발하게 된 조건은 무엇이며, 이것이 과업에 어떤 성과를 미쳤는가를 조사하였다(윤정일 외, 2011). 이 연구에서 허즈버그와 그의 동료들은 직무 만족에 기여하는 요인과 직무 불만족에 기여하는 요인이 별개라는 사실을 발견하였다. 또한 직무에 대하여 만족할 만한 요인이 존재한다면 만족하겠지만, 만족 요인이 없다고 해서 불만족한 것은 아니라는 점을 지적하였다. 그리고 불만족 요인이 존재한다면 불만을 갖게 되지만 이와 같은 요인이 제거되었다고 해서 만족하게 되는 것은 아니라는 점도 지적하였다.

허즈버그와 그의 동료들이 밝힌 만족 요인은 대체적으로 직무에 대한 심리적 속성이 반영된 것이며, 불만족 요인은 작업환경에서 도출된 환경적·물리적 조건과 관련된 것이었다. 만족 요인은 개인의 심리적 성장에 있어 개인적 욕구를 충족시키는 것과 관련이 있다고 하여 이를 동기 요인(Motivators)으로 명명하였고, 이와 같은 성향을 지닌 사람을 동기 추구자(Motivation Seekers)라고 언급하였다. 한편, 불만족 요인은 예방적이고 환경적·물리적 조건과 관련이 있으므로 위생요인(Hygiene Factor)이라고 명명하였고, 이와 같은 성향을 지닌 사람을 위생 추구자(Hygiene Factor)라고 언급하였다. 이들이 언급한 만족 요인과 불만족 요인을 표로 제시하면 다음과 같다.

〈표 3-3〉 허즈버그의 동기-위생 요인

직무 만족의 연속선 0	
불만족(–) ←	만족(+) →
	〈동기 요인 또는 만족 요인〉 성취
	인정
	직업 자체
	책임
	발전
	성장가능성
〈위생 요인 또는 불만족 요인〉	
보수	
인간관계	
지위	
감독	
정책과 행정	
근무조건	
직업안정	
개인생활	

이와 같은 동기-위생이론은 조직 내 구성원(개인)이 자신의 직무에 있어 직무가 유발되는 요인과 그렇지 않은 요인을 구분하여 제시하였다는 점에 의의가 있고, 오늘날 학교조직 관리에도 일정 부분 응용되고 있다. 그러나 이 이론은 다음과 같은 비판도 받고 있다. 첫째, 허즈버그와 그의 동료들은 203명이라는 적은 수의 표본으로 일부 특정 집단으로부터 면담을 통하여 각각의 요인을 도출하였다는 점에서 일반화되기 어려운 점도 존재한다. 둘째, 이들은 만족 차원과 불만족 차원이 상호 배타적이라는 점을 언급하였으나, 후속된 일부 연구에서는 동기 요인이

만족 요인과 불만족 요인에 동시에 나타나는 등 이들의 주장과 다른 점도 있었다. 마지막으로, 이들의 연구는 근로자의 동기나 성과에 초점을 두기보다 만족과 불만족에 초점을 맞춤으로써 엄밀한 동기이론으로 파악되기 어렵다는 비판도 존재한다.

(3) 생존-관계-성장(ERG)이론

이 이론은 앨더퍼(Alderfer)가 허즈버그와 매슬로우의 이론을 확장한 것이다. 앨더퍼는 인간은 욕구를 지니고 있고 이것은 체계화되어 낮은 수준의 욕구와 높은 수준의 욕구 간에는 근본적인 차이가 존재하며, 욕구를 조직에서 근로자의 동기를 유발하는 요인으로 파악하였다. 그는 욕구를 구체적으로 생존 욕구(Existence Needs), 관계 욕구(Relatedness Needs) 그리고 성장 욕구(Growth Needs) 등 세 가지 차원으로 구분하였다.

먼저, 생존 욕구는 인간의 생존을 위해 필요한 욕구를 의미한다. 여기에는 인간의 필수적인 생리적 욕구, 즉 음식, 주택, 의복 등 물질적 욕망은 물론이며 조직에서는 보수, 직업안정성, 근무조건 등이 포함된다. 매슬로우 이론에 따르면 생리적 욕구와 안전 욕구에 해당된다. 다음으로, 성장 욕구는 한 사회에서 인간이 사회적 존재로 타인과 관계를 맺거나 유지하는 것과 관련이 있다. 예컨대, 친구, 부하, 가족, 상사 등과의 관계 등이 대표적으로 이들과의 애정과 혐오를 표현하기도 하며, 어떠한 조직에 소속감 등으로 발현되기도 한다. 마지막으로, 성장 욕구는 한 개인이 사회적으로 성장하고 발전하고 잠재력을 최대한 발휘하고 싶어하는 내적인 욕구를 의미한다. 예컨대, 한 개인이 직장에 입사하여 승진하고 최고 경영자가 되고자 하는 것이나, 새로운 기술을 개발하여 창업을 시도하여 기업을 일으키는 경우가 대표적이라 할 수 있다. 이상의 내용을 도식화하여 제시하면 다음과 같다.

<table>
<tr><th></th><th>허즈버그의
2요인 이론</th><th>매슬로우의
욕구위계론</th><th>앨더퍼의
ERG이론</th><th></th></tr>
<tr><td rowspan="5">상위 욕구
↕
하위 욕구</td><td rowspan="2">동기 요인</td><td>자아실현 욕구</td><td>성장 욕구</td><td rowspan="5">내적 동기
↕
외적 동기</td></tr>
<tr><td>존경 욕구</td><td>안전 욕구</td></tr>
<tr><td rowspan="3">위생 요인</td><td>사회적 욕구</td><td rowspan="3">생존 욕구</td></tr>
<tr><td>안전 욕구</td></tr>
<tr><td>생리적 욕구</td></tr>
</table>

[그림 3-3] 동기에 관한 내용 이론 간 관계

위 그림을 살펴보면 세 이론 간에는 유사하지만 다음과 같은 차이도 존재한다. 먼저, 매슬로우의 이론에서는 저차원의 욕구가 충족되면 더 이상 동기 요인이 될 수 없는 것으로 파악하고 있으나, 앨더퍼의 경우 상위 욕구의 계속적인 좌절은 낮은 수준의 욕구로 귀환되기도 한다는 점을 제시하고 있다. 이것은 상위 욕구를 충족시키지 못하면 하위 욕구를 추구하기도 한다는 것이다. 또한 매슬로우의 경우 하위 단계의 욕구가 충족되어야 그 다음 단계의 욕구를 추구하지만, 앨더퍼의 경우 여러 가지 욕구를 동시에 경험하기도 한다는 점에서 차이가 있다.

4) 과정이론

조직 내 구성원의 동기에 관한 '과정이론'은 동기가 유발되는 과정(Process)에 초점을 두고 있다. 조직 내 개인은 타인과의 상호작용에 의하여 자신의 동기가 유발되는 경우도 있고, 자신의 동기가 어떠한 유인가에 의하여 강화되거나 촉진되기도 한다. 앞서 내용이론이 동기유발의 원인에 대하여 초점을 맞추고 있다면, 과정이론은 개인의 동기가 어떠한 과정을 거쳐 나타나는가에 주목한다. 이 이론에서는 대표적으로 브룸(Vroom)의 기대이론, 아담스(Adams)의 공정성이론 및 로크(Locke)의 목표설정이론을 검토하도록 한다.

(1) 브룸(Vroom)의 기대이론

브룸(Vroom)은 동기가 유발되는 과정에 있어 개인이 바라는 '기대(Expectancy)'에 초점을 두고 연구를 진행하였다. 그가 제시한 기대이론은 유인가(Valence), 보상기대(Instrumentality), 성과기대(Expectancy)의 개념을 중심으로 구성되어 있기 때문에 '유인가-보상기대-성과기대' 첫 글자를 합성하여 'VIE' 이론이라고 불리기도 한다. 브룸(Vroom)의 기대이론에서는 인간은 현재와 미래의 행위에 대해 의식적인 선택을 한다고 가정한다. 즉, 인간은 자신에게 다가올 미래를 생각하는 힘이 있으며, 이와 같은 미래는 현재의 행동과 연결되어 있고 이와 같은 연결이 강하면 강할수록 자신이 기대한 바를 달성하기 위한 행동 역시 증가하는 것으로 보는 것이다.

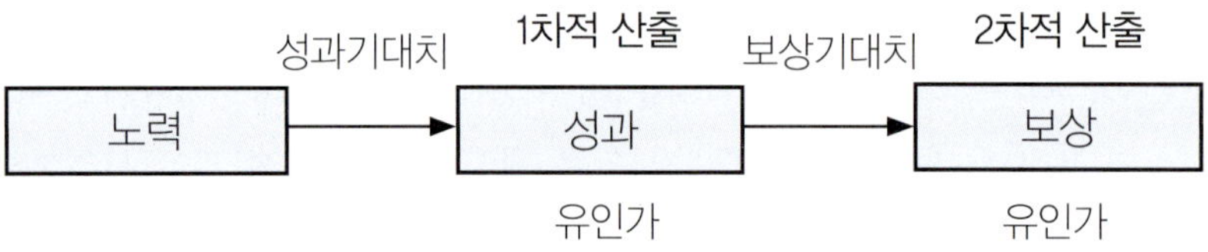

[그림 3-4] 브룸(Vroom)의 기대이론 모형

① 유인가(Valence) : 목표에 대한 매력

유인가는 한 개인이 장래 특별한 산출이나 보상을 바라는 욕구의 강도이다. 예컨대, 봉급의 인상, 승진, 특정한 의견에 대한 동료의 수용, 감독자의 인정 등에 대하여 한 개인이 주관적으로 느끼는 인식 또는 만족 정도라고 볼 수 있다. 유인가는 아직 구체적인 행동에 대한 인식까지는 미치지 못하는 것이지만, 특정 보상에 대하여 개인이 주관적으로 인식하는 정도로 볼 수 있다.

② 성과기대(Expectancy) : 노력과 성과의 연계

성과기대는 개인의 과업과 관련된 노력에 대한 정도가 어떤 수준의 성과를 가져올 것이라는 신념을 말한다. 예컨대, 어떤 학생이 열심히 공부하면 성적이 오를 것이라고 믿고 있다면, 그 학생은 높은 성과기대를 가지고 있는 것이다. 즉, 성적이 오를 것이라는 '성과'에 대하여 생각하면서 동시에 이것의 달성을 위한 '노력(열심히 공부하는 것)'이라는 생각을 하는 경우 노력에 대한 생각(믿음)이 성과기대에 해당된다.

③ 보상기대(Instrumentality) : 성과와 보상 간 연계

보상기대는 개인이 생각하는 바람직한 과업수행이 진행되는 경우 보상을 받게 될 것이라고 지각될 확률을 의미한다. 앞서 설명한 예에서 어떤 학생이 공부를 열심히 하면 특별한 보상(결과)을 받게 될 것이라 생각하면 그 학생은 높은 보상기대를 가지고 있는 것이다.

요컨대, 기대이론에 의하면 개인의 동기에 대한 원천은 결국 노력을 통한 성취 수준에 대한 인지된 성과기대, 성과로 얻게 될 보상에 대한 보상기대 간 함수로 나타나게 되며, 두 변수는 개인이 느끼고 있는 유인가에 의하여 조정된다. 위의 3가지 요인들을 토대로 큰 동기를 유발할 수 있는 요인을 조합해 보면 긍정적 유인가, 높은 성과기대, 높은 보상기대이다(윤정일 외, 2011:82). 이와 같은 기대이론은 우리가 일상적인 사회생활 관계 속에서 생각해 볼 수 있는 바람직한 보상(결과)에 대하여 개인이 어떻게 지각하고 있는가에 초점을 맞춤으로써 이해하기 쉽다. 하지만 기대이론은 조직 내에서 한 개인은 다양한 조직변수(예컨대, 조직의 정책과 제도, 상사와의 관계 등)와 관련을 맺고 있으므로 개인적인 노력만으로 만족할 만한 결과를 완벽하게 얻지 못하는 점에 대해서는 설명을 할 수 없는 한계가 있다.

(2) 아담스(Adams)의 공정성이론

브룸의 기대이론이 개인의 지각에 초점을 맞추고 있다면, 아담스(Adams)의 공정성이론(Equity Theory)은 자신과 타인과의 비교를 통하여 자신의 동기가 얼마나 유발되는지 그 과정을 설명하고 있다. 공정성이론은 어떤 개인이 다른 사람들에 비해 얼마나 공정하게 대우를 받고 있다고 느끼는지에 관심을 두고 있다. 이 이론은 사회적 비교이론의 일종으로 어떠한 조직 내에서 한 개인이 남과 비교할 때 얼마나 공정한 대우를 받고 있는가에 따라 자신의 동기가 유발되기도 하고 그렇지 않은 경우가 있다는 점을 설명하고 있다.

공정성이론에 의하면 사람들은 자신이 수행한 일로 받은 성과(Outcomes)와 이를 얻기 위해 자신이 투자한 투입(Inputs)에 대한 특정한 신념을 가진다. 성과는 과업을 수행한 결과로 특정인이 받게 되는 보수, 승진, 직업 안정, 부가적 혜택, 근무조건, 인정 등을 말한다. 투입은 과업을 수행하기 위하여 특정인이 기여하는 모든 것을 말하는데, 교육, 경험, 능력, 훈련, 개인적 특성, 노력, 태도 등이 포함된다. 사람들은 자신의 '투입–성과'의 비율을 타인의 '투입–성과'의 비율과 비교한다.

〈나 자신 : A〉 〈타인 : B〉

$$\frac{\text{성과}}{\text{투입}} \quad \text{VS} \quad \frac{\text{성과}}{\text{투입}}$$

[그림 3–5] 아담스 공정성이론의 자신과 타인의 비교(예시)

위 그림에서 제시된 것처럼 A, B가 있는 경우, 두 사람은 자신의 과업에 있어 자신의 투입을 조정할 수 있고, 투입에 따른 성과가 나타나게 된다. 이것을 비율로 표시하게 되면 위 그림과 같이 나타낼 수 있다. 만약, 두 사람 간 비율(투입 대비 성과)이 동등하다면(A=B) 사람들은 고용자와 공정한 거래를 하고 있다고 느끼게 되며, 직무에 대한 만족을 느끼게 된다. 반대로 이 비율이 불균형을 이루는 경우라면(A〈 B, A〉B), 자신의 직무에 대하여 불만을 갖거나 불안을 느끼게 되며, 경우에 따라 불공정을 감소하기 위해 다음과 같은 행동이 나타나게 된다고 보고 있다.

- 투입의 조정

위 그림과 같이 타인과의 비교를 통하여 자신의 불공정이 유리한가 불리한가를 따져 자신의 투입을 증가시키거나 감소시킨다. 만약 과소보상을 받는다고 느낄 때는 직무에 대한 노력 수준을 감소시키고 과다보상을 받는다고 느낄 때는 직무에 대한 노력의 수준을 한층 더 증가시키게 된다.

- 성과의 조정

앞서 투입의 조정과 달리 성과의 조정은 결과를 감소시키거나, 투입을 감소시키는 대신 결과를 증가시키는 것을 말한다. 즉, 자신의 투입에는 관심이 없고, 성과(보수, 근무조건 등)을 개선시켜 달라고 요구하는 경우를 의미한다.

- 투입과 성과에 대한 인지적 왜곡

자신이나 타인의 투입과 결과를 인지적으로 왜곡시킴으로써 실제로 변경시킨 것과 같은 효과를 얻을 수 있다. 만약, 타인이 자신보다 높은 성과를 받고 있는 경우라고 한다면 그는 타인이 자신보다 많은 직무 지식이나 역량을 갖추고 있는 것으로 추론하는 경우가 이에 해당된다.

● 비교 대상의 투입과 성과의 변경

이 경우는 동료(비교 대상)에게 투입을 중지하도록 강요하거나 혹은 조직을 떠나도록 압력을 가하기도 한다.

● 비교 대상의 변경

비교 대상에 대한 자신의 투입-결과의 비율이 불공정하다고 느끼면 공정성을 회복하기 위해 비교 대상 자체를 바꾸기도 한다. 예컨대, 앞서 제시된 그림에서 A라는 나 자신을 B와 비교하였으나, 동일 조직 내 C와 비교하는 경우가 이에 해당된다.

● 조직 이직 또는 부서 이동

다른 직무나 부서로의 이동 또는 근무지를 그만둠으로써 공정성을 회복할 수 있다.

CASE STUDY 3

교사 80% "교원성과급 공정하지 못하다"…교사노조 설문

전국 교원 10명 중 8명 가까이가 성과급제도의 평가 방식이나 기준이 불공정해 개선이 필요하다고 느낀다는 설문조사 결과가 나왔다. 교사노동조합연맹(교사노조)은 설문을 근거로 교육부를 포함한 관계부처 태스크포스(TF) 구성과 법 개정을 통한 교원성과급제도 개선을 연내 추진할 것을 촉구했다. 교사노조와 국회 교육위원회 소속 A ㅇㅇㅇ당 의원은 3일 오전 서울 영등포구 국회 정문 앞에서 기자회견을 열고 '교원성과급에 대한 인식조사 및 대안 마련을 위한 온라인 설문 결과'를 이처럼 발표했다.

> 교사노조와 A의원, 교육정책디자인연구소, 교육과정디자인연구소가 지난달 16~23일 전국 유치원과 초 · 중 · 고등학교 및 특수학교 교사, 교감, 교장 등 3만 8,238명을 상대로 이번 설문을 진행한 결과, 2만 9,681명(77.6%)은 '현행 교원성과급 평가 방식 · 기준이 공정하지 않다'고 답했다.

교원성과급은 교원 본연의 직무에 충실하면서 기피하는 업무를 우대하기 위해 사기를 진작하고, 교육력을 높이려는 취지의 제도로서 지난 2001년 도입됐다. S · A · B등급으로 나누고 일정 비율로 차등을 둬서 성과급을 지급한다. 그러나 ① <u>교원성과급 도입으로 인해 교원들의 사기가 진작됐다는 설문 문항에서는 응답자의 10%(3,818명)만이 공정 답변을 했고, 5명 중 4명이 넘는 80.6%(3만 817명)는 그렇지 않다고 대답해 부정적 반응</u>이 월등히 많았다.
지금의 교원성과급이 ② <u>보건 · 영양 · 사서교사 등 다양한 직군별 특성을 반영하고 있지 못하다고 보는 교원도 78.2%(2만 9,931명)에 달했다.</u> 성과급을 못 받게 되더라도 폐지하는 게 낫다는 문항에서 "매우 그렇다"를 택한 응답자도 40%(1만 5,287명)로 집계됐다(하략)

● 위 신문기사의 ①번의 내용을 살펴보면 교원성과급제도에 대하여 교원들이 반대하고 있는 것으로 볼 수 있다. 이들의 반대 논거를 아담스(Adams)의 공정성이론에 비추어 설명하라.

출처: 뉴시스 2021. 5. 3일자 기사.

요컨대, 아담스의 공정성이론은 조직 내 개인의 동기가 유발되는 과정을 타인과의 비교를 통하여 제시하고 있다는 점에서 앞선 기대이론과 차별화를 보인다. 하지만 공정성에 대한 판단이 주관적이라는 점, 일반적으로 사람들은 자신이 마땅히 받아야 할 것보다 더 적게 받는 경우에 상대적으로 민감하다는 점 등을 이유로 이 이론에 문제점이 있다는 점을 지적하기도 한다.

(3) 로크(Locke)의 목표설정이론

로크(Locke)는 게리 래섬(Gary Latham)과 함께 성과에 미치는 목표의 중요성을 강조한 목표설정이론(Goal-Setting Theory)을 제시하였다. 목표설정이론에서는 인간의 행위(동기)는 두 가지의 인지, 즉 가치와 의도(혹은 목표)에 의해 결정되는 것으로 주장하며, 각 조직에서 어떤 목표를 설정하는가에 따라서 조직 구성원들의 실질적인 행동이나 행동의 의도가 달라진다고 보았다. 따라서 목표의 내용과 강도가 동기유발을 위한 중요한 기제가 된다고 주장하였다. 즉, 이 이론에서 핵심적인 주장은 목표의 강도와 정도가 동기유발에 강한 영향을 미친다는 점이다. 목표설정이론에 의하면 구체적이고 도전적이며 달성 가능한 목표는 과업수행 전략의 개발뿐만 아니라 동기를 증대시킬 수 있다. 또한 목표 성취 과정에서 발생하는 피드백은 주의력, 노력, 지속성을 강화하며 목표 달성 전략을 재정립하고 변경할 수 있는 정보를 제공해 주기도 한다.

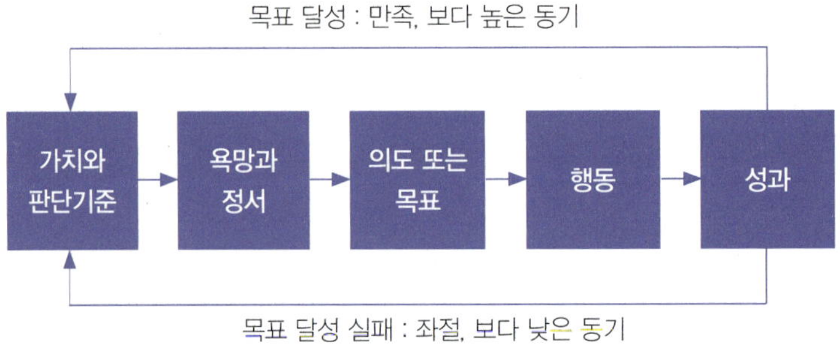

[그림 3-6] 로크(Locke)의 목표설정이론

좋은 목표설정을 위해 스티어즈(Steers, 1984)는 다음과 같이 체계적으로 설명을 제공하고 있다.

- 목표설정의 구체성

추상적이고 막연한 목표보다 구체적인 목표가 성과를 높일 수 있는 행동을 불러일으킬 수 있다. 예컨대, A기업에서 '인화단결'이라는 추상적인 목표보다 '연말까지 연매출 100억 달성'이 보다 구체적인 목표가 된다. 구체적인 목표는 목표의 모호성을 감소시켜 주고 행동 방향을 명확하게 제시해 줄 수 있고, 조직 구성원 간 목표 설정의 모호함에 대한 이견을 좁힐 수 있다.

- 목표의 곤란성

목표설정에 있어 달성이 쉬운 목표보다 다소 어려운 목표가 도전감을 가져오고 문제해결에 많은 노력을 집중할 수 있도록 자극한다. 예컨대, 자신의 성취 수준을 5단계로 구분하는 경우 자신의 현재 능력으로는 1단계 달성이 가능한 것으로 생각하면 2단계로 목표를 설정하는 경우이다.

- 목표설정에의 참여

목표설정에 있어 조직 구성원들이 함께 참여하여 결정하였을 때 성과가 향상될 수 있다. 조직의 리더 또는 전략기획부서에서 일방적으로 목표를 설정하는 것보다 보다 많은 조직 구성원의 참여 아래 목표를 설정하는 것이 중요하다.

- 노력에 대한 피드백

이것은 목표 달성에 관한 확인이 필요함을 시사한다. 즉, 자신의 노력에 대하여 확인이 가능하며 확인된 결과에 따라 보상이 주어질 때 성과가 올라갈 수 있다.

● 동료들 간의 경쟁

조직 내에서 동료들 간 선의의 경쟁은 조직 성과를 높일 수 있다. 하지만 과다하며 지나친 경쟁은 오히려 해가 될 수도 있다.

● 목표의 수용성

일방적으로 주어진 목표보다는 구성원이 자발적으로 참여하여 결정한 목표가 더 큰 동기를 유발시킬 수 있다.

요컨대, 목표설정이론은 '목표'가 명확하고 조직 구성원의 적극적인 참여 속에서 수용되는 경우 조직 구성원의 동기가 유발된다는 점을 설명하고 있다. 조직 내 목표가 구체적이고 구성원의 적극적인 지지와 참여가 전제된다면 조직 구성원들의 동기를 유발하는 데 효과적인 것은 분명하지만, 조직 구성원 가운데 일부는 목표에 둔감한 경우도 있다는 점을 고려한다면 동기가 유발되는 과정 전부를 설명하기에는 한계가 있다.

2. 리더십론

지금으로부터 약 20여 년 전 한·일 월드컵에서 한국 축구 국가대표팀은 이전에 없었던 새로운 역사를 쓸 수 있었다. 2002년 월드컵 이전까지 한국 축구 국가대표팀은 월드컵에서 단 1승도 거두지 못했으나, 2002년 한·일 월드컵에서 사상 최초로 4강까지 올랐던 것이다. 불과 4년 전 1998년 멕시코 월드컵에서 1무 2패의 성적으로 조별 예선 탈락하였던 것을 감안[2]하면 단지 4년 만에 세계 4위라는 놀라운 업적을 달성한 것이다. 조별 예선에서 당시 세계 최강이었던 포르투갈을 상대

2) 한국 축구 국가대표팀은 지난 1954년 스위스 월드컵 진출 이후, 2002년 한·일 월드컵 첫 경기였던 폴란드전 이전까지 단 1승도 거두지 못하고 있었다.

로 승리하였고, 16강에서는 이탈리아를, 8강에서는 스페인을 상대로 승리하여 우리나라 국민은 물론이며 외신들도 놀라기는 마찬가지였다. 1998년 월드컵과 비교할 때, 귀화한 선수도 없었고 4년 사이에 개인 기량이 아주 뛰어난 세계적인 스타 플레이어가 대거 나타나지 않은 상황에서 한국 축구 국가대표팀의 세계 4위 성적은 놀라운 일이었다.

한국 축구 국가대표팀이 세계 4위라는 놀라운 성적을 거둔 이면에는 자국에서 진행되었던 월드컵(홈그라운드)이었다는 점, 국가의 전폭적인 지원이 있었다는 점 등도 한몫하였지만, 당시 한국 축구 국가대표팀 감독이었던 거스 히딩크(Hidink) 감독의 리더십의 중요성을 꼽는 사람도 적지 않다. 히딩크 감독은 당시 한국 축구의 고질적인 문제였던 체력에 대한 과학적 훈련 프로그램 도입, 한국 축구 국가대표팀의 조직 문화 개선, 선수 개개인에 영향을 미칠 수 있는 리더십 등 그가 한국 축구 국가대표팀과 함께 했던 모든 것이 대서특필되기도 하였다. 2002년 한국 축구 국가대표팀의 4강 신화는 이후 한국의 사회, 경제, 조직 및 문화 등에 상당한 영향을 미쳤다는 점을 감안한다면 조직 리더의 역할과 리더십이 얼마나 중요한가를 확인할 수 있는 사례라 할 수 있다.

이 책에서 우리가 공부하는 대상인 '교육조직'도 앞선 사례의 한국 축구 국가대표팀처럼 조직이라는 점에서는 공통점을 지니고 있다. 교육조직은 스포츠팀처럼 승·패가 불명확하고 조직의 기술이 불명확하며, 비교적 장기간 시간이 지나야 조직의 성과가 나타나는 등 차이점이 있다. 따라서, 스포츠팀이나 일반 기업의 리더십 이론을 참고할 수는 있어도 해당 사례가 교육조직에 그대로 적용된다는 보장은 없다. 여기에서는 리더십에 대한 일반 이론을 먼저 검토하도록 하고 학교조직에서 리더십에 대하여 검토하도록 한다.

1) 리더십의 개념

우리는 역사적인 문헌을 통해서 대제국을 건국한 영웅 또는 전쟁 영웅 등을 접하게 된다. 이와 같은 이야기는 후세대에 전해지면서 한 국가 또는 조직의 운명을 좌우하게 되는 전설로 회자되기도 한다. 이처럼 정치적·군사적·사회적 지도자들은 다른 사람들과 어떠한 차이가 있는지, 있다면 그것은 무엇인지, 이들이 지니고 있는 유·무형의 속성을 이해하고 학습하면 누구나 이들처럼 될 수 있는지 등에 대한 관심은 예전부터 있어 왔다. 이와 같은 내용을 연구하는 분야가 리더십론이며, 주로 국가학, 경영학 및 행정학 등을 통하여 연구가 진행되어 왔고, 최근에는 사회심리학에서도 이에 대한 연구가 진행되고 있다. 리더십에 대한 개념적 정의는 학자들의 수만큼이나 다양하며 그 내용 역시 차이가 있다. 리더십에 관한 수많은 정의를 제시하고 있는 스탁딜(Stogdill)은 리더십의 개념이 얼마나 다양할 수 있는지 보여 주고 있다.

- 집단적 행동의 핵심 과정
- 지도자의 특성과 그 영향력
- 설득의 기술
- 복종을 유도하는 기술
- 목표를 성취하는 수단
- 상호작용의 영향

한편, 조직에서 지도자가 리더십을 발휘하기에 앞서 영향력의 근원이 어디에 있는가에 주목[3]할 필요가 있다. 리더십론에서 상대방의 태도나 행위에 영향을 미치는 능력을 권력(Power)라 하는데, 프렌치(French)와 라벤(Raven)은 이를 합법적 권력, 보상적 권력, 강압적 권력, 전문적 권력, 위탁적 권력 등 5개의 권력으로

3) 이것은 리더십은 리더가 추종자(리더를 따르는 자)에 대한 영향력의 과정이라는 점을 전제하는 것이다.

구분하였다. 먼저, 합법적 권력은 조직의 위계 속에서 지도자의 권위나 역할에 부여된 것을 의미하며, 보상적 권력은 지도자가 부하에게 보상을 줄 수 있는 능력을 가지고 있기 때문에 갖게 된 권력을 의미한다. 강압적 권력은 지도자가 자신을 추종하지 않는 추종자에게 벌칙을 가할 수 있는 것과 관련된 것이며, 전문적 권력은 지도자가 가지고 있는 해당 집단이 필요로 하는 특별한 지식과 능력에 근거를 두고 있고, 위탁적 권력은 지도자 자신이 인성적인 강점으로 추종자를 자연스럽게 복종하도록 하는 것과 관련이 있다. 이들 다섯 가지 권력은 리더십에 의한 영향력의 근원이 어떠한가와 관련하여 의미를 두게 된다.

요컨대, 리더십에 대한 개념적 정의는 강조되는 내용 및 속성에 따라 차이를 보이고 있으나, 이를 한 마디로 정의하면 '조직의 목적 달성을 위해 영향력(Influence)'을 행사하는 과정으로 볼 수 있다. 하지만 이 정의에서도 조직의 목적이 무엇인지, 영향력은 누가 행사하는지, 그 영향력의 방향과 정도는 어떠한가에 대하여 세부적인 논의가 필요하다. 이에 대한 구체적인 답을 얻기에 앞서 리더십 연구의 발달 과정을 중심으로 살펴보도록 한다.

2) 리더십에 관한 연구 경향

우리는 앞서 제2장 교육행정 발달 과정에서 고전이론 이후에 나타난 행동과학론을 검토하였다. 행동과학론은 사회과학 분야의 방법론의 일종으로 사회적 현상 가운데 하나인 인간의 행동을 관찰 가능한 사실에 한정하여 과학적·객관적으로 분석한다. 리더십이라는 개념을 미신 또는 일종의 신화적 성격으로 파악한다면 행동과학론적 관점의 연구는 필요하지 않을 것이다. 하지만, 리더십을 조직 내 지도자의 모종의 행위로 이해한다면 리더십을 발휘하는 리더의 행동은 인간의 행동이며 행동과학론 관점에서 분석이 가능하다. 이와 같은 맥락에서 지난 1950년대부터 리더십에 대한 연구는 행동과학론 관점의 연구를 중심으로 발달해 왔다. 여기에서는 리더십에 대한 연구 결과를 중심으로 리더십을 검토하도록 한다. 학자들은 리더십 연구를 크게 특성이론(1900년~1950년), 행위론(1950년~1960년),

상황론(1960~1970년)으로 구분하고 있다. 여기에서는 각 시기별로 주요 특징을 살펴보도록 한다.

(1) 특성론

리더십에 대한 초기의 연구인 1940~1950년대 이전의 연구는 주로 리더의 자질, 지능, 특성, 성격 및 신체 요인과 관련된 특성론(Traits Theory)이다. 특성론은 리더와 리더가 아닌 사람을 구별하는 특성을 밝히는 데에 초점을 두었다(Mann, 1959; Stogdill, 1974). 특성론은 태어나면서부터 지도자가 되기 위한 타고난 자질을 가진 자가 존재하며 그와 같은 사람이 지도자가 되는 것으로 이해하는 입장이다. 하지만 특성론은 당시 주목받는 위대한 인물들의 공통적인 자질이나 특성이 무엇인지 규명하고 종합하였다는 점에서는 의미가 있었으나, 리더십의 속성에 있어 일관성이 부족하였고 리더십이 이루어지는 과정이 어떠한가를 명확하게 제시해 줄 수 없다는 점에서 한계가 있다.

(2) 행위론

리더십에 관한 특성론이 지도자 개인의 특징을 강조한 것이라면, 행위론은 행동과학론 관점과 통계분석 방법에 입각하여 지도자의 행동을 몇 가지 유형으로 분류하는 데 초점을 맞추고 있다. 이하 설명하게 되는 리더십 행위론은 우리나라가 아닌 미국의 연구 결과를 중심으로 설명하게 된다. 이들 연구의 주요 특징 가운데 하나는 지도자의 리더십 행위를 크게 두 가지 차원으로 구분하고 이와 같은 차원이 만들어 내는 영역을 중심으로 각 리더십의 유형을 분류하고 있다.

① 오하이오 주립대학 연구 : 구조성과 배려성 차원의 리더십

리더십 행위에 관한 첫 번째 연구로 오하이오 주립대학의 구조성과 배려성 차원의 리더십 연구가 있다. 오하이오 주립대학의 연구에서는 효과적인 지도자의 행위는 어떤 유형인지를 밝혀내는 데 초점을 두고 있었다. 이를 위해 지도자의 행동에 관한 설문조사 도구인 핼핀(Halpin)과 쿤즈(Coons)의 '지도자행동기술척도'(Leadership Behavior Description Questionnaire: LBDQ)를 통해 지도자의 행동 유형을 구분하였다(Hemphil & Coons, 1957).

지도자 행동에 관한 설문조사 도구(LBDQ)는 크게 두 가지 차원[4]으로 구성되어 있었다. 먼저, '구조성(Initiating Structure)'에 대한 차원이다. 구조성은 지도자가 조직의 목표 달성에 중점을 두고 구성원들을 비롯한 조직 내의 모든 과업을 조정하는 정도를 의미한다. 즉, 구조성이 높다는 것은 지도자가 구성원들에게 맡겨진 역할을 분명하게 처리할 수 있도록 계획하고, 관리하고 이를 철저하게 평가함을 의미한다. 예컨대, 학교에서 교장선생님이 매일같이 선생님들의 수업 또는 부장교사의 업무를 일일이 검토하며 분석하고 평가하는 경우를 의미한다. 한편, '배려성(Consideration)'은 리더의 구성원들에 대한 관심과 신뢰, 인간적인 대우 등에 대한 정도를 의미하며, 배려성이 높은 지도자는 구성원들의 의견을 경청하고, 자주 만나 소통하며 구성원들에게 지대한 관심을 보이는 행동적 특성을 지닌다. 예컨대, 학교에서 교장선생님이 격의 없이 선생님과 직원을 대하고 그들의 고민을 들어 주는 경우를 의미한다. 이상의 두 가지 차원인 구조성과 배려성은 앞서 제2장에서 공부했던 과학적 관리론(구조성), 인간관계론(배려성)과 유사한 맥락적 특징을 지닌다.

핼핀(Halpin)과 쿤즈(Coons)는 구조성과 배려성을 조합하여 효과적인 지도자의 네 가지 유형을 구분하였다. 먼저, 구조성과 배려성이 모두 높은 I 유형의 경우 가장 효과적인 유형으로 제시하였다(Halpin, 1995). 다만 핼핀(Halpin)은 I 유형이 모든 조직에서 효과적이기보다는, 학교와 같은 교육조직의 경우 구조성보다는 배려성이 좀 더 강조되어야 함을 밝히고 있다.

4) 검사도구 개발 방법에 따르면 일종의 '요인(factor)'에 해당됨.

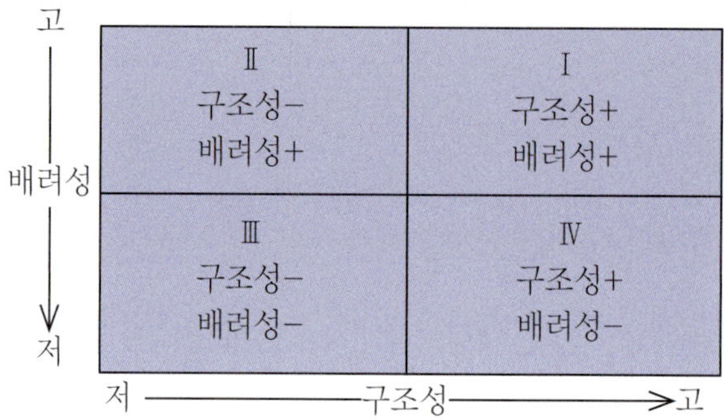

[그림 3-7] 구조성과 배려성 차원의 리더십 유형

출처: 윤정일 외(2011). 교육행정학원론. 학지사.

② 블레이크(Blake)와 머튼(Mouton)의 관리망이론

리더십 행위에 관한 또 다른 연구로 블레이크(Blake)와 머튼(Mouton)은 지도자의 행동 차원을 두 가지로 구분하였다. 이들 역시 앞서 살펴본 핼핀(Halpin)과 쿤즈(Coons)의 구조성과 배려성과 유사한 '생산에 대한 관심' 차원과 '인간에 대한 관심' 차원 두 가지 축을 교차하여 총 81개의 격자 관리망을 통해 다섯 가지 유형의 리더십을 제시하였다. 이들이 제시한 척도와 차원을 통하여 격자 관리망은 총 81개의 가능한 유형이 도출될 수 있지만, 이 가운데 가장 의미가 있는 태만형, 사교형, 중도형, 팀형, 권위형 등 다섯 가지 유형을 대표적 리더십 행위 유형으로 제시하였다.

- 1.1 태만형(Impoverished Management): 조직의 목표 달성과 조직원의 사기 진작을 위한 최소한의 노력만 기울이는 리더십
- 1.9 사교형(Country Club Management): 조직의 과업 달성 및 임무보다는 구성원에 대한 관심이 우선이고 그들과의 관계가 중시되는 리더십
- 5.5 중도형(Organization-Man Management): 조직의 과업 수행과 구성원의 사기 진작에 적절한 균형을 이루며 이를 유지하는 중도형 리더십

- 9.1 권위형(Authority Obedience): 조직 구성원의 인간적 요소에는 관심이 없으며 지시와 통제를 통하여 효율성과 생산성을 극대화하려는 리더십
- 9.9 팀형(Team Management): 조직의 목표 달성과 더불어 구성원에 대한 신뢰, 인간적 배려, 참여 등을 통해 최상의 결과를 도출하기 위해 노력하는 리더십

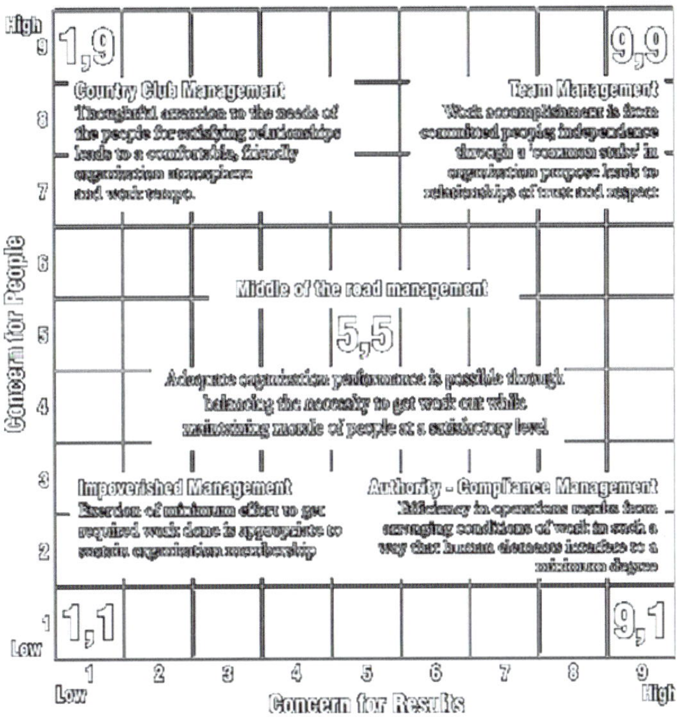

[그림 3-8] 블레이크와 머튼(Blake & Mouton)의 관리망이론

출처 : https://www.researchgate.net/

이상에서 언급된 오하이오 주립대학의 연구 결과와 블레이크(Blake)와 머튼(Mouton)의 관리망 연구 결과는 지도자의 행위의 특징을 몇 가지 유형으로 분류하였다는 점에 의의가 있다. 특히, 앞서 검토한 지도자 개인의 특징을 강조하는 특성론과 달리 지도자의 행위에 대해 행동과학(리더십 행위에 대한 설문조사 → 통계분석 → 유형 분류)분석방법에 입각하였다는 점에서 차이를 보인다. 하지만 리더십 행위론 연구에서는 주로 차원을 '과업'과 '인간'처럼 두 가지 차원으로 구분하였다는 점에서 지도자의 행위가 과연 두 가지 축으로만 제한되어 나타나는가에 대한 비판도 있다.

(3) 상황론

1970년대부터 1980년대까지의 리더십 연구는 상황론(Contingency Theory)에 맞추어져 있다. 상황론은 어떤 조직에 알맞은 상황을 결정해 주는 지도자의 지위가 주는 권력, 지도자와 구성원 간 관계의 결합, 과업 구조에 따라 조직이 지도자에게 영향력을 주는 정도가 다르게 나타나며, 상황적 요인이 리더십의 효과성에 직접적인 영향을 미친다고 설명한다(Fiedler, 1976). 즉, 조직의 상황과 지도자의 역량 그리고 이들 둘 간의 상호작용에 따라 리더십의 유형과 행위 등은 다르게 나타날 수 있다는 점을 제시하였다. 상황론에 따르면 리더십이란 사회적 상황과의 관계적 산물이며, 상황이 다르면 지도자의 행동 특성 역시 다르게 나타날 수 있다는 점을 지적하였다.

이와 관련하여 허시(Hersy)와 블랜차드(Blanchard)는 오하이오 주립대학교 연구 등의 선행 연구들을 검토하면서 리더십 행위를 과업 행위와 관계성 행위의 두 가지로 구분하였다. 그들은 구성원의 성숙도를 주요한 상황적 변인으로 보고, 이를 그들의 모델에 통합시켰다. 성숙도는 직무 성숙도와 심리적 성숙도로 나눌 수 있는데, 직무 성숙도는 교육과 경험에 의하여 영향을 받게 되는 개인적 직무 수행 능력을 의미하며, 심리적 성숙도는 성취 욕구와 책임을 수용하려는 의지를 반영한 개인적 동기 수준을 의미한다. 나아가 허시(Hersy)와 블랜차드(Blanchard)는 효과적인 지도성 유형과 구성원의 성숙도 간의 관계를 규명하였다. 그들은 다양한 상황적 변인의 중요성을 인정하면서 지도자의 행동과 효과성 간의 관계를 조화시키는 구성원의 성숙성을 강조하였다. 이들이 제시한 상황변수인 구성원의 성숙은 구성원들의 교육수준, 책임감, 경험, 성취동기, 자신감 등으로 능력과 의지에 의해 4단계(M1, M2, M3, M4)로 결정되게 된다.

- M1: 구성원들이 직무를 수행할 수 있는 능력도 없고, 또 하고자 하는 의욕도 없는 상태로, 자신감이 매우 낮은 성숙상태이다.
- M2 : 구성원들이 과업을 수행하고자 하는 의욕과 동기는 있으나 일을 수행할 수 있는 능력이 부족한 상태이다.
- M3 : 구성원들이 업무수행 능력은 뛰어나지만 업무수행을 하고자 하는 의욕과 동기가 부족한 상태이다.
- M4 : 구성원들이 업무수행에 대한 능력과 의욕이 모두 뛰어나며 책임감이 투철한 상태이다.

이를 토대로 구성원의 준비도에 따라 지도성 유형을 네 가지로 분류하였다.

① 지시형 리더십(telling)

M1의 경우 구성원의 성숙 수준이 매우 낮아 어떤 일에 대해 책임을 맡을 능력도 없고 또 맡으려 하지도 않는 경우이다. 이럴 경우 '지시적(telling) 리더십' 유형이 효과적이다. 이를 '지시적 리더십' 유형이라고 하는 이유는 지도자가 조직 구성원들에게 업무에 대해서 구체적으로 말해 주기 때문이다. 이처럼 조직 구성원의 성숙 수준이 낮을 때에는 지도자의 지시적 행동이 더 많이 요구된다.

② 지도형 리더십(selling)

M2의 경우 구성원의 성숙 수준이 다소 낮기 때문에 조직 구성원들이 책임을

맡고는 싶으나 실제로 맡을 수 있는 능력이 없는 경우이다. 이들은 능력이 없기 때문에 지도자의 지시적 행동을 필요로 하면서 동시에 일에 의욕과 동기를 자극하는 지원적 행동도 요구한다. 이 경우에는 지도형 리더십 유형이 효과적일 확률이 높다.

③ 지원형 리더십(participating)

M3의 경우 구성원의 성숙 수준은 다소 높아 조직 구성원들이 지도자가 원하는 바를 수행할 수는 있으나 구성원들이 하고 싶은 의욕이 없는 경우이다. 이들에게 일에 대한 의욕이 없는 것은 능력보다는 동기와 더 많은 관련을 가진다. 따라서 지도자는 그들의 말에 귀를 기울여야 한다. 지원적, 비지시적인 지원형 리더십 유형이 가장 효과적이다.

④ 위임형 리더십(delegating)

M4의 경우 구성원의 성숙 수준이 매우 높아 조직 구성원들이 책임을 맡을 수 있는 능력도 있고 또 맡기를 원하기도 하는 경우이다. 따라서 지도자의 지시나 지원도 거의 원하지 않는 위임형 리더십 유형이 가장 효과적이다. 비록 문제가 발견된다고 해도 계획을 수행할 책임은 성숙한 조직 구성원에게 주어진다.

그러나 허시와 블랜차드(Hersy & Blanchard)의 이론도 상황변수로 구성원의 준비도(성숙도)만을 다루고 있다는 점과 구성원의 준비도를 각각 다른 상황에서 측정하기 어렵다는 것을 단점으로 들 수 있다.

3) 새로운 리더십 이론들

1980년대부터 가속화되기 시작한 기업 환경의 격변으로 인해 안정적 환경을 전제로 정립되었던 전통적 리더십 이론들이 비판을 받으며 새로운 리더십 이론들이 등장하게 되었다.

(1) 변혁지향적 리더십

변혁적 리더십은 거래적 리더십의 한계를 극복하기 위해 대안으로 제시된 개념으로, 기존의 리더십 연구가 지도자와 구성원 간의 관계를 교환적 관계로만 국한시킴으로써 파생되는 문제점들을 지적하고, 현대의 조직 상황에 적용 가능한 새로운 리더십 모형으로 변혁적 리더십(Transforming Leadership)을 제시하였다(Burns, 1978).

변혁적 리더십은 리더가 구성원의 내적 동기를 인지하고 만족시킬 수 있도록 노력하며, 전인적 관계를 형성하여 리더와 구성원 간 상호자극과 고양의 관계를 형성해 간다. 이러한 관계를 형성하면서 구성원들은 현재의 모습을 훨씬 뛰어넘는 새로운 모습으로 변혁되어 간다는 것이다(Crawford, Gould, & Scott, 2003).

(2) 도덕적 리더십

도덕(Morality)은 사전적 의미로 사람으로서 마땅히 지켜야 할 도리 및 그것을 자각하여 실천하는 행위의 총체를 뜻한다. 도덕은 옳음이나 정의와 관련된 보편적 규범의 의미를 지니며, 개인의 덕성에 관계되는 개념으로 쓰이는데, 이처럼 보편적이고 포괄적인 개념을 가지고 있기에 한마디로 정의하기는 어렵다.

그린필드(Greenfield, 1991)는 학교장의 도덕적 지도성을 구성원들을 의도적으로 도덕적인 행동을 하도록 유도함으로써 공동의 목적을 달성하는 것으로 정의하고, 도덕적 지도성에는 가치관, 지도자의 책임과 의무, 학교의 비전 제시, 교사와 지도자 간 권한 관계를 구성 요소로 제시하였다.

학교조직에서 학교장의 도덕적 리더십을 체계화한 서지오반니(Sergiovanni, 1992)는 도덕적 관점에서 선의와 관리적 관점에서 성공을 양대 축으로 하여 네 가지 학교 유형을 제시하였다(1992). 네 가지 유형 중 학교장이 지향해야 할 도덕적 리더십은 성공만을 지향하는 학교가 아닌 도덕적인 학교와 도덕적이면서 효과적인 학교를 만드는 것이라 하였다.

(3) 문화적 리더십

커닝햄과 그레소(Cunningham & Gresso, 1993)는, 문화는 교직원 개개인에게 수용될 수 있는 방법을 규정하며 그들이 생활하는 기초가 되어 사람들의 마음에 영향을 주고, 자기 자신을 지각하고 결부시키며, 해석하는 모형이 되기 때문에 학교교육을 개선하기 위해서 반드시 고려되어야 한다고 하였다. 이렇듯 조직문화는 모든 행정적 노력의 구심점이 되어 조직구조, 조직행동 그리고 조직의 직무수행에 영향을 주고 직무수행을 개선하기 위한 기제가 된다. 그래서 조직행동과 조직구조는 직무수행 개선을 위한 교정적 행위를 통해 적절한 조직문화를 발전시키고 지원한다.

커닝햄과 그레소(Cunningham & Gresso, 1993)는 비전, 동료 관계, 신뢰와 지원, 권력과 지위보다는 가치와 흥미, 폭넓은 참여, 지속적 성장, 장기적 전망에 따른 현재의 생활, 질 높은 정보에 대한 용이한 접근, 개선의 유지와 지속 그리고 개인적인 권한 부여를 들었다. 이러한 문화의 행정은 학교조직의 수월성을 높일 수 있다고 보았다.

(4) 감성적 리더십

감성적 리더십은 지도자의 감성이 성과에 크게 영향력을 미친다는 연구들이 수행되면서 주목받게 되었다. 미국의 성공적인 최고경영자 50명을 대상으로 성공한 지도자들의 공통적 자질 15가지를 지적·기술적 측면, 감성적 측면으로 나누어 분석하였는데, 연구 결과에 따르면 성공한 지도자들의 자질 중 지적·기술적 측면에는 단 세 가지만 속하는 반면 나머지 12가지는 감성적 측면의 태도나 의지라는 점이 밝혀졌다(Neff, Citrin, Brown, 1999). 즉, 지적·기술적 능력은 훌륭한 지도자가 되기 위한 필수조건이긴 하지만 충분조건은 아니며, 진정한 지도자로 거듭나기 위해서는 살아 숨 쉬는 감성적 능력을 갖추어야 한다는 점이 강조된 것이다. 이에 따라 다양한 조직에서 조직변화의 대응 방안으로 감성적 리더십에 대한 연구가 활발하게 진행되었으며, 학교조직에서도 학교장의 감성적 리더십이 주목받게 되었다.

학교장의 감성적 리더십은 학교장의 감성적 지도성에 대해 학교장 스스로 자아를 관찰하고 이해하며, 자신의 감정을 통제하고, 타인에 대한 배려와 애정을 가지고 도전 정신과 열정이 뒷받침되어 자연스럽게 조직 구성원들에게 영향력을 행사하는 것으로 정의한다(김철구, 2008). 또한 학교장이 정서 지능을 통해 자신의 내적 특성을 파악하고 관리하며, 학교 구성원에게 관심과 배려심을 갖고 공감함으로써 구성원들이 훌륭하게 역할을 수행할 수 있도록 지원하는 과정으로 본다.

CASE STUDY 해설

● 교원성과급제도는 학교에서 교원의 직무수행을 평가하여 직무수행이 우수한 교원에게 금전적 보상을 통해 사기를 진작하는 데 목적을 두고 있다. 하지만 일선 학교현장 교원들은 교원성과급제도에 대하여 불신하고 있으며, 이와 같은 불신으로 말미암아 본 제도에 대한 폐지 논리도 꾸준히 제시되고 있다.
이하, 교원성과급제도의 주요 특징을 검토하고 아담스의 공정성 이론에 비추어 교원성과급제도의 반대 논거를 제시하도록 한다.

● 지난 1998년 당시 대한민국은 IMF로 국가부도 위기 상황에 직면하였으며 전 국가적으로 구조조정과 신자유주의적 정책이 도입되었다. 교원성과급제도는 이와 같은 상황에 대응하여 교직사회에 열심히 직무를 수행하는 교원에게 금전적 보상을 지급하고 교원의 사기를 진작할 목적으로 도입되었다. 하지만 교원성과급제도에서는 '성과'가 핵심적인 속성인 바, 교원의 직무수행에 대한 성과를 정의하고 측정하는 것이 쉽지 않다는 점이다. 교원의 직무수행은 수업과 학생지도가 대표적이라 할 수 있다. 만약, 자신이 지도하는 학생의 학업성취 수준과 학생지도 결과를 성과로 파악하는 경우를 생각해 보면, 학생마다 학업능력에 있어 개인차가 존재하며, 이와 같은 차이는 물리적으로 통제하기 어려운 변수라 할 수 있다. 또한 학교교육의 효과는 비교적 장기간에 걸쳐 나타나며 교원 자신이 노력한 바에 비하여 단기간에 성과를 확인하기는 쉽지 않다. 즉, 교원의 성과를 측정하는 것과 관련하여 '성과'에 대한 정의도 곤란하지만 측정이 어렵기 때문에 정책 대상자인 교원들의 정책순응을 확보하는 것이 어렵다.
교원성과급제도는 조직 구성원의 직무 성과에 대하여 보상을 지급하는 것을 주요 내용으로 하고 있다. 즉, 구성원의 직무 성과에 대하여 보상을 지급하는 방식은 동기를 유발시키는 것과 유사한 측면이 있다.
이와 관련하여 아담스(Adams)는 조직 내 구성원의 동기와 관련하여 공정성이론(Equity theory)을 제시하였던 바, 자신과 타인과의 비교를 통하여 자신의 동기가 얼마나 유발되는지 그 과정을 설명하고 있다. 아담스의 이론적 내용에 비추어 검토해 보면 교원이 다른 교원과의 성과에 대한 비교를 통하여 자신이 공정한 대우를 받고 있다고 인지하는 경우 직무 동기가 유발되는 것으로 설명되어야 한다. 하지만, 교원성과급제도에서 '성과'에 대한 합의가 곤란하며 성과에 대한 측정 역시 쉽지 않은 상황에서 자신 이외의 다른 교사와 성과를 비교하는 것은 쉽지 않다.
이와 같은 점을 미루어 본다면 아담스의 공정성 이론에 비추어 볼 때, 교원성과급제도는 교원의 직무 동기를 유발시키는 것이 쉽지 않다. 요컨대, 교원성과급제도에 대한 교사들의 반대는 교직의 특수성 그리고 학교교육의 특징을 간과한 제도로 이해될 수 있다. 만약 교원성과급제도를 유지해야 한다면 교사의 직무수행에 대한 '성과'에 대한 합의와 엄밀한 측정방식이 전제되어야 한다.

CHAPTER 04

학교조직 및 의사소통론

학습 목표

- 조직의 개념 및 특징을 이해한다.
- 학교라는 조직을 설명하는 제반 이론적인 내용을 이해한다.
- 다른 조직체와 차별화되는 학교조직의 특성을 이해하고 설명해 볼 수 있다.

우리는 태어나면서부터 '가족'이라는 집단에 속하게 된다. 그리고 개인마다 차이는 있지만 대략 3~5세가 되면 영유아보육기관 또는 유치원이라는 조직의 구성원이 되고, 8세 이후부터는 초 · 중등학교 조직의 구성원이 된다. 고등학교를 졸업하면서 일부는 대학이라는 조직 구성원이 되며, 또 일부는 직장생활을 시작하면서 조직의 구성원이 된다. 경우에 따라 창업을 한다면 기업을 만들게 되는데, 이 경우에도 조직 구성원의 일원이 된다. 이처럼 인간은 사회적으로 모종의 집단체 또는 조직에 속하게 되며 조직 속에서 사회적 생활관계를 영위하고 동시에 조직의 목적 달성과 관련이 있는 업무를 수행하게 된다.

'교육'이라는 현상에 주목해 볼 때, 개인 스스로 학습하는 경우도 있지만 대부분의 경우 2명 이상의 사람이 함께 집단으로 모여 있는 '학교'라는 공간적 범위 내에서 교육이 이루어지는 경우가 대부분이다. 또한 학교에는 학급이라는 작은 집단이 있고, 학교교육과정 운영을 위해 교무부, 연구부, 정보부 등 부서 단위의 하위 조직도 존재한다

이와 같은 일련의 모습을 '조직(organization)'이라는 틀로 파악한다면 학교는 학교조직으로 파악해 볼 수 있다. 학교조직과 관련된 제반 이론들은 조직이론으로부터 시작된다. 본 교재의 제2장에서 검토한 것처럼 조직이론은 사회학, 경영학 그리고 행정학 등의 영향을 받아 왔지만, 학교와 교육이라는 특별한 현상을 다루고 있기 때문에 조직이론이 그대로 적용되는 부분도 있고, 학교조직의 특유한 현상을 다루는 부분도 있다. 이에 따라 여기에서는 조직의 원리, 구조 및 유형론으부터 조직적 차원의 분위기 등을 의미하는 '풍토(Climate)' 및 '건강(Health)' 등 다양한 개념과 이론들이 소개된다.

또한 조직 내 구성원 간의 커뮤니케이션(의사소통)은 우리 인체의 구조로 비유하자면 혈관에 해당되며, 조직 내 의사소통에 대한 내용으로 다루고 있다. 이상의 개념과 이론들은 우리가 익히 알고 있는 학교를 '조직이론' 관점에서 이해할 수 있도록 도와준다. 끝으로 이 장의 마지막에서는 학교만이 가지고 있는 조직적 특징이 제시되는 바, 다른 조직과 차별화되는 학교가 지니고 있는 특징을 이해하도록 한다.

1. 조직의 개념과 특징

본격적으로 조직이라는 개념을 정의하기에 앞서 다음과 같은 점을 검토해 볼 필요가 있다. 우리는 사회적 생활관계 속에서 모종의 다양한 집단에 속하게 된다. 이와 같은 집단은 개인의 관심사에 따라 단순하게 모여 상호 관심사를 공유하는 집단일 수도 있고, 일정한 목적을 두고 소기의 목적 달성을 위해 유기적인 노력을 기울이는 집단일 수도 있다. 집단에 대해서도 학자마다 다양하게 정의하고 있으나, 일반적으로 집단은 공동의 목표를 달성하기 위해 집단 구성원 간에 상호작용 및 상호의존적인 관계를 맺고 있는 두 사람 이상의 집합체를 의미한다. 이와 같은 개념을 조금 더 구체적으로 검토해 보면 다음과 같다.

먼저, 집단은 공동의 목적을 가지고 있다는 점이다. 집단의 구성원은 집단에 참여함에 있어 목적의식을 갖추게 된다. 이와 같은 목적은 개인의 목적이 아닌 집단의 목적이다. 또한 이와 같은 목표를 달성하기 위해 구성원 간에는 상호작용을 하게 된다. 이와 같은 상호작용을 통해 집단의 목적을 달성하는 집단적 행위로 나타나게 되며, 이와 같은 집단적 행위는 가급적 지속적으로 나타나야 하며, 어느 정도 예측 가능한 성질을 띠어야 한다.

다음과 같은 경우를 생각해 보자. 버스를 기다리는 일군의 무리가 있다. 버스를 기다리는 일군의 무리를 집단으로 볼 수 있을까? 버스를 기다리는 무리들은 상호작용을 하지 않고 있으며, 개개인이 자신의 목적지까지 이동한다는 목적은 존재해도 버스에 함께 타고 있는 전체 승객이 어떠한 목적을 기대하는 것은 어렵다. 이처럼 버스를 기다리는 일군의 무리들이 두 명 이상의 사람들이 모여 있는 것으로 파악되더라도 우리가 이들을 집단이라고 이해하기에는 무리가 있다. 이상 언급된 것처럼 집단은 조직이라는 개념적 특징과 유사한 측면이 있다. 다만, 본서의 제2장에서 언급한 베버(Weber)의 관료제적 특징(분업과 전문화, 몰인정성, 권위의 위계, 규정과 규칙, 경력지향성)[1]이 보다 구체적으로 나타나는 경우에 조직에 가까운 특징을 보이게 된다.

조직은 어제 오늘 갑자기 나타난 개념이 아니다. 조직은 중세 봉건사회에도 존재했으나 근대 산업혁명 이후 현대사회로 접어들면서 그 수가 증가해 왔으며, 조직에 관한 연구 역시 활발하게 진행되어 왔다. 본격적인 조직의 개념 검토에 앞서 조직의 개념에 관한 주요 학자들의 개념을 제시해 보면 다음과 같다.

- 조직이란 두 사람 이상에 의해 의도적으로 조정된 행동과 힘의 체제(Bernard, 1938)
- 조직이란 상호 간의 관계를 규정한 역할체제를 가지고 있는 인간의 집단(Udy, 1963)
- 공동의 목적을 달성하기 위해 비교적 계속적으로 기능을 하는 두 사람 이상으로 구성된 의도적으로 조정되는 사회적 단위(Robbins, 2007).
- 조직이란 인간의 집합체로서 일정한 공동의 목표 추구를 위하여 의식적으로 구성한 사회적 체제로 대규모의 복잡한 특징을 지니고 있다. 또한, 어느 정도 공식화된 분화와 통합의 구조 및 과정 그리고 규범을 내포하며 상당히 지속적인 성격을 지니고 있다. 조직은 경계를 지니고 있으며 경계 밖의 환경과 상호작용한다(오석홍, 2005)

이상의 내용을 종합해 보면 조직은 다음과 같은 개념적 속성을 지니고 있다.

첫째, 조직은 조직이 추구하는 공동의 목적을 달성하기 위해 존재한다는 점이다. 첫 번째 속성에서 중요한 것은 조직이 추구하는 공동의 목적으로, 조직은 목적 달성을 위한 수단이지 조직 그 자체가 목적[2]이 되는 것은 아니다. 둘째, 조직은 목적 달성을 위해 조직 구성원들의 협력적 관계를 전제로 하고 있다는 점이다.

---

1) 이상의 다섯 가지는 관료제(Bureaucracy)에서 나타나는 대표적인 요소이다. 베버(Weber)는 관료제 이론에 입각한 조직을 이상적인 유형(Ideal Type)의 조직으로 제시한 바 있다. 집단과 조직을 구분하는 다양한 의견이 있을 수 있으나, 관료제 이론에 입각한 다섯 가지 요소를 포함하는 경우 조직으로, 그렇지 않은 경우에는 집단으로 파악될 수 있다(김달효, 2011).

2) 조직 그 자체가 목적이 되는 조직의 경우, 조직이 전체주의적 경향을 보일 수 있기 때문에 경계를 요한다. 다만, 조직의 구성원이 공동의 목적의식을 가지고 함께 협력하기 위해서는 '조직'의 집단성에 대한 의식과 함께 공동체 의식을 지닐 필요는 있다.

이와 같은 특징은 두 명 이상의 사람으로 구성된 조직체에서 조직 구성원 개인에게 역할이 부여되고 이와 같은 역할은 다른 구성원의 역할과 유기적으로 연계되어 조직 과업이 수행되는 것을 의미한다.

셋째, 조직은 기능적으로 분업의 원리(Division of Work)에 따라 횡적 분화와 종적 분화의 구조를 보인다는 점이다. 분화구조는 조직이라는 구조 차원에 입각해 볼 때, 조직 구성원인 '나'와 다른 구성원 간에 수평적인 관점에서 관계를 맺게 되는 경우도 있고, 나와 상급자 그리고 하급자 간의 수직적 관점에서 관계를 맺게 되는 경우도 있다는 것을 생각해 볼 수 있다. 조직 구성원 간의 관계 외에도 업무의 특성 측면에서도 횡적 분화와 종적 분화도 나타나게 된다.

넷째, 조직은 일종의 사회적 체제로, 조직 내 구성요소는 물론이며 조직 외 구성요소와도 상호작용을 하게 된다. 조직은 일정한 경계를 갖게 된다. 이와 같은 경계는 조직의 내부와 외부를 구분 짓는 기준이 된다. 통상적으로 조직 외부라 하면 조직체 밖의 환경 또는 상황을 의미하며, 조직의 인적·물적 자원의 범위가 미치지 않는 영역을 의미한다. 조직은 외부 환경의 변화에 따라 조직 내부의 구성요소도 영향을 미치게 되며, 경우에 따라서는 조직의 구조 및 기술에도 상당한 영향을 미치게 된다.

요컨대, 조직은 두 명 이상의 사람이 모여 공동의 목적 달성을 위해 의도적으로 구성하게 되는 사회적 집단체로 정의해 볼 수 있다. 오늘날과 같은 현대사회에서 조직은 경제·산업·문화·정치 등 모든 방면에서 나타나고 있으며, 이와 같은 조직의 일반적인 특징을 이해하고 이론적인 내용으로 종합하는 분야가 조직론 분야이다. 이 때문에 학교를 조직이라는 관점에서 이해하는 경우, 조직에 관한 일반적 특성에 대한 이해가 전제되고 학교조직의 특수성을 이해할 필요가 있다. 이에 따라 본 장에서는 조직이론에 관한 일반적인 내용을 먼저 학습하고 마지막에 학교조직의 특성에 대하여 상세하게 제시하도록 한다.

2. 조직의 이해를 위한 일반 이론

1) 조직의 원리

조직이론에서 조직의 원리는 분업(Division)의 관점과 조정(Coordination)에 대한 관점으로부터 시작된다(오석홍, 2005). 먼저, 분업의 관점은 규모가 큰 조직일수록 많은 수의 사람이 조직에 참여하게 되는 바, 상호 간에 업무의 중복 없이 업무를 나누어 맡아야 하는 것을 의미한다. 또한, 조정의 관점은 분업으로 세분화되어 있는 업무구조를 상호 간에 통합하는 것을 의미한다. 이처럼 분업과 조정의 관점은 조직이 목표를 달성해 나가는 데 있어 필수적인 과정에 해당되는 것으로 어떠한 조직이라도 조직의 목표 달성을 위해 분업과 조정은 항상 나타나게 되며, 이와 같은 구분에 따라 조직의 원리를 제시하면 다음과 같다.

■ 조직 내 분업(Division of work)으로부터 파생되는 원리

- **분업의 원리** : 조직의 업무를 직능 또는 성질별로 구분하여 한 사람에게 동일한 의미의 과업을 부여하고자 하는 원리
- **부성화의 원리** : 이것은 부서화, 업무집단화 및 조직단위 형성을 의미하며 서로 동질적이거나 연관된 업무들을 묶어 조직단위로 구성해야 함을 의미
- **동질성의 원리** : 부성화의 기준을 명시하는 원리이며 개별 하위조직 단위가 같은 종류의 활동으로 구성되게 해야 한다는 기준
- **기능명시의 원리** : 분화된 기능 및 업무를 명문(문자화)으로 규정해야 한다는 원리

■ 조직 내 조정(Coordination)으로부터 파생되는 원리

- **계서제(계층제)의 원리** : 조직 내 권한체제의 계층화를 요구하는 원리로 권한은 최상층으로부터 밑으로 내려가야 하며, 하향적 위임은 차례로 이어지는 계층을 따르는 원리
- **명령계통의 원리** : 명령계통의 원리는 위·아래를 연결하는 계층적 통로를 거쳐 명령이 전달되어야 한다는 원리

- **통솔 범위의 원리** : 한 사람의 상관이 감독하는 부하의 수는 그 상관의 통솔능력 범위 내에 한정되어야 한다는 원리
- **적도집권의 원리** : 조직의 구조와 관련하여 중앙집중화 및 분권화의 균형을 도모하려는 원리

이상의 조직의 원리를 학교조직의 일반적인 교무분장 조직을 토대로 설명하면 아래 그림과 같다.

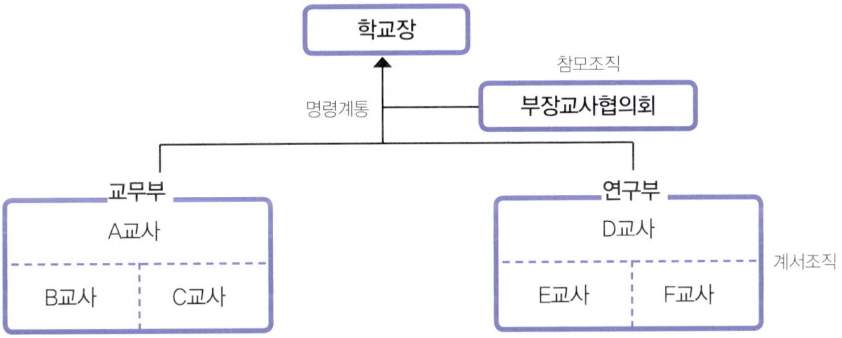

[그림 4-1] 학교 교무분장조직(예시)

위 그림에 제시된 학교의 교무분장조직에서 교무부의 A, B, C교사는 상호 업무가 중첩되지 않고 자신의 고유한 업무를 부여 받게 된다. 이와 같은 관점에 서는 경우 분업의 원리에 따라 업무가 배분되는 것이며, 교무부는 교무·학사에 관한 업무를 주로 담당하고 연구부는 학교교육과정 및 교사연수 등을 주로 담당하게 되는 바, 부서 간에도 부성화의 원리 및 분업의 원리에 입각하여 업무가 분담된다.

한편, 위 그림에서 학교장 바로 아래 오른쪽은 각종 위원회가 배치되어 있다. 이와 같은 조직은 조직 최고 의사결정자에게 조언을 수행하는 참모조직에 해당된다. 교무부와 연구부 등은 계서조직에 해당되고 학교교육과정에서 추구하는 목적 달성을 위한 실무적인 역할을 수행하게 된다. 위 그림에서 학교장을 정점으로 부

서 그리고 교사로 이어지는 수직적인 구조를 생각해 보면 이것은 명령통일의 원리가 작동되는 구조이다. 일반적으로 부서 내 교사는 자신의 업무에 대해 기획을 하고 해당 기획(안) 공문행위를 통하여 부서장을 거쳐 교감, 학교장까지 결재가 진행된다. 또한, 학교장의 의사결정 사항은 교감을 통하여 각 부서의 부장교사에게 전달되고 부장교사는 부서의 교사에게 전달하는 명령통일의 원리가 작동되는 구조[3]이다.

2) 조직구조론[4]

조직의 구조는 상당히 복합적인 이해를 요하는 분야이다. 조직의 구조에 대한 이해에 앞서 구조(Structure)가 무엇인가에 대한 이해가 전제되어야 하는 바, 이에 대한 합의가 쉽지 않다. 일각에서는 조직의 구조라 하면 조직도를 생각하는 경우도 있으며, 조직 내 구성요소 간 관계로 파악하는 경우도 있다. 후자의 입장은 조직에 대한 이해가 상당 부분 진척되어야 이해가 가능하며, 여기에서는 전자의 입장에 초점을 두고 조직의 구조를 설명하도록 한다.

(1) 조직의 구조와 형태

여기에서는 헨리 민츠버그(Henry Minzberg, 1989)의 이론적 관점을 토대로 조직구조의 형태를 설명하도록 한다. 민츠버그(1989)는 조직 내 과업을 분배하고 이들 사이에 조정을 달성하는 방식에 관한 것이라고 언급하였다. 동시에 조직이 과업에 관하여 통제하고 모니터링하기 위한 기초적인 수단으로 다섯 가

3) 본서에서 조직의 원리를 설명하기 위해 제시된 그림과 내용들은 오늘날 모든 학교에 그대로 적용되는 것은 아니다. 비교적 최근 혁신학교 등에서는 기존의 조직원리 구조와 차별화되는 수평적 조직구조를 지향하고 있는 바, 이와 같은 구조는 기존의 조직원리 외에 추가적인 설명도 필요하다. 이에 대한 상세한 설명은 본서의 범위를 넘어서는 것으로 여기에서는 조직의 일반원리의 설명에 중점을 두도록 한다.

4) 조직의 구조 및 유형과 관련하여 '관료제' 이론은 본서의 제2장에 수록되어 있다.

지 조정 기제를 언급하였는데, 상호조정(Mutual Adjustment)[5], 직접감독(Direct Supervision), 작업 과정의 표준화(Standardization of Work Process)[6], 산출의 표준화(Standardization of Output)[7], 작업자 기술의 표준화(Standardization of Worker skill)[8]가 그것이다. 이와 같은 조정 기제는 조직 내 기술과 밀접한 관련을 맺고 있는 것으로, 조직 내 과업을 다루는 기술의 일반적인 내용을 표현한 것으로 볼 수 있다(Minzberg, 1989).

이와 함께 민츠버그는 조직구조의 핵심 5대 구성요소로 전략적 정점(Strategic apex), 중간계층(Middle line), 작동의 중핵(Operating Core), 기술구조(Technostructure), 지원 스태프(Support staff) 등 다섯 가지를 제시하였다. 이상의 내용을 도식화하여 제시하면 다음 [그림 4-2]와 같다.

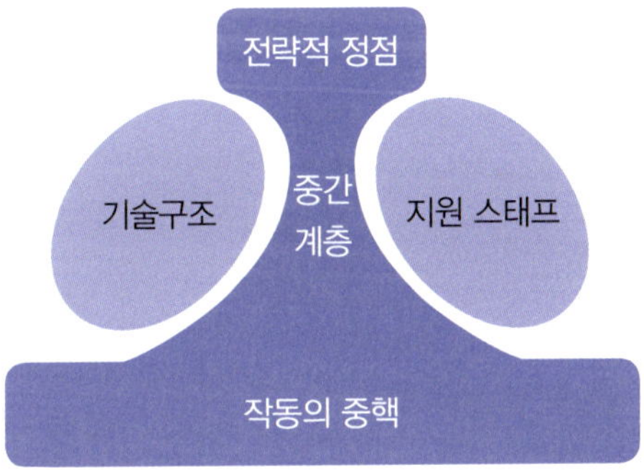

[그림 4-2] 민츠버그(Minzberg)의 조직의 다섯 가지 구성요소

출처 : Wayne K. Hoy, Cecil G. Miskel (2008). *Educational Administration(8Th).*

---

5) 예컨대, A라는 학교가 있다고 가정해 보자. A학교의 연구부에서는 운동부 최저학력 시행을 담당하고 있고, 체육부에서는 운동선수 학생들의 전국대회 시합을 앞두고 있다. 어떠한 운동선수 학생이 최저학력 기준에 미달되어 전국대회 출전이 어려운 경우 연구부와 체육부는 갈등을 보일 수 있다. 이 과정에서 학교장이 두 부서의 부장교사를 대상으로 재시험의 기회를 주도록 조정한다면 상호 조정(Mutual Adjustment)에 해당될 수 있다.

6) 어느 학교에서나 기안문을 작성하는데, 결재 과정에서 '기안자-검토자(부장)-검토자(교감)-결재자(교장)'를 거치는 것을 예로 들 수 있다.

7) 학생의 성취 수준을 숫자로 양화된 성적으로 나타낸다면 산출의 표준화로 볼 수 있다.

8) 교사용 지도서에 제시된 각종 교수·학습방법(수업기술)이 대표적이라 할 수 있다.

민츠버그의 조직구조에서 핵심 다섯 가지 구성요소와 관련하여 학교조직에 적용해 보면, 정점은 조직이 목적을 효과적으로 달성하는 데 책임을 지는 것과 관련이 있다. 통상적으로 학교에서는 학교의 비전 그리고 목표와 밀접한 관련이 있다. 한편, 중간계층은 학교에서 학교장이 중간계층의 관리자이며, 조정과 통제에 관한 직접적인 감독에 의존하는 조직은 거대한 중간계층을 가질 수 있고, 작동의 중핵에는 교사가 위치하게 되며 교사의 수업은 조직구조의 산출물로 파악하게 된다(Hoy & Miskel, 2008). 또한 기술구조는 조직이 환경에 적응하는 것을 돕는 것과 관련이 있다. 학교에서 기술구조는 학교의 핵심적인 과업이라 할 수 있는 수업과 교육과정 운영을 위한 모든 기능, 역량을 의미한다. 우리나라의 상황을 고려해 본다면 교수학습지원 시스템이 여기에 해당될 수도 있고, 학생의 교육활동에 대한 기록에 있어 교육행정 정보시스템을 활용하는 것이 해당될 수도 있으며, 학교 전체 행사를 추진하기 위한 교사들 상호 간 협력도 여기에 해당될 수도 있다.

마지막으로 지원 스태프는 작동의 중핵이 올바르게 진행되기 위하여 지원하는 역할을 수행한다. 학교조직에서는 교육과정 개발자 혹은 장학에 관한 업무를 담당하는 자의 역할과 관련이 있으며, 직원(staff)은 학교조직에서 교수학습과 관련된 행정부서에서 학교를 지원하는 업무를 담당하는 것과 관련이 있는 것으로 파악하였다(Hoy & Miskel, 2008). 요컨대, 민츠버그(Minzberg)는 조직의 구조에 관한 일반적인 특성을 다섯 가지 요소를 중심으로 제시하였다는 점에 특징이 있으며, 조직에서 실제 수행되는 과업이 어떻게 이루어지고 있는가를 중심으로 제시하고 있다.

(2) 공식조직 및 비공식조직

현대사회에서 조직은 다양한 모습을 띠고 있으며, 조직 기능에 따라 조직의 구조적 특징은 다양하게 이해될 수 있다. 조직이론에서 일반적으로 언급되는 구조는 일상적인 조직도(Organization Chart)를 보고 그 구조를 파악하는 입장이 있다. 여러분이 학교 홈페이지에 가면 학교의 조직도를 볼 수 있으며, 우리나라 대부분의 학교는 앞서 [그림 4-1]에 제시된 것처럼 부성화의 원리에 입각하여 제시된 교무분장 조직도가 제시되어 있다. 이처럼 조직 차원에서 공인된 조직의 구조가 공식조직(Formal Organization)이며, 일정한 목적을 달성하기 위해 의도적이고 인위적으로 구성된 집단을 의미한다.

한편, 비공식조직(Informal Organization)은 조직 내에서 개인적인 접촉이나 상호작용의 결과로 자연발생적으로 형성된 조직으로, 자생집단 또는 자생조직에 해당된다. 예컨대, 학교에서 마음이 서로 통하는 교사들끼리 조직한 '동호회'나 학교의 '친목회' 등이 대표적인 비공식조직으로, 이와 같은 조직은 통상적으로 앞서 제시된 조직도 상에 나타나지 않는 것이 특징이다.

공식조직과 비공식조직의 구분은 본서의 제2장에서 제시된 '인간관계론'과 무관하지 않다. 메이요(Mayo) 등을 중심으로 한 호손공장 연구를 떠올려 보면, 조직은 과학적이고 객관적으로 구성된 작업과정과 공식조직만으로 운영되는 것은 아니라는 점을 상기해 볼 수 있다. 즉, 조직의 생산성(학교조직에서는 학생의 전인적 성장)과 관련하여 조직 구성원들의 맥락적(contextual)인 측면에 대한 이해와 관계가 중요함을 시사한다. 공식조직과 비공식조직의 주요 내용을 요약하면 다음 〈표 4-1〉과 같다.

〈표 4-1〉 공식조직과 비공식조직의 주요 특징

구분	공식조직	비공식조직
본질적인 성격	공인성	비공인성
주요 특징	권위와 책임	관계와 정치
초점	직위	사람
리더의 권력	행정가 위임	집단의 인정
행위의 지침	규칙과 법규	규범(문화적)
통제의 근원	보상과 처벌	구속력(압박)

공식조직은 본질적으로 공인된 성격을 지니고 있는 반면, 비공식조직은 그와 같은 공인성이 중요한 것은 아니다. 공식조직은 권위와 책임이 따르는 업무를 추진하는 경우가 일반적이지만, 비공식조직은 조직 구성원 간 관계에 따라 형성되기도 하고 소멸되기도 하는 등 일반적으로 자율적인 특성[9]을 지니고 있다. 또한 공식조직은 교사, 교감, 교장과 같은 공식적인 직위에 초점을 두고 있으나, 비공식조직은 사람 개인에 초점이 있고, 행위의 지침 측면에서 공식조직은 규칙과 법규에 따라 행위 양태가 결정되는 반면에 비공식조직은 비공식조직 내 규범[10]에 따라 움직여 간다.

이상의 특징에 더하여 비공식조직의 순기능과 역기능에 주목할 필요가 있다. 비공식조직은 조직 내에 존재하기는 하지만 수면 아래에서 조직 내에 상당한 영향력을 행사하는 경우가 있다. 가령, 학교의 친목회는 대표적인 비공식조직으로 가입과 탈퇴가 자유롭지만 학교의 교사 모두가 친목회에 가입되어 있는 경우라면 탈퇴는 현실적으로 쉽지 않다. 또한 비공식조직 내에서 형성된 암묵적인 인간관계는 공식조직의 의사결정에 영향을 주는 경우도 있으며, 학교의 주요 의사결정에 중요한 영향력을 행사하는 경우 공식조직에 버금가는 역할을 수행하는 경우도 있다. 이상의 비공식조직의 역기능 외에도 비공식조직은 조직 구성원의 의사소통을 증진시키며, 조직 구성원 상호 간의 이해를 도모할 수 있고 조직 구성원 간 협력을 증진시킬 수 있는 등 순기능 측면도 존재한다.

---

9) 비공식조직의 '정치'적 특징이라 함은 조직 내 파벌을 형성하는 경우가 대표적이라 할 수 있다. 경우에 따라서는 학연·혈연·지연 등으로 소수의 비공식조직 모임이 형성되는 경우도 있는 바, 이와 같은 비공식조직 내 관계와 영향력이 공식조직의 관계와 영향력을 압도는 경우도 종종 있다. 학교 역시 이와 같은 현상이 나타나기도 한다.

10) 비공식조직의 규범 가운데 대표적인 규범으로는 학교의 '친목회 규약' 등을 예로 들 수 있다. 이와 같은 규약은 친목회 회원들이 자발적으로 만든 규범이며, 해당 규범에 동의하지 않는 경우 친목회 탈퇴도 자유롭다. 경우에 따라서는 이와 같은 비공식적 규범이 조직 내에서 강한 규범력을 행사하는 경우도 있을 수 있다.

(3) 참모조직과 계서조직

조직 내에서 의사결정자의 관리능력을 보완하고 전문적인 조언을 할 수 있는 참모조직을 두는 경우가 있으며, 일반적인 업무 수행은 계서조직을 통해 수행된다. 전자는 의사결정자의 조정 및 통제활동을 돕는 데 주목적이 있으며, 후자는 부서 업무를 추진하는 자에 해당된다. 이와 같은 참모조직과 계서조직은 일반적인 조직이론에서는 엄격하게 구분되는 바, 이것은 명령통일의 원칙을 지키기 위함이다. 기업의 경우를 예로 들자면, 사장과 각 부서장 사이에 전략기획팀이 존재하기도 하는데 이와 같은 전략기획팀이 대표적인 참모조직이다. 또한 시·도교육청의 경우에도 정책기획팀을 두고 교육감에게 당해 시·도 교육정책에 대한 전문적인 조언, 연구 등을 수행하기도 한다.

하지만 단위학교에서는 참모조직과 계서조직의 구분이 모호한 측면이 있다. 특히, 규모가 작은 학교에서는 이와 같은 현상이 더욱 두드러지게 나타난다. 일반적으로 학교에서는 교무부, 연구부, 정보부와 같은 부서의 부장교사들이 모여 학교장에게 전문적인 조언을 하고 있다. 이와 같은 측면을 고려한다면 각 부서의 부장교사들은 학교장에게 참모조직의 역할을 수행하고 있다. 반면, 부장교사는 학교교육과정 운영 측면에 있어서는 학교조직의 계서조직으로 역할을 수행하기도 한다. 이와 같은 현상은 단위학교 조직은 일반적인 조직이론에서 언급되는 참모조직과 계서조직의 구분이 상대적으로 쉽지 않다는 것을 의미하며, 우리나라 학교의 교육과정 편성 및 운영에 있어 기본적인 골격은 교육부와 시·도교육청에서 결정되는 구조와 무관하지 않다.

3) 조직 유형론

일반적으로 유형(Typology)론은 모종의 현상에 대하여 유사한 속성과 차이가 있는 속성을 분류하여 유사한 것끼리 묶거나 분류하는 것을 의미한다. 예컨대, 기업과 병원 그리고 학교는 조직이라는 측면에서는 공통의 속성을 지니고 있는 것을 파악해 볼 수 있으나, 각각은 상호 다른 속성을 지니고 있는 측면도 있다. 조직 유형론은 조직을 모종의 유형군으로 분류하고 이해하는 작업으로 볼 수 있다. 여기에서는 조직이론에서 자주 언급되는 카츠와 칸(Katz & Kahn)의 기능분류론, 블라우와 스캇(Blau & Scott)의 수혜자 중심 분류론, 에치오니(Etzioni)의 복종관계에 의한 분류론 및 칼슨(Carlson)의 고객 선발방법에 의한 분류론 등 네 가지 유형을 중심으로 검토[11]하도록 한다.

① 카츠와 칸(Katz& Kahn)의 조직 기능에 입각한 분류[12]

카츠와 칸(Katz & Kahn, 1978)은 모든 조직은 주요한 기능을 가지고 있다고 전제하면서 조직의 본원적 기능이 무엇인가에 따라 조직을 다음과 같이 네 가지 유형으로 구분하였다.

〈표 4-2〉 카츠와 칸(Katz & Kahn)의 조직 기능에 따른 조직 유형

- **생산적 • 경제적 조직** : 이것은 사회를 위해 부를 창조하고 재화를 생산하며 용역을 제공해 주는 조직으로, 기업이 대표적이다.
- **유지기능적 조직** : 이것은 사회적 생활 및 조직생활에 있어 각 개인이 각자의 역할을 감당할 수 있는 사람들을 사회화하는 기능을 수행하는 조직을 의미하며, 학교와 교회가 대표적이다.
- **적응적 조직** : 이것은 새로운 지식을 창출하고 이론을 구성 및 검증하며 어느 정도까지는 실제 문제에 이를 적용하는 기능을 담당하는 조직으로, 각종 연구소 및 연구원 등이 해당된다
- **관리적 • 정치적 조직** : 이것은 인적·물적자원 및 하위 체제에 대한 조정·통제 등의 역할을 담당하는 조직으로, 각종 정부기관, 은행 등이 여기에 해당된다.

출처: 박성식(2011:109).

---

11) 이하 내용을 읽으면서 놓치지 말아야 할 것은 이하 제시되는 분류론은 각 이론이 발표된 시대적 상황 및 국가의 상황에 따라 분류된 것으로, 오늘날 한국의 현대사회 조직과 일치하는 부분도 있으며, 완벽하게 일치하지 않는 부분도 있다는 점이다. 조직의 유형을 분류할 때 어떠한 기준에 따라 분류하며 그 특징이 무엇인지 초점을 두고 이해하도록 한다.

12) 여타 교과서에서는 카츠(Katz)와 칸(Kahn)의 분류를 파슨스(Parsons)가 주장한 '사회체제가 수행해야 할 기능'의 관점에서 분류한 교과서도 있다. 카츠(Katz)와 칸(Kahn)과 파슨스(Parsons) 모두 조직이 수행하는 기능 중심의 분류라는 점에서는 동일한 점이 있으나, 전자는 '기본적 기능(genotypic function)'을 기준으로 분류하였고, 후자는 '사회체제 전체'가 수행해야 할 기준으로 분류하였다는 점에서 차이가 있다(오석홍, 2005).

카츠와 칸(Katz & Kahn)이 제시한 조직의 유형 분류는 조직의 기능이 어떠한가에 따라 조직을 구분한 것으로, 이와 같은 조직의 분류는 이론적으로 타당한 것으로 파악하였다(박성식, 2011). 한편, 카츠와 칸(Katz & Kahn)이 모두 조직이 수행하는 기능 중심의 분류라는 점에서는 동일한 점이 있으나, 전자는 조직의 '기본적 기능(Genotypic function)'을 기준으로 분류하였다면, 파슨스(Parsons) 는 사회 전체가 수행해야 하는 데 있어 기능적 측면에 주목하고 분류하였다.

파슨스(Parsons)에 따르면 경제적 생산을 지향하는 조직, 정치적 목표를 추구하는 조직, 통합기능적 조직, 체제유지적 조직 등 네 가지로 분류하였다. 이 가운데 경제적 생산을 지향하는 조직과 정치적 목표를 추구하는 조직 그리고 유지기능적 조직은 카츠와 칸(Katz & Kahn)의 분류에 있어서 각각 생산적·경제적 조직, 관리적·정치적 조직, 체제유지적 조직에 대응된다. 다만, 파슨스(Parsons)는 사회체제 전체가 수행하는 기능에 초점을 맞추고 있다는 점에서 사회통합에 기여하는 기능이 있는 조직을 '통합기능적 조직'이라 명명하고 사회 내 갈등을 해결하고 사회구성원들의 공존·협동을 가능하게 하는 조직으로 법원, 정당 등을 예로 들었다.

카츠와 칸(Katz & Kahn, 1978) 그리고 파슨스(Parsons) 모두 조직이 수행하는 기능이 어떠한가에 따라 조직의 유형을 분류하였다는 점에서 의미가 있다. 하지만 이 관점에 입각하는 경우 어떤 유형은 다른 영역의 유형과 관련을 맺는 경우도 있고 다른 유형의 조직의 기본적인 전제조건에 해당되는 등 상호 중첩적인 측면도 있다.

② 블라우와 스캇(Blau & Scott)의 수혜자가 누구인가에 따른 분류론

블라우와 스캇(Blau& Scott)은 조직활동의 주된 수혜자가 누구인가(who benefits?)를 기준으로 조직의 유형을 분류하였다(오석홍, 2005). 이들은 공식적 조직에 관계되는 사람들을 네 가지 유형으로 분류하고 그 가운데 어떤 사람들이 조직의 주된 수혜자가 되는가에 따라 조직의 유형을 분류하였다(오석홍, 2005). 먼저, 분류의 기준이 되는 사람은 1) 조직의 구성원 또는 하급자, 2) 조직의 소유주 또는 관리자, 3) 고객, 4) 국민 일반을 의미한다. 또한, 조직에 따른 주요 수혜자가 누구인가에 따라 다음과 같은 네 가지 분류로 구분된다.

〈표 4-3〉 블라우와 스캇(Blau & Scott)의 수혜자에 따른 조직 유형

- **호혜적 조직** : 이 조직의 주된 수혜자는 해당 조직의 구성원들이며, 대표적인 예로는 노동조합, 전문직업단체 등이 있다.
- **기업조직** : 소유주가 주된 수혜자인 기업조직은 시장 경쟁에서 능률을 극대화하는 조직을 의미하며, 제조회사, 은행 등이 대표적인 예가 된다.
- **봉사조직** : 이 조직의 주된 수혜자는 고객이다. 고객에 대한 전문적 봉사가 가장 중요한 핵심이 되며, 병원, 학교 등이 그 예가 된다.
- **공익조직** : 국민 일반을 수혜자로 하는 공익조직은 각종 행정기관, 군대, 경찰 조직 등이 해당된다.

블라우와 스캇(Peter M. Blau & W. Richard Scott)은 어느 한 조직이 위의 네 가지 유형 가운데 두 가지 이상에 해당되는 경우가 있음을 시인하였으며(오석홍, 2005), 두 가지 이상의 유형이 혼합된 혼합형 유형도 가능하다. 한편, 블라우와 스캇(Blau & Scott)이 제시한 유형론이 지니고 있는 문제점을 해소하기 위해 리터러(Litterer, 1973)는 수혜자가 조직으로부터 수익을 얻는 방식에 따라 조직을 분류하였다(박성식, 2011). 즉, 수익이 본질적인가 혹은 부수적인가, 소유주와 가까우며 특정할 수 있는지 아니면 멀거나 일반적인가에 따른 두 가지 축을 기준으로 다음과 같이 분류하였다.

		소유주	
		특정적	일반적
수익	본질적	호혜조직	봉사조직
	부수적	사업조직	공공복리조직

[그림 4-3] 주요 수혜자에 따른 조직의 분류

출처: 박성식(2011:112).

위 그림에서 볼 수 있는 것처럼 수혜자의 수익이 본질적이고 주요 수혜자가 직접적인 소유주라면 호혜조직에 해당되고, 수익은 본질적이지만 간접적으로 소유한 경우에는 봉사조직에 해당되는 것으로 볼 수 있다. 이처럼 해석하는 경우 학교는 학생이 주요 수혜자가 될 수 있으며, 학생들은 학교에 참여하여 교육적 경험(수익)을 얻지만 학교를 직접적으로 소유하지는 않기 때문에 학교는 봉사조직으로 파악된다. 또한 지역교육지원청의 경우 학생과 학부모 둘 가운데 누가 주요 수혜자인가에 따라 세부적인 분류도 가능할 것이다. 이에 대해서는 여러분이 스스로 파악해 분류해 볼 것을 권한다.

③ 에치오니(Etzioni)의 복종관계에 의한 분류론

에치오니(Etzioni, 1961)는 조직이 구성원을 통제하기 위해 이용하는 통제수단과 구성원의 조직에 관한 관여(Involvement)의 양자를 결합하여 복종구조(Compliance Structure)의 유형을 제시하였다(박성식, 2011; 오석홍, 2005). 여기에서 복종이라 함은 조직에서 부하를 통제하기 위해 상급자가 행하는 권한과 그에 대한 부하의 태도 사이에 형성되는 관계를 의미한다. 또한 조직의 요구에 조직구성원(부하)들이 순응하는 반응과 관련하여 조직에 관여하는 것으로 이해하고 있는 바, 이에 따라 네 가지 유형으로 구분된다.

이 유형론에서는 기본적으로 통제수단의 유형을 이해할 필요가 있다. 먼저, 강압적 권한(Coercive Authority)이 통제에 동원될 때 조직 구성원의 반응은 소외 또는 굴종의 모습이 나타나게 된다. 공리적 권한(Utilitarian Authority)이란 경제적 수단에 기초를 둔 권한 행사로, 타산적 복종을 전제로 하고 있다. 예컨대, 상급자는 돈이나 물질적 보상과 같은 수단에 의하여 권한을 행사하고 이에 대하여 조직 구성원이 반응하는 것을 의미한다. 마지막으로 규범적 권한(Normative Authority)이란 도덕적 가치를 내용으로 하며, 상급자의 하급자에 대한 인격 존중, 신망, 사명 등과 같은 상징성을 지닌 권한을 사용하여 하급자로 하여금 도덕적 복종을 이끌어 내는 것을 의미한다.

관여 권력	소외적 관여	타산적 관여	도덕적 관여
강압적 권한	1. 강제적조직	2.	3.
공리적 권한	4.	5. 공리적 조직	6.
규범적 권한	7.	8.	9. 규범적 조직

[그림 4-4] 주요 수혜자에 따른 조직의 분류

출처: Etzioni(1961:12).

에치오니(Etzioni)는 두 가지 차원, 즉 권한의 종류와 복종의 종류에 따라 각각 하위 세 개 차원으로 구분하고 이들이 교차하는 9개 상한을 나타내는 분류의 틀을 제안하였다. 그리고 9개 유형은 이론적으로는 분류할 수 있으나, 권한의 성격과 복종의 유형에 부합되는 유형(congruent type)은 위 그림에서 제시된 것처럼 1유형(강제적 조직), 5유형(공리적 조직) 그리고 9유형(규범적 조직) 등 세 가지가 된다는 점을 제시하였다(오석홍, 2005). 에치오니(Etzioni)가 제안한 복종관계에 의한 조직 유형의 주요 특징을 제시하면 다음과 같다.

〈표 4-4〉 에치오니(Etzioni)의 복종관계에 따른 조직 유형

- **강압적 조직** : 이 조직은 강압적인 권한의 사용과 굴종적인 복종이 부합되는 조직으로, 형법상 범죄자를 수용하는 교도소가 대표적이다.
- **공리적 조직** : 이 조직은 이해관계에 입각한 권한 행사와 그에 부합되는 타산적 복종에 부합되는 조직으로, 대부분의 사기업이 해당된다.
- **규범적 조직** : 이 조직은 도덕적으로 올바른 가치에 대한 권한 행사와 이에 대한 복종이 부합되는 조직으로, 종교단체, 학교, 대학 등이 해당된다.

이상의 세 가지 유형을 검토해 보면, 학교조직은 규범적 조직에 해당된다. 학교가 규범적 조직에 해당된다는 것은 조직 구성원에 대한 권한 행사에 있어 도덕적 가치 또는 상징을 사용할 때, 조직 구성원들의 동의와 자발적 참여를 이끌어 낼 수 있음을 의미한다. 무엇보다, 학교는 기업처럼 성과 기반의 통제 구조는 적합하지 않을 수 있다는 점에서 시사하는 바가 크다.

④ 칼슨(Carlson)의 봉사조직 유형론 : 고객의 선발방법에 따른 분류론

칼슨(Carlson)은 조직의 주요 고객에 대한 선발방법이 봉사조직의 주요한 내적 기능에 함축적인 의미를 지닌다고 믿으면서 이에 따라 봉사조직에 대한 새로운 유형을 제시하였다(박성식, 2011). 칼슨(Carlson)은 기본적으로 조직을 찾는 고객이 조직에의 참여 여부를 스스로가 선택할 수 있는 경우와 선택할 수 없는 두 가지 경우로 구분하고 있으며, 이를 '고객의 선택권' 차원으로 명명하였다. 또한, 이번에는 반대로 조직이 고객을 선택할 수 있는가와 없는가에 따라 '조직의 선발권'이라는 차원으로 구분하였으며, 이들 두 차원이 교차하는 네 가지 유형으로 조직을 분류하였다.

〈표 4-5〉 고객의 선발방법에 따른 봉사조직 분류

		고객의 조직 선택권	
		있음	없음
조직의 고객 선발권	있음	제 I 유형 (예, 사립대학, 병원)	제 III 유형 (예, 군대를 예로 들 수 있으나 봉사조직 해당 없음)
	없음	제 II 유형 (예, 미국의 주립대학)	제 IV 유형 (예, 의무교육기관-초등학교)

출처 : 박성식(2011). 교육행정학. 학지사. 117쪽의 내용을 수정함.

먼저, 제 I 유형은 조직이 고객을 선발하기도 하며, 고객도 조직을 선택할 수 있는 유형으로 사립대학이 대표적이라 할 수 있다. 칼슨(Carlson)은 제 I 유형의 조직을 야생조직(Wild Organization)으로 명명하였는데, 그 이유는 조직이 생존을 위해 동일한 유형의 조직 간에 치열한 생존을 벌여야 한다는 점을 예로 들었다(박성식, 2011). 제 II 유형은 조직은 고객을 선발하지 않는 반면 고객은 조직을 선택할 수 있는 경우라 할 수 있으며, 미국의 주립대학이 대표적이다. 미국의 경우 모든 고졸 지원생을 받도록 주립대학에 학칙으로 명기되어 있기 때문에 고객이 조직을 선택하며 조직은 고객을 선택하지 않는 경우로 볼 수 있다(박성식, 2011). 제 III 유형은 이론적으로는 존재할 수 있어도 현실적으로는 존재하지 않는 유형이다. 즉, 조직이 고객을 선발할 권리는 있으나, 고객이 조직을 선택할 권리는 없는 유형으로 현실적으로 징집제를 시행하고 있는 군대조직을 예로 들 수 있다. 하지만, 군대조직은 봉사조직이 아니라는 점에서 현실적으로 존재하지 않는 유형으로 분류된다.

마지막으로 제 IV 유형은 제 I 유형과 반대로 조직이 고객을 선발하지 않고 고객도 조직을 선택할 수 없는 유형으로 의무교육기관에 해당되는 초등학교가 대표적이다. 제 IV 유형의 경우에는 법률에 따라 조직이 고객을 반드시 받아야 하며, 고객 역시 조직을 선택하지 않는 경우 처벌을 받는다는 점에서 강행성을 지니고 있는 유형으로 볼 수 있다. 칼슨(Carlson)은 제Ⅳ유형과 관련하여 순치조직(Domesticated Organization[13])으로 명명하였던 바, 순치조직은 고객 확보를 위해 치열한 경쟁은 없고 재정지원도 고객의 질적 수준을 고려하지 않고 오직 양적 확보에 관심을 두게 된다(박성식, 2011). 순치조직의 경우 법에 따라 조직의 유형유지가 확보되기 때문에 조직 구성원들의 동기를 유발시키기 어렵다는 특징이 있다.

4) 조직풍토론

우리는 일반적으로 어떤 사람을 처음 만나게 되면 그 사람으로부터 느껴지는 인상이나 분위기 등을 느끼게 된다. 이와 같은 인상이나 분위기는 어떠한 단체 또는 기관을 방문하게 되면서도 느끼게 된다. 예컨대, 어떤 교사가 A학교의 분위기를 한 마디로 '우울함'이라고 언급한다면 우리는 A학교의 분위기가 대강 어떠한가를 파악해 볼 수 있다. 이처럼 사람에 대해서 어떤 인상이나 분위가 있는 것처럼 조직의 경우에도 어떠한 인상이나 분위기를 느낄 수 있다. 이것을 학술적으로 조직론적 관점에서 이해하는 경우 조직풍토(Organizational Climate)라고 하며, 조직풍토를 한 마디로 요약하면 여타 조직과 구별되는 해당 조직만이 가지고 있는 고유하고 독특한 특징이라 할 수 있다.

조직이론에서 조직풍토는 조직의 지속가능한 질적 수준을 나타내는 일반적인 개념으로 사용되어 온 경향이 있다(박성식, 2011). 그 이후로는 인성이라는 개념이 인간의 개인적 특성을 나타내는 것처럼 조직풍토는 생태 환경, 주위 환경, 사회체제 그리고 문화의 영속적인 특성을 나타내는 것으로 파악되었다(Hoy & Miskel, 2008). 학교조직풍토에 관하여 대표적인 개념적 특징을 정의한 바 있는 호이(Hoy)와 미스켈(Misekl)은 조직풍토를 '조직의 구성원들이 그 조직의 업무와 관련된 환경에 대하여 공통적으로 가지고 있는 지각'으로 제시하였다. 이것은 앞

13) 타 교재에서는 '사육조직'으로 명명하는 경우도 있다.

서 언급한 것처럼 인간에게 있어 개인적 특성이 존재하는 것처럼 두 사람 이상이 모여 있는 조직의 경우도 인간의 개인적 특성처럼 조직 나름대로의 조직적 특성[14]이 있다고 본 것이다.

조직풍토에 대한 개념과 관련하여 '학교풍토(School Climate)'라는 개념도 생각해 볼 수 있다. 학교에서 분위기는 학교조직의 행동에 있어 주요한 요인이기 때문에 학교행정가들은 학교의 개성(Personality)을 개발하는 데 있어 긍정적인 영향을 미칠 수 있다(Hoy & Miskel, 2008:198). 이와 관련하여 학교의 조직풍토를 측정하고 측정된 값에 따라 해당 학교가 어떠한 특징으로 분류될 수 있는가 하는 것은 학교의 유형 분류 못지않게 중요한 의미를 지닌다.

학교의 조직풍토와 관련하여 최초의 검사지는 핼핀(Halpin)과 크로프트(Croft)에 의하여 학교조직풍토기술질문지(OCDQ : Organizational Climate Description Questionnaire)라는 이름으로 개발되었다(남정걸 외, 2004:300). 이 질문지는 모두 71개의 초기문항으로 구성되었으며, 미국의 초등학교 교원 1,151명을 대상으로 실험한 결과를 바탕으로 64개 문항, 8개 요인으로 구성되어 있다(남정걸 외, 2004).

핼핀과 크로프트(Halpin & Croft, 1962)는 8개 요인에 대한 교원의 행동특성[15] 및 교장의 행동특성 두 차원을 구분하여 학교의 조직풍토를 크게 개방적(open), 자율적(autonomous), 통제적(controlled), 친화적(familiar), 친권적(paternal), 폐

14) 이와 같은 조직적 특성이 무엇인가에 대하여 명확하게 정의 내리는 것은 쉽지 않다. 다만, 우리가 스포츠 경기에서 자주 듣는 용어 가운데 '조직력'이라는 말이 있다. 이것은 개인보다 팀으로 대응하는 힘을 의미하는 것으로, 여러 사람이 경기에 참여하는 단체 종목에서 중요하게 언급된다. 하지만 이와 같은 조직력이 개인의 힘의 총합 또는 그 이상이라는 용어로 사용되는 것은 별론으로 하더라도 도대체 조직력이 무엇인가를 한 마디로 요약하는 것은 쉬운 일이 아니다. 이하 제시되는 조직풍토론 및 조직문화론은 조직이라는 거시적인 체제에 대하여 모종의 은유적(metaphor) 특징으로 나타내기 위한 시도로 볼 수 있다.

15) 교원의 행동특성은 장애(hinderance), 친밀감(intimacy), 무관심(disengagement), 사기(esprit) 등 네 가지 하위 요인으로 구성되어 있으며, 교장의 행동특성은 성과지향성(production), 무성의(aloofness), 인화(consideration), 추진력(thrust) 등 네 가지로 구성하였다. 이들 각각 4가지 요인을 합하여 8요인으로 명명하였다. .

쇄적(closed) 등 6개의 유형으로 분류하였다. 예컨대, 어떠한 학교의 교원을 대상으로 64개 문항을 통하여 문항에 대한 응답 값을 얻고 이에 대한 평균점수를 토대로 해당 학교가 개방적 풍토인지, 폐쇄적 풍토인지에 대한 판단을 하게 된다. OCDQ 측정을 통하여 최종적으로 개방적 풍토로 판정된 학교는 교장이 지도력을 발휘하고 교사들의 사기가 높고 번잡한 잡무 부담이 없으며 교사와 교장 간 유대감이 높은 학교를 의미한다(남정걸 외, 2004).

이와 같은 OCDQ는 몇 가지 문제점[16)]이 노정되었으며, 이에 대하여 초등학교 교원용의 경우는 OCDQ-RE, 중등학교 교원용의 경우에는 OCDQ-RS라는 이름으로 개정되었다. OCDQ-RE는 1986년 호이와 클로버(Hoy & Clover)에 의하여 개발되었고, 6개 요인 및 42개 문항으로 구성되었으며, OCDQ-RS는 5개 요인 34개 문항으로 개발되는 등 학교의 조직풍토를 학교급별로 상세하게 분석하기 위한 문항으로 개발되었다(남정걸 외, 2004). OCDQ-RE는 앞서 OCDQ가 6개의 풍토 유형으로 구분한 것처럼 측정도구에 의한 점수에 따라 6가지 풍토 유형으로 구분하였다.

---

16) 예컨대, 8개 요인 가운데 무성의는 타당도가 낮았으며 신뢰도 역시 낮다는 점을 예로 들 수 있다. 또한, OCDQ는 초등학교 교원을 대상으로 하여 검사지가 개발되어 중등학교 교원에게 적용하는 경우 문항을 그대로 활용하기 어렵다는 문제점도 제기되었다.

〈표 4-6〉 OCDQ-RE에 의한 학교의 여섯 가지 풍토 유형

– 교장의 행동 차원 –

- **지원적 교장 행동** - 교장은 교사의 제안에 대하여 개방적이며, 귀 기울여 듣는다. 비판은 건설적이며 칭찬은 진심으로 행한다.
- **지시적 교장 행동** - 교장은 엄격하고 밀착형 장학지도를 하며, 학교 및 교사 전체에 대하여 끊임없는 통제를 가한다.
- **제한적 교장 행동** - 교장은 교사의 과업을 촉진하기보다 방해가 되며, 교장은 교사의 과업에 있어 방해가 된다.

–교사의 행동 차원–

- **협력적 교사 행동** - 교사들 사이에 개방적이고 전문적인 상호작용이 이루어지며, 교사들은 열정적이고 동료들의 전문적 역량을 존중하고 수용한다.
- **친근감이 있는 교사 행동** - 교사들은 상호 잘 알고 있으며 개인적으로 친구처럼 지내고 함께 사회화되어 간다.
- **분리된 교사 행동** - 교사들은 전문적인 활동이 부족하고 자신의 동료에 대해 부정적이고 비판적이다.

출처: Wayne K. Hoy, Cecil G. Miskel (2008). *Educational Administration*(8Th). NY: McGraw-Hill. 200쪽의 내용을 필자가 재구성함.

요컨대, 학교조직의 분위기가 어떠한가를 판단하는 데 있어 학교조직풍토의 개념은 교사-교사의 관계 그리고 교사-교장의 관계를 토대로 파악한다는 특징이 있다. 무엇보다 학교가 어떠한 분위기를 가지고 있는지를 알려 줄 수 있다는 점에서 의미를 가진다. 하지만 이와 같은 학교조직풍토척도에 입각한 조직풍토 판단이 전혀 문제가 없는 것은 아니다. 무엇보다 한국 학교의 경우 교원들이 순환전보를 하고 있기 때문에 측정 결과의 지속성을 담보하기 어렵다는 점, 학교조직풍토 측정에 따라 학교가 어떤 유형으로 파악되더라도 보다 나은 풍토로 개선되기 위해 '무엇'을 '어떻게' 해야 할 것인가에 대한 세부적인 정보를 주기 어

렵다는 한계도 있다.[17)]

5) 조직문화론

우리는 언론을 통해서 미국 굴지의 IT 기업 조직문화는 일반적인 기업문화와 달리 조직 구성원들이 창의적인 아이디어를 구안하며, 새로운 과제에 대하여 공격적으로 도전한다는 이야기를 자주 듣게 된다. 국내에서도 굴지의 기업 조직문화 사례에 대한 이야기가 많이 제시되고 있다. 가령, 삼성이라는 기업의 조직문화와 현대라는 기업의 조직문화는 같은 대기업이라 하더라도 서로 상이하며, 학교의 경우에도 초등학교의 문화와 중학교·고등학교의 조직문화는 상이하다. 같은 학교급이라 하더라도 서울의 학교문화와 지방의 학교문화에도 차이가 있을 수 있고, 학교 내에서는 집단 간에도 문화적 차이는 존재할 수 있다. 이처럼 우리의 눈에 구체적으로 드러나지는 않지만, 어떤 조직을 떠올리면 조직의 특유한 색깔 또는 가치 등 이미지가 그려지는 경우가 있다. 본격적인 조직문화라는 개념에 앞서 문화라는 개념을 검토해 보면 다음과 같다. 문화라는 개념은 본래 인류학 분야에서 기원된 것으로 여러 집단들 간의 전통적 신념, 기대, 가치, 생각, 의미 등에서의 차이를 묘사하기 위해 활용되어 왔다(남정걸 외, 2004). 예컨대, 어떠한 사람이 어떠한 문화권에 있는가에 따라 우리는 그 사람이 어떠한 성향을 지니고 있을 것으로 예측해 볼 수 있다. 문화를 이와 같이 묘사한다면 조직문화란 개별 조직체마다 삶을 특정 짓는 전통적 가치, 행동규범, 신념 등을 반영하게 된다(남정걸 외, 2004).

조직문화와 관련하여 맥그리거(MaGregor)는 'X-Y이론'에 근거하여, 인간의 본성에 기초한 조직문화와 경영이론을 전개하였다. 조직에 있어 구성원은 사람으

17) 학교조직풍토, 문화 등 측정도구에 의하여 조직의 유형을 판단하거나 분류하는 데 있어 간과하지 말아야 할 사실이 있다. 해당 측정도구는 교사 개인으로부터 측정된 값으로 해당 값에 대하여 평균 점수로 변환하여 교원들이 근무하는 학교가 어떠한 풍토인지(혹은 어떤 조직문화)에 대하여 판단을 내린다는 점이다. '과연 학교의 교사 개개인으로부터 얻은 측정값 평균을 해당 학교를 대표할 수 있는 대표값으로 볼 수 있는가?'에 관해서는 논란의 여지가 있다.

로, 인간은 기본적으로 두 가지 유형으로 구분될 수 있음을 전제하고 있는 바, 하나는 전통적인 경영이론에 바탕을 둔 X이론이며, 다른 하나는 경영에 대한 새로운 이론에 근거를 둔 Y이론이다. X이론의 행정가는 조직에서 구성원들은 기본적으로 수동적이라는 점을 전제로 권위적이거나 강압적인 리더십을 행사하는 입장을 취하는 반면, Y이론의 행정가는 조직에서 구성원은 게으르지 않고 무책임하지 않기 때문에 조직 구성원의 동기와 잠재력, 책임감 그리고 목표의식을 불어넣어 주는 것이 중요하다는 입장을 취한다. 맥그리거의 X-Y이론은 조직의 문화라는 관점에 입각할 때, 경영자가 어떠한 가치관과 관점을 지니는가에 따라 조직문화에 차이가 나타날 수 있음을 보여 주는 것으로 이해될 수 있다.

한편, 오우치(Ouchi)는 맥그리거의 X-Y이론의 연장선상에서 전체 조직문화에 관심을 두면서 성공적인 기업은 친밀성, 신뢰, 협동, 팀워크, 평등주의 등 공유된 가치관에 의하여 내적으로 일관되고 다져진 기업문화를 가지고 있다는 점을 언급하였다(윤정일 외, 2011:144). 본래 Z이론은 1980년대 고도성장기 일본의 기업이 세계적으로 성장한 이유와 조직적 특징을 연구하는 과정에서 나타난 것으로, 당시 일본 기업의 장기간의 고용, 완만한 승진, 참여적 의사결정, 집단 결정에 대한 개인 책임, 전체 지향과 같은 특징이 있는 바, 미국 기업에서는 확인하기 어려운 독특한 특징으로 존재한다는 점과 이와 같은 조직적 특징이 기업의 성장에 있어 중요하다는 점을 밝혀낸 것으로 볼 수 있다.

이상의 내용은 경영학에서 조직문화에 관한 전통적인 입장으로, 학교의 문화와 관련하여 제시된 내용으로는 스테인호프(Steinhoff)와 오웬스(Owens)의 학교문화 유형론이 대표적이다. 이들은 미국 공립학교에서 발견될 수 있는 네 가지의 독특한 문화형질(Culture Phenotypes)을 통하여 학교문화를 분류하였다. 보다 구체적으로 그들은 은유적(metaphor) 표현을 통하여 학교문화를 '가족문화', '기계문화', '공연문화', '공포문화' 등 네 가지 유형으로 분류하기도 하였다. 이들이 제시한 학교문화의 네 가지 유형의 이름에서 보여지는 것처럼 학교는 가정이나 팀으로 비유될 수도 있고(가족문화), 마치 공장처럼 비유되기도 하며(기계문화), 서커

스나 공연장에서처럼 명지휘자에 의하여 이루어지는 모습(공연문화)으로 비춰질 수도 있고, 전쟁터나 혁명적 상황처럼 급박한 분위기(공포문화)로 묘사될 수도 있다는 것이다.

요컨대, 조직의 문화는 쉽게 확인하기 어려운 특징이 있다. 우리가 어떠한 학교를 방문하고 학교 구성원들을 만나 보면 대략 어떠한 느낌을 받게 되지만, 그것이 곧 그 학교의 문화로 이해되기에는 한계가 있다. 따라서 혹자는 학교조직의 문화적 특징이 과연 존재하는가라는 의문을 제기하기도 한다. 특히 조직문화는 비교적 장기간의 시간을 통하여 형성된다는 점을 상기해 볼 때, 한국의 학교에서는 (특히, 국·공립학교) 교원의 순환전보 등으로 조직 구성원이 계속 바뀌는 등 조직문화 형성이 사실상 어려울 수 있다는 점을 제시하기도 한다. 하지만, 조직문화는 조직이론에서 조직의 역동성과 집단적 역량의 근원이자 조직적 특수성을 이해하는 데 중요한 이론적 틀임에는 분명하며, 효과적인 리더십을 발휘하는 학교장일수록 조직의 문화 형성을 위해 노력한다는 점을 상기해 보면 조직이론에서 중요한 의미를 지니고 있다는 점을 부인하기는 어렵다.

3. 조직 내 의사소통

지금까지 우리는 조직에 대한 개념, 유형, 풍토 및 문화 등에 관하여 검토하였다. 조직은 공동의 목적을 지닌 두 사람 이상의 집단체라는 정의에서 알 수 있는 것처럼 조직에서 구성원(사람)은 조직을 움직이는 핵심적인 구성요소에 해당된다. 조직 내 구성원은 자신의 의견을 다른 사람에게 표현하며, 상대방의 표현을 이해하는 등 상호 간에 '뜻'과 '의미'를 주고받으면서 함께 공동의 목적을 달성해 나가게 된다. 이 과정에 조직 구성원 간 '의사소통(Communication)'은 조직이 움직여 나갈 수 있는 중요한 수단이 된다. 조직 내 구성원 간의 의사소통은 상급자와 하급자 간 의사소통, 동료 간 의사소통 등 조직 내에서 주어진 역할과 기대에 따라 소통의 방식 등에 차이가 있으며, 이는 학교조직에서도 마찬가지이다. 요컨대, 의사소통은 우리의 인체의 구조로 비유하자면 혈관에 해당되는 것으로 볼 수 있다. 여기에서는 조직 내 의사소통에 관한 이론적인 내용을 검토하도록 한다.

1) 의사소통의 개념 및 기능

의사소통은 사람의 감정, 태도, 생각, 신념 등을 전달하는 과정이다. 의사소통은 그 유형과 형태에 따라 다양하게 구분해 볼 수 있다. 예컨대, 대등한 위치에 있는 두 사람이 어떠한 하나의 주제에 대하여 이야기하는 경우 대화의 과정은 양방향을 지니면서 대화가 진행된다. 반면, 상급자와 하급자의 대화에서는 상급자가 주로 의사를 일방향으로 전달하며, 하급자는 의사를 주로 듣게 된다. 대화를 나누는 사람의 위치가 어떠하든 간에 의사소통은 송신자(의사를 전달하는 사람)가 자신의 감정, 태도, 생각, 신념 등을 수신자(의사를 전달받는 사람)에게 언어적·비언어적 메시지를 전달하는 과정이다.

의사소통을 이와 같이 정의하는 경우 조직에서 의사소통은 조직의 목적을 달성하기 위해 필요한 수단으로 이해될 수 있다. 만약, 조직에서 적절한 의사소통이 없다면 조직의 과업은 달성될 수 없는 것은 물론이며 주요 의사결정도 실행되기 어렵다(박성식, 2011:243). 조직 내에서 의사소통의 주요 기능을 정리하면 다음과 같다(Scott., et al, 1976:193).

〈표 4-7〉 조직 내 의사소통의 기능, 정의 및 학교에서 예시

의사소통의 기능	정의	예시
통제	조직 내에서 의사소통을 통해서 집단 내 구성원들의 활동을 통합하고 조정함을 의미한다. 직무와 관련하여 구성원들의 책임과 권한을 명확하게 규정하는 것과 관련이 있다.	학교 운동회 개최를 앞두고 교무부와 체육부 간에 갈등이 발생하는 경우 학교장이 두 부서의 의견을 조율하고 각 부서의 직무에 대하여 조정하는 경우
동기부여	조직에서 의사소통을 통해서 구성원들에게 행해져야 할 것이 무엇이며, 그것이 어떻게 행해질 수 있고, 또한 성과를 높이기 위해 무엇이 행해져야 하는가를 규정해 준다. 구성원들을 자극하고 격려하며 집단의 목표 달성에 몰입하도록 유도한다.	학교의 교직원들의 사기 진작을 위해 교직원들이 원하는 것이 무엇인지 조사하고 이와 관련하여 교직원의 복지를 위한 의사결정이 행해지는 경우
감정표현	의사소통을 통해서 구성원들은 조직 내에서 욕구불만과 만족감이 표출되기도 한다. 과업을 위한 집단은 사회적 상호작용이 일어나는 장소인 바, 이 집단 내에서 의사소통은 감정의 분출과 사회적 욕구 충족을 위한 수단이 된다.	학교장이 단독으로 의사결정을 하는 경우, 학교 내 교사집단에서 학교장의 결정에 대하여 공동으로 의견을 제시하는 경우
정보제공	조직 내에서 의사소통을 통하여 구성원들은 의사결정 과정에 참여하고 필요한 정보와 자료를 교환하게 된다.	시·도교육청의 새로운 정책결정사항에 대하여 학교의 구성원들이 학교교육과정 운영을 위해 협의를 진행하고 필요한 정보를 상호 공유하는 경우

2) 의사소통의 과정

의사소통은 일련의 흐름 또는 과정으로 이해될 수 있다. 일반적으로 의사소통은 의사를 전달하는 송신자(발신자)로부터 표적이 되는 수신자에게 의사가 전달되는 과정으로, 수신자는 송신자의 의사를 전달받으면서 그 의미를 이해하고 다시 송신자에게 자신의 의견을 전달하게 된다. 이 과정을 도식화하여 제시하면 [그림 4-5]와 같다.

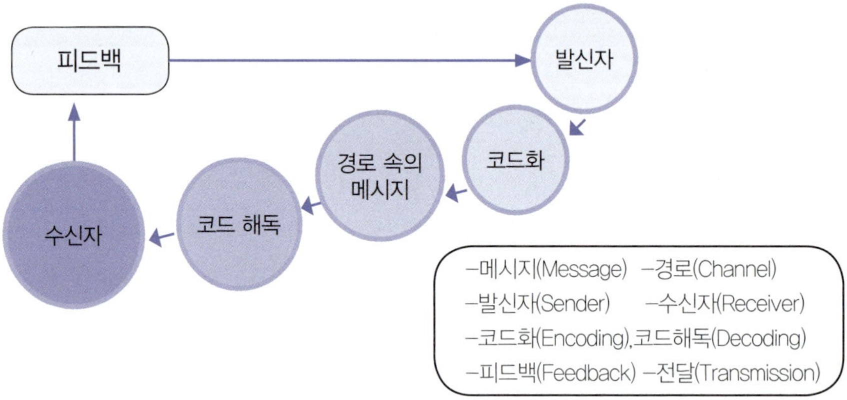

[그림 4-5] 의사소통의 일반적 모형

[그림 4-5]에서 제시된 것처럼 의사소통은 발신자(sender)로부터 메시지가 코드화되어 수신자(receiver)에게 전달된다. 이 과정에서 메시지(message)는 우리가 일상적으로 사용하는 언어, 비언적 표현(바디랭귀지), 문서, 편지, SNS 메시지 등 유형이 다양하다. 이 메시지는 언어, 문자 등으로 코드화(encoding)되며, 의사소통 경로(channel)를 통하여 전달되는데, 의사소통 경로 역시 유형이 다양하다. 예컨대, SNS 메시지를 전달하는 경로는 인터넷의 특정 플랫폼을 통해 전달되며, 두 사람이 특정한 공간에서 대화하는 경우에는 공기 중에 음성으로 전달된다. 경로를 통하여 전달된 메시지는 수신자 입장에서는 메시지를 해석하는 과정을 거치는데, 이 과정을 코드해독(decoding)이라고 하며, 수신자는 발신자의 의미를 해석하고 이해하게 된다. 마지막으로 자신의 생각을 정리해서 다시 경로를 통하여 발신자에게 메시지를 전달하게 되는 바, 이 과정이 환류(feedback)에 해당된다.

이상의 내용은 의사소통의 과정이 '쌍방향'을 가정한 경우이다. 만약, 상급자와 하급자 간의 업무보고 또는 지시 등의 경우에는 '일방향'적 의사소통이 나타나는 경우도 있다. 이 과정은 주로 상급자가 하급자에게 자신의 생각, 태도, 아이디어 등을 전달하는 과정으로 하급자의 환류는 상대적으로 제한적인 경우가 많다. 특히 의사소통 과정에서 오해가 발생되는 경우도 있다. 의사소통 과정에서 오해가 발생되는 원인으로는 여러 가지가 있으나, 코드화 및 코드해독 과정에서 발생되는 경우가 대부분이다. 즉, 발신자가 자신의 생각을 추상적인 내용으로 코드화하거나 수신자 입장에서 발신자의 메시지에 대한 이해가 부족한 경우가 대부분이다. 따라서, 발신자의 입장에서는 전달하고자 하는 내용을 보다 명확하고 구체적으로 적시하여 전달할 필요가 있고, 수신자 입장에서는 발신자의 메시지에 대한 이해가 명확하지 않은 경우에는 발신자에게 재차 문의하여 의미를 명확하게 이해하는 것이 중요하다.

3) 의사소통의 방향에 따른 구분

의사소통은 조직 구성원들의 역할과 지위에 따라 크게 두 가지로 구분해 볼 수 있다. 조직에서 상급자와 하급자 간에는 조직에서의 지위와 역할이 다르다. 이 경우에는 수직적 의사소통이 중심이 된다. 수직적 의사소통이라 함은 의사소통의 방향이 '위-아래' 또는 '아래-위'로 전달되는 구조를 의미한다. 예컨대, 학교장과 교사 간에는 학교조직에서 지위와 역할이 상이하며, 교사의 업무보고의 경우가 대표적인 수직적 의사소통의 예가 될 수 있다. 수직적 의사소통은 다시 상향적 의사소통과 하향적 의사소통으로 구분된다. 전자는 '아래(Bottom)'에서 '위(Top)'로 의사가 전달되는 경우로, 교사들의 의견이 조직 내 의사결정자인 학교장에게 전달되는 경우가 대표적이다. 후자는 '위(Top)'에서 '아래(Bottom)'로 의사가 전달되는 경우로 교육청에서 공문서에 의한 지시, 학교장의 학교경영에 관한 의사결정 사항 전달 등이 대표적이다. 한편, 수평적 의사소통은 조직 내에서 지위와 역할이 동등한 관계인 구성원 상호 간에 의사소통이 이루어지는 구조를 의미한다. 예컨대, 동료 교사들과의 일상적인 대화 또는 학교 친목회에서의 대화 등이 대표적인 수평적 의사소통에 해당된다. 이와 같은 수평적 의사소통은 수직적 의사소통과 달리 자유로운 것이 특징이다.

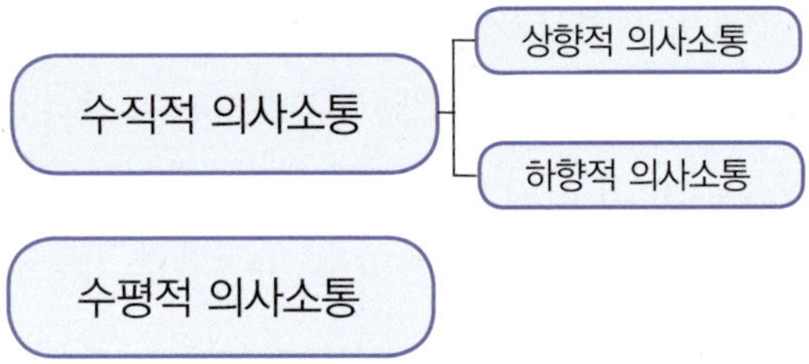

[그림 4-6] 의사소통 방향에 따른 구분

4) 의사소통의 종류

우리는 이 장의 제1절에서 조직의 구조를 공부하면서 공식조직 및 비공식조직에 관하여 학습하였다. 의사소통의 종류도 공식조직 및 비공식조직의 특성과 유사하게 공식적 의사소통과 비공식적 의사소통으로 구분해 볼 수 있다. 먼저, 공식적 의사소통은 공식조직 내에서 공식적 경로와 과정을 거쳐 행해지는 방식으로, 주로 공문서의 형태를 통하여 의사소통 행위가 이루어진다. 반면, 비공식적 의사소통은 조직의 자생집단 내에서 이루어지는 의사소통 방식으로, 조직 구성원 간 개별적인 만남에서 의사교환, 조직 내에서의 소문 등이 대표적이라 할 수 있다. 앞서 조직구조론에서도 공식조직과 비공식조직의 구분 및 특징이 중요하다는 점을 언급하였다. 의사소통에서도 마찬가지로 공식적 의사소통은 공식조직의 장단점과 유사한 특징을 보이며, 비공식적 조직에서의 장단점은 비공식적 의사소통에서도 유사한 특징을 보인다.

먼저, 공식적 의사소통은 의사전달이 확실하고 전달자·피전달자가 명확하며 책임소재가 명확한 특징을 지닌다. 반면에 의사전달의 융통성이 없고 다소 형식적이며 변동하는 사태에 신속하게 적응하기 어려운 특징이 있다. 비공식적 의사소통은 전달이 신속하고 조직 내에서 긴장, 소외감을 극복하는 데 도움이 되고 공식적 의사소통을 보완하는 등의 기능이 있다. 반면에 비공식적 의사소통은 책임소재가 불분명하며 개인적인 목적에 역이용이 되기도 하며, 공식조직 내 체계 자체를 위협하는 요인이 될 가능성도 있다. 공식적 의사소통 및 비공식적 의사소통의 내용을 정리하여 제시하면 [그림 4-7]과 같다.

공식적 의사소통		비공식적 의사소통
공식조직 내에서 공식적 경로와 과정을 거쳐 행해지는 방식	개념	조직의 자생집단 내에서 비공식적 방법으로 이루어지는 방식
공문서를 수단으로 함 (명령, 지시와 보고, 품의)	수단	개별적인 인간적 만남, 친목회에서의 의사교환, 조직 내 소문
-상관의 권위 유지 -의사전달이 확실, 편리 -전달자, 피전달자가 분명, 책임소재가 명확 -정보의 사전 입수로 의사결정이 용이 -의사결정에서 활용가능성 큼 -정보나 근거의 보존이 용이	장점	-전달이 신속 -외적으로 나타나지 않는 배후사정을 소상히 전달 -긴장, 소외감 극복, 개인 욕구 충족 -행동의 통일성 확보, -관리자에 조언의 역할 가능 -의견 교환의 융통성 높음 -공식적 전달을 보완
-의사전달 융통성이 없고, 형식화 -배후 사정을 소상히 전달하기 곤란 -변동하는 사태 신속 적응이 어려움 -기밀 유지가 곤란	단점	-책임 소재가 불분명 -개인 목적에 역이용될 수 있음 -공식적 의사소통 기능 마비 가능성 -수직적 계층하에서 상관 권위 손상 -조정 통제가 곤란

[그림 4-7] 의사소통의 종류 구분에 따른 특징

4. 학교조직의 특징

학교조직의 특징은 이 장에서 가장 중요한 내용에 해당되며, 우리 사회에서의 다른 조직들과 다른 학교만이 가지고 있는 특징에 해당된다. 그동안 학교조직을 설명하는 데 있어 적용되는 이론은 일반 행정이나 경영학 분야의 조직이론이나 기업의 조직이론을 빌려 온 경향이 있었다(윤정일 외, 2011). 학교조직을 연구한 역사는 상대적으로 짧았으며, 학교조직은 조직의 일반적인 특징을 공유하고 있기 때문에 일반적인 조직이론으로도 설명이 충분할 것으로 생각했기 때문이다. 하지만 학교조직은 여타 조직과 다른 특수하고 독특한 측면도 지니고 있다. 이러한 독특한 측면은 ① 교육의 전통, ② 교직의 전문적 특징, ③ 다양한 관리이론의 발전, ④ 학교에 대한 일반 대중의 기대(윤정일 외, 2011) 등으로, 일반조직과 구별되는 특징에 대한 이해가 필요하다.

1) 전문적 관료제 조직

본서의 제2장 관료제 이론에서 언급하였던 것처럼 학교도 일종의 관료제적 특징을 지니고 있다. 하지만 학교조직은 핵심적인 역할을 수행하는 교원이 고도의 교육을 받은 전문가라는 점에서 일반적인 공장이나 기업과 같은 조직과 다른 측면이 있다. 학교에서 교사들은 독립적인 공간인 교실에서 상이한 특징을 지닌 학생들을 가르치며 자신의 교과 수업에서는 일정 부분 재량권을 행사할 수 있으며(특징1), 다른 조직의 구성원과 달리 교사는 직무수행에 있어 표준화된 특징[18]을 갖는 것이 쉽지 않고(특징2), 마지막으로 학교의 교육목표는 상당히 추상적[19]이며, 학교 외부의 요인이 학생의 학습에 상당한 영향을 미치고 있다는 점(특징3) 역시 지니고 있다(윤정일 외, 2011). 이와 같은 특징은 학교가 관료제적 특수성을 지니면서 동시에 전문적 특징을 중첩적으로 지니고 있다는 점을 시사한다. 통상

18) 교사가 직무수행에 있어 표준화된 특징을 갖는 것이 쉽지 않다는 것은 '최선의 교수법은 존재해도 어느 학급에서나 통용되는 최고의 교수법은 찾기 어렵다'라는 언명과 관련이 있다. 이것은 교사가 가르치는 학생은 다양한 지적, 정서적 특징을 지니고 있기 때문에 자신이 담당하게 되는 학생에 있어 가장 적합한 교수법을 활용해야 함을 의미한다. 즉, 학교에서 교사의 직무는 일반 기업이나 공장에서 최고의 성과를 산출하기 위한 표준적인 기술이나 방법은 사실상 존재하기 어렵다는 것을 시사한다.

19) 학교의 교육목표가 추상적이라는 점은 학교알리미 시스템에서 특정 학교를 선택하여 학교교육계획서의 목표를 확인해 보면 알 수 있다. 대부분의 학교는 '자주성과 민주시민적 자질을 갖춘 어린이 육성' 등 상당히 추상적인 용어로 학교교육 목표를 제시하고 있다. 이것은 기업이 '올해 연매출 50% 초과 달성'과 같은 정량화된 목표 기술 방식과 대조적인 것으로, 학교의 목표는 학생의 전인적 성장과 관련이 있다는 점과 관련이 있다.

적으로 관료제적 조직은 명령통일의 원칙, 엄격한 규정, 권한과 책임 그리고 그에 따른 보상 등이 작동되는 조직이다. 학교 역시 이와 같은 관료제적 특징을 지니고 있으나, 앞서 언급한 세 가지 특징도 지니고 있기 때문에 '전문적 관료제적' 특징을 지니고 있는 것으로 파악되기도 한다.

2) 조직화된 무질서 조직

학교는 코헨(Cohen)과 마치(March) 그리고 올센(Olsen)이 제안하고 있는 '조직화된 무질서 조직'으로 언급되기도 한다(윤정일 외, 2011). 이들이 제시한 조직화된 무질서 조직은 크게 세 가지 특징으로 요약된다. 먼저, 조직화된 무질서 조직은 '불분명한 목표'가 존재한다는 점이다. 학교조직은 일반적으로 목표가 추상적이기 때문에 사실상 구체적인 목표를 설정하는 것이 곤란하다. 기업의 경우 '연 매출 50% 초과 달성'처럼 구체적인 수치를 목표로 설정하는 것이 가능하지만, 학교는 학생의 전인적 성장을 도모하며 학생의 학업성취뿐만이 아니라 정서적 성장 및 가치·태도 역시 강조된다. 이와 같은 이유로 목표를 구체적인 용어로 명확하게 제시하는 것이 현실적으로 쉽지 않다.

조직화된 무질서 조직의 두 번째 특징으로는 '불확실한 기술'이 언급된다. 본래 조직에서 '기술(skill)'은 조직 구성원의 조직 목표 달성을 위한 수단이다. 예컨대, 공장에서 생산품을 생산하는 데 있어 작업 과정, 생산품의 조립, 구성원 간의 협업, 생산관리를 위한 전문적인 지식 등이 이러한 기술에 해당된다. 학교의 경우 이와 같은 기술을 표준화하거나 특정할 수 있는가에 대한 논란은 예전부터 지속되어 왔지만, 엄밀한 의미에서 볼 때 교사의 수업기술을 특정화하거나 표준화하는 것은 쉽지 않다. 이것은 수업의 대상인 학생의 특징과도 밀접한 관련이 있다. 학생은 학교에서 지식만 얻는 것이 아니며 교육과정을 통하여 학생의 삶에 필요한 다양한 역량을 학습하게 되는 바, 이와 같은 역량의 학습 과정은 공장에서 생산품을 생산하는 것처럼 표준화된 과정을 통해서 이룰 수 있는 것이 아니기 때문이다. 따라서 교사의 직무수행에 있어 표준화된 기술(skill)은 사실상 존재하기 어렵고, 상황에 적합하게 교사의 교수법이 재구성되거나 학생의 특성에 적합한 수업이 이루어지는 경우가 많다. 이와 같은 이유로 학교조직은 조직화된 무질서 조직의 두 번째 특징인 '불명확한 기술'이 존재하는 것으로 볼 수 있다.

마지막으로, 조직화된 무질서 조직의 세 번째 특징으로는 '유동적 참여'라는 특징이 있다. 이것은 조직 구성원이 한 조직에 오래 머무르는 것이 아니라 참여 자체가 유동적이라는 점을 언급한 것이다. 학교의 경우 학생들이 평생 학교에 머무는 것이 아니라 입학한 이후 정규교육과정을 이수하면 졸업을 하게 되며, 우리나라 국·공립학교 교원의 경우 학교 간 순환전보 제도를 시행하고 있는 예를 들면 쉽게 이해가 될 수 있다. 사실, 일반 기업의 경우에도 조직 구성원이 유동적인 조직도 존재하기 때문에 조직화된 무질서 조직의 세 번째 특징은 학교에 적용하여 이해하기에는 무리가 있다는 견해도 존재한다. 하지만 상대적으로 일반 기업보다 학교는 조직 구성원의 유동성이 심하다는 점에서 유동적 참여의 특징이 있는 것으로 이해될 수 있다.

3) 이완조직

학교조직의 독특한 특징 가운데 세 번째 특징으로는 학교를 이완조직(Loosely Coupled System)으로 파악하는 입장이 있다. 이완조직이라는 개념은 와익(Weick)에 의하여 제안된 것으로 '이완(Loosely)'은 느슨한 결합이라는 의미를 포함하고 있다. 이것은 조직의 세부적인 하부 구조가 상호 연결은 되어 있으면서도 그 결합이 단단해지는 시점도 있고 경우에 따라 느슨한 시점도 존재하는 등 마치 우리의 근육이 외부 환경의 온도차에 따라 이완되는 것과 유사하다. 이와 같은 개념적 특징을 학교의 경우로 예로 들면, 상담교사와 교장의 관계를 대표적인 사례로 볼 수 있다. 예컨대, 학생 상담이라는 업무에 있어서 상담교사는 일정 부분 전문적인 재량행위를 통하여 업무를 추진해 나가지만, 조직의 구성원이라는 점에서 학교장과 상담교사의 관계를 특징지을 수 있다. 즉, 상담이라는 업무에 있어서는 학교장의 통제를 상대적으로 덜 받지만, 학교의 구성원이라는 입장에 서는 경우 학교장의 통제를 상대적으로 강하게 받는 것을 예로 들 수 있다. 이처럼 두 사람의 관계는 어떠한 상황이 그들에게 놓여 있는가에 따라 상호 단단하게 결합되기도 하고, 경우에 따라서는 느슨하게 결합된 것으로 볼 수도 있다. 학교는 이완조직의 특징을 강하게 지니고 있는 조직으로, 교사의 교육과정 편성과 운영, 학생평가, 교수학습 방법 등 학교 본연의 과업 수행에 있어서 학교장은 교사를 통제하는 것보다 상호 신뢰의 논리에 따라 운영되어야 한다(윤정일 외, 2011).

4) 학습조직

앞서 학교조직의 특징 가운데 전문적 관료제적 특징이 있다는 점을 언급하였다. 이것은 학교가 전문성을 지닌 교원에 의하여 수업과 교육과정이 운영되는 사실에서도 유추해 볼 수 있겠으나, 학생의 전인적 성장을 지향하고 학생의 지적·정의적 성장은 고도의 전문적 역량이 필요하다는 것을 생각해 보면 이해가 될 수 있다. 이처럼 전문성을 지닌 교원에 의하여 학교의 중요한 핵심적 과업인 교육과정과 수업이 진행된다는 점에서 학교에서 교원의 역할은 조직의 성패를 좌우할 정도로 핵심적이라 할 수 있다. 하지만 전문성을 지니고 있는 교원이 다수 포함되어 있는 학교는 다른 조직(가령, 기업이나 군대와 같은)과 달리 이완조직적 특징이 있다는 점을 앞서 확인하였다. 즉, 상담실의 상담교사는 학교에서 상담이라는 업무 처리에 있어서 자신의 권한과 책임 아래 전문적인 역량을 발휘해 나갈 수 있으나, 학교는 상담업무만 수행하는 곳이 아니다. 학교는 교육과정이라는 커다란 숲을 통하여 학생에게 교육적 경험을 제공하고 있으며, 상담은 커다란 숲 가운데 모종의 나무에 해당될 수 있다. 따라서 커다란 숲이 나무와 호수 그리고 다양한 동식물 간의 조화로운 체계를 유지하기 위해서는 '숲'이라는 체제의 구성요소(나무, 호수 등) 간 상호 연결과 적응이 중요한 의미를 지닌다.

학교조직에서 교사는 자신의 교과에 대하여 전문성을 갖추고 있으며, 자신이 담당하는 수업에 있어서는 자신의 권한과 책임 아래 수업을 진행할 수 있다. 하지만 학교라는 거시적인 체제 속에서 자신의 권한과 책임의 범위를 넘어선 역할에 대한 요구와 기대도 동시에 받고 있다. 이와 같은 이유로 학교조직에서 교사 상호 간의 '협력(collaboration)'은 효과적인 학교를 만들기 위한 중요한 기제로 볼 수 있고, 교사들이 상호 간에 무엇을 어떻게 협력하는가와 관련하여 상호 간의 이해를 전제로 자신의 직무를 수행해 나가는 것은 중요하다.

이와 관련하여 '학습조직(Learning Organization)'은 조직의 구성원들이 자신이 원하는 것을 창조할 수 있는 역량을 끊임없이 확장해 나갈 수 있고, 새로이 열려진 사고의 유형들이 존중되고 배양되며 집단적 열망이 표출될 수 있는, 그리고 어떤 것이 학습인가를 지속적으로 함께 배워 나가는 조직으로 정의되고 있다(Senge, 1990; 손태원, 1995 재인용). 이것은 조직 내에서 구성원이 상호 연결되어 있음을 전제한 것으로 상호 간에 이해와 지속적인 학습을 통하여 조직이 거시적인 역량을 갖출 수 있다는 점을 강조하는 경영학 분야의 조직이론 가운데 하나이다. 굳이 학습조직 이론을 빌리지 않더라도 작금의 학교 현장에서는 '전문적 학습공동체' 활동 등을 통하여 학교조직 수준의 공동체성을 확인하고 학교의 비전과 철학에 대한 공유를 해나가고 있는 것을 생각해 보면, 다른 조직보다 상대적으로 학습조직의 특성은 중요한 의미를 지닐 수 있다.

CASE STUDY 4

다음은 A학교에서 B부장교사(교무부장으로 경력 20년 차의 교사로 승진을 앞두고 있음)로 교원성과급과 관련하여 교무회의가 끝나고 자신과 친분이 있는 교사들과 다음과 같은 대화를 나누고 있다.

B부장교사 : … 여기 계신 선생님들도 아시겠습니다만, 성과급과 관련하여 선정위원과 심사관점, 그리고 심사기준 등을 확정해야 해요. 그런데, 조금 전 교무회의 시간에 보셔서 아시겠지만 쉽게 동의가 될 수 있을지 자신이 없네요. 그래서, ① 우리 ㅇㅇ회 선생님들께 먼저 의견을 구하고자 회의를 마치고 여쭙고자 모시게 되었어요.

C교사 : 제 생각에는 교육청에서 특별한 지시가 없었다면, 작년에 만들었던 심사관점하고 심사기준 그대로 활용하는 것은 어떨까요?

D교사 : ② 작년과 달리 올해는 우리 학교 선생님들의 절반이 바뀌었는데요. 작년 기준대로 한다면 쉽게 합의를 이끌어 내는 것이 쉽지 않을 것이라 봅니다만….

E교사 : 심사관점과 기준을 정하기가 어려운 것이 ③ 학교에서 '성과'를 무엇으로 보는 것이 쉽지 않다는 거예요. 기업에서야 작년 대비 연 매출 % 초과 달성처럼 쉽게 성과를 측정하는 것이 가능하지만, 학교에서는 이와 같은 성과를 합의하는 것이 어려우니까요….

B부장교사 : 네… 그래서… 지금부터 여러 선생님께서 좋은 의견을 주시면 몇 가지 방안을 만들고 다음 회의에서 학교 선생님들의 의견을 구해 보고자 합니다. (생략)

- B부장교사의 '우리 ㅇㅇ회'는 학교조직의 비공식조직에 해당된다. 비공식조직의 장점과 단점에 대하여 기술하라.

- D교사의 '작년과 달리 올해는 우리 학교 선생님들의 절반이 바뀌었는데요'라는 언급과 관련하여'조직화된 무질서 조직'의 관점에서 학교조직의 특징을 기술하라.

- E교사의 '학교에서 성과를 무엇으로 보는 것이 쉽지 않다.'의 의미는 무엇인가? 예를 들어 설명하라.

5. 효과적인 학교조직

지금까지 우리는 학교조직 이론, 의사소통 이론 그리고 학교조직의 특징 등을 검토하였다. 본서에서 제시한 세 가지 내용들은 학교조직을 이해하기 위해 필요 최소한의 내용만을 제시하였기 때문에 본서의 내용만으로는 학교조직을 완벽하게 이해하는 데 무리가 있을 수도 있다. 또한 학교를 완벽하게 이해하는 데 있어 행정학이나, 경영학에서의 조직이론, 의사소통 이론도 도움이 되지만, 보다 중요한 것은 학교만이 고유하게 지니고 있는 독특한 체제와 구성요소를 파악해 내는 것이 될 것이다. 이와 같은 노력은 학교 현장에서 근무하고 있는 우리 선생님들이 학교와 학생에 대한 이해를 토대로 학교를 조직적 수준에서 이해하고 해석하려는 노력이 함께 존재할 때 보다 구체적인 학교조직 이론이 만들어질 수 있다. 무엇보다 그동안의 교육행정학에서 학교조직론의 주요 이론들은 미국의 경영학이나 행정학에서 언급되어 온 것들이 대부분을 차지하고 있는 바, 앞으로는 한국적 학교조직에 적합한 이론과 내용들이 발표될 필요가 있다.

CASE STUDY 해설

● B부장교사의 '우리 ㅇㅇ회'는 학교조직의 비공식조직에 해당된다. 비공식조직의 장점과 단점에 대하여 기술하라.

지문에 제시된 A학교의 '우리 ㅇㅇ회'는 일종의 비공식조직에 해당된다. 비공식조직은 공식조직과 달리 탈퇴와 가입이 자유롭고, 구성원 간 정서 및 유대관계에 의하여 유지 · 존속되는 특징이 있다. 이 때문에 비공식조직의 순기능으로 조직 구성원의 의사소통을 증진시키며, 조직 구성원 상호 간의 이해를 도모할 수 있고 조직 구성원 간 협력을 증진시킬 수 있는 등 순기능 측면이 언급되기도 한다. 하지만, 비공식조직은 조직 내에 상당한 영향력을 행사하는 경우가 역기능 측면으로 존재하는 것도 사실이다. 가령, 학교의 친목회는 대표적인 비공식조직으로 가입과 탈퇴가 자유롭지만 학교의 교사 모두가 친목회에 가입되어 있는 경우라면 탈퇴는 현실적으로 쉽지 않다. 또한, 비공식조직 내에서 형성된 암묵적인 인간관계는 공식조직의 의사결정에 영향을 주는 경우도 있고, 학교의 주요 의사결정에 중요한 영향력을 행사하는 경우 공식조직에 버금가는 역할을 수행하기도 한다.

본 지문의 사례의 경우, 공식적인 회의가 아닌 비공식조직 '우리 ㅇㅇ회' 교사들이 교무회의 시간 이후 모여 대화를 나누고 있는 모습이다. 먼저, 이와 같은 비공식조직 구성원 간의 대화를 통하여 B교무부장의 공식적인 의사결정에 영향을 미칠 수도 있는 바, 이것은 비공식적조직의 역기능 측면에 해당될 수도 있다. 반면, B교무부장은 '우리 ㅇㅇ회' 교사들의 대화를 통하여 좋은 아이디어와 전체 교무회의 시간에 상정할 안건에 대한 의견을 1차적으로 수렴하는 기회가 될 수도 있으며, 이와 같은 관점에서는 비공식조직의 순기능 측면으로 볼 수도 있다.

● D교사의 '작년과 달리 올해는 우리 학교 선생님들의 절반이 바뀌었는데요'라는 언급과 관련하여 '조직화된 무질서 조직'의 관점에서 학교조직의 특징을 기술하라.

D교사가 언급한 내용은 올해 A학교의 교직원 구성은 전년 대비 50% 정도 교체되었다는 점이다. 이것은 조직화된 무질서 조직을 언급한 와익(Weick)이 주장한 세 가지 특징 가운데 조직에의 '유동적 참여'의 특징을 보여 주는 것이다. 와익은 학교조직은 조직화된 무질서 조직의 특징이 있다는 점을 언급하면서 '불명확한 목표', '불확실한 기술' 그리고 '유동적 참여'를 특징으로 제시하였다. 이 가운데 유동적 참여는 학교의 학생이나 교사처럼 조직 구성원이 조직에의 참여가 지속적인 것이 아니라 참여와 탈퇴가 반복되는 현상을 표현한 것이다. 학교의 경우 학생이 입학하고 일정 기간 동안 교육과정을 이수하거나, 교원이 근무 연한이 만기에 해당되어 전보되는 경우가 대표적인 예로 볼 수 있다.

CASE STUDY 해설

● E교사의 '학교에서 성과를 무엇으로 보는 것이 쉽지 않다'의 의미는 무엇인가? 예를 들어 설명하라.

지문의 E교사가 언급한 내용은 학교조직의 특징 가운데 '불명확한 목표'와 관련이 있는 내용이다. 학교조직의 특징 가운데 불명확한 목표는 와익(Weick)이 주장한 조직화된 무질서 조직의 세 가지 특징 가운데 하나이다. 학교의 목표는 일반 기업과 달리 추상적으로 기술되는 특징을 보인다. 예컨대, 기업의 경우 '전년 대비 연 매출 50% 초과 달성'처럼 구체적으로 정량화된 수치를 제시하는 것이 일반적이지만, 학교의 경우 '창의적인 민주 시민 육성'처럼 추상적으로 제시되는 것이 일반적이다. 이것은 학교는 기업과 달리 학생의 전인적 성장에 목표를 두고 있으며, 이와 같은 특징에 따라 기업과 달리 목표는 다소 추상적으로 제시되는 특징이 있기 때문이다. 본 지문에서 E교사는 학교조직의 특징 가운데 하나인 '불명확한 목표'관점에서 성과급의 '성과'에 대한 합의가 곤란하다는 점을 언급하고 있다.

CHAPTER 05

교육정책의 이해

학습 목표

- 교육정책의 개념, 성격과 가치를 이해한다
- 교육정책의 일련의 과정을 설명할 수 있다.
- 예비교사로서 교육정책을 적극적으로 이해하고 정책과정에 참여하는 태도를 갖는다

교육정책은 교육문제 해결을 위한 제반 사항을 포함하고 있으며, 정책과정 하나하나의 영향력이 매우 크다. 학생, 학부모, 교사에 이르기까지 우리와 우리 주변에 직간접적으로 영향을 주고 있으나 정책에 대한 이해가 부족하고, 홍수같이 쏟아져 나오는 언론매체의 정보를 통해 표면의 현상과 단편적 지식으로 해석하는 경우가 많다. 정부(중앙, 지방)에서 교육문제 해결을 위해 펼치고 있는 교육정책의 개념과 가치, 과정을 살펴봄으로써 정책 문해력(policy literacy)을 높여 궁극적으로 교육정책의 적극적 참여자이면서 학교의 교사로서 어떤 역할을 수행할 수 있는지 학습한다.

1. 교육정책의 기초

1) 교육정책의 이해

(1) 교육정책 학습의 필요성

교육정책을 이야기하기 전에, 정책에 대해 먼저 이해할 필요가 있다. 정책에 대한 기본적인 이해는 정책의 다양한 분야로의 이해 확장의 토대가 되고, 교육정책이 왜 필요한지, 무엇인지 이해하는 데 도움을 줄 것이다.

우리가 속한 공동체(지역, 국가, 나아가 세계)가 갈수록 복잡하고 다차원적으로 변화하면서, 삶의 질이 바람직한 상태에 이르지 못하는 원인과 현상도 다양하게 늘어났다. 이를 해결하기 위한 정부의 대응(정책)이 우리의 삶에 다양하고 광범위하게 영향을 주고 있다. 정책은 바람직한 사회 상태를 이룩하려는 정책목표와 이를 달성하기 위해 필요한 정책수단에 대하여 권위 있는 정부 기관이 공식적으로 결정한 기본 방침을 의미한다(정정길, 2020). 정부가 추진하는 대부분의 정책에는 국가 예산이 투입되기 때문에, 정부의 정책이 바람직하지 못하거나 실패할 경우 우리의 삶뿐 아니라 국가의 유지와 발전에도 피해를 가져올 수 있다. 이와 같은 정책적 개입은 마주한 문제를 어떻게 해결한 것인가와 관련이 있고, 비교적 최근에는 사전에 예상되는 문제를 해결하기 위한 관점으로까지 확대되고 있다. 이를 위해 철저한 계획과 준비뿐 아니라 막대한 인적, 물적 자원이 필요하기 때문에 바람직한 정책의 결정, 집행, 평가에 학습이 필요하다.

정책 단계에 따라 정책 사례에 포함된 경험을 습득하고 분석함으로서 정책이론을 이해하고 미래의 상황에 대한 분석과 판단능력, 이를 포괄하는 정책 문해력(policy literacy)을 제고하는 것이 정책학습의 목적이다. 누가 참여하여 어떠한 역할을 했는지, 결과적으로 정책의 의도는 무엇이었고 결과는 무엇인지에 대한 것들이다. 정책이 문제해결이라면, 두 가지 역사적 측면을 살펴볼 필요가 있다. 하나는 문제의 역사, 다른 하나는 문제해결의 역사로, 정책학습은 과거의 문제 사례를 통해 문제 해결을 위한 방법을 학습하는 것이다. 과거 경험의 집약체로서 정책학 이론을 현실 정책 문제에 적용함으로써 정책 문해력(policy literacy)을 높일 수 있다.

정책목표와 정책문제 그리고 이를 달성하거나 해결하는 수단과 방식은 정해져 있지 않고 사회적 합의에 의해 결정된다. 정책을 둘러싼 현실은 합리성에 기반한 과학과 같지 않으며 관점에 따라 정책에 대한 해석이 달라지며 대부분 서로 충돌하기도 한다. 정책을 다루는 용어들은 명확하지 않고 해석의 다양성을 포함하기 때문에 이를 이용한 의사결정이나 분석 또한 가치중립적이지 않다. 정책의 과정은 이해관계자(stakeholder)들이 다양한 해석적 관점으로 자신의 주장을 관철시키려는 치열한 상호작용이다. 그래서 현실의 정책은 개인의 합리성에 바탕을 두거나 가치중립적, 분석적, 과학적 추론보다는 공동체의 관념에 바탕을 둔 정치적 의사결정에 의해 좌우된다. 이른바 '정책의 역설'을 강조한 데보라 스톤(Deborah A. Stone, 2002)의 정책의 해석적 관점에 따르면, 정책을 분석한다는 것은 정책 이해관계자의 견해가 정치적 과정을 거치면서 전략적으로 다듬어지는 주장들을 분석하는 것이다(윤견수, 2014). 그런 측면에서 정책(policy)은 본질적으로 정치적(political)이라고도 볼 수 있다.

교육정책도 위와 같이 의사결정과정을 통하여 이루어지는 하나의 정치적 산물이다. 그 목적이 교육활동을 장려하고 지원한다는 점에서 다를 뿐이다. 교육정책은 그 대상이나 문제가 교육 분야에 관한 것이기 때문에 다른 분야의 정책과는 다른 특수성을 가지고 있으나(김희규 외, 2019) 정책의 본질적인 속성은 공유하고 있다.

우리가 학습하고 있는 교육행정에서 다루고 있는 교육정책이 교육행정과 어떤 관계가 있는지 살펴보자. 교육행정을 좁은 의미로 해석하여 '교육정책을 집행'하는 것으로 이해한다면 교육정책은 교육행정의 방향과 계획으로서 1차적인 의미를 지닌다. 나아가, 교육정책이 교육행정의 상위개념이 된다. 교육행정을 광의로 해석한다면 교육정책은 교육행정의 다양한 요소 중 하나가 되어 그 하위개념이 된다(진동섭 외, 2007). 교육정책이 교육행정의 상위개념으로서, 교육행정의 영역을 포함한 교육 영역이 확대되어 유·초·중등 교육과 성인학습자를 대상으로 하는 평생교육까지 우리의 삶을 둘러싼 교육 전 분야에 영향력을 미치고 있다.

(2) 교육정책의 특성과 개념 이해

일반정책과 다른 교육정책의 특수성(김희규 외, 2019)을 고려하여 교육정책의 특성에 대한 다양한 견해들을 보다 구체적으로 살펴보고, 혼용되는 유사용어를 통해 교육정책의 개념을 포괄적으로 이해하도록 한다.

교육정책의 속성은 전통적으로 다음과 같이 제시하고 있다(임연기·최준렬, 2017).

- 교육정책은 교육활동을 대상으로 하며, 교육활동을 위하여 봉사하는 수단적인 면을 지닌다.
- 교육정책의 주체는 정치체제(political system)를 형성하는 국가 또는 지방자치단체가 된다.
- 교육정책은 교육활동과 내용의 지침을 제시한다.
- 교육정책은 교육문제를 해결하기 위한 합리적인 의사결정과 최적의 대안을 탐색하는 과정이다.
- 교육정책은 국가나 지방자치단체가 설정하는 교육이념을 구현하는 수단이며, 집행 성격으로서의 교육행정에 대한 기본적인 지침이나 방향제시가 된다.

교육정책은 다음의 다섯 가지 내용을 함축하고 있어야 한다(송미섭, 나동환, 1993; 김희규 외, 2019 재인용).

첫째, 교육정책은 정치적 결정을 통해 결정되는 국가의 통치작용이다. 교육정책은 정치 권력에 의해 특정한 목적 달성이나 산출을 위하여 결정되는 통치행위의 의미를 갖는다. 다만, 민주국가에서는 그 공권력의 행사가 국민의 동의에 기초해야 한다는 원칙이 있다.

둘째, 교육정책은 교육제도와 그 운영에 관한 기본 지침이 된다. 교육정책은 그를 통하여 수립되거나 개편, 운영되는 교육제도의 지침이 된다. 그러나 때로는 교육제도가 법규나 관습에 의한 교육활동의 틀이기 때문에 교육정책의 기반이 되기도 한다.

셋째, 교육정책은 교육문제 해결을 위한 대안의 선택이다. 교육정책은 교육문제 해결을 위한 적절한 수단을 강구하는 일, 즉 여러 가지 수단 혹은 대안 중에서 가장 합리적인 대안을 선택하는 과정이라고 할 수 있다.

넷째, 교육정책은 교육이념을 구현한다. 교육정책은 교육목적의 실현을 위한 수단으로 강구하여 교육 발전을 도모함으로써 궁극적으로 교육이념을 구현하는 역할을 한다. 그러나 때로는 교육정책이 교육이념에 대한 결정작용을 할 수도 있다.

다섯째, 교육정책은 교육행정의 기본 지침이 된다. 교육정책은 이를 기본 지침으로 삼아 그 구체적 목표를 실현하게 하는 교육행정활동의 기초가 된다. 물론, 이러한 생각에는 교육행정을 정책의 집행과정으로 보는 협의의 교육행정 관점이 내재되어 있다.

교육목표를 달성하기 위해서 정부가 주체가 되어 권위적인 방식으로 정치적 과정을 거치고 국민의 동의를 얻어 구현된 합리적 결정 및 지침을 교육정책이라 정의한다면, 교육정책이 갖는 특성은 교육목적 실현이라는 교육적 효과의 측면, 국가 중심의 의사결정의 측면, 정치적 과정의 3가지 측면으로 나누어 다음과 같이 이해할 수 있다(윤정일 외, 2015).

첫째, 교육정책이 가져올 교육적 효과 혹은 교육목적 실현 정도에 의해 교육정책이 평가되는 특징이 있다. 즉, 특정의 교육정책은 교육 내적 조건의 성장과 발전, 교육 외적 조건의 정비와 교육환경의 개선, 교육을 통한 국가 및 사회 발전에의 기여도를 확인함으로써 그 타당성과 효율성을 평가받는다.

둘째, 국가가 주체가 된 공적 의사결정이다. 교육정책은 국가가 주체가 되어 공익을 위해 의사결정을 내리는 것이므로 합리성과 목적지향성을 기본적 특성으로 하며, 이를 위해 과학적 문제해결 과정을 거쳐 의사결정을 하고, 현실적 가능성을 따져 최적의 대안 선택을 지향하는 특징을 갖는다.

셋째, 교육정책의 집행 과정은 정치적 과정을 통해 이뤄지므로 권력적 형성의 성격을 갖는다. 여기서 권력의 속성 및 행사방식은 사회적으로 승인된 것이며, 현대 민주주의 사회에서 자유와 평등, 인간의 존엄성은 권력행사의 범위를 제한하므로 결과적으로 교육정책의 이러한 성격은 공익과 국민의 동의가 전제된 것으로 이해할 수 있다.

이를 종합하면 교육정책은 교육목적의 달성을 위해 정부가 공익과 국민의 동의를 바탕으로 결정한 교육에 관한 방향 제시(효과 측면), 정치적 과정을 통해 선택한 문제해결 수단(형성 측면), 의사결정과 대안 탐색의 과정(행위 측면)의 단계적 특성을 지닌다. 이러한 특성은 교육정책만의 고유한 특성이라기보다 정책 본연의 특성으로도 이해할 수 있다.

교육정책은 교육제도, 교육기획이라는 용어와 자주 혼용된다. 교육활동은 사회적, 공공적, 조직적 활동으로서 많은 규칙이나 절차, 관행에 따라 이루어지는데, 이런 모든 것을 교육제도라고 통칭할 수 있다(이종재 외, 2015). 교육정책은 교육제도에서 나오지만, 교육정책이 오히려 이미 운영 중인 교육제도에 영향을 미치기도 한다. 교육제도를 운영하는 과정에서 문제가 발생하면 제도 개선을 위해 새로운 교육정책이 만들어지기도 하는 것이다. 이러한 의미에서 교육정책과 교육제도는 서로 영향을 주어 각자의 결과물이 되는 상호작용을 하는 것이다(김희규 외, 2019).

교육정책과 교육기획은 용어의 혼용과 위계가 일관적이지 않다. 교육기획은 교육의 합리성과 효율성을 극대화하기 위한 지적·합리적인 사전준비 과정으로서 교육의 비전과 교육활동의 방향을 제시한다. 또한 교육정책은 교육활동을 운영하기 위한 국가의 기본 이념 혹은 방침으로서 교육행정의 적극적 기능을 대표하는 중심적 활동이다. 교육정책은 통상 중앙 및 지방정부 수준에서 다루어지나, 교육기획은 국가 수준에서부터 단위학교에 이르는 다양한 교육단계와 활동 영역에서 장래의 불확실성을 제거하고 교육의 합리성과 효율성을 극대화하기 위한 준비과정으로 이루어지고 있다(윤정일 외, 2017). 이처럼 두 용어의 명확한 구분은 쉽지 않고 구분의 실익도 없다고 볼 수 있다. 다만 광의의 개념으로서 교육활동을 이끄는 교육행정의 적극적인 기능은 교육기획과 교육정책에서 찾을 수 있다.

2) 교육정책의 맥락

교육은 모든 국민을 대상으로 이루어지며 국민 모두 자신을 둘러싼 교육문제를 인식하고 있다. 하지만 교육의 문제가 곧 교육정책의 문제는 아니다. 즉, 교육의 모든 문제를 교육정책만으로 해결할 수 있는 것이 아니라는 것이다. 교육의 내재적인 관점으로 접근해서는 풀 수 없는 교육을 둘러싼 문제가 있고, 그래서 교육의 문제라고 불리더라도 교육정책만으로 접근할 수 없고, 교육 외의 사회·경제·정치 분야의 정책으로 접근해야 하는 경우도 있다. 앞서 정책의 특성상 복잡·다양성을 언급한 바와 같이 교육정책 이해를 위해 맥락의 이해가 요구된다.

(1) 교육정책체제와 정책 참여자

던(Dunn, 1994)은 정책체제를 투입, 과정, 산출의 단계적 모형을 넘어 정책환경을 정책체제의 구성요소로 받아들이고 정책체제를 공공정책, 정책참여자, 정책환경의 세 가지의 상호작용 관례로 상정하였다(장덕호, 2018).

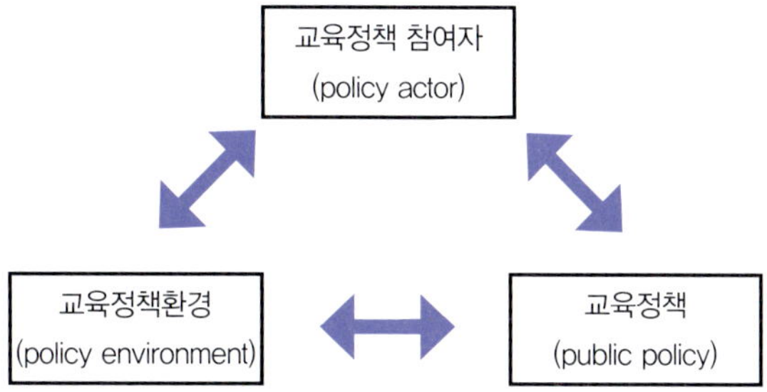

[그림 5-1] 맥락 속에 상호 영향력을 주고받는 교육정책 체제 3요소

출처: 이종재 외(2015)에서 수정.

교육정책 참여자(policy actor)는 정책형성부터 정책평가 단계에 이르기까지 각 과정에 영향력을 끼치는 집단 또는 개개인을 의미한다. 교육정책의 과정은 앞서 정책의 일반적 특성을 통해 알 수 있듯이 여러 이해관계자(stakeholder)의 복잡한 상호작용이 이루어지는 정치적 과정이다. 정책 참여자의 활동과 영향력으로 교육정책 과정에 직간접적 영향을 미치게 된다. 교육정책 참여자는 [그림 5-2]와 같이 정책 과정에 합법적으로 영향을 미칠 수 있는 권한을 가진 공식적 참여자와 비공식적 자격으로 영향력을 행사하는 참여자로 나눌 수 있다(이종재 외, 2015). 공식·비공식의 기준은 갈수록 명확하지 않고, 참여자 모두 거버넌스의 형태로 비공식 참여자들의 공식적 참여 기회가 법적으로 보장되어 가고 있다.

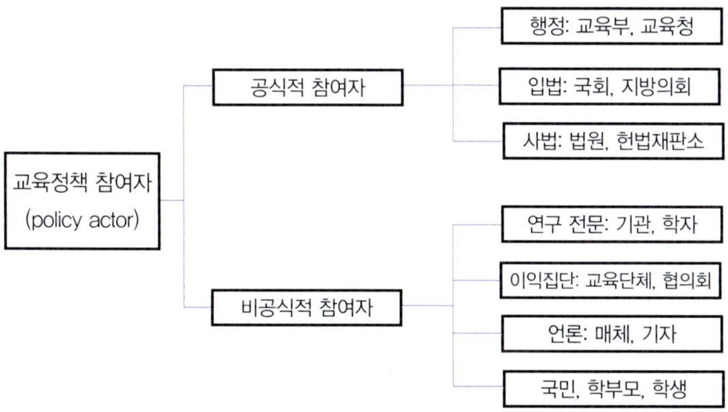

[그림 5-2] 교육정책 참여자 유형

공식적 참여자는 행정부, 입법부, 사법부로 구분할 수 있다. 교육부는 국가수준의 교육정책 결정과 집행 과정에서 주된 참여자로서 교육정책에 대한 기안, 심의, 의결 과정을 거쳐 결정을 내리고 집행하는 역할을 한다. 지방교육자치 수준에서는 교육청이 이와 같은 역할을 한다. 해당 참여 집단은 교육행정 전문가로 구성되어 교육문제의 현안과 쟁점사항을 파악하고 있으며, 다수의 누적된 자료와 정보를 활용할 수 있는 장점이 있다.

입법부인 국회가 교육정책에 참여하는 방식은 교육정책과 예산에 대한 심의와 의결, 여론에 기반을 두고 각 정당이 추구하는 가치를 반영해 국회의원이 하는 법률제안 등이다. 국회의원이 제안한 법이 국회를 통과하면 입법 기반의 정책결정이 이뤄진다(신현석 외, 2012). 지방의회 역시 이와 같이 조례를 제정하여 지방교육정책 과정에 참여한다.

사법부인 법원과 헌법재판소는 교육정책의 내용적 타당성, 결정 과정의 적법성 등의 사유로 소송이 제기되면 법적 원리와 사회적 통념 등을 감안해 판결을 하고 이는 새로운 교육정책 지침이 된다. 합헌·위헌, 유죄·무죄처럼 양분화된 결정에 한정되어 있고, 규정의 적용이나 법리 해석에 초점을 두어 참여가 제한적인 편이지만(안암교육학회, 2018), 법률유보의 원칙에 따라 사법부가 교육정책에 참여하는 경우가 적지 않다(신현석 외, 2012).

비공식적 참여자를 살펴보면, 연구전문가집단, 이익집단, 언론 그리고 학부모와 학생을 포함한 국민으로 나눠 볼 수 있다. 연구전문가집단인 학자, 연구기관의 경우, 정책결정자에게 전문적 지식과 의견을 제공하는 역할을 한다. 교육정책을 전문적으로 연구하는 기관에는 한국교육개발원, 교육과정평가원, 교육학술정보원, 직업능력개발원 등 정부출연기관과 교육대학이나 사범대학, 교육대학원, 대학과 민간의 교육연구소 등이 있다. 이러한 교육정책을 연구하는 기관이나 학자는 교육 분야의 고도의 전문성을 바탕으로 진행한 정책 연구를 통하여 정부가 정책결정을 하는 데 필요한 자료를 제공한다.

이익집단의 경우, 교육이 전 국민을 대상으로 하는 공공적인 것이기에 교육정책 관련 이익집단도 사회 각계각층에 다양하게 존재한다. 이들 이익집단은 자신들의 이익을 위한 압력단체로서의 역할을 하기도 하고, 국가 교육의 발전을 위한 국민의 대표자로서의 역할을 하기도 한다(김희규 외, 2019). 예를 들어, 한국교원단체총연합회, 전국교직원노동조합과 같은 교원단체는 교권확보와 교원으로서의 사회적 지위 향상을 위해 영향력을 발휘하고 있으며, 교원의 전문성을 높이며 자신들의 요구사항을 관철시키기 위하여 다양한 활동을 하며, 교육부와 공식적인 파트너로서 교육정책에 참여하기도 한다.

언론은 교육정책에 관한 정보를 전달하기도 하지만 해석하고 비판하기도 한다. 언론은 국민 또는 이익단체의 뜻을 대변하거나 정부에 전달하는 역할을 하기도 한다. 언론이 국민에게 미치는 영향은 절대적이라 할 수 있다(김희규 외, 2019). 언론기관뿐 아니라 국민들은 교육정책에 관한 편파적인 해석이나 지나친 비판을 경계할 필요가 있다.

비공식적 참여자의 마지막으로, 학부모, 학생을 포함한 국민들의 경우를 볼 수 있다. 국민은 개인 또는 집단으로 그들의 교육적 요구가 정책결정 과정에 반영될 것을 요구한다. 특히 학부모는 교육정책에 가장 크게 영향을 받는 대상이기도 하지만, 한편으로는 정책결정에 영향을 주기도 한다. 전국적으로 학부모의 인원수는 매우 많고, 그들의 교육에 관한 요구는 강렬하다. 이러한 교육수요자로서 학부모의 교육에 대한 다양한 요구는 저마다의 입장차로 인한 이해관계에 따라 갈등적 요소를 내포하기도 한다. 국민 중에는 학부모 여부, 학교급별 학부모의 입장이 다를 수 있기에 정책결정자는 여론화된 수요자의 다양한 교육적 요구를 신중하게 분석하여 가장 공정하고 타당한 쪽으로 결정할 필요가 있다(김희규 외, 2019). 최근에는 민주시민교육과 함께 학생 참여를 확대하여 학교운영위원회에 참여하거나 학생참여예산제를 실시하는 곳도 늘고 있으며 학생회 법제화도 논의되고 있다. 평생교육과 원격교육의 확대에 맞추어 국민 모두 다양한 참여자로 인식하고 교육정책의 소외집단을 최소화하는 것이 중요하다.

(2) 주요 교육정책 환경

교육정책은 교육정책체제를 둘러싸고 있는 정치·경제·사회문화적 환경에 영향을 주고받으며 변화한다(신현석 외, 2012). [그림 5-1]의 정책체제의 3요소 중 하나로서 정책환경은 경제 상황, 인구 구조, 이데올로기적 신념체제, 가치, 정치체제 등 사회적 상황을 포함한다. 사회적 상황에는 수시로 변화하는 것도 있지만 대부분 역사적 연속성을 유지한다. 특정 시점과 특정 공간에서 어떤 정책과 상호작용하는 복잡한 사회적 상황을 정책환경이라고 정의한다(Fowler, 2004: 장덕호, 2018 재인용).

현대의 정책환경 변화는 점점 복잡해지고 불확실하며 예측하기 어렵다. 그럼에도 시민에게 더 나은 정보를 제공하고 기대치를 높이며 개인의 요구에 맞춘 서비스에 대한 요구가 증가하고 있다. 과거보다 더 많은 정책 참여와 대응이 요구된다. 세계는 점점 더 상호 연결되고 상호 의존적이 되어 국가적, 세계적 사건 및 추세는 다시 여러 국가의 주요 문제가 될 수 있다. 2020년부터 시작된 코로나19 팬데믹은 전 세계 거의 모든 국가의 정책에 막대한 영향을 주었다. 각 국가의 새로운 정보통신기술(ICT, Information and Communications Technology)의 발전과 신속한 도입 또한 각 정책에 큰 영향을 주고 있다.

한국의 정책환경 변화요인은 크게 정치, 경제, 사회, 문화, 과학, 환경으로 나눠 볼 수 있다. 정치의 경우 여야의 의사결정구조와 남북관계, 경제는 글로벌 경제위기, 자유무역 확산, 고유가, 노사관계 이슈, 양극화가 대표적이다. 특히 교육정책에 가장 큰 영향을 미치는 사회요인에는 실업, 비정규직, 저출산, 고령화, 노사관계 문제, 각종 안전 문제 등이 있다. 문화의 경우 지식기반사회와 융합사회, 과학은 생명공학, 나노기술, 핵문제, 환경은 경제와 과학뿐 아니라 정치와 사회적 요소와 관련되어 있으며, 최근 국제적 이슈가 된 기후변화(지구 온난화) 또한 교육에 영향을 미치고 있다.

이와 같은 4차 산업혁명기의 본격화, 인구구조의 변화, 사회경제적 양극화, 국제화 등과 같은 거시적 환경의 변화들이 교육정책의 형성, 결정, 집행 등에 미치는 영향력을 감안하여 사전에 점검하고 효과적 대비를 위해 교육정책 내부에 함몰되지 않고, 교육 영역 외의 분야에 대한 관심 갖기와 끊임없는 대화의 노력이 필요하다.

3) 교육정책 의사결정(decision making)의 유형[1)]

정책의사결정은 결정자에 따라, 모형의 성격에 따라 그 모형이 나뉘며, 정책현실을 반영하여 역사적으로 변하여 왔다. 이상적인 규범적 모형에서 현실과 우연을 반영하는 모형까지 대표적인 6가지 모형을 살펴봄으로써 현재 정책들의 운영에 비추어 이해할 수 있을 것이다.

다음 〈표 5-1〉과 같이 주로 개인이 실제로 어떻게 의사결정(정책결정)을 수행하게 되는지와 집단·조직적 의사결정, 즉 여러 개인이 참여하여 이루어지는 의사결정 과정을 다루는 유형으로 나누어 살펴본다.

〈표 5-1〉 정책의사결정 모형

의사결정자에 따른 분류	종류	모형의 성격
개인적 의사결정에 기초	합리모형	규범적, 이상적
	만족모형	현실적, 대안적
	점증모형	
	혼합모형	
집단적 의사결정에 기초	쓰레기통모형	우연적, 대안적
	정책흐름모형	

1) 교육정책만의 고유한 정책의사결정 이론이라기보다 전통적으로 정책학에서 다뤄지고, 최근 우리나라의 정책결정 과정 분석에 주로 활용되고 있는 의사결정모형들(공무원인재개발원, 2018)을 소개한다.

(1) 개인적 의사결정에 기초한 정책결정

① 합리적 정책결정 모형

정책결정의 합리모형은 의사결정자가 합리적인 의사결정을 한다고 가정하고 실제 의사결정 과정을 설명하거나 의사결정자가 합리적인 의사결정을 할 때 따라야 할 논리와 절차를 밝히는 유형이다(정정길 외, 2010). 합리적 정책결정의 모형에서 주요한 개념은 기술적 합리성과 경제적 합리성이다. 기술적 합리성은 목표와 수단 사이에 존재하는 인과관계의 적절성을 의미하며, 경제적 합리성은 목표 달성과 함께 비용의 절감을 포함하여 적은 비용으로 보다 많은 효과를 확보하는 것을 의미한다(정정길 외, 2010). 한편, 사이먼(Simon, 1976)은 합리성을 실질적 합리성과 절차적 합리성으로 구분하여 제시하였는데, 실질적 합리성은 주어진 목표와 제약조건 하에서 목표 달성을 위한 최적의 수단을 선택하는 것을 의미하며, 절차적 합리성은 대안을 선택하기 위해 사용한 절차가 인간의 인지 능력과 한계에 비춰 보았을 때 얼마나 효과적이었는지를 의미한다(정정길 외, 2010).

② 만족모형

사이먼은 사실 판단의 어려움에 따라 합리성이 제약되는 '제한된 합리성' 하에서의 의사결정 과정을 탐색하였으며, 이를 만족모형이라 불렀다. 이 모형은 제한된 합리성의 개념을 토대로 보다 실증적인 합리모형을 구축하고자 시도하였다. 사이먼은 인간은 인지 능력·시간·경비 등의 부족으로 가능한 모든 대안을 탐색하거나 충분한 정보를 수집할 수 없어 최선의 대안을 선택할 수 없다고 주장한다. 대안의 선택 과정에서 모든 대안을 탐색하는 것이 아니라 무작위적이고 순차적으로 진행된다고 제시하고 있다.

③ 점증모형

린드블롬(Lindblom)은 현실에서의 정책은 실제로 점증적으로 결정될 뿐만 아니라 점증적으로 결정되는 것이 바람직하다는 점증주의를 주장하였다(Lindblom,

1968). 린드블롬의 논의 역시 정책결정에 있어서 합리모형을 비판하는 관점에서 출발한 것으로, 점증주의는 개인의 정치적 결정에 내재된 가치 판단과 사실 판단의 상호작용, 정책결정 상황의 복잡성, 정책결정의 정치적 의미와 그로 인한 제약 등에 대한 관심을 통해 정책결정 자체에 초점을 맞추는 모형에 해당한다. 합리모형의 경우 분석이 불완전하더라도 정책 대안이 가져올 결과를 반드시 예측·분석하고 이를 토대로 최선의 대안을 찾아야 함을 강조하는 반면, 점증주의는 대안에 의해 발생할 수 있는 모든 결과를 분석하지 않으며, 일부만을 제한적으로 비교·분석하여 결정이 이루어진다고 주장한다.

④ 혼합모형

에치오니(Etzioni)는 합리모형을 기반으로 한 정책결정은 비현실적일 뿐만 아니라 바람직하지 않다고 비판하였으며, 점증모형에 기반한 결정의 경우 근시안적 결정으로 지나치게 보수적이며 반혁신적인 정책결정을 정당화시켜 주는 역할을 수행한다는 점에서 이를 비판하고, 각 모형의 장점을 결합한 새로운 형태의 정책결정 모형을 제시하였다(Etzioni, 1967). 에치오니는 의사결정의 유형을 크게 근본적 결정과 세부적 결정 등 두 유형으로 구분하였다. 근본적 결정은 주요 대안을 탐색한 후 세부적 결정이 이루어질 틀과 맥락을 결정하는 것을 의미하며, 세부적 결정은 근본적 결정이 설정한 맥락 내에서 점증적으로 결정되며 성질상 근본적 결정의 구체화나 집행에 해당하는 결정을 의미한다.

(2) 집단적 의사결정에 기초한 정책결정

① 쓰레기통모형

코헨(Michael D. Cohen), 마치(James G. March), 올센(Johan P. Olsen)의 쓰레기통모형(1972)은 조직의 구성 단위나 구성원 사이의 응집성이 아주 약한 혼란 상태에서 이루어지는 의사결정의 특징을 강조한 모형이다(정정길 외, 2010). 이 모형은 합리성을 극도로 제약하는 다음의 세 가지 전제 조건 하에서 의사결정의 네 가지 요소가 우연히 결합될 때 의사결정, 즉 정책결정이 이루어진다고 보았다.

첫째, 의사결정에 참여하는 사람들의 선호에 문제가 있어 무엇을 선택하는 것이 바람직한지에 대한 합의가 없거나 개인 스스로 무엇을 선호하는지 모르고 참여하는 등의 상황적 조건이다. 둘째, '불명확한 기술'로 어떤 목표를 달성하기 위해 무엇을 수단으로 선택해야 하는지를 잘 모르는 경우, 목표와 수단 간의 관계가 불분명한 경우를 생각할 수 있다. 셋째, '수시적 참여자'로 의사결정 과정에서 조직에 속한 개인이 문제의 성질에 따라 의사결정 과정에 참여하기도 하고 참여하지 않기도 하며, 동일한 문제해결을 위한 의사결정이라도 참여 여부가 수시로 변동되는 경우이다.

의사 결정의 네 가지 요소는 첫째, 해결해야 할 문제, 둘째, 문제해결을 위한 정책 대안, 셋째, 참여자, 넷째, 의사결정의 기회를 말한다. 합리모형의 경우 이들 요소들 간에 순차적으로 작용한다고 보는데, 쓰레기통모형의 경우 각 의사결정 요소가 아무런 관계 없이 독자적으로 움직일 수 있다고 본다(공무원인재개발원, 2018).

② 정책흐름모형

정책 문제의 흐름, 정치의 흐름, 정책 대안의 흐름이 각각 아무런 관련이 없이 자신의 고유한 규칙에 따라 흘러 다니다가 결합하여 정책 의제가 설정된다는 킹던(Kingdon,2003)의 이론이다. 정치적 사건이나 대형 위기와 같은 사회적 사건의 발생을 계기로 만나게 되는데, 킹던은 이렇게 흐름이 결합하는 현상을 정책의 창(policy window)이 열린 것으로 표현한다. 이상에서 살펴본 킹던의 정책흐름모형은 앞서 살펴본 쓰레기통모형을 수정하였다는 점에서 그 내용이 유사하다.

2. 교육정책과 가치

1) 교육정책에서 가치 논의

정부의 모든 정책은 가치를 지향한다. 교육정책이 전개되는 어느 단계를 막론하고 가치의 문제는 매우 중요하다. 교육정책의 궁극적 대상이 되는 교육행위가 가치의 문제와 깊이 연관된다. 교육정책의 목표·성과와 이를 이루는 수단에 무엇이 바람직한 것인가의 문제는 중요한 관심 사항인데, 이는 교육정책이 가치문제와 깊이 관련되어 있기 때문이다. 교육정책의 과정을 진행하는 근거로 합법성과 민주성, 효율성과 효과성, 정의와 형평, 자유와 평등 등을 중시한다. 이런 것들은 교육정책이 지향해야 할 기본적 가치체계를 이루게 된다. 이러한 가치문제들에 대한 올바른 판단과 인식이 교육정책의 지표가 되어야 좋은 교육정책의 형성과 시행이 가능해진다.

프랜시스 쉐퍼(Francis A. Schaeffer)는 바른 세계관을 위해서는 그 세계관을 구성하는 신념들 자체가 논리적 모순이 없는 정합적인 구조이어야 하고, 내부세계와 외부세계에 부합(대응)해야 하며, 그 세계관을 가지고 살아갈 수 있어야 한다(김종철, 2008)고 하였는데, 이는 교육정책의 가치를 이해하는 기준으로도 적합하게 사용될 수 있다. 바꿔 말하면 바른 교육정책이 되기 위해서는 그 정책을 구성하는 신념(가치)들 자체의 논리적 모순이 없는 정합적인 구조이어야 하고, 우리가 경험하는 내,외적인 세계를 잘 설명할 수 있어야 하며, 그 정책이 실천가능해야한다. 다음 〈표 5-2〉와 같이 교육정책의 가치들이 정합, 부합, 실천되도록 정책환경에 맞추어 가치들의 조화를 이루어야 한다.

〈표 5-2〉 교육정책의 가치 판단 기준

<table>
<tr><td rowspan="3">교육정책</td><td colspan="2">정합</td></tr>
<tr><td rowspan="2">부합</td><td>외부세계</td></tr>
<tr><td>내부세계</td></tr>
<tr><td></td><td colspan="2">실천</td></tr>
</table>

정책가치는 정책이 추구해야 할 목표와 성과 안에 담겨 있는 사회적으로 합의된 가치를 의미한다(정정길 외, 2016). 목표와 성과에 부합된 이러한 가치는 본질적 가치이다. 정책가치는 이러한 본질적 가치뿐 아니라 이러한 목적과 성과를 달성하는 과정에서 실현해야 하는 과정의 가치(수단적 가치)들도 포함한다.

2) 교육정책 과정의 가치

과정의 가치로서 합법성은 주권자인 국민에 의해 동의된 국가의 법에 따라 교육정책이 구현되어야 한다는 것이다. 어느 정도의 재량권이 보장되어 있지만, 법률에 의해서 위임된 범위에 한해서 가능하다. 민주성 개념은 교육정책활동이 민주적이어야 한다는 것인데, 민주적이라는 것은 시대와 국가적 과제에 따라 해석된다. 과거에는 국민을 위한 정책에 초점을 맞춘 민주성으로 이해되었으나, 민주화가 진행된 이후 민주성 개념은 보다 절차적인 국민에 의한 정책에 초점을 맞추기 시작하였다. 교육정책 결정 및 집행에 절차적 민주주의가 보장되어야 하며, 관료에 의한 결정이 아니라 국민들의 구체적인 참여가 보장되어야 한다.

효과성과 효율성은 대표적인 정책 과정의 가치들이다. 효과성은 정책 표의 달성 정도를 의미하며 효율성은 목표 달성 정도 대비 정책에 투입된 비용으로 정의된다. 효과성과 효율성 가운데 어느 가치가 더 중요한지는 여러 정책의 가치와 정부재정 등 종합적 고려를 통해 정해진다.

3) 교육정책 목표와 성과의 가치

정책의 목표와 성과가 추구하는 바가 가치라고 할 수 있으며, 이는 정책의 본질적 가치로서 주로 헌법에서 찾을 수 있다. 본질적 가치로서 정의, 형평, 자유, 평등을 들 수 있다(이종수·윤영진, 2008). 「헌법」 제11조제1항은 "모든 국민은 법 앞에 평등하다. 누구든지 성별·종교 또는 사회적 신분에 의하여 정치적·경제적·사회적·문화적 생활의 모든 영역에 있어서 차별을 받지 아니한다."고 규정하여 평등의 가치를 천명하였다. 「헌법」 제31조제1항은 "모든 국민은 능력에 따라 균등하게 교육을 받을 권리를 가진다." 제12조제1항에서는 "모든 국민은 신체의 자유를 가진다."고 규정하였다. 또한 제14조 이하에서 거주·이전의 자유, 직업선택의 자유, 주거의 자유, 사생활 비밀의 자유, 양심의 자유, 종교의 자유, 언론·출판의 자유, 집회·결사의 자유, 학문과 예술의 자유를 규정하였다. 또한 제32조 및 제34조, 제36조에서 여자와 연소자, 국가유공자 등에 대한 형평을 국가가 확보할 것을 천명하고 있다. 교육정책에서 이런 본질적 가치를 구현하기 위해 정부가 노력해야 한다.

3. 교육정책의 과정

교육정책이 만들어지고 그 집행과 결과까지는 복잡하고 다양한 과정을 거치는데 이를 정책과정이라고 한다. 정책과정을 정책학의 시조인 해럴드 라스웰(H. Lasswell)이 정책과학 개념에서 제시한 과정을 바탕으로 정형화된 정책 의제 설정(정책형성), 정책결정(정책채택), 정책집행, 정책평가 및 환류 단계로 나누어 살펴본다. 과정에 대한 이해를 위해 자유학기제 정책을 사례로 살펴보기로 한다.

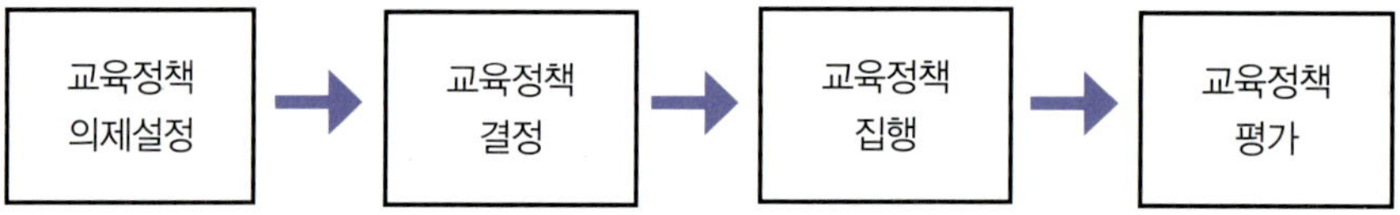

[그림 5-3] 교육정책 과정

1) 교육정책 의제 설정

의제 설정은 어떤 교육문제가 사회적 쟁점으로 발전되어 나가는 단계이다. 사회적 쟁점에 교육정책 참여자들의 의견이 나타나고 논란이 증폭되면서 언론을 통해 여론화된다. 교육정책 참여자들은 국민 전체의 관심을 불러일으키면서 정부가 정책문제로 채택하도록 다양한 전략을 사용한다.

자유학기제 정책의 경우, 중학교 과정 한 학기 동안 시험을 보지 않고 이전과 다른 새로운 교육활동을 제공한다는 기본적인 문제의식이 2012년 12월 제18대 대통령 선거 즈음 나타났다. 공약의 수립 과정에 참여했던 인사들에 의해 대통령 후보의 선거운동 캠프에서 교육 분야 공약을 만들기 위해 '수업 개선', '체험', '진로 탐색', '인성교육' 등 다양한 아이디어들이 조합되면서 정책화되었다.

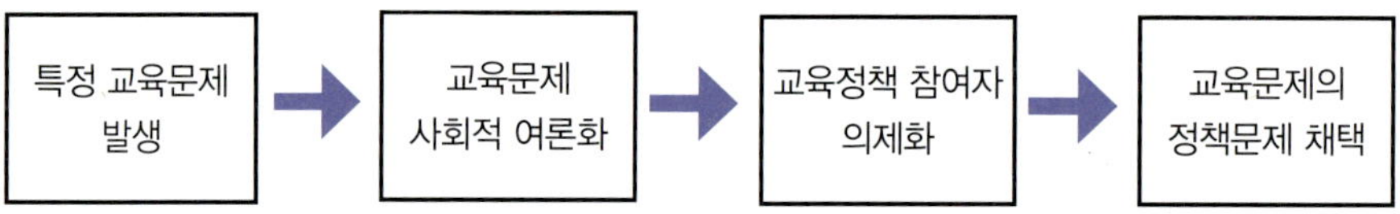

[그림 5-4] 교육정책 의제 설정 과정

출처: 이종재 외(2012)의 그림을 일부 수정.

2) 교육정책 결정

교육정책 결정이란 의제 설정 단계에서 정부의제로 채택된 정책문제에 대해 교육정책 문제의 명확화, 문제해결의 대안 탐색과 개발, 대안의 결과 예측, 최종의 대안 선택 등의 단계를 의미한다. 하지만 각 과정마다 항상 합리적 의사결정이 이루어지는 것은 아니다(Deborah A. Stone, 2002).

정책 아이디어 단계에서 자유학기제는 학생들에게 '진로 탐색의 기회'를 제공하기 위한 취지가 강했다. 그러나 의제 설정 단계를 지나며 '교육과정 개선'을 위한 것으로 바뀌었다. 그 이후에도 '진로교육'과 '교육과정 개선' 간 정책목표의 진자 운동은 계속되었다. 더욱이 '초·중·고등학교 전반의 교육 혁신', '자기주도 학습 능력 배양', '인성 및 미래역량 교육' 같은 새로운 정책목표들까지 자유학기제 안에 포함됨으로써 정책목표가 더욱 모호해졌다(양희준, 2020). 대통령 선거에서 자유학기제를 공약으로 제시한 후보가 당선됨으로써, 자유학기제는 정부의 정책으로 구체화된다.

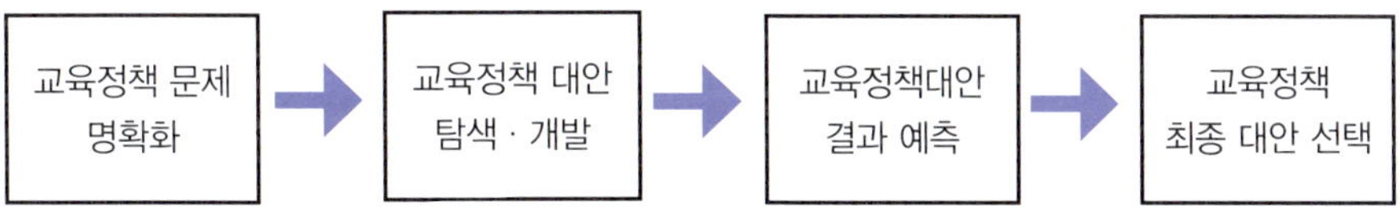

[그림 5-5] 교육정책 결정 과정

3) 교육정책 집행

교육정책 집행은 정책결정의 내용을 구현해 나가는 단계를 의미한다. 정책의 내용은 크게 정책목표와 정책수단으로 이루어지는데, 정책의 내용을 실현시킨다는 것은 핵심의 정책목표를 달성하기 위하여 선택된 정책수단을 구체적으로 실행하는 것을 의미한다(정정길 외, 2010).

2018년에는 전국 중학교의 약 50%에 달하는 1,500여 개 중학교에 자유학기제를 확대한 '자유학년제'가 도입되었고, 2019년에는 자유학기와 교육과정을 연계하여 운영하는 이른바 '연계 학기'를 운영하는 학교도 460여 개로 정책 집행이 확대되었다. 2020년 현재 자유학기제는 '중학교 과정 중, 한 학기 또는 두 학기 동안 지식·경쟁 중심에서 벗어나 학생 참여형 수업을 실시하고 학생의 소질과 적성을 키울 수 있는 다양한 체험활동을 중심으로 교육과정을 운영하는 제도'로 소개되고 있다. '자유학기활동'에는 '주제선택활동', '예술 · 체육활동', '동아리활동', '진로 탐색활동' 등 크게 네 가지 활동이 포함되며, 「초 · 중등교육법 시행령」 제44조에 중학교의 자유학기 지정에 관한 법적 근거 조항이 마련되어 있다.

4) 교육정책 평가

교육정책 평가는 교육정책 집행 결과와 정책목표와 비교, 평가하는 단계이다. 평가에도 사전, 과정, 총괄(단기/장기)의 평가 과정이 있다. 만일 의도한 대로 목표가 달성되지 않았다면 어느 단계에서의 어떤 문제 때문인지 점검하고 그 원인을 파악하여 분석하고 이후의 정책수립과 집행에 시행착오를 줄이는 노력(환류)을 하게 된다. 교육정책의 목표 달성 여부를 단기간에 정확히 파악, 분석하는 것은 쉽지 않다. 교육활동은 장기적 특성을 갖고 있으며 교육의 성과는 숫자로 표현하기 어렵기 때문이다. 그럼에도 교육정책의 평가는 교육정책의 개선, 정책담당자의 책무성 확보, 교육의 질제고 차원에서 반드시 필요하다(김희규 외, 2019).

일선 학교에서 자유학기제는 '수업 개선'과 '진로 탐색'이라는 이질적인 성격의 목표를 함께 추구하는 정책으로 인지되고 있으며, 이는 학교 구성원들 간의 입장 차이로 이어져 학교 내 갈등을 낳는 요인이 되고 있다. 시범운영을 시작한 지 10년, 전면 실시 7년이 다 되어 가는 교육정책의 정책목표가 아직도 현장에서 혼란스럽게 인식되고 있는 것으로 나타났다(박휴용, 송진웅, 2018). 혼재되었으나 명문화된 자유학기제의 목표들은 평가 분석과 그에 따른 환류 연구가 요구된다.

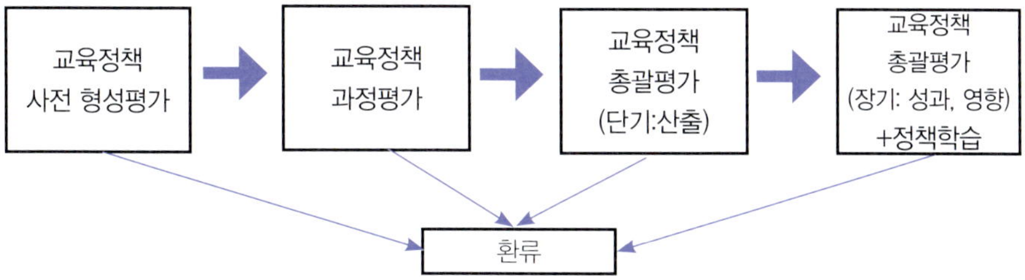

[그림 5-6] 교육정책 평가 및 환류 과정

4. 교육정책, 학교, 교사의 관계

중앙정부와 지방정부에서 결정된 교육정책들은 학교와 학교 구성원들에게 매우 큰 영향을 미친다. 단위학교 책임경영제와 같은 자율화 정책은 학교단위에 자율과 재량을 부여하면서 결과에 대한 책임경영을 요구하고 있다. 이와 같이 교육정책은 학교의 교원들에게 제약요소이자 기회요인으로 작용될 수 있으므로, 교사들은 교육정책의 이론과 실제에 대한 깊은 이해와 통찰이 요구된다(안암교육학회, 2018). 예를 들어, 평등성을 최우선 가치로 삼았던 교육의 3不정책(본 교사·고교등급제·기여입학제)이 수월성과 다양성을 최우선 가치로 삼는 고교다양화 정책으로 변화한 것이 대표적인 교육정책의 영향 사례이다. 자사고, 특목고, 마이스터고 등 다양한 학생 선택의 기회가 마련되었으나, 이른바 일반고의 몰락을 의도하지 않은 결과로서 맞이하며 일반고교 현장의 교사들은 교육과정 운영에 큰 어려움을 겪기도 하였다. 이에 중앙정부의 정책에 반하여 지방교육자치단체장인 교육감의 자사고 지정 취소 등 그 과정 속 혼란은 현장 교사와 학생, 학부모들이 겪게 되었다. 교사 또한 교육당사자로서 정책이 추구하는 가치와 정책의 정치적 행위와 일련의 과정들을 이해하기 위한 정책 리터러시(policy literacy)가 필요한 이유가 여기에 있다.

교육정책은 학교 현장(학교에서 일어나는 모든 일: 학생들의 등하교에서부터 수업, 평가, 학생생활, 급식, 각종 사업, 교사 임용, 복무, 승진 등에 이르기까지)과 밀접하게 연결되어 있다. 현장에 적합한 교육정책은 더 이상 국회의원이나 교육부 관료, 교수들만의 몫이 아니다. 최근에는 전문적 학습공동체를 포함하여 교육정책의 각 분야를 전문적으로 공부하는 교사들이 늘어나고 있고, 조직을 이루어 정책 대안을 만들고 현장과 교육계를 변화시키고자 하는 노력들이 이루어지고 있다. 교육정책의 현장성을 위해서는 교사들이 교육정책에 많은 관심을 가지고 참여해야 한다. 학생, 학부모, 교원들의 문제에 공감하고, 문제의식을 가진 교사들이 많아질 필요가 있다.

CASE STUDY 5

다음은 ○○ 고등학교에 재직하고 있는 김 교사가 대학 시절 친구 최 교사에게 쓴 이메일의 일부이다.

보고 싶은 친구에게
… (중략) …

학생의 선택과 결정의 기회를 확대하기 위해 우리 학교가 학교 운영 계획을 전체적으로 다시 세우고 있어. 그 과정에서 나는 교육과정 운영, 교육평가 방안, 온라인 수업설계 등을 고민했고 교사협의회에도 참여했어.
… (중략) …

요즘 온라인 수업을 하게 되었어. 학기 초에 학생의 일반적인 특성과 상황은 조사를 했는데 온라인 수업과 관련된 학생의 특성과 학습환경에 대해서도 추가로 파악해야겠어. 그리고 학생이 자신만의 학습 목표를 설정하고 학습의 주체가 되는 수업을 어떻게 온라인에서 지원할 수 있을지 고민하다가, 학습 과정 중에 나와 학생뿐만 아니라 학생들 간에도 소통이 이루어지도록 토론 게시판을 활용하려고 해.

교사협의회에서는 학교 운영에 학생들의 요구를 반영하는 방안에 대해 논의했어. 다양한 의사결정 방식들이 제안되었는데, 그중 A안은 문제를 확인한 후에 목적과 세부 목표를 설정하고, 가능한 대안들을 모두 탐색하고, 각 대안에 따른 결과를 예측하고 비교해서 최적의 방안을 찾는 방식이었어. B안은 현실적인 소수의 대안을 검토하고 부분적으로 수정해서 현재의 문제 상황을 조금씩 개선해 나가는 방식이었어. 많은 논의를 거친 끝에 B안으로 결정했어. 나는 B안에 따른 구체적인 방안을 다음 협의회 때 제안하기로 했어.
… (하략) …

- **A안과 B안에 해당하는 의사결정 모형의 단점과 김 교사가 B안에 따라 학생들의 요구를 반영하기 위해 제안할 수 있는 구체적인 방안에 대해 서술하라.**

출처: 2021학년도 중등학교교사 임용후보자 선정경쟁시험 문제.

CASE STUDY 해설

학생이 선택과 결정에 참여할 기회가 확대되기 위해서 학교 운영에 관한 의사결정에서도 학생의 요구가 반영되도록 해야 한다.

- A안에 해당하는 의사결정 모형은 의사결정자가 합리적인 의사결정을 한다고 가정하고 실제 의사결정 과정을 설명하거나 의사결정자가 합리적인 의사결정을 할 때 따라야 할 논리와 절차를 밝히는 합리모형이다. 대안을 선택하기 위해 사용한 절차가 인간의 인지 능력과 한계에 비춰 현실적으로 절차적 합리성을 추구한다.

- B안은 대안에 의해 발생할 수 있는 모든 결과를 분석하지 않으며, 일부만을 제한적으로 비교 · 분석하여 결정이 이루어진다고 주장하는 점증모형이다. 학생의 요구를 반영하려면, 학교 운영에 관한 학생들의 수요조사를 반영하여 점진적 개선을 위한 제한적 대안을 비교 분석하여 현실적이고 실효성 있는 정책을 선택한다. 결과적으로 학생의 절차적 민주성을 확보하기 위해 학교 운영에서도 학생의 선택과 결정이 보장되어야 한다.

CHAPTER

06

교육정책과 시스템사고

학습 목표

- 시스템사고 관점과 통계 관점과의 차이를 구별할 수 있다.
- 피드백 관점을 설명할 수 있다.
- 인과순환지도를 피드백 관점으로 해석할 수 있다.
- 인과순환지도로 시스템사고를 표현할 수 있다.

시스템? 시스템사고? 피드백? 상호작용? 교육행정 시스템?

6장은 시스템사고(Systems Thinking)를 다룬다. 전통적인 교육행정 및 경영 교과서는 '시스템사고'를 다루지 않고, 통상 제2장 교육행정학 발달과정에서 '체제이론'의 일부로만 다룰 뿐이다. 여기 제6장에서 설명하는 시스템사고는 체제이론과 일부 유사한 측면도 있지만, 다른 관점이라는 점을 먼저 밝혀 둔다.

시스템사고는 시스템'적' 사고와 다르다. 한 글자 차이지만 영문으로 표현하면 시스템'적' 사고는 systematic thinking이고, 시스템사고는 systemic thinking이다. 시스템'적' 사고는 체계적 사고를 의미하며 잘 알려진 마인드맵이 시스템'적'사고를 대표한다. 하지만 시스템사고는 시스템에 대한 사고이다. 시스템 안의 요인들이 어떻게 상호작용하는지, 시스템 안과 시스템 밖은 어떻게 영향을 주고받는지를 다룬다. 상호작용이라는 표현은 익숙하지만 상호작용이 어떤 식으로 이루어지고 어떤 결과를 초래하는지 학교에서 배운 바가 없다. 시스템사고는 그 비밀을 풀어 준다. 지구, 신체, 자연뿐 아니라 정치, 문화, 정책 등 우리가 접하는 모든 것이 시스템이다. 그리고 이 시스템은 살아 있는 유기체처럼 끊임없이 변한다. 그도 그럴 것이 끊임없이 영향을 주고받으니 변하지 않고서야 배길 수 없다.

우리는 시스템을 우리 삶과 떼어내서 생각할 수 없기 때문에 시스템 관점으로 사고하고 시스템 관점으로 소통할 수 있다. 그래서 시스템사고는 새로운 언어이고 새로운 소통이다. 하지만 시스템사고를 지식으로 배우면 안 된다. 새로운 언어답게 아기들이 말을 배우듯 훈련(discipline)해야 한다. 그런데 시스템사고를 할수록 새로운 세계가 보이게 될 것이다. 앞으로 교육행정 분야는 물론이며, 교육학 분야에서도 시스템사고에 입각한 논의가 활발하게 전개될 것으로 기대하며, 본 교재는 시스템사고의 기초 내용부터 교육정책의 분석에 활용되는 사례를 제시하였다.

1. 시스템사고 관점과 교육정책

그동안의 교육정책의 성공 그리고 실패 사례를 종합해 보면, 성공한 교육정책도 일부 존재하지만 대부분의 교육정책은 성공보다 실패 또는 답보 상태인 경우가 많다. 이것은 교육정책뿐만 아니라 모든 정책, 즉 일반 행정 전 분야에서의 정책에서도 공통적으로 나타나는 현상이다. 정책이 실패할 수밖에 없는 이유에 대해서는 정책학 분야에서 다양한 이론을 제시하고 있지만, 시스템사고 관점에서 볼 때 두 가지 특징에서 쉽게 찾아볼 수 있다. 그 하나는 우리가 흔히 언급하는 일종의 체제(System)[1]라는 것은 복잡계적 특징이 나타난다는 점이며, 또 하나는 체제라는 것은 시간이 경과하면서 체제의 구조가 변화한다는 특징이 있다는 점이다. 이 두 가지 원인 때문에 일반적인 정책 현상이 우리가 의도하는 바와 다르게 진행되어 갈 가능성이 있고, 정책결정자가 당초 의도한 것과 다른 집행 과정이 전개되는 것도 이와 같은 이유 때문이다. 앞서 언급한 것처럼 모종의 시스템은 다양한 요인들이 상호작용하는 복잡계적 속성이 있다. 학교를 둘러싼 체제(System)[2] 역시 복잡계 구조를 보인다. 다음 [그림 6-1]은 학교를 둘러싼 복잡계 구조를 보여주고 있다(P. Senge et al, 2019:27).

1) 본서의 제2장 제2절에서 체제이론을 잠시 언급하였다. 지금부터 언급하게 되는 시스템사고는 앞서 살펴보았던 체제이론 이후에 나타난 이론으로 체제를 정의하는 기본적인 관점은 유사하지만, 시스템사고는 체제의 동역학적(dynamics) 특징을 보다 구체적으로 다루고 있다.

2) 이하, 본 장에서 '체제(System)'는 '시스템'으로 기재하도록 한다.

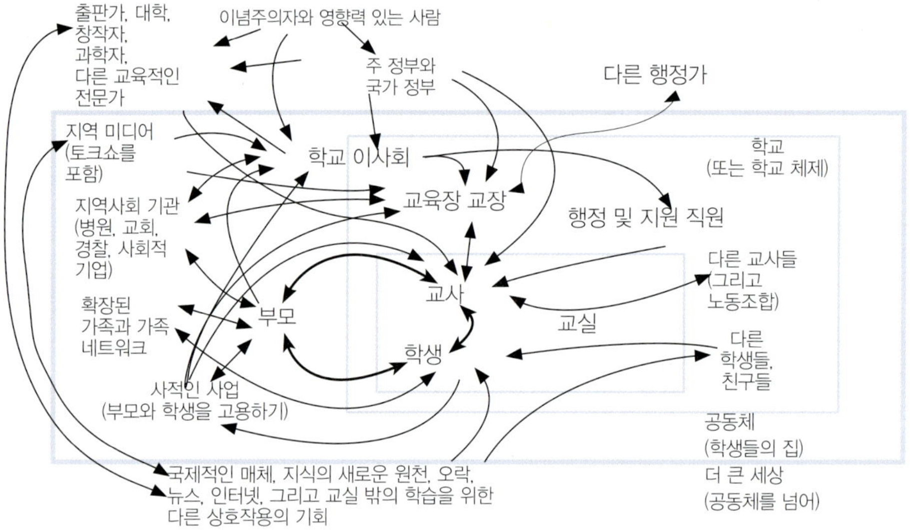

[그림 6-1] 학교를 중심으로 본 상호작용

출처: 피터 센게 외(2019:27).

위 그림에서 학교라는 일종의 시스템과 환경 간의 상호작용이라는 표현을 쌍방형으로 영향을 주고받는다라는 식으로 바꾸면 기존에 우리에게 익숙한 사고체계와 충돌한다. 예컨대, 조직에서 구성원이 서로 상호작용한다고 가정할 때, 상호작용, 쌍방향이라는 표현은 이미 종속 변수가 독립 변수에게 다시 영향을 미친다는 가능성을 염두에 두고 있다. 그런데, 조직 구성원 간 관계를 분석하는 경우 앞서 제2장의 행동과학론적 접근에 따르면 통계적 방법론 관점에서 독립 변수와 종속 변수와의 상관관계(혹은 영향관계)를 중심으로 둘 간의 관계를 분석하고 시사점을 제시하는 것이 일반적이다. 이러한 통계적 방법론의 사고 체계는 거의 대부분의 사회과학 연구에서 사용되고 있고 그 결과, 독립 변수와 종속 변수와의 일방향적이고 단선적인 관계만 염두에 두는 의사결정이 일반적으로 활용되어 온 경향이 있다. 다음 [그림 6-2]는 이런 단선적 사고 세계관의 의사결정 패턴을 보여 준다.

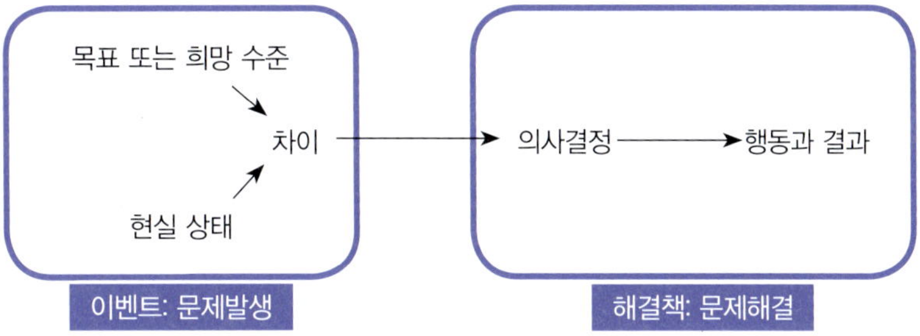

[그림 6-2] 단선적 문제해결 중심 세계관

출처: Morecroft(2021:69).

위 [그림 6-2]의 좌측을 살펴보면, '목표'와 '현실'과의 차이가 클수록 해결해야 할 문제는 커진다. 이와 같은 문제를 해결하기 위해 일종의 해결책(정책)을 쓰게 되고, 그 결과로 문제는 일시적으로나마 해결된다. 하지만 현실 세계를 반영한 상호작용, 쌍방향 영향 관계를 고려하면 [그림 6-3]과 같은 순환적 사고로 문제와 해결책을 새롭게 해 볼 수 있다.

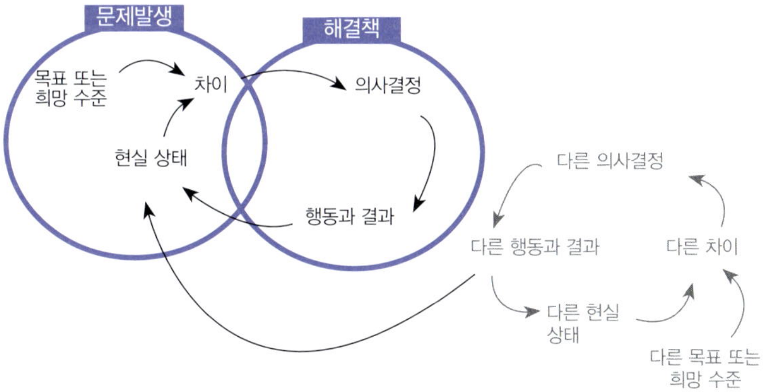

[그림 6-3] 문제와 해결책에 대한 순환적 사고 세계관

출처: Morecroft(2021:74).

[그림 6-3]이 보여 주는 것은, 문제와 해결책 사이의 관계는 앞서 [그림 6-2]와

달리 다양한 결과(영향)를 일으키고 결국 다시 문제와 해결책에게 영향을 미친다는 것이다. 이런 순환적 사고의 세계관이 상호작용하고 쌍방향으로 영향을 주고받는 현실을 반영한 사고라고 할 수 있다. 그런데 정책 부서가 이런 순환적 사고로 정책을 설계하지 못하는 이유는 앞서 소개한 단선적인 사고가 워낙 단단하게 굳어져 있어서 칸막이 사고(Silo Thinking)[3]를 하기 때문이다. 다음 이야기는 칸막이 사고의 위험성을 단적으로 드러내 준다.

- 의사가 신장 문제를 해결하기 위해 약을 처방하는데 그 약이 간에 미치는 영향을 생각하지 않는다. 그런데 이 의사는 늘 최선을 다한다.[4]

이와 같은 칸막이 사고는 눈앞의 문제만 해결하기 급급한 단선적 사고가 초래한 결과로 볼 수 있다. 우리가 접하는 정책들 대부분은 눈앞의 문제를 당장 해결하기 위해 도입되었다는 점을 고려한다면, 정책 그리고 교육정책의 대부분은 이와 같은 칸막이 사고에 입각하여 설계되는 것은 아닌지 고민할 필요가 있다. 무엇보다 정책(특히, 교육정책에서는) 설계 단계에서 다양한 요인들이 상호작용한다는 점이 반드시 고려되어야 한다. 지금까지 정책이 실패할 수밖에 없는 첫 번째 이유로 시스템의 복잡계적 속성을 언급했고, 이렇게 상호작용하는 복잡계 속성을 고려해서 정책을 설계해야 한다는 점을 강조했다. 지금부터는 정책이 실패할 수밖에 없는 두 번째 이유인 '변화'에 대해 설명하고자 한다.

세상에 변하지 않는 시스템이 없다는 것은 자명한 사실이다. 하지만 복잡계의 변화에서 특히 주목해야 할 점은 바로 시간 지연(Delay)현상이다. 복잡계 내에서 다양한 요인들이 상호작용하지만 상호작용할 때 개별 영향의 강도와 속도는 다르기 마련이다. 하지만 정책 입안자 입장에서 상대적으로 늦게 나타나거나 다른 장

---

3) 조직 또는 정책에 문제가 생기면 수많은 대책회의와 협의체를 통하여 회의가 진행되지만, 각자의 업무에만 몰두하면서 결국 전체적인 틀에서 대책을 수립하지 못하는 경우를 일컫는 말.

4) Waldman(2012)에서 발췌.

소에 나타나는 영향을 고려할 여유가 없기 마련이다. 그 이유를 '상대적'이라는 표현에서 찾아볼 수 있다. 모든 의사결정은 제한된 자원으로 제한된 합리성에 기반을 두기 때문에 효율성을 중요시 여길 수밖에 없다. 그런데 지연되어 나타나는 현상까지 고려한다는 것은 더 많은 자원과 정보가 필요하다는 것을 의미하기 때문에 효율성이 떨어진다. 또한 모든 정책은 그 정책이 염두에 두고 있는 시간의 길이가 있고, 그 의사결정권자의 임기[5]도 단기간이라는 점을 고려한다면 신속하게 해결하려고 할수록 지연되어 나타나는 영향을 중요하게 다루지 않게 된다.

- 교통 체증이 심해지면 도로를 넓히거나 새로운 도로를 건설하는 정책으로 문제를 해결하려고 하지만, 시간이 경과하면서 넓어진 도로와 새로운 도로에 차량이 증가하고 그 결과 교통 체증 문제는 재발한다.
- 해충에 의한 농작물 피해가 심해지면 살충제로 문제를 해결하려고 하지만, 시간이 경과하면서 살충제에 대한 내성이 생긴 해충 때문에 농작물 피해가 더 심해진다.
- 비만 문제를 금식으로 해결하려고 하면 나중에는 폭식증으로 비만 문제가 심해진다.
- 돈 부족 문제를 대출로 해결하려고 하면 나중에는 불어난 대출이자 때문에 돈 부족 문제가 더 악화된다.
- 연필 쓰기가 불편해서 연필을 깎아서 해결하다 보면 결국에는 몽당연필이 되어서 연필 쓰기가 더 불편해진다.
- 학습 참여율이 떨어지는 문제를 수업 혁신을 통해 해결하려다 보니 처음에는 학습 참여율도 좋아지는 긍정적인 효과가 나타났으나 지속적인 수업 혁신 노력으로 인해 교사의 에너지가 고갈되는 현상이 발생했다. 결국, 무기력한 교사 때문에 학습 참여율이 떨어지는 문제가 가중된다.

---

5) 우리나라 지역교육지원청의 수장인 '교육장'의 임기는 2년이 되지 않는다는 점에서 사실상 지역수준의 교육정책을 기대하기 어려우며, 교육감의 경우에도 임기는 4년이라는 점에서 의사결정권자의 임기가 짧다는 문제가 있다(교육감의 경우, 재선인 경우는 8년, 3선인 경우는 12년까지 가능하다).

위에 나열한 사례들은 모두 의사결정권자가 단기간에 문제를 해결하기 위해 내세운 정책(해결책)이 시간이 경과하면서 결국 문제를 키우는 결과를 보여 준다. 정책결정권자들이 종합적인 사고를 하지 않고 단기적인 관점으로 정책을 만드는 것은 비단 1960년대부터 개발도상국에서 선진국으로 압축 성장한 우리나라뿐만 아니라 미국이나 영국에서도 쉽게 발견할 수 있다(Sterman 1987). 즉, 정책뿐 아니라 시스템에 대한 대부분의 의사결정에서 발견할 수 있는 공통 속성이라는 점을 받아들여야 한다. 그래야만 이런 시스템의 덫을 구조적으로 분석하고 해결책을 제시할 수 있는 새로운 사고체계를 받아들이는 출발점에 설 수 있다.

본서의 6장을 시작하면서 정책이 실패할 수밖에 없는 두 가지 이유를 복잡계의 특성(상호작용)과 지연 현상이라고 언급하였다. 이 두 가지 원인이 시스템사고의 필요성과 연결된다고 밝힌 바 있다. 지금부터는 시스템사고가 무엇이며 왜 교육정책 결정과 분석에 있어 필요한가에 대하여 설명하고자 한다.

2. 시스템사고의 이해 및 주요 특징

1) 시스템사고(System Thinking)의 역사적 전개 과정

시스템사고는 시스템의 특징을 규명하는 사고체계이다. 이것은 물리학 분야에서의 카오스 이론을 포함한 다양한 복잡계 이론을 의미하는 바, 이 모든 것은 시스템사고와 관련이 있는 것으로 볼 수 있다. 하지만 본서에서 언급하는 시스템사고(System Thinking)는 대표적인 복잡계 이론으로 인정받고 있는 시스템다이내믹스(System Dynamics, 이하 SD)에서 파생된 시스템사고를 말한다. SD는 1960년대 미국 MIT 경영대학의 제이 포리스터(Jay Forrester) 교수에 의해 정립된 연구 방법론으로, 시간의 경과에 따른 시스템 변화의 원인을 요인들 사이의 상호작용에 의한 피드백[6] 구조(feedback structure)에서 찾고 구조 변화를 일으키는 레버리지를 활용하여 다양한 시나리오를 제시하는 방법론이다(최남희, 2003). 통계학을 위시한 일반적인 연구방법론과의 차이점은 시스템 내의 요인들이 피드백 형태로 영향을 주고받는다는 관점이다. 즉, 여타 방법론이 독립 변수와 종속 변수의 관계를 일방향으로 단선적으로 분석한 반면에, SD는 종속 변수가 다시 독립 변수에 영향을 미친다는 점을 강조함으로써, 종속 변수와 독립 변수를 구분하는 것을 무의미하게 만든다는 특징이 있다.

하늘 아래 새로운 것은 없다는 표현대로 SD는 사이버네틱스(Cybernetics) 학문 관점과 서보메커니즘(Servomechanism)의 학문 관점을 계승했다. 사이버네틱스 이론은 피드백을 강조하면서 시스템 간의 '통신'과 시스템에 대한 '통제' 관점에서 피드백의 역할을 강조한다(김도훈 외, 1999:46). 이 특징이 칸막이 사고를 극복하면서 다양한 요인의 상호작용을 고려해야 하는 정책 설계에 있어 시스템사고 관점이 필요한 첫 번째 이유이다. 한편, 서보메커니즘 이론은 피드백을 강조한다는 점에서 사이버네틱스와 같지만, 시간의 경과에 따른 시스템의 '동태적인 행태(dynamic behavior)' 관점에서 피드백의 역할을 강조한다는 점에서 다르다(김도훈 외, 1999:48). 이 특징이 지연 현상을 고려해야 하는 정책 설계에 시스템사고가 필요한 두 번째 이유이다.

하지만 시스템다이내믹스(SD)라는 학문은 태생적으로 미적분을 기반으로 하는 공학 이론과 컴퓨터 시뮬레이션을 기반으로 발전했기 때문에 의사결정권자들이 활용할 수 있는 보다 가벼운 정성적인 연구방법론을 고안해 낼 필요가 있었다. 그

6) 피드백(feedback)은 우리말로 표현할 때 환류, 순환, 되먹임 등으로 번역하기도 하지만, 본문에서는 피드백이라는 용어를 그대로 사용한다. 이 피드백은 숙제 검사해서 돌려주거나 코칭 과정에서 사용하는 피드백과 다르다. 원인과 결과의 관계가 순환하면서 상호작용하는 관계를 의미한다.

것이 바로 시스템사고[7]이다. SD가 시스템사고로 진화한 것은 타협이 아니라 사이버네틱스 사상을 계승한 것으로 보는 것이 옳다. 사이버네틱스 관점에서는 피드백 개념을 수학적 모델을 사용하지 않아도 철학적이고 이론적인 수준에서의 토론과 언어를 통해 서술적으로 분석하여 정책 결정에 기여할 수 있다고 보기 때문이다(김도훈 외, 1999:48). 따라서 SD는 정성적 연구방법에 속하는 시스템사고 분석과 정량적 연구방법에 속하는 모델링으로 구분한다. 다음 [그림 6-4]는 시장 균형 구조를 시스템사고에 의한 피드백 관점으로 단순화해서 시각화한 예시이다.

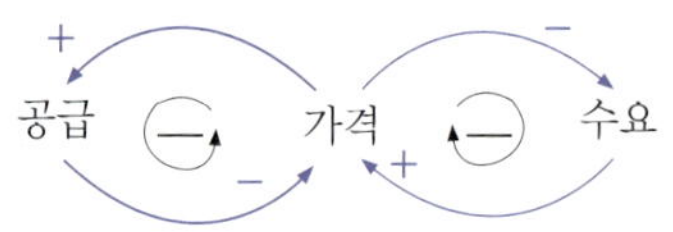

[그림 6-4] 시장 균형 구조에 대한 인과순환지도

위 그림에서 공급, 가격, 수요가 상호작용하는 것을 화살표로 표시하였고, 상호작용하는 성격을 +, − 기호로 표기하였다. 이렇게 시스템사고를 시각화하는 기법이 인과순환지도(Causal Loop Diagram, CLD)이다. 인과순환지도는 세 가지 특징이 있다. 첫째, 단순화된 시각화로 구조의 상호작용을 보여 준다는 점에서 가독성과 소통이 수월하다. 소통이 수월하다는 것은 인과순환지도의 각 요소에 대한 이해가 전제되는 경우 수월하다는 것을 의미하며, 각 요소에 대한 이해가 전제되었다면 복잡한 과정을 거쳐서 도출된 연구 결과물을 종합하고 정리할 때 유용하다. 둘째, 시스템사고에서 보여 주는 인과관계는 자칫 자의적인 해석으로 경도될 가능성이 높기 때문에 문헌 연구 및 델파이 기법 등을 통해 정제된 논리와 인과관계를 근거로 삼아야 한다. 셋째, [그림 6-3]에서 보여 주고 있듯이 시스템사

7) 카오스 이론과 같이 복잡계 이론을 의미하는 넓은 의미에서의 시스템사고와 SD에서 파생한 좁은 의미에서의 시스템사고의 관용적인 영문 표기는 모두 Systems Thinking이다. 따라서, 좁은 의미에서의 Systems Thinking를 국문에서 구분하기 위해 상표처럼 붙여서 시스템사고라고 표기하여 고유명사화 하였다.

고 결과물은 최소 2개 이상의 피드백 고리를 드러내는데, 피드백 고리의 속도와 강도는 말해 주지 않는다. 이는 정성적 연구의 한계이자 특징이기도 한데, 오히려 이런 점이 시나리오로 활용된다. 즉, 특정 피드백이 강하고 약할 때를 상정하여 다양한 정책 시나리오를 도출할 수 있다(박상원, 2015).

지금까지 시스템사고가 요인들 간의 상호작용을 종합적으로 분석할 수 있고, 시간이 지연되어 나타나는 시스템의 변화를 분석하는 데 용이하기 때문에 정책 설계에 필요한 사고 체계라는 점을 설명하였다. 특히, 시스템사고의 대표적인 표현방법으로 인과순환지도의 사례와 간단한 특징을 소개했다. 인과순환지도에 대한 보다 자세한 설명은 본 장의 3절 '대표적인 시스템사고 표현기법, 인과순환지도'에서 다룰 것이다.

2) 시스템사고의 관점

다음 [그림 6-5]는 SD를 포함해서 시스템사고의 핵심 관점을 잘 보여 주고 있다(김도훈 외 1999:40).

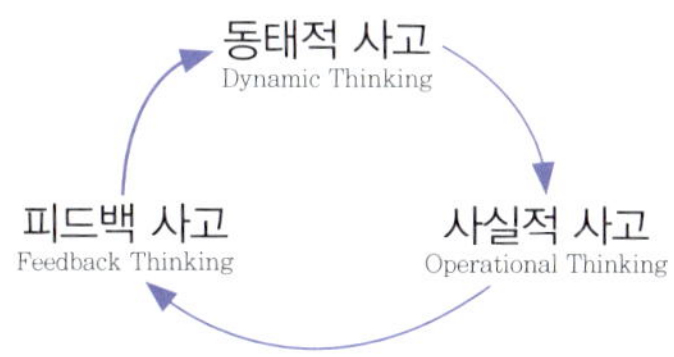

[그림 6-5] 시스템사고의 3대 관점

사실적 사고(Operational Thinking), 피드백 사고(Feedback Thinking), 동태적 사고(Dynamics Thinking)는 상호 유기적으로 연결되어 있으며, 각각은 통계적 사고와 계량 경제학 관점과 접근 방식이 다르다. 먼저, 사실적 사고는 시스템이 작동하는 원리를 인과관계로 파악하고자 하는 사고이고, 피드백 사고는 다양한 요인들의 상호작용을 설명하는 사고이고, 동태적 사고는 시스템의 모습이 시간에 따라 달라지는 것을 추적하는 것을 의미한다. 따라서 이 세 가지의 관점은 독립적인 것이 아니라 상호 연결된 것이다. 요약하면, 시스템의 작동 원리(사실적 사고)를 기반으로 상호작용하는 시스템(피드백 사고)이 시간에 따라 변하는(동태적 사고) 것을 분석하는 방법론이 시스템사고인 것이다. 이 세 가지 관점에서 가장 중요한 것은 피드백 사고이다. 사실적 사고는 피드백 사고의 원리라고 할 수 있고, 동태적 사고는 피드백의 변하는 결과물로 볼 수 있기 때문이다. 따라서, 시스템사고와 피드백 사고는 같은 의미로 사용된다. SD와 시스템사고는 결국 피드백을 발견하고 표현하는 방법론이라고 할 수 있다(Sterman, 2000:12).

정책결정자들이 피드백 구조를 인식하지 못한다는 점은 1976년 중동 외교정책 연구에서부터 꾸준히 연구되어 왔으나 거의 모든 분야에서 피드백 구조를 인지 못하는 패턴이 나타나는 원인과 부작용을 밝힌 학자는 SD 연구자들이다(김동환, 2019; Sterman, 1989). 사회 시스템에 존재하지만 눈에 안 보이는 피드백 구조를 인식하지 못한 의사결정 결과물은 늘 의도하는 결과를 가져오지 못한다. 따라서, 교육정책과 더불어 공공정책에서 피드백을 고려하지 않았을 때 사회 문제를 해결하는 것이 아니라 시간이 경과하면서 더욱 악화시킬 수 있기 때문에 시스템사고가 필요하다. 다음에서는 시스템사고를 표현하는 기법 중에서 가장 대표적인 인과순환지도를 작성하는 방법을 소개한다.

3) 대표적인 시스템사고 표현기법 : 인과순환지도

시스템사고를 표현하는 기법에는 여러 가지가 있다. 빙산 모델, BOTg(Behavior Over Time graph)도 많이 사용하는 시스템사고 기법이지만, 인과순환지도(Causal Loop Diagram, CLD)는 압도적으로 많이 사용하는 기법이다. 앞서 SD와 시스템사고의 핵심 관점을 사실적 사고, 피드백 사고, 동태적 사고라고 설명했다. 이 3가지 관점이 그대로 인과순환지도 작성에 사용된다. 다음 [그림 6-6]은 시스템사고의 3가지 핵심 관점을 인과순환지도 작성법과 연결한 것이다.

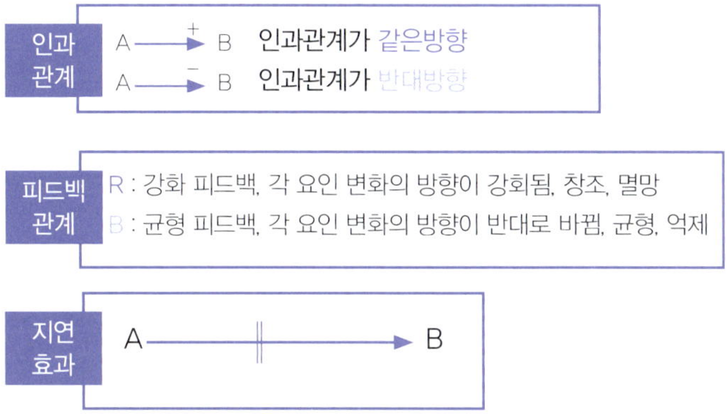

[그림 6-6] 시스템사고의 3가지 핵심 관점과 인과순환지도 표기법

SD와 시스템사고는 시스템 구성요소 간의 상호작용을 인과관계로 분석한다. 따라서 요소 간의 인과관계는 시스템 분석의 가장 기본이 되는 단위이다. 인과 관계는 두 가지 – 양(陽)의 인과관계(Positive Causality)와 음(陰)의 인과관계(Negative Causality)–로 설명하고 있다. 이상의 내용을 도식화하여 나타내면 다음과 같다.

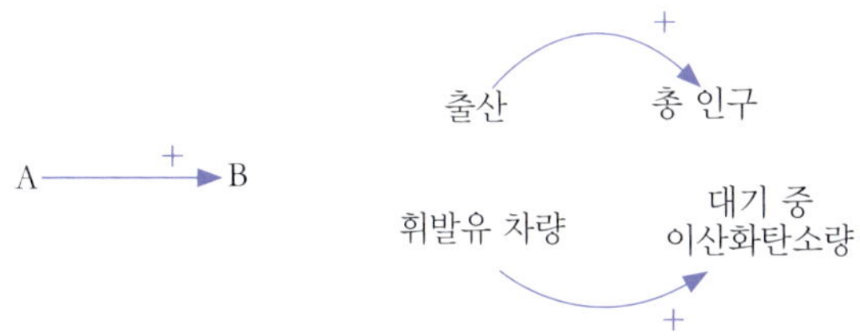

[그림 6-7] 양의 인과관계 예시

[그림 6-7]은 양의 인과관계를 보여 주고 있다. 화살표로 인과관계를 표현했으며 양의 인과관계 성격을 '+' 기호로 표현했다. 이를 해석하면 다음과 같다. 독립 변수(A)가 증가하거나 감소할 때 종속 변수(B)는 독립 변수(A)의 영향을 받아서 증가하거나 감소한다. 즉, 영향의 방향이 같다는 것을 의미한다. 출산이 증가하면

총인구는 증가한다. 휘발유 차량이 증가하면 대기 중 이산화 탄소량은 증가한다. 여기서 조심해야 할 것은 반대의 경우이다. 출산이 줄어들면 총인구가 줄어든다고 논리적으로 표현할 수 있다. 하지만 이 표현은 SD 관점에서는 틀린 표현이 된다. 이 그림에는 사망이 언급되어 있지 않기 때문에 다른 변수가 통제된 상태에서 출산이 줄어들었다는 것은 인구의 증가율이 감소했다는 것이지 총인구가 줄어들었다고 표현할 수 없다. 따라서 인과관계를 표현할 때는 상대적인 관점에서 설명해야 한다. 그래야 정확하게 설명할 수 있다. 출산이 줄어들면 총인구는 예전보다 상대적으로 덜 증가한다. 그래서 상대적으로 감소했다고 할 수 있다. 마찬가지로 휘발유 차량이 많아지면 대기 중 이산화 탄소량은 증가한다. 한편, 휘발유 차량이 줄어들면 대기 중 이산화 탄소량이 줄어든다고 표현하지 않고 이산화 탄소량이 상대적으로 줄어들었다고 표현하는 것이 정확하다.

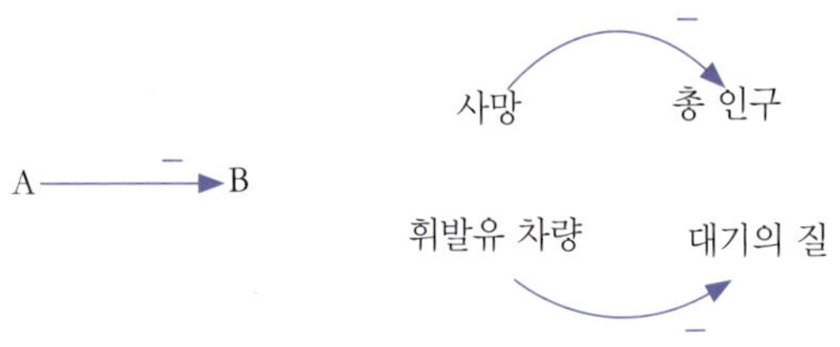

[그림 6-8] 음의 인과관계 예시

[그림 6-8]은 음의 인과관계 성격을 '–'기호로 표현하고 있다. 이를 해석하면 다음과 같다. 독립 변수(A)가 증가하거나 감소할 때 종속 변수(B)는 감소하거나 증가한다. 즉, 영향의 방향이 반대이다. 사망이 증가하면 총인구는 감소한다. 휘발유 차량이 증가하면 대기의 질은 떨어진다. 반대로, 사망이 줄어들면 총인구 감소량이 줄어든다. 그래서 상대적으로 증가한다는 표현이 가능하다. 휘발유 차량이 줄어들면 대기의 질은 상대적으로 좋아진다는 표현이 가능하다.

여러분이 생각하는 원인과 결과의 관계를 인과관계에 관한 화살표로 그릴 때

주로 원형의 모습을 선호하는 이유는 다음에 소개할 피드백을 암묵적으로 강조하기 위해서이다. 피드백을 표현할 때 둥글게 한 바퀴 돌아오는 인과관계의 이미지로 설명하는 것이 편하기 때문이다. 피드백 구조의 특징은 단 두 가지로 양(陽)의 피드백(Positive Feedback)과 음(陰)의 피드백(Negative Feedback)이 있다.

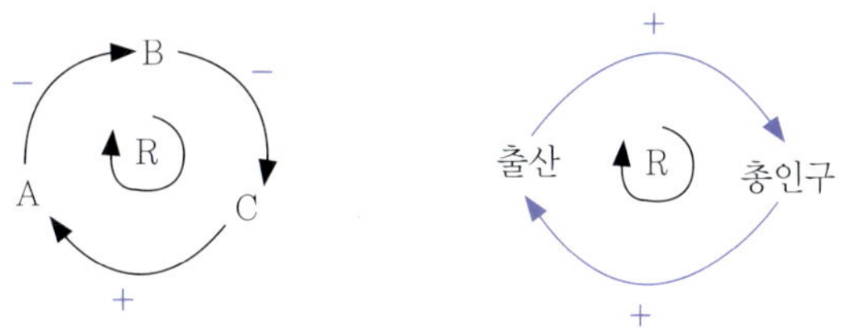

[그림 6-9] 양의 피드백 루프 예시

[그림 6-9]는 양의 피드백 루프의 예를 보여 주고 있다. 피드백의 속성을 결정하는 것은 피드백을 이루는 변수의 개수가 아니라 음의 인과관계의 개수이다. 변수의 속성을 곱하기로 이해하면 정확하다. 왼쪽 피드백의 경우 '(+) × (−) × (−) = +' 가 된다. 오른쪽 피드백의 경우 '(+) × (+) = +' 가 된다. 피드백은 자기 동력으로 계속 작동하게 된다. 'A → B → C → A' 식으로 계속 그 인과관계 속성을 따라가면 A → B의 인과관계는 계속 감소하거나 줄어드는 결과를 초래하고 B → C의 인과관계는 계속 증가하거나 커지는 결과를 초래한다. 오른쪽 피드백 루프의 경우는 인구 증가를 표현하는데, 출산이 많아지면 총인구도 많아지고 총인구가 많아지면 출산도 많아진다는 피드백을 보여 주고 있다. 예를 들어, 100명당 한 명이 태어났는데 인구가 증가해서 1,000명이 되면 10명이 태어난다는 구조를 보여 주고 있다. 이렇게 그 속성이 계속 강화되기 때문에 양의 피드백 루프를 강화 피드백 루프(Reinforcing Feedback Loop)라고 한다. 따라서 강화 피드백 루프를 표기(notation)할 때는 R 또는 + 기호를 사용한다. 이 피드백 루프 표기를 둘러싼 작은 둥근 화살표(Ⓡ ⊕)는 독자에게 피드백의 방향이 시계 방향인지 반 시계 방향인지 알려 주기 위한 부가 정보이다.

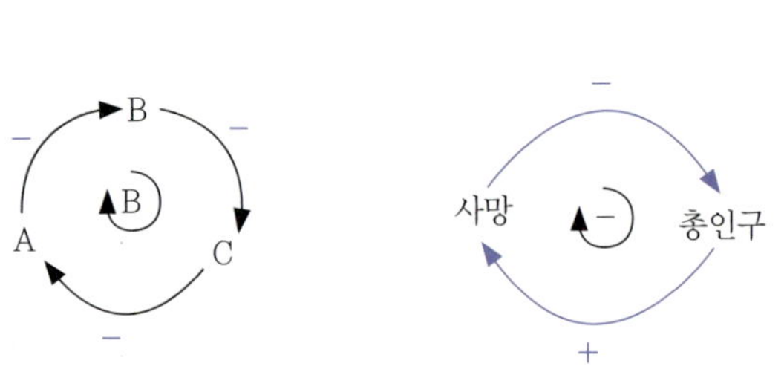

[그림 6-10] 음의 피드백 루프 예시

[그림 6-10]은 음의 피드백 루프의 예를 보여 주고 있다. 각 피드백에서 음의 인과관계 개수는 3개와 1개로 홀수이다. 따라서 각각의 인과관계 속성을 곱하면 모두 음의 값이 나온다. 그래서 음의 피드백이 완성되는데 이를 확인해 보면 다음과 같다. 'A → B → C → A' 식으로 계속 그 인과관계 속성을 따라가면 피드백 고리를 타고 한 바퀴 돌아올 때마다 속성이 뒤바뀐다는 것을 확인할 수 있다. 사망자가 많으면 총인구는 줄어든다. 하지만 총인구가 줄어들면 일정 비율로 사망자가 줄어든다. 사망자가 줄어드니 총인구 감소 폭은 줄어들면서 상대적으로 총인구가 증가했다고 볼 수 있다. 이처럼 음의 피드백 루프는 보이지 않는 균형점을 향해 움직이는 속성이 존재한다. 피드백 고리를 타고 한 바퀴 돌아올 때마다 다른 인과관계의 속성이 작용하기 때문이다. 그래서 음의 피드백 루프를 균형 피드백 루프(Balancing Feedback Loop) 또는 통제 피드백 루프(Control Feedback Loop)라고 부르며 표기는 B, C 또는 '–' 로 한다.

시스템에서 여러 개의 피드백이 결합하면서 피드백끼리 영향을 주고받게 되는데, 특정 피드백은 상대적으로 다른 피드백보다 지연되기 때문에 피드백이 순차적으로 지배하게 된다. 이를 지배적인 피드백(dominant feedback)의 변화라고 말한다. 다음 그림은 복수의 피드백 루프가 결합해서 지배적인 피드백의 변화를 보여 주는 예이다.

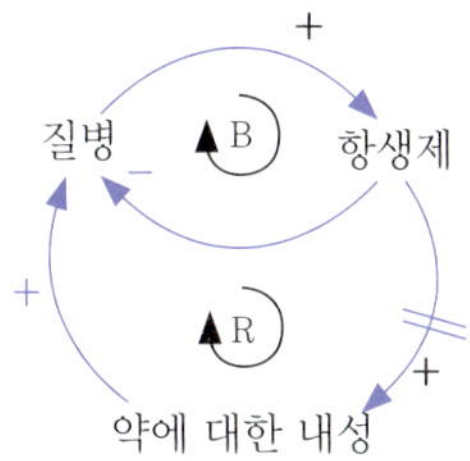

[그림 6-11] 지배적인 피드백의 변화 예시

[그림 6-11]에서는 새로운 표기법이 제시되어 있다. '—‖—►' 처럼 인과관계를 나타내는 화살표에 선을 두 개 그어 놓은 것인데, 이것은 시간 지연(time delay)을 표현한 것이다. 지연은 인과관계의 시간 길이에 대한 상대적인 개념이다. [그림 6-11]은 음의 피드백과 양의 피드백이 결합된 피드백 구조를 보여 주고 있다. 왼쪽 피드백에 대한 설명은 다음과 같다. 질병 때문에 항생제를 사용하면(질병→항생제) 질병이 줄어든다(항생제→질병). 질병이 줄어들면 항생제를 예전만큼 사용하지는 않는다(질병→항생제). 항생제를 줄여서 사용하면 질병의 호전도는 더 좋아지지 않는다(항생제→질병). 이런 과정에서 바로 나타나지는 않지만 의도하지 않게 항생제에 대한 내성이 커지면서 질병이 더 심해지는 모습을 장기적으로 보인다. 따라서 초기에는 음의 피드백 구조가 지배(dominant)했지만, 시간이 지나면서 양의 피드백 구조가 지배하는 양상을 보인다. 이런 지배적인 피드백의 변화에서 "오늘의 문제는 어제의 해결책에서 왔다(Today's problem comes from yesterday's solution)"라는 성찰을 얻게 된다. 이런 성찰이 시스템사고에서 지배적인 피드백의 변화를 통해 얻을 수 있는 값진 교훈 중의 하나이다. 이런 성찰은 질병에 대한 해결책으로 항생제를 쓰는 것이 오히려 문제를 더 악화시킬 수 있다는 시사점을 주기 때문이다.

모든 정책은 좋은 의도에서 시작하지만, 정책이 적용된 이후, 긴 시간 동안의 변화에 관심을 적게 두면 정책 때문에 문제가 더 커지는 정책저항(policy resistance)[8] 현상을 겪게 된다. 시스템 관점에서 우리 사회는 필연적으로 다양한 정책저항을 경험하게 된다. 하지만 이런 시스템구조의 특징을 이해하지 못하면 정책 입안자와 집행자 입장에서는 정책저항에 당황하게 되고, 이해관계자들과의 갈등을 조정하기 힘들게 된다. 한편, 지배적인 피드백의 변화는 꼭 지연이 있는 인과관계가 존재해야만 나타나지는 않는다. 컴퓨터 시뮬레이션에서는 파라미터 값이 인과관계의 속성뿐만 아니라 지배적인 피드백의 변화를 결정하기 때문이다. 다만 시각적으로 설명력을 높이기 위해서 피드백 구조에서 지연 표시를 활용하는 것을 권장할 뿐이다. 다음 〈표 6-1〉은 인과순환지도 표현 방식을 정리한 것이다.

〈표 6-1〉 인과순환지도 표현 방식

구분	표현	해설
인과관계 표현	A $\xrightarrow{+}$ B	인과관계 변화의 방향은 같은 방향. A가 증가하면 B는 증가하고 A가 감소하면 B는 감소한다.
	A $\xrightarrow{-}$ B	인과관계 변화의 방향은 반대 방향. A가 증가하면 B는 감소하고 A가 감소하면 B는 증가한다.
피드백 고리 표현	R	Reinforcing의 약자로 Reinforcing Feedback Loop를 뜻하며 강화 피드백 고리를 의미한다. 즉, 한 바퀴 돌 때마다 각자의 인과관계 속성이 더 증폭되는데, 증가하는 관계는 더 증가하고 감소하는 관계는 더 감소한다.
	B	Balancing의 약자로 Balancing Feedback Loop를 뜻하며 균형 피드백 고리를 의미한다. 즉, 한 바퀴 돌 때마다 각자의 인과관계 속성이 달라지는데, 증가하는 관계는 감소하고, 감소하는 관계는 증가한다.

8) 정책저항이라 함은 정부가 결정한 공식적인 지침에 대하여 국민이 반대하는 경우가 대표적인 예라 할 수 있다.

구분	표현	해설
지연 표시	A ─╫─► B	A와 B의 인과관계의 영향이 상대적으로 늦게 나타난다. 즉, 인과관계의 거리가 길어서 잘라서 붙인 형상(broken arrow)이다.

출처: 신현석 외(2017:292) 재인용된 내용을 재구성함.

3. 교육정책 분석을 위한 시스템사고 분석 절차 및 방법

이 절에서는 시스템사고를 활용해서 분석하는 구체적이고 실무적인 방법을 소개한다. 시스템을 분석하는 대원칙을 확인하고 인과순환지도를 작성할 수 있는 최적의 소프트웨어를 설치하고 작성하는 법을 안내한다. 그리고 마지막으로는 이 분야 최고 전문가들이 정성들여 찾아서 정리한 시스템 구조 분석의 템플릿이라고 할 수 있는 아키타입(Archetype)을 소개한다. 시스템사고는 새로운 사고 체계이자 새로운 언어이다. 따라서 여기에 제시한 절차와 방법대로 훈련한다면 시스템사고 전문가가 될 수 있다.

1) 가장 중요한 첫 단계 : 주어진 교육정책의 문제에 초점을 두자

시스템을 분석하려고 할 때 중요한 마음가짐 또는 첫 단추는 동태적 문제(Dynamic Problem)를 파악하는 것이다. 즉, 시간이 경과하면서 나타나는 변화 중에서 어떤 것이 문제인지를 선택해야 한다. 몇몇 시스템사고 연구자들은 문제를 분석하려고 하지 않고 시스템 그 자체를 분석하려는 경향을 보인다. 특정 주제와 관련이 있는 인과관계를 최대한 많이 탐색하고 이 인과관계를 연결해서 수십개의 피드백 고리를 만드는 것을 시스템사고 분석이라고 착각하는 경우이다. 이렇게 시스템의 복잡성을 드러내는 것을 바람직하지 않게 평가하는 이유는 정책적 시사점을 제공하기 매우 어렵기 때문이다. 병을 고치기 위해 증상이 있는 부위가 아닌 다른 신체 부위에 침을 놓는 방식처럼 어디를 건드려야 최대 효과를 얻을 수 있는지에 대한 방안을 제시할 수 있어야 한다. 소위 지렛대 효과(leverage effect)를 찾아야 하는데, 수십 개의 변수와 피드백에서 지렛대 효과를 얻을 수 있는 변수를 찾는 것은 매우 어렵다. 더군다나 시스템사고 결과물을 관련 이해관계자들과 소통하기 위한 도구로 사용해야 하는데, 결과물이 복잡할수록 소통하기 어렵다.

위와 같은 우려에도 불구하고 많은 연구자가 시스템을 복잡하게 분석하게 되는 이유를 이해하기 위해서 다시 한 번 복잡계 속성을 되짚어 봐야 한다. 복잡계는 변수가 아무리 적어도 상호작용하는 경우의 수가 워낙 많이 발생하기 때문에 원인-결과를 명확하게 파악할 수 없다. 이 점이 가장 곤혹스러운 점이다. 다른 연구방법론인 통계 관점에서도 인과관계를 다루지 않는다. 오로지 상관관계를 다룰 뿐이다. 그만큼 인과관계를 파악하는 것이 불가능하다고 인정한 것이다. 그런데, 시스템사고는 인과관계를 근거로 피드백을 찾아가는 과정이기 때문에 통계학적 관점이나 계량경제학 관점에서는 시스템사고 분석을 무지나 무모한 시도로 간주하곤 한다. 하지만, 시스템사고 역시 인과관계를 파악하는 것은 불가능하다고 인정한다. 다만, 불가능하다고 인과관계를 파악하는 노력 자체를 포기하는 것은 아니다. 여기에 학문적 접근이 필요하다. 즉, 인과관계를 가설로 받아들이고 검증하려는 태도가 중요하다. 따라서 시스템사고 관점에서 인과관계를 탐색할 때는 연구자의 주관을 최대한 배제하고 근거와 논리를 통해 인과관계를 설정해야 한다. 그런데 이 단계까지 가게 되면 묘하게도 연구자는 시스템의 복잡성을 분석하고 있다는 사실에 매료된다. 그래서 자기 만족을 위해서 분석 내용이 복잡하게 된다. 따라서 연구자는 이런 유혹을 이겨내고 왜 시스템사고로 분석하는지를 계속 되짚어 봐야 한다. 그 기준점이 바로 동태적 문제이다. 무엇이 문제인지 고민하는 과정이 인과순환지도를 작성하는 절차의 모든 것이라고 해도 과언이 아닐 정도로 중요하다. 수시로 문제의 정의를 고민하다 보면 진짜 문제를 만나게 되며, 인과관계도 달리 보게 된다.

동태적 문제의 예시는 다음과 같다.

- 혁신 학교의 성과를 전파하고자 교육지원청에서 많은 예산을 투자했는데 기대 수준에 못 미쳤다면 그럴 수밖에 없는 구조적인 이유를 분석해야 한다.
- 학교에서 진행하는 다양한 프로젝트를 성공시키려고 소통을 강조했었는데 처음에만 반짝하고 점점 업무가 많아진다느니, 피로하다느니 핑계만 나열한다면 그럴 수밖에 없는 구조적인 이유를 분석해야 한다.
- 공립 유치원의 낮은 취원율 문제를 해결하기 위해서 방과후 운영지원을 강화했더니 학부모는 환영했으나, 시간이 지날수록 학부모의 기대수준이 높아지고 교사들은 업무 때문에 교사로서의 전문성 향상 기회를 놓치게 되면서 교사의 효능감을 상실하고 있다면 그럴 수밖에 없는 구조적인 이유를 분석해야 한다.
- 교육과정을 다양하게 하라는 학교 안팎의 요청에 화답하고자 타 학교의 우수사례를 벤치마킹하면서 문제를 해결하고 있는데, 갈수록 교육과정이 다양하지 않다는 불만이 커지고 있다면 그럴 수밖에 없는 구조적인 이유를 분석해야 한다.

위 예시들은 모두 과업 또는 문제를 해결하고자 나름대로 해결책을 동원해서 성과를 얻었으나 시간이 흐를수록 성과가 예전과 같지 않은 모습을 경험한 사례들이다. 그리고 각 예시의 말미에 '그럴 수밖에 없는 구조적인 이유'를 분석할 것을 요구했다. 시스템사고는 사람을 탓하기 전에 그럴 수밖에 없는 구조를 먼저 분석하는 문제해결 방식이다. 철저히 구조적 관점인 것이다. 따라서, 구조적인 이유를 밝힌다는 것은 앞서 언급한 대로 인과관계를 기반으로 한 피드백을 탐색한다는 것을 의미한다.

2) 시스템사고 분석을 위한 소프트웨어 사용법 - Vensim PLE

다양한 소프트웨어 중에서 벤심(Vensim PLE)[9]을 추천하는 이유는 무료 버전이면서 향후 웬만한 모델링까지 다룰 수 있기 때문이며, 90%가 넘는 SD 연구자들이 인과순환지도를 그릴 때는 벤심을 다루고 있을 정도로 쉽고 안정적이며 그림을 깔끔하게 그릴 수 있기 때문이다. 다운로드 받을 주소는 인터넷 검색창에서 Vensim PLE를 검색하면 쉽게 찾을 수 있다.[10] 안내에 따라 설치하면 되는데, 설치 과정에서 Academy 목적이라고 밝히는 옵션을 선택하면 평생 무료로 사용[11]할 수 있다. 인과순환지도를 그리는 목적으로만 만들어진 소프트웨어는 없다. SD 연구의 한 축을 이루는 컴퓨터 시뮬레이션을 기반으로 한 모델링을 위한 소프트웨어가 인과순환지도를 그릴 수 있는 기능을 제공하고 있는 것이다. 따라서 메뉴가 복잡할지라도 대부분 모델링을 위한 메뉴이기 때문에 인과순환지도를 그리기 위해서는 몇 개의 메뉴만 안내하는 대로 연습한다면 능숙한 수준까지 실력을 닦을 수 있다.

---

9) 벤심 외에도 Powersim, STELLA, i-Think 등이 있으며, 최근에는 R에서도 시스템다이내믹스 분석이 가능한 패키지를 제공하고 있다(ggplot2, gridextra, plyr, magrittr, grid 등을 모두 설치해야 함)

10) https://vensim.com/free-download/#download (2021년 11월 검색 결과 양호)

11) 단, 평생 무료라고 해도 연구 용역 또는 컨설팅 등 수익이 발생하는 프로젝트에는 사용할 수 없다. 학술적인 연구 또는 학습용으로 사용하는 경우 무료이다.

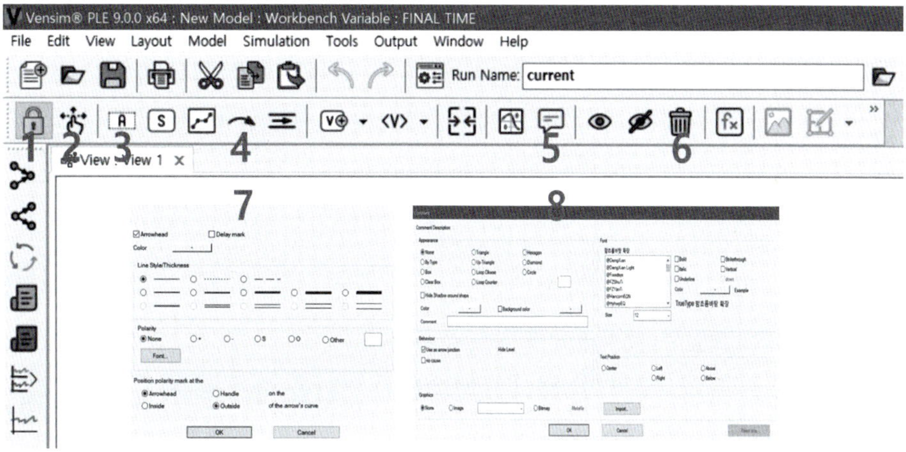

[그림 6-12] Vensim PLE Ver. 9.0.0의 핵심 메뉴

[그림 6-12]는 인과순환지도를 그리기 위한 메뉴를 소개하고 있다. 프로그램을 구동하고 새 문서를 열어서 작성 준비를 해야 [그림 6-12]와 같은 메뉴를 볼 수 있다. 여섯 가지 메뉴와 두 가지 대화창을 활용하면 어렵지 않게 인과순환지도를 작성할 수 있다. 다음 번호와 설명은 [그림 6-12]에 동일한 숫자를 매긴 메뉴와 대화창에 대한 설명이다.

1. 자물쇠: 인과순환지도를 다 그린 뒤에 어딘가에 복사하려고 할 때 사용.
2. 이동/크기 조절: 이동/크기 조절에 사용하며, 7번 대화창을 호출할 때 사용.
3. 변수명: 입력한 변수명에 마우스 우측 클릭으로 세부 조정 가능.
4. 화살표: 입력한 화살표에 마우스 우클릭으로 7번 대화창 호출.
5. 코멘트: 피드백 표시 및 자유로운 멘트를 남길 수 있음.
6. 휴지통: 전체 삭제가 아니라 개별 변수 및 화살표 등 오프젝트 단위로 삭제.
7. 2번 또는 4번 메뉴를 통해 호출. 극성 종류 및 위치, 지연 표시, 굵기, 색깔 조정.
8. 5번 메뉴를 통해 호출.

소프트웨어에 대한 설명을 나열하면 끝도 없다. 하지만 아무리 친절한 설명이 있어도 한 번 시도하는 것만 못하다. 실무적으로 추가할 것은 변수명 작성 원칙이다. 이 역시 직접 작성해 봐야 한다. 변수를 작성하는 규칙은 다음과 같다.

- 변화 관점에서 변수명을 써야 한다. 증가와 감소를 반영할 수 있어야 한다는 뜻이다. 행복 수준, 청렴도, 배출량, 소비 수준처럼 '-수준', '-량', '-지수', '-도'를 사용하면 자연스럽게 증가와 감소를 반영하기 쉽다.
- 명사 또는 동명사를 써야 한다. 동사(변화) 역할을 하는 것은 화살표와 +/- 기호이다. 따라서 [화석 에너지 가격 상승 → 탄소 배출량(-)]으로 하는 것보다 [화석 에너지 가격 → 탄소 배출량(-)]으로 하는 것이 좋다.
- 긍정적이거나 중립적인 단어를 사용해야 한다. '불행'이 감소한다면 더 불행해지는 건가? 행복해지는 건가? 번거롭게 설명이 길어진다. 즉, 설명을 들어야 정확하게 의미가 전달된다면 소통 도구로서 적절하지 않다. 따라서 '불행'이라는 변수 대신에 '행복'이라고 쓰면 행복이 감소하고 증가하는 개념이 명확하게 전달된다.

3) 시스템사고 분석 템플릿 : 아키타입(Archetype, 원형)

지금부터 소개하는 아키타입(Archetype, 원형)은 동전의 양면처럼 장단점이 있다. 구조의 아키타입을 숙달하면 복잡한 구조를 분석했다는 자신감이 상승하고 동일한 아키타입으로 다양한 상황의 구조를 분석하는 경험을 하게 된다. 하지만 아키타입 의존도가 커질수록 창의적으로 구조를 바라보는 관점을 키울 수 없다는 약점도 있다. 본서의 제4장 조직이론에서 학습조직을 언급한 적이 있었던 것처럼 피터 센게는『학습하는 조직』(2014)(The Fifth Discipline(1990, 2006))에서 다양한 연구자가 개발한 아키타입을 정리하였다. 시스템사고 연구자 사이에서 많이

활용되는 아키타입은 대략 11개 정도가 정리되어 있다.[12)]

여기에서는 이 중에서 가장 많이 사용하는 두 개의 아카타입을 소개한다. 지금부터 소개하는 두 가지의 아키타입은 "오늘의 문제는 어제의 해결책에서 왔다(Today's problem comes from yesterday's solution.)"는 교훈을 잘 설명해 준다. 이 교훈이 주는 시사점은 빨리 해결하기 위해 사용하는 해결책이 장기적으로는 해결책이 아닐뿐더러 오히려 문제를 악화시키는 원인이라는 점을 부각시키며, 현재의 해결책에 대해서도 경계를 하고 최종 의사결정을 내리기 직전까지 한 번 더 생각해서 의사결정으로 빚어지는 부작용을 최소화하는 노력을 기울이게 한다.

먼저, 모든 아키타입뿐만 아니라 시스템 분석을 할 때 꼭 염두에 두어야 할 것은 세 가지이다. 가장 중요한 것은 피드백이다. 따라서 철저히 피드백 중심으로 사고해야 한다는 점이다. 피드백을 구성하기 위해 인과관계를 찾아보아야 하겠지만, 피드백을 구성하고 난 후에는 피드백과 피드백의 충돌 및 상호작용이 만들어내는 서사에 집중해야 한다. 두 번째로는 몇 개의 피드백을 구성하더라도 꼭 균형 피드백을 찾는 노력을 해야 한다. 균형 피드백은 시스템의 균형을 만드는 목적지향적 속성을 가지고 있기 때문에 애써 보지 않으면 저절로 만들어지는 균형 피드백을 찾기 어렵다. 따라서 시스템사고를 훈련하는 입장에서는 억지를 부려서라도 균형 피드백을 찾는 노력을 경주해야 한다. 마지막으로 염두에 두어야 할 것은 지연 효과이다. 시스템 분석에서 가장 중요한 것은 앞에서 밝혔듯이 피드백 개념이지만, 가장 두려워하면서 살펴야 할 것은 지연 효과이다. 지연은 분류 기준에 따라 분류 내용이 달라지는데, 지연 대상에 따라 물질의 지연(Material Delay)과 정보의 지연(Information Delay)으로 나누고, 발현되는 형태에 따라 시간의 지연과 장소의 지연으로 구분(Dealy in Time and Space)하기도 한다. 앞서 시스템사고와 통계방법론 관점과의 차이를 언급할 때 지연 효과를 강조한 바 있다. 의사결정권자는 지연되어 나타나는 현상을 모르기도 하지만(무지), 알면서도 외면(무시)하는 태도를 보인다. 따라서, 모든 정책이 실패할 수밖에 없는 요인을 딱 하나 든다면

12) 인터넷에서 archetype family tree로 검색하면 다양한 결과물을 확인할 수 있다.

지연 효과에 대한 무지와 무시하는 태도라고 할 수 있다. 그만큼 지연 현상을 두려워하면서 살펴봐야 한다.

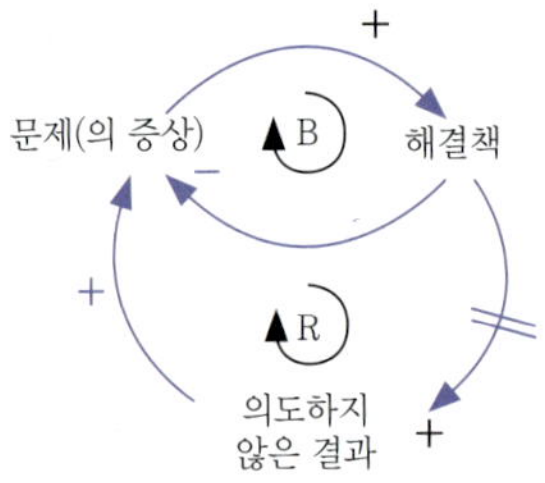

[그림 6-13] 의도하지 않은 결과 아키타입

[그림 6-13]이 소개하는 구조는 의도하지 않은 결과 아키타입(Unintended Consequences Archetype) 또는 실패하는 해결책 아키타입(Fixes That Fail Archetype)으로 알려졌다. 구조의 특징은 균형 피드백과 지연되어 나타나는 강화 피드백이 결합한 모습이다. 지연되는 피드백은 나중에 발현된다는 점을 감안한다면 먼저 이 시스템에 영향을 주는 피드백은 균형 피드백이다. 문제가 커지면 커질수록 해결책의 수위도 높아질 것이다. 해결책을 사용할수록 문제는 해결되기 때문에 문제의 증상이 더 증가하지 않게 만든다. 달리 표현하면 상대적으로 문제의 증상이 줄어든다고 할 수 있다. 문제의 증상이 줄어들면 해결책의 강도를 더 높이지 않는다. 해결책을 사용하더라도 덜 쓰게 된다. 이런 과정을 거치면서 의사결정권자는 문제가 통제되고 있다고 생각할 수 있다. 문제가 다시 발현하면 과거의 성공 경험에 따라 과거의 해결책을 사용하면 된다고 생각하기 마련이다. 만일, 문제가 발현될 때마다 문제의 형국이 더 심해진다면 어디에 또 다른 문제가 숨어 있는 것일까?

[그림 6-11]로 돌아가서 살펴보면 이 구조를 이해할 수 있다. 질병에 대한 해결책으로 항생제를 사용하면 바로 나타나지 않지만 약에 대한 내성이 강해지면서 질병이 더 심해지는 구조를 보여 주고 있다. 세 개의 변수에 '비만 문제', '금식',

'폭식증'으로 대체해도 같은 서사가 나온다. 비만 문제를 해결하기 위해서 금식이라는 해결책을 썼더니 당장은 해결된 것처럼 보였으나 시간이 경과하면서 의도하지 않았던 폭식증이 강화되면서 비만 문제가 더 가중된다는 서사가 완성된다. 지금 서술한 내용을 직접 펜으로 그리거나 소프트웨어를 활용해서 습작처럼 인과순환지도를 작성해 보는 것은 매우 좋은 훈련이 된다. 이번에는 변수를 '돈 부족 문제', '대출', '대출이자'로 대체해도 정확하게 똑같은 서사가 가능하다. '해충 문제', '살충제', '살충제에 대한 내성'은 또 어떤가? 정확하게 동일한 구조이다.

이처럼 하나의 아키타입으로 다양한 구조를 분석할 수 있는 것은 구조가 작동하는 메커니즘이 동일하기 때문이다. 이를 구조의 전이 가능성(transferability of structure)이라고 한다(Keough & Doman, 1992:11). 구조의 전이 가능성 덕분에 SD와 시스템사고는 융복합 방법론으로 각광받고 있다. 실제 SD 연구 주제는 교육, 국방, 간호, 의료, 환경 등 다양하다. 적용할 수 없는 분야를 찾는 것이 어려울 정도이다.

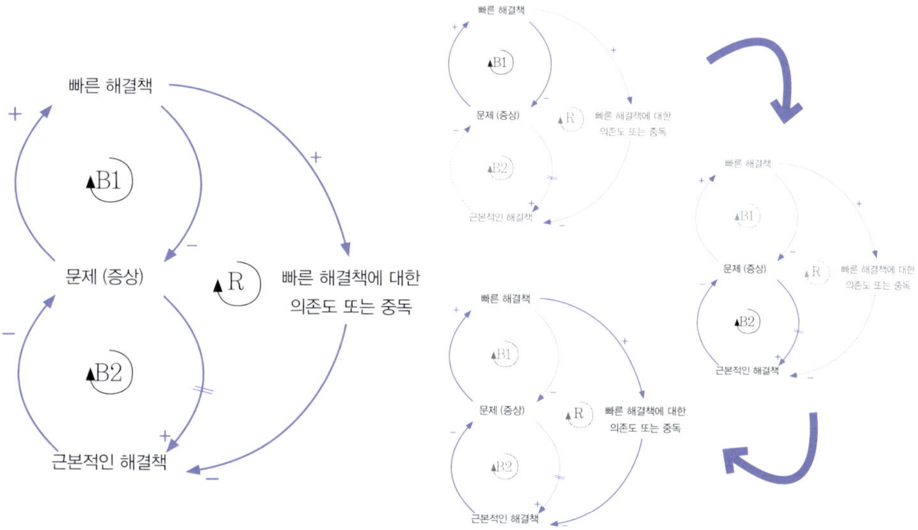

[그림 6-14] 짐 떠넘기기 아키타입 구조(왼쪽)와 지배적인 피드백의 변화 양상(오른쪽)

[그림 6-14] 역시 가장 많이 사용하는 아키타입으로 다양한 이름을 가지고 있다. 짐 떠넘기기 아키타입(Shifting the Burden Archetype), 헬렌 켈러 아키타입(Helen Keller Archetype), 언 발에 오줌 누기 아키타입, 폭탄 돌리기 아키타입 등이다. 이 구조는 네 개의 변수가 세 개의 피드백을 구성하고 있다. 이 세 개의 피드백은 오른쪽 그림처럼 시간이 경과하면서 도드라지는(dominant) 역할을 달리한다. 여기서 주목할 점은 지연 효과가 B2 피드백에 있다는 점이다. 따라서 피드백의 논리에 따라 B2보다 B1이 먼저 작동한다. 아무래도 근본적인 해결책은 그만큼 시간이 더 필요하기 때문이다. 그런데 B1의 해결책은 허용되는 빠른 해결책이라는 점을 주목해야 한다. 해결책이기 때문에 문제의 증상이 줄어드는 효과를 얻는다.

이제 B2 피드백으로 넘어가면 이야기가 묘하게 흐른다. 문제의 증상이 줄어들었기 때문에 근본적인 해결책에 대한 고민·노력을 덜 하게 된다. 우리의 자원은 한정되어 있기 때문에 또 다른 문제 해결을 위해 우리의 관심을 돌려야 하기 때문이다. 따라서, 근본적인 해결책에 관심을 덜 쓰게 되기 때문에 시간이 지나면서 문제의 증상이 나타난다는 것을 쉽게 예상할 수 있다. 즉, B2의 피드백은 같은 균형 피드백이지만, 근본적인 처방을 덜 하거나 줄이는 방향으로 변한다는 점을 주목해야 한다.

다시 문제의 증상이 나타났을 때 어떤 일이 일어나겠는가? 근본적인 처방에 대한 노력보다 당장 문제의 증상을 해결할 수 있는 빠른 해결책을 쓰기 마련이다. 그 결과 위에서 살펴본 B2의 모습을 답습하게 된다. 그런데 지금까지의 모습이 반복되면서 또 다른 묘한 변화가 생긴다. R 피드백이 점점 강하게 작동하게 된다. 빠른 해결책을 계속 사용하면서 문제를 해결하다 보니 빠른 해결책에 대한 중독·의존도·습관이 강화되어서 근본적인 해결책에 대한 관심과 노력이 줄어든다. 여기에서 중요한 변화를 목격할 수 있다. 이 구조에 관련되어 있는 이해관계자들은 모두 근본적인 해결책이 필요하다는 것을 동의하지만, 그 필요성이 갈수록 줄어든다는 점이다. 지연되어 나타나는 문제에 대해서 내 임기 밖의 일이라고 치부하면서 폭탄 돌리기식으로 외면하거나 언 발에 오줌 누기식으로 임시 처방에 매달리게 된다. 그래서 짐 떠넘기는 구조라고 명명한 것이다.

이 구조가 무서운 점은 한번 이 구조의 덫에 빠지면 헤어나지 못한다는 점이다. 이 구조에서 벗어나려면 뼈를 깎는 각고의 노력을 경주해야 하는데, 다중 장애를 겪은 헬렌 켈러의 사례를 모범 답안으로 제시할 수 있다. 어린 헬렌 켈러가 도와달라고 했을 때 부모를 포함해서 주위 사람들은 언제까지 함께 있을 수 없다는 것을 알기에 헬렌 켈러가 스스로 문제를 해결하는 자조 능력을 키워야 한다는 점을 잘 인지하고 있었다. 하지만, 급한 마음에 손을 내밀게 되면 헬렌 켈러는 영영 자립할 수 없었을 것이다. 바로 이 구조의 덫에 걸리는 것은 시간 문제였다. 이때 해결사로 나선 설리번 선생님이 취한 행동은 실패를 독려한 것이었다. 물론 설리번 선생의 헌신이 회자되고 있지만, 설리번 선생은 결코 쉬운 길을 택하지 않았다. 근본적인 처방에 온 정성을 다했기 때문에 헬렌 켈러는 장애를 극복할 수 있었다. 설리번 선생이 보여 준 각고의 노력이 없었으면 근본적인 해결이 안 되었을 것이라는 점을 빗대어서 이 구조를 헬렌 켈러 아키타입이라고 명명하기도 한다.

지금까지 언급한 두 개의 아키타입의 특징은 지연되어 나타나는 현상에 대해서 무지(의도하지 않은 결과 아키타입)하거나 무시(짐 떠넘기기 아키타입)할 때 발생한다는 점이다. 지각(知覺)하지 못한 경우는 그나마 다양한 방법으로 알려주면 되지만, 무시하는 태도는 매우 심각한 문제이다. 지연되어 나타나는 현상을 애써 외면하는 이유는 다양하다. 그중에서 대표적인 것이 <u>선출직의 딜레마</u>이다. 국민이 뽑은 국회의원이거나 임명된 교장이나 교육장은 본인에게 주어진 임기가 있다. 그리고 모든 선출직에 대한 평가는 그 임기 내에 만들어진 공과(功過)에 따라 달라진다. 따라서, 선출직 입장에서 주어진 임기를 벗어나는 성과를 위해 의사 결정하기란 매우 큰 용기가 필요하다. 더군다나 재임·재선 여부가 달린 문제라면 더욱 임기 내 성과에 경도될 수밖에 없다. 따라서 장기적인 의사결정을 하는 것이 선출직 입장에서 어려울 수밖에 없다. 이것이 선출직의 딜레마이다. 선출직의 딜레마를 극복하기 위해서는 선출(임명)된 사람의 문제로 보지 말고 국민 또는 임명권자의 의식을 바꿔야 한다. 따라서, 이와 같은 구조적인 문제는 어느 한 사람만 바뀐다고 해결되지 않는다. 그만큼 이 구조의 덫이 무섭다는 것을 의미한다. 다수의 인식이 바뀌지 않는 한 근본적으로 해결될 수 없다는 점 때문에 시스템사고 교육은 민주시민 교육과 일정 부분 맥이 맞닿아 있다.

4. 시스템사고 관점에 입각한 교육정책 분석 사례

이 장에서는 학제 유연화 방안 정책연구 보고서(신현석 외, 2017)에 실린 인과순환지도와 학술대회에서 발표한 기초학력 제고를 위한 시스템 구조 분석사례(노대현 외, 2021)를 소개한다. 사례에서 언급하는 인과순환지도에는 앞서 소개한 아키타입을 활용한 것도 있고, 아키타입의 틀에 구애받지 않고 창의적으로 구성한 것도 있다. 다양한 구조 분석 사례 해설을 통해 교육정책 분석에 시스템사고가 어떻게 쓰여질 수 있는지 파악할 수 있고 인과순환지도를 구성하는 방법도 체득할 수 있을 것이다

1) 시스템사고 관점에 입각한 학제 유연화 인과지도

이 연구보고서의 특징은 인과순환지도의 인과관계를 교육 현장에 있는 교사들의 인터뷰에서 도출했다는 점이다. 인과관계를 도출하는 방법으로 인터뷰 방식이 탁월하다는 의미가 아니다. 모든 연구에는 연구의 한계가 있듯이 해당 연구의 한계를 적시하고 그 한계에서 논리적 추론을 하면 되는 것이다. 다만, 현장에 있는 이해당사자들은 누구보다 문제를 잘 인지하고 있기 때문에 인터뷰 방식으로 변수를 도출하면 장점이 있다. 변수에 대한 이해도가 높기 때문이다. 하지만 시스템사고로 분석하기 전까지는 눈 감고 코끼리를 만지는 우화처럼 각자가 바라보는 관점에 따라 다른 해석을 하기 때문에 서로의 주장은 평행선을 긋기 마련이다. 이런 상황에서 다양한 시각을 반영한 인과순환지도는 소통의 도구 역할을 한다. 각자

의 주장이 모두 반영되어서 자신들이 보지 못하는 구조를 만들고 있다는 것을 깨닫기 때문이다.

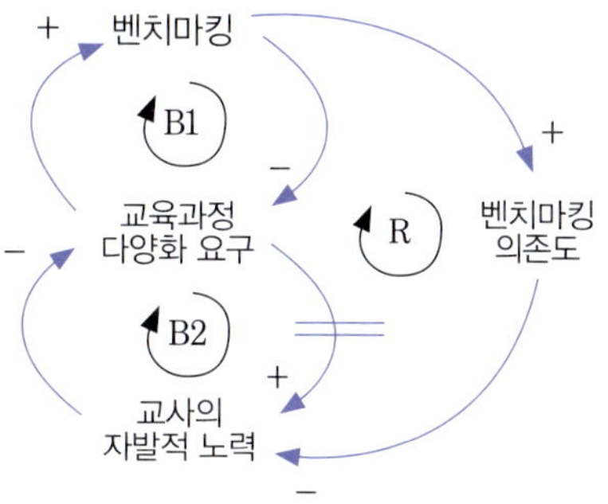

[그림 6-15] 학교가 외부 성과를 도입할 때 만나는 딜레마 구조

출처: 신현석 외(2017:111).

[그림 6-15]의 인과순환지도는 앞서 아키타입에서 살펴보았던 [그림 6-14]의 패턴을 그대로 따른 것이다. 학교 입장에서는 학생들의 교육과정 선택권을 풍부하게 제공하고 싶다. 이 문제를 해결할 수 있는 방안은 두 가지이다. 하나는 외부 학교의 성공 사례를 활용하는 방법이고, 또 하나는 교사들이 자발적으로 지역과 학생들의 특성에 맞는 교육과정을 개발하는 것이다.

물론, 보는 관점에 따라 얼마든지 교사들의 자발적인 노력이 근본적인 처방이 아니라고 볼 수 있지만, 이 구조 분석에서는 전혀 문제가 되지 않는다. 이해관계자들이 합의한 내용이기 때문이다. 즉, 과학적인 검증을 통한 인과관계 도출이 목적이 아니다. 복잡계에서 인과관계를 정확하게 도출하는 것이 거의 불가능하기 때문이다. 결국 시스템사고 분석은 의사결정을 위한 도구가 되어야 한다. 즉, 구조 분석하는 목적은 이해관계자들과 소통하고 의사결정을 지원하는 것이다. 이런 관점 때문에 시스템사고는 철저히 문제 해결형 연구방법론이라고 할 수 있다.

이 구조 분석에서 언급하는 근본적인 처방은 교사들의 자발적 노력이다. 하지만, 누가 봐도 교사들의 자발적인 노력을 기대하기 쉽지 않다. 따라서 학교장과 교사들 모두 벤치마킹이라는 해결책에 이의를 제기하지 않는다. 불법도 아니고, 때로는 교육지원청의 권장 사안이기도 하기 때문이다. 하지만 벤치마킹이 단위학교 입장에서 내세울 수 있는 해결책이 될 수 있지만, 장기적으로 봤을 때 독배(毒杯)였다는 것이 드러났다. 이 구조 분석을 통해 도출할 수 있는 시사점은, 이해관계자들과 소통할 때 벤치마킹이 빠른 해결책이지만 장기적으로는 근본적인 해결책이 될 수 없다는 공감대를 끌어내고, 교사들의 자발적인 노력을 위한 계획을 세워서 평상시에도 시간을 할당해야 한다는 점이다.

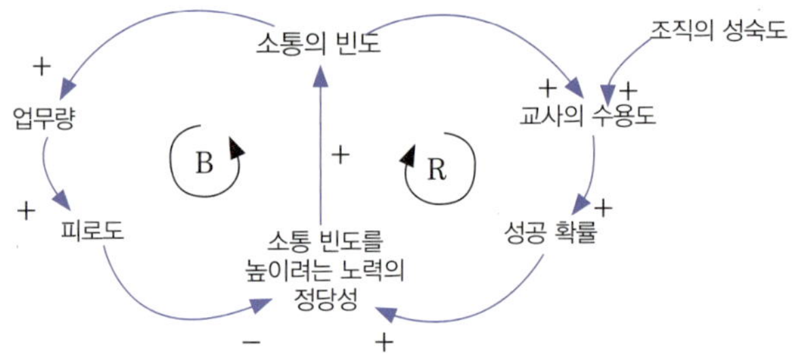

[그림 6-16] 학교 내 소통의 강도와 업무량 사이에서의 딜레마

출처: 신현석 외(2017:113).

[그림 6-16]의 인과순환지도는 강화 피드백과 균형 피드백이 상대적인 지연 효과 없이 작동하는 구조를 표현했다. 강화 피드백은 학교장 및 학교의 리더 입장을 대변한다. 학교 내의 다양한 프로젝트를 성공으로 이끌기 위해서 소통을 강조했고, 이 소통 덕분에 교사들의 수용도가 높아져서 프로젝트가 성공한 경험을 갖게 된다. 이 경험은 소통 수준을 더 높이는 정당성(명분)으로 작용한다. 한편, 왼쪽에 있는 균형 피드백은 평교사 입장을 대변하고 있다. 소통 빈도를 높이는 것이 좋은 취지인 줄은 알고 있지만, 어쩔 수 없이 업무량이 증가하고, 그에 따라 피곤해지는 것 역시 사실이다. 따라서 평교사 입장에서는 차마 말은 못하지만, 소통을 많이 하려는 시도에 대해 달가워하지 않는다. 이 평교사의 목소리를 외면하면 장기적으로는 씻을 수 없는 상처만 남게 된다. 명분을 내세우는 학교 리더 입장에서는

평교사의 볼멘소리를 이해하지 못한다. 결국, 리더십 문제로 불거지고 감정만 악화될 것이 불 보듯 뻔하다. 사람을 탓하기 전에 그렇게 될 수밖에 없는 구조를 봐야 한다는 시스템사고의 명제를 적용해 본다면 균형 피드백의 구조도 현실로 받아들여야 한다.

그렇다면 남는 것은 해결책이다. 인과순환지도는 분석의 결과물로 끝나는 것이 아니라 해결책도 동시에 제시한다. 원론적으로 해결책은 두 가지 방향으로 제시할 수 있다. 하나는 문제를 일으키는 인과관계 연결고리를 끊거나 약화시키는 방법이다. 또 하나는 새로운 피드백을 추가하는 것이다. 후자의 경우는 기존 시스템을 방치한다. 따라서 기존 시스템의 인과관계를 조정하는 전자의 방식과 다른 관점이다. 인과관계를 조정하는 전자의 관점에서 제일 먼저 소통의 빈도와 업무량과의 인과성을 낮추는 방안이라면 소통의 빈도를 높여도 업무량이 증가하지 않게 하는 방법을 찾는다는 것을 의미한다. 구체적인 방안을 이 지면에서 논하는 것은 의미 없다. 그 해결 방안은 현장에 있기 때문이다. 따라서 당사자들이 머리를 맞대로 찾아볼 일이다. 만약, 이 둘의 인과성을 낮추지 못한다면 그 다음 단계의 인과관계를 살펴봐야 한다. 즉, 업무량과 피로도의 인과성을 낮춘다는 것은 업무량이 많아져도 더 피곤해지지 않는 방안을 모색하는 것을 의미한다. 이런 식으로 구조를 작동시키는 인과관계를 무력화시키는 방안이 첫 번째 해결 방안이다.

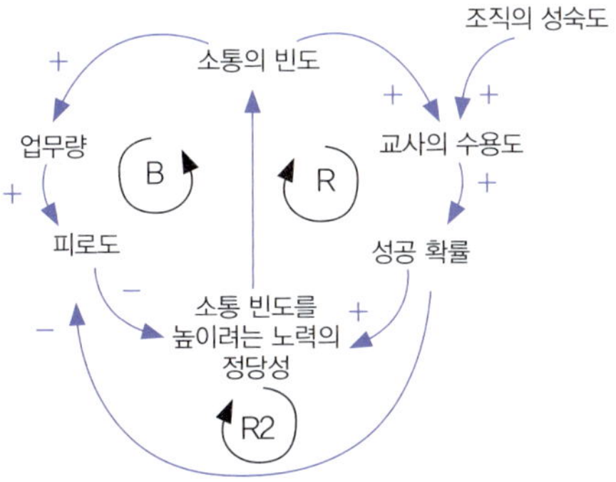

[그림 6-17] 피드백을 추가(R2)한 사례

만일, 성공 확률과 업무량 또는 성공 확률과 피로도를 인과관계로 묶을 수 있다면 새로운 피드백이 만들어진다. 이왕이면 성공 확률이 높아질수록 업무량이나 피로도가 낮아지는 음의 인과관계로 만들 수 있다면 강화 피드백(R2)이 추가되면서 균형 피드백의 힘을 약화시킬 수 있다. 이 관계를 [그림 6-17]이 보여 준다. 이것이 피드백을 추가하는 방법으로 문제를 해결하는 사례가 될 수 있다.

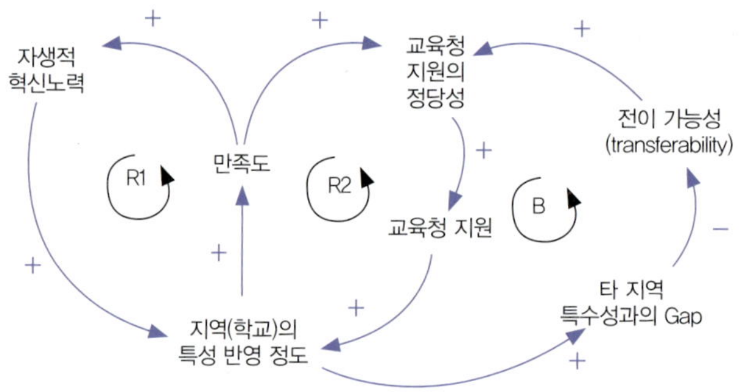

[그림 6-18] 성과 확산의 딜레마

[그림 6-18]은 지역 또는 학교의 특성을 잘 반영한 학교의 성과가 확산될 때 만나게 되는 딜레마 상황을 구조화한 것이다. 가운데 강력한 강화 피드백 두 개(R1, R2)가 작동하고 있고, 오른쪽에는 시간 지연 영향을 받는 균형 피드백(B)이 작동하는 형태이다. 변수 중심으로 구체적으로 설명하기 전에 한발 물러나서 숲을 보듯이 피드백만 살펴보면서 전체 서사를 그려 볼 수 있다. 시간 지연 효과가 있는 균형 피드백은 늦게 나타나기 때문에 초기에는 R1과 R2의 강화 피드백만 작동한다. 그 덕분에 굉장히 큰 변화가 일어난다. 그러다가 균형 피드백이 작동하면서 성장을 견제하게 되는 구조이다. 좀더 구체적으로 내용을 살펴본다. 지역 또는 학교의 특성을 잘 반영할수록 학교 구성원들의 만족도가 높아지고 만족도가 높아질수록 동기부여가 되어 자생적인 혁신 노력을 더 많이 하게 된다. 이것은 다시 지역 또는 학교의 특성이 더 잘 반영되는 성과로 이어지는 증폭 작용을 하게 된다.

한편, 이를 지켜본 교육지원청 입장에서는 이런 사례야말로 교육지원청이 지원을 해야 할 사안이라고 판단한다. 그래서 학교 입장에서는 내부 구성원들의 동기 부여와 교육지원청의 외부 지원 덕분에 일이 잘 풀리고 있다.

그런데 시간이 지나면서 교육지원청 내에서 잡음이 들리기 시작한다. 학교의 특성이 지나치게 반영된 성과는 다른 학교 입장에서는 그림의 떡처럼 남의 이야기가 될 가능성이 크기 때문이다. 학교와 지역의 특성을 반영할수록 빛나는 성과가 된다. 하지만, 성과를 확산하고 싶은 교육지원청 입장에서는 생각보다 성과가 확산되지 않았을 때 당혹감을 감출 수 없게 된다. 전이 가능성(transferability)이 높지 않은 성과를 교육지원청이 계속 지원해 줄 명분(지원의 정당성)이 줄어들기 때문이다. 이것이 성과 확산의 딜레마 구조이다.

2) 시스템사고 관점에 입각한 기초학력 제고 정책의 인과지도

노대현 외(2021)[13]는 시스템사고 분석의 전형(典型)을 보여 준다. 이들의 연구가 앞서 강조한 동태적 문제(Dynamic Problem)에서 시작했기 때문이다. 연구자들은 정부의 많은 노력에도 불구하고 기초학력이 떨어지고 있다는 데이터를 제시했고, 선행연구와 타인의 논리로 이 문제에 대한 원인을 규명했다. 이 원인을 근거로 작성한 인과순환지도는 [그림 6-19]와 [그림 6-20]이다.

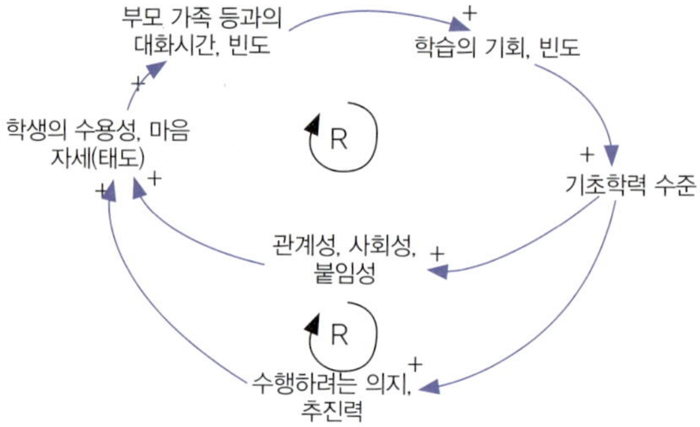

[그림 6-19] 기초학력의 영향을 미치는 정의적 요인들

출처: 노대현 외(2021).

[그림 6-19]는 기초학력에 영향을 미치는 정의적 요인들을 피드백으로 구성하였는데 두 개의 강화 피드백밖에 없다. 강화 피드백밖에 없다는 것은 그 속성들이 모 아니면 도처럼 선순환 또는 악순환된다는 것을 의미한다. 문맥에 따라 해석하면 여기에 언급된 요인들 때문에 기초학력이 떨어지는 서사가 만들어진다. 앞서 말했듯이 어떤 시스템도 강화 피드백만 있는 구조가 없기 때문에 강화 피드백을 견제하는 균형 피드백이 필요한데, 이 균형 피드백이 [그림 6-20]에 나타난다.

13) 연구자 3인은 학교장을 포함한 현직교사들이다. 이들의 연구는 시스템사고가 교육 현장에 뿌리를 내리고 있다는 방증이다. 이들의 학술대회 발표자료는 쉽게 다운로드 받을 수 있다. www.ksds.net 또는 http://bit.ly/sl-KSDS 에서 무료회원 가입 후 다운로드할 수 있다. (2021년 11월 검색 결과 양호.)

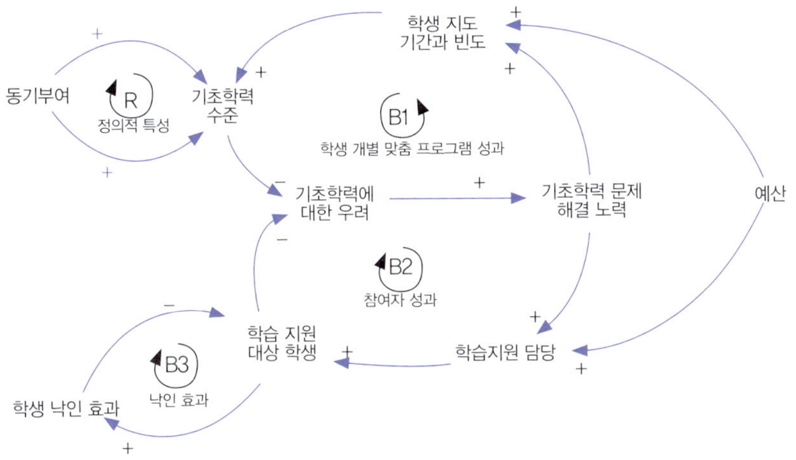

[그림 6-20] 기초학력 결정 요인에 대한 피드백 구조

출처: 노대현 외(2021).

[그림 6-20]에서는 [그림 6-19]에서 여섯 개의 변수로 두 개의 강화 피드백을 구성한 것을 단 두 개의 변수로 요약하고 피드백도 두 개를 하나로 흡수했다. [그림 6-20] 관점에서는 강화 피드백이라는 속성만 필요했기 때문이다. 창의적인 연결이라고 할 수 있다. 아무리 간단한 피드백일지라도 좀 더 자세한 인과관계를 분석하려고 하면 얼마든지 많은 인과관계 요인을 추출할 수 있다. 따라서 인과관계를 어느 수준으로 분석할지 결정하는 것은 전적으로 연구자의 몫으로 연구의 목적에 맞게 조절하면 된다.

[그림 6-20]의 인과순환지도 구조에서 가장 중요한 핵심은 가운데 두 가지 변수, 즉 '기초학력에 대한 우려'와 '기초학력 문제 해결 능력'이다. 이 두 변수가 균형 피드백 틀 안에서 연결되었다. 균형 피드백은 그 속성상 문제 해결형 피드백이다. 문제가 커질수록 해결 노력도 커지고, 그 결과 문제가 더 커지지 않도록 통제하는 역할을 하기 때문이다. 해결책은 두 가지 방향으로 전개되는데, 교육과정을 개선하는 방향과 참여자 문제를 해결하는 방향이다. 교육과정을 개선하는 방향에서는 학생 지도의 기간과 빈도를 주요하게 다루고 있고, 참여자 문제는 학습 지원

담당과 학습 지원 대상 학생을 선별하는 문제를 중요하게 다룬다. 그런데 각각의 해결책이 또 다른 장벽에 직면하게 된다.

먼저, 연구자들은 교육 프로그램을 개선해도 기초학력이 개선되지 않는 이유를 정의적 특성(R)에서 찾았다. 정의적 특성인 강화 피드백을 '기초학력 문제 해결 노력'과 직접 연결하지 않은 것은 정책으로도 개인과 가정에서 일어나는 정의적인 문제를 해결할 수 없다고 연구자들이 판단했기 때문이라고 해석된다. 이 구조를 이해하기 위해서는 강화 피드백의 속성을 다시 확인할 필요가 있다. 강화 피드백은 선순환 또는 악순환 둘 중 하나의 방향으로 증폭하기 때문에 한번 그 방향이 정해지면 되돌리기 어렵다. 그 방향을 되돌리거나 증폭되는 것을 통제하기 위해서는 피드백 요인 중 어느 하나를 외부에서 강제로 반대 방향으로 힘을 가해야만 가능하다. 정책자금을 침체 일로에 있는 시장에 지원하는 것과 같은 원리이다. 따라서 강화 피드백과 B1 피드백이 '기초학력 수준'에서 만났다는 것은 첫째, 교육정책으로 가정과 개인의 정의적인 면을 직접 변화시킬 수 없다는 것을 인정했고, 둘째, 교육 프로그램의 개선을 통해 지속적으로 '기초학력 수준'을 개선하는 노력을 하면 어느 순간 정의적인 면도 선순환 방향으로 증폭될 것이라고 연구자들이 판단한 것으로 해석된다. 한편, 또 다른 문제 해결형 피드백인 B2가 힘을 발휘하지 못하는 이유는 B3가 발목을 잡고 있기 때문이다. 학습 지원 대상이 많아져야 하지만, 많아질수록 그 안에서 낙인 효과도 어쩔 수 없이 커진다는 우려를 표현했다. 따라서 학생 선발 과정과 프로그램을 운영할 때 낙인 효과가 발생하지 않도록 세심하게 신경을 써야 한다는 시사점을 제공한다.

이 구조에서 흥미로운 점은 '예산' 변수를 일방적으로 영향을 주기만 하고 제시된 피드백들로부터 영향을 받지 않도록 구성했다는 점이다. 이는 교육부와 교육예산을 결정하는 기획재정부와의 관계가 일방향이라는 점을 에둘러 표현한 것이라고 판단된다. 그리고 이 발표 자료에서 주목할 점은 앞으로의 변화이다. 위에서 언급한 예산과 관련이 깊다. 연구자들에 따르면 2021년 9월 24일에 제정되고 2022년 3월 25일부터 시행되는 「기초학력보장법」 때문에 학교 밖에 있는 '기초학력지원센터'의 예산이 증액될 법적 토대가 마련됐다는 것이다. 따라서, 앞으로 B1의 정책과 B2의 정책 강도가 더 커질 것이라는 것은 불을 보듯 자명하지만, 학교와 학교 밖 주체(예를 들면, '기초학력지원센터')와 때로는 힘 겨루기를 하고 때로는 공조하는 모습도 예상된다.

5. 교육정책 분석에 있어 시스템사고의 활용

본 장에서는 교육정책 분석에 있어 시스템사고의 활용 가능성에 주목하고 시스템사고의 개념, 틀 그리고 교육정책 사례 분석까지 살펴보았다. 여기에서 제시된 시스템사고는 교육정책 분석에 있어 일종의 예시이며, 보다 심화된 학습은 수업 시간을 통하여 보다 구체화될 수 있다. 한 가지 놓치지 말아야 할 것은 시스템사고에 입각한 교육정책 접근은 교육정책분석가의 개인적인 참여를 전제하지 않고, 주요 이해관계자들의 참여를 통하여 이루어지는 협동 과업이라는 점이다. 일반적으로 교육정책분석 과정에서는 방법론 전문가가 대규모의 자료를 확보하고 원인과 결과 분석을 중심으로 정책대안을 제시하곤 한다. 물론 이와 같은 과정이 전적으로 잘못된 것은 아니다. 하지만 앞서 언급한 것처럼 교육정책은 모종의 단일한 체제 내에서 생성되거나 집행되는 것이 아니라 복잡한 정책현실 속에서 구체화된다는 점을 고려할 필요가 있다. 또한 교육정책은 '시간'이라는 차원 속에서 교육정책이 집행되고 있고 이 과정에서 시간 지연이 발생되거나 환류가 제대로 이루어지지 않는 경우 당초 의도했던 정책체제와 다르게 정책변동이 일어나기도 한다. 시스템사고는 이와 같은 과정을 잘 보여줄 수 있는 도구이자 정책 의사소통 방법으로 볼 수 있다. 이 장을 통해 시스템사고 분석의 방법과 원칙을 숙지하고 시스템 구조에 대해 더욱 깊게 이해하기 위해서는 이번 장을 읽으면서 생각을 해야 하며, 본인이 직접 인과순환지도를 작성해 볼 필요가 있다. 따라서 다음에 제시한 Case Study는 좋은 출발점이 될 것이며, 독자들 스스로가 정책 인과지도를 작성해 보는 것을 권한다.

CASE STUDY 6

인과순환지도를 작성하는 것은 연구자의 상상력에도 중요한 역할을 한다. 다음 진술 내용 중 하나 이상을 선택해서 인과순환지도로 표현해 보자(Vensim PLE 버전 다운로드 후, 스케치해 보는 것도 좋은 학습이 될 수 있다). 단, 모두 의도하지 않은 결과 아키타입에 적용해서 작성한다.

1. 교통 체증이 심해지면 도로를 넓히거나 새로운 도로를 건설하는 정책으로 문제를 해결하려고 하지만, 시간이 경과하면서 넓어진 도로와 새로운 도로에 차량이 증가하면서 교통 체증 문제는 재발한다.

2. 해충에 의한 농작물 피해가 심해지면 살충제로 문제를 해결하려고 하지만, 시간이 경과하면서 살충제에 대한 내성이 생긴 해충 때문에 농작물 피해가 더 심해진다.

3. 비만 문제를 금식으로 해결하려고 하면, 나중에는 폭식증으로 비만 문제가 심해진다.

4. 돈 부족 문제를 대출로 해결하려고 하면, 나중에는 불어난 대출이자 때문에 돈 부족 문제가 더 악화된다.

5. 연필 쓰기가 불편해서 연필을 깎아서 해결하다 보면 결국에는 몽당연필이 되어서 연필 쓰기가 더 불편해진다.

6. 학습 참여율이 떨어지는 문제를 수업 혁신을 통해 해결하려다 보니 처음에는 학습 참여율도 좋아지는 긍정적인 효과가 나타났으나 지속적인 수업 혁신 노력으로 인해 교사의 에너지가 고갈되는 현상이 발생했다. 결국, 무기력한 교사 때문에 학습 참여율이 떨어지는 문제가 가중된다.

CASE STUDY 해설

모두 같이 의도하지 않은 아키타입을 적용하면 된다. 문제, 해결책, 의도하지 않은 결과로 구분할 수 있는지가 핵심이며, 그 의도하지 않은 결과는 바로 나타나지 않고 지연되어 발현되며, 문제를 악화시키는 역할을 해야 한다. 의도하지 않은 결과는 무수히 많을 수 있지만, 이 구조에서 관심을 두고 찾아야 하는 것은 문제를 가중시키는 의도하지 않은 결과이다.

1번 인과순환지도 작성 예시

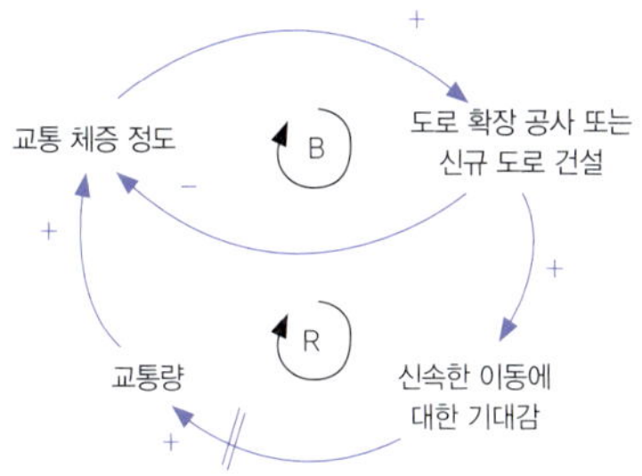

2번 인과순환지도 작성 예시

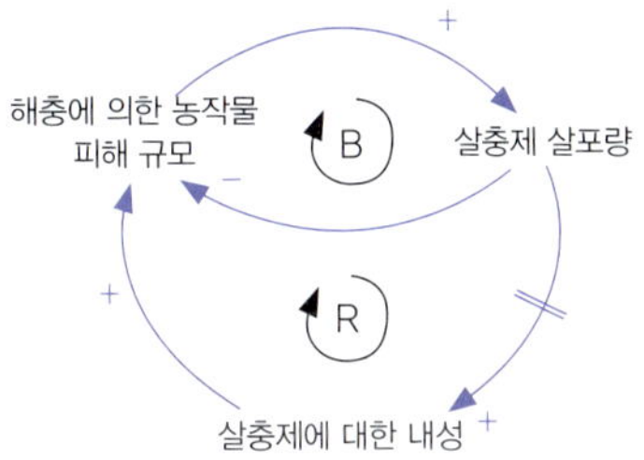

3번 인과순환지도 작성 예시

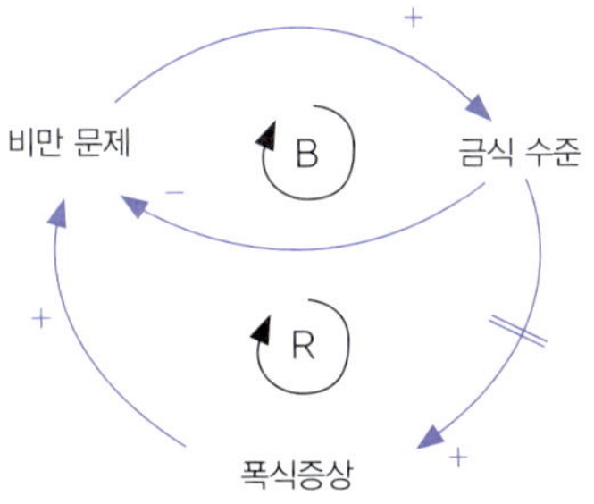

4번 인과순환지도 작성 예시

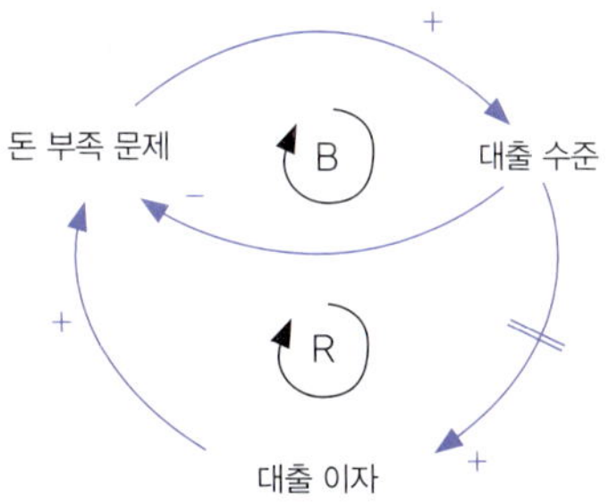

5번 인과순환지도 작성 예시

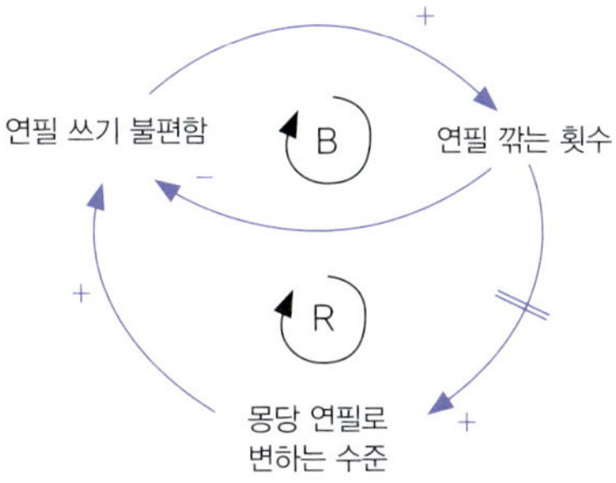

6번 인과순환지도 작성 예시

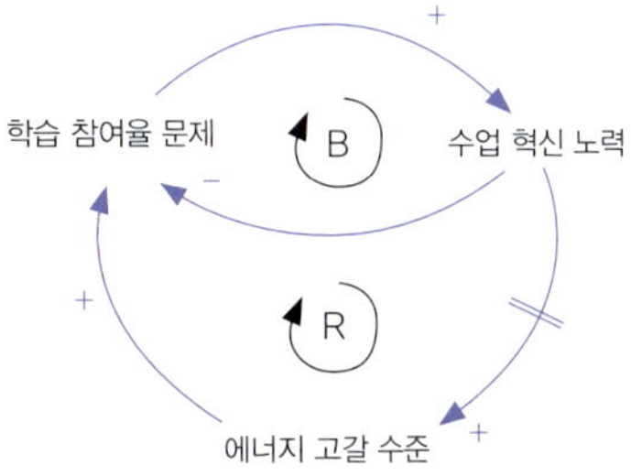

CHAPTER

07

교육법의 이해

학습 목표

- 교육과 법의 개념 및 필요성을 이해한다.
- 일반적인 법령 적용의 3원칙 및 법해석 방법을 이해한다.
- 법해석 방법에 대한 이해를 토대로 학교교육 사례에 적용해 볼 수 있다.

우리는 사회생활을 영위해 나가면서 불가피하게 분쟁이 발생하는 것을 목격하게 된다. 이와 같은 분쟁은 나와 다른 사람과의 분쟁이 될 수도 있고, 사회적 · 국가적 제도와 분쟁이 될 수도 있다. 이와 같은 분쟁이 발생되는 경우 분쟁의 당사자 간에 원만하게 합의를 하거나 양해가 이루어지면 분쟁은 쉽게 해결되지만, 합의나 양해가 어려운 경우 사회적으로 정해진 모종의 규범에 따라 처리하지 않을 수 없다.

오늘날 우리 학교는 공교육이라는 제도권 내에서 운영되고 있고 학교에는 학생, 학부모, 교직원 그리고 지역사회 인사까지 다양한 구성원들이 함께 생활하고 있기 때문에 구성원들 사이에 불가피하게 분쟁이 발생되는 경우도 적지 않다. 예컨대, 학생 간에 다툼이 발생되어 학교폭력 문제 이상으로 불거지는 경우 그 처리는 어떻게 해야 하는가? 학생의 수행평가에 있어 불공정하게 평가가 진행되는 경우 법적인 해결은 어떻게 되는가? 교사가 학교장 또는 상급기관의 장으로부터 불합리한 징계를 받은 경우 교사의 구제절차는 어떻게 되는가? 등 법적인 분쟁 상황은 언제라도 발생할 수 있다. 위와 같은 문제가 불거지기에 앞서 구성원들 상호 간의 이해와 협의를 통하여 민주적인 소통 방식으로 해결하는 것이 최선의 방법이라 할 수 있으나, 경우에 따라서는 법적 절차에 따라 해결되는 경우도 적지 않다.

교육법은 일반적으로 법학을 전공하는 분야에서 헌법의 하위 분야로 잠시 다루어지는 경향이 있으나, 교육학 분야에서는 교육행정의 하위 분야로 다루어지는 경향도 있다. 대학원 수준에서는 '교육법학'이라는 분야로 언급될 정도로 독립적인 분야로 볼 수 있다. 여기에서는 교육행정의 하위 분야를 소개하는 데 목적을 두고 있으므로 '교육'과 '법'에 대한 기본적인 개념을 토대로 교육행정의 하위 분야 가운데 하나인 '교육법'의 틀을 이해하는 데 목적을 두고 있다는 점을 미리 밝혀 둔다.

1. 교육법의 개념 및 성격

1) 교육과 법 그리고 교육법

교육법이란 교육에 관한 관계된 법체계를 의미하며 '교육'과 '법'의 합성어로 볼 수 있다(강인수 외, 1995). 교육법을 이렇게 정의할 때, 교육법은 '교육'이라는 현상이 '법'이라는 체계 속에서 구현되는 것으로 볼 수 있다. 그런데 교육법이라는 개념을 자세히 들여다보면 교육은 전인적 인간 형성에 목적을 두는 반면, 법은 국가적·사회적 규범으로서 인간의 사회적 생활관계의 일정 부분을 통제하거나 제약하는 특징을 지니고 있다. 즉, 합성어 전단부 어근(교육)은 '전인적 인간 형성'을 목적으로 하고 있지만, 합성어 후단부 어근(법)은 인간의 사회적 생활관계의 일정 부분을 '통제'하는 것을 주된 속성으로 하고 있다. 이것만 놓고 본다면 두 어근의 합성어인 교육법은 상호 배타적인 특징을 보이는 어근이 합쳐진 것은 아닌가라는 의문이 들기도 하며, 교육이라는 현상에 있어 '법'이라는 것이 과연 필요한가에 대한 의문이 들기도 한다.

여러분이 익히 알고 있는 초·중등학교 시절을 생각해 보자. 학교는 학생들의 성장을 위해 다양한 교육적 경험을 제공하고 있고, 교사는 학생들의 성장을 위해 다양한 노력을 기울이고 있다. 특히, 학생들의 교육적 기대와 요구를 최대한 충족시켜 주기 위해 학교는 교육과정을 편성하고 운영하며, 교사는 전문성을 토대로 수업을 진행하게 된다. 하지만 학생의 개인적 능력, 특징 및 성향은 학생마다 차이가 있을 수 있다. 이 때문에 학교가 학교교육과정을 편성하거나 운영할 때에는 최대한 자율성을 존중받아야 하며, 교사의 자율성과 전문성은 중요한 의미를 지니게 된다. 그러나 오늘날 학교는 국가적·사회적 체제 내에서 운영되고 있고, 우리나라의 국·공·사립의 학교는 국가 재정을 지원받아 운영되기 때문에 완벽할 정도의 '자율성(autonomy)'을 누리기에는 한계가 있고, 학교의 교육과정 편성 역시 마찬가지이다. 이를 구체적으로 도식화하여 제시하면 다음과 같다.

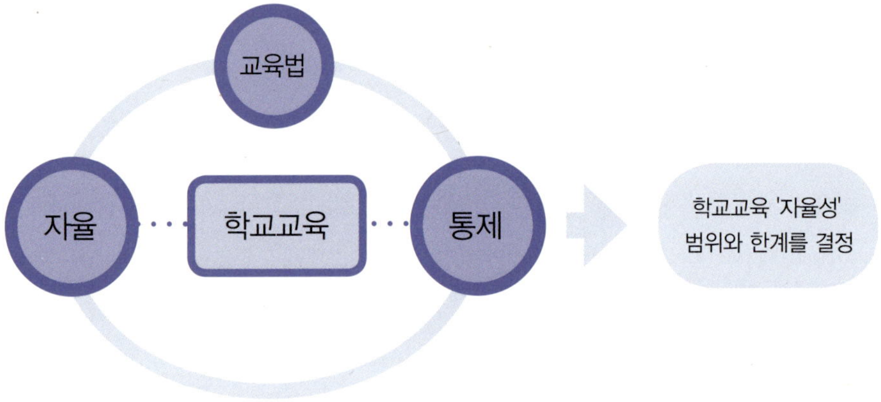

[그림 7-1] 학교교육의 자율과 통제

위 그림을 살펴보면 학교는 학생의 전인적 성장에 기여하는 것을 그 본연의 사명으로 하고 있다. 학생의 개인적 능력 및 특수성 등을 감안하여 학교교육과정 운영과 수업이 필수적으로 요청된다. 하지만 앞서 언급한 것처럼 우리나라 학교는 공적 재원(국민의 세금)에 의하여 운영되고 있기 때문에 학교가 무한정의 자율성을 누리기는 어렵다. 학교는 우리나라의 「초·중등교육법」, 「초·중등교육법 시행령」 및 「시행규칙」 등의 범위 내에서 운영되는 구조이다. 이 때문에 법령의 범위 안에서 학생의 전인적 성장과 교육적 경험을 위한 학교교육과정 편성 및 운영 그리고 수업이 운영되어야 하며, 교육관계 법령에 의한 유·무형의 제약은 필연적으로 나타나게 된다.

2) 교육법의 개념 및 성격

교육법에 대한 개념적 정의는 학자마다 약간의 차이는 있으나, 대체적으로 '교육에 관한 법규범 또는 법체계'로 설명되고 있다. 교육법을 이렇게 정의할 때, 교육이라는 개념이 중요한 의미를 지니며, 법이라는 개념도 역시 중요한 의미를 지니게 된다. 먼저, 교육법에 관한 학술적 정의를 시작으로 교육법에 대한 개념을 검토하도록 한다.

(1) 교육법의 개념

전 세계적으로 법체계는 독일과 프랑스 등을 중심으로 한 대륙법계와 영국과 미국을 포함하는 영미법계로 구분된다. 전자는 로마법과 게르만법의 전통으로부터 추상적인 법을 만들고 이로부터 개별적이고 구체적인 사건에 적용하는 특징을 보이며, 후자는 특정사건에 대한 사실을 분석하고 과거 선례에 비추어 사건을 이해하는 특징[1]이 있다. 우리나라는 일본으로부터 법을 계수하였던 바, 일본은 그들의 개항기에 있어 대륙법계 전통을 이어받았기 때문에 대륙법계 전통의 특징을 고스란히 보이고 있고 이와 같은 영향은 우리나라 역시 마찬가지로 볼 수 있다.

교육법[2]이란 사회보장법, 경제법, 의사법, 교통법, 환경법 등과 나란히 새롭게 등장한 현대법 가운데 하나로 볼 수 있다(平原春好·牧 柾名, 1996:1). 한편, 국내에서 교육법은 교육에 관한 법인 동시에 교육에 관한 관계된 내용을 가지고 있는 법을 통칭하는 것(강인수 외, 1995:1) 등으로 정의되고 있다. 이와 같은 정의는 현대사회의 생활관계 속에서 분쟁의 여지가 발생되는 개별 분야가 존재하고, 분쟁이 발생되는 경우 강제력을 지닌 법규범에 의하여 해결될 필요가 많아지고 있다는 것을 의미한다. 과거와 비교해 볼 때, 오늘날은 '법률의 홍수' 시대라고 언급될 정도로 우리의 주변으로부터 법적 분쟁 사례를 자주 목격하게 된다. 이와 같은 분쟁은 사회가 고도화되고 국민의 권리의식이 보다 투철해지게 되면 당연히 나타나게 되는 현상이며 학교교육 분야도 예외는 아니다.

---

1) 영미법계의 이와 같은 특징으로 말미암아 법원의 판결인 '판례'는 대단히 중요하게 다루어진다.

2) '교육법'의 개념과 '교육법학'의 개념은 차이가 있다. 전자는 교육법이라는 법규범 체계에 관한 정의를 의미하는 것이며, 후자는 교육법의 학제성에 관한 개념적 정의를 의미하는 것으로 본서에는 전자의 의미를 중심으로 기술하였다.

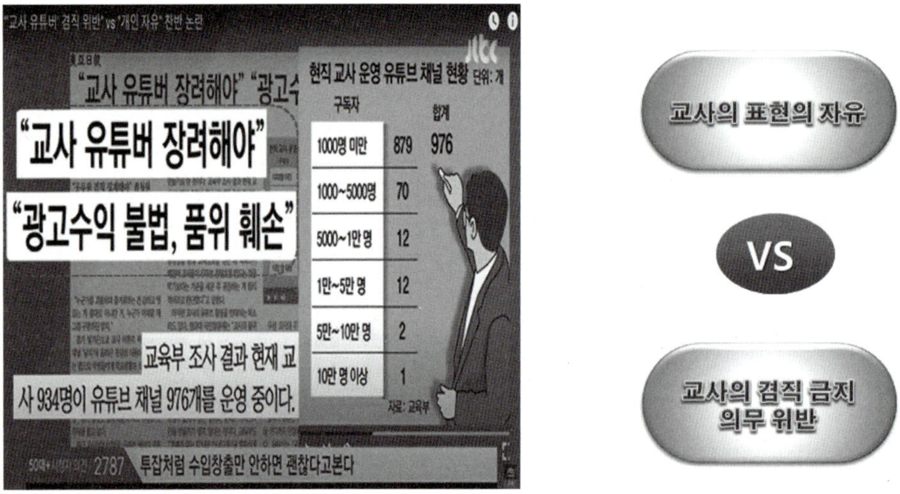

JTBC '시사토크 세대공감' 2019년 5월 29일 방영분

[그림 7-2] 교사의 표현의 자유와 교사의 겸직 금지 의무 위반에 관한 사례

출처: JTBC '시사토크 세대공감' 2019년 5월 29일 방영분 일부 캡처.

위 그림에 제시된 것처럼 과거에는 유튜브를 통하여 자신의 의견이나 견해를 피력하는 경우가 많지 않았다. 하지만, 사회적으로 유튜브를 통해 자신의 의견이나 견해를 널리 알리는 사람들이 늘어나고 모종의 사회적 문화·상업적 장으로 인식되면서 교원의 유튜브 활동이 교육공무원으로 정당한가에 관한 논의가 촉발된 적이 있었다. 이처럼 현대사회에 있어 과거에는 경험하지 못했던 새로운 사회적 습속 또는 문화가 형성되고 이것이 확대되면서 개인과 개인 간의 분쟁, 개인과 공공분야 간의 분쟁이 발생되는 경우가 있다. 이 과정에서 국가는 모종의 판단기준을 정립해야 하며, 판단기준이 정립된 경우 국민은 이 규범을 따르게 된다.

이처럼 현대사회의 생활관계는 시대적·사회적 사태를 반영하여 나타나게 되며 이와 같은 생활관계 속에서 분쟁이 제기되거나 모종의 법적 규범이 필요한 경우는 필연적이다. 교육법 역시 작게는 학교교육, 크게는 평생교육에 이르기까지 우리나라 국민의 '교육'에 대한 권리·의무 관계에 관한 모종의 법체계로 볼 수 있다.

CASE STUDY 7

〈교사 유튜버 활동은 교사의 품위 유지와 어떤 관련이 있을까?〉

교사 겸직 활동 5,000여 명…유튜버 부적절 활동 상당수

우리나라 전체 교원 50여만 명 중 5,671명이 겸직 활동을 하고 있는 것으로 나타났다. 외부 강사, 기관 · 단체 임원, 유튜브, 임대업 등 유형도 다양한데, 수익은 임대사업자가 월 최고 1,160만 원, 유튜브가 최고 월 250만 원으로 확인됐다. 이 사실은 교육부가 ○○○의원실에 제출한 '17개 시도교육청 교원 겸직허가 실태 조사'에 드러나 있다.(중략)

특히 유튜브 겸직 교사의 경우, 청와대 청원게시판에 '교사의 학교 브이로그 촬영을 금지해 달라'는 청원이 올라온 바 있다. 또한 최근 권익위원회에도 '특정 정치 성향의 유튜버 교사를 징계해 달라'는 민원이 접수되기도 했는데, 전북도교육청은 「국가공무원법」 제63조 '품위유지의 의무 소홀'을 근거로 해당 유튜버 교사에 대해 경고 조치한 바 있다. 교육부도 '교사의 유튜브 활동 복무지침'을 갖고 있는데, 이에 따르면 유튜브 활동 겸직신고 및 허가기준은 '광고수익 발생 최소 요건 도달'로 정하고 있다. 구글이 제시하고 있는 유튜브 수익 발생 최소 요건은 광고 계약 파트너로 인정하는 요건으로 '유튜브 채널 구독자 1,000명 이상, 연간 영상 총 재생시간 4,000시간 이상'이다. 교육부는 특히 학생이 등장하는 영상 제작 시 학생 본인 및 보호자의 사전 동의를 받아야 하며, 학교장은 제작 목적, 사전 동의 여부, 내용의 적절성 등을 종합적으로 고려하여 촬영 허가를 결정한다고 돼 있다. 「국가공무원법」 제63조에 따라 교원으로서 품위를 손상시켜 사회적 지탄을 받을 수 있는 부적절한 유튜브 활동은 금지 대상이다. 구체적으로 특정인물을 비방하거나 비속어를 사용하고 폭력적이거나 선정적인 영상을 수록한 경우 등이다. 또 업체 협찬을 받아 특정상품을 홍보함으로써 금전이나 물품을 취득하는 행위, 라이브 방송을 통해 금전적 이득을 취하는 행위도 금지 대상이다.

하지만, 실제 교사들의 유튜브에선 이 같은 지침이 지켜지지 않고 있는 것으로 나타났다.

● 위 신문기사에서 언급된 교사의 유튜버 활동은 허용될 수 있는가? 아니라면 그 근거는 무엇인가?

출처: 광주드림(http://www.gjdream.com) 2021. 10. 15일자.

CASE STUDY 7

– 참고 조문 –

1.「대한민국 헌법」

제7조 ① 공무원은 국민 전체에 대한 봉사자이며, 국민에 대하여 책임을 진다.

제21조 ① 모든 국민은 언론 · 출판의 자유와 집회 · 결사의 자유를 가진다.

제29조 ① 공무원의 직무상 불법행위로 손해를 받은 국민은 법률이 정하는 바에 의하여 국가 또는 공공단체에 정당한 배상을 청구할 수 있다. 이 경우 공무원 자신의 책임은 면제되지 아니한다.

제37조 ① 국민의 자유와 권리는 헌법에 열거되지 아니한 이유로 경시되지 아니한다.

② 국민의 모든 자유와 권리는 국가안전보장 · 질서유지 또는 공공복리를 위하여 필요한 경우에 한하여 법률로써 제한할 수 있으며, 제한하는 경우에도 자유와 권리의 본질적인 내용을 침해할 수 없다.

2.「교육기본법」

제6조(교육의 중립성) ① 교육은 교육 본래의 목적에 따라 그 기능을 다하도록 운영되어야 하며, 정치적 · 파당적 또는 개인적 편견을 전파하기 위한 방편으로 이용되어서는 아니 된다.

② 국가와 지방자치단체가 설립한 학교에서는 특정한 종교를 위한 종교교육을 하여서는 아니 된다.

(2) 교육법의 성격

우리나라에서 교육법은 조장적, 윤리적, 특수법적 성격 등 세 가지 특징이 있다. 이하에서 각각의 성격을 차례로 설명하도록 한다.

① 조장적 성격

교육법 분야에서는 교육에 관한 법규범 및 법체계를 다루고 있다. 여기서 교육은 공교육과 사교육을 포함하게 되는 바, 공교육에 한정하여 이해하는 경우 교육법은 '조장적 성격'을 지니고 있다. 본래 조장(助長)이라는 용어는 '성장하도록 돕는다'는 의미를 지니고 있다. 일반적으로 행정법 각론의 급부행정에서는 공공시설의 설치, 보조금의 지급 등에 의하여 그 생활·활동에 필요한 재화 및 역무를 제공함으로써 개인의 생활관계에 대하여 돕는 분야를 의미한다(김동희, 2002:212). 교육법이 조장적 성격을 지니고 있다는 것은 우리나라 「헌법」 제10조 및 제31조제1항의 구체적인 실현이라는 견지에서 국민의 교육활동을 진흥하고 장려하는 등의 성격을 나타내는 것으로 이해될 수 있다.

② 윤리적 성격

교육법은 다른 법에 비하여 윤리적 성격이 특히 강조되는 특징이 있다. 예컨대, 「교육기본법」 제2조(교육이념)에서는 "교육은 홍익인간(弘益人間)의 이념 아래 모든 국민으로 하여금 인격을 도야(陶冶)하고 자주적 생활능력과 민주시민으로서 필요한 자질을 갖추게 함으로써 인간다운 삶을 영위하게 하고 민주국가의 발전과 인류공영(人類共榮)의 이상을 실현하는 데에 이바지하게 함을 목적으로 한다."라고 규정하고 있다. 「교육기본법」 제2조의 교육이념은 우리나라 교육이념을 천명한 것으로 우리나라 교육의 목적으로 이해될 수 있다. 이처럼 교육법은 규율 내용인 교육의 '가치'를 전면에서 언급할 정도로 윤리적 성격을 지니고 있는 바, 이는 다른 법과 비교되는 교육법만의 독특한 성격으로 이해될 수 있다.

③ 특수법적 성격

일번적으로 법은 공법(公法)과 사법(私法)으로 구분된다. 이와 같은 구분을 전제로 하는 경우, 교육법은 공법과 사법 어디에 속하는지에 대한 구별이 쉽지 않은 특수성이 있다. 일반적으로 법학 분야에서는 각 분야의 법이 공공의 성격을 지니는가 아니면 개인 간의 생활관계를 다루는 법인가에 따라 공법과 사법의 구분을 해 왔다. 예컨대, 헌법이나 형법의 경우 공법에 속하며, 민법의 경우 사법에 속하는 것으로 파악하는 것이 그것이다. 공법과 사법의 구분에 있어 공법은 공익의 보호를 목적으로 하며, 개인의 이익을 보호하는 법을 사법으로 구분하는 '이익설', 국가 또는 지방자치단체와 개인 간의 관계를 다루는 법인 경우는 공법, 개인 간의 관계를 다루는 법인 경우는 사법으로 구분하는 '주체설' 등이 있다(곽윤직, 2003:3). 하지만, 이들 두 학설의 어떤 입장을 견지하더라도 교육법의 경우 그것이 공법인지 아니면 사법인지 명확하게 구분하기 어려운 특징이 있다. 이를테면, 국·공립학교에 재학 중인 학생과 국·공립학교의 관계는 공법관계로 이해될 수 있으나, 사립학교는 국가나 지방자치단체가 설립·경영하는 것은 아닌 학교법인이 설립하여 운영되므로 사립학교에 재학 중인 학생과 학교의 관계는 이를 공법관계로 이해할 것인지 아니면 사법관계로 이해할 것인지 등의 의문[3]이 제기될 수 있다. 특히, 세계화 및 국민교육권설의 약화 등으로 말미암아 더욱 심화되고 있는 바, 교육법의 특수법적 성격을 여실히 보여 주고 있다.

3) 이에 대해서는 '하윤수(2002). 재학계론에 관한 고찰. 교육법학연구. 14(2)', '송병춘(2003). 재학계약에 관한 연구. 교육법학연구 15(2)' 및 권순형·김도기(2012). 단위학교 교육과정 편성·운영의 법적 성격고찰. 학습자중심교과교육연구 12(3)' 참조.

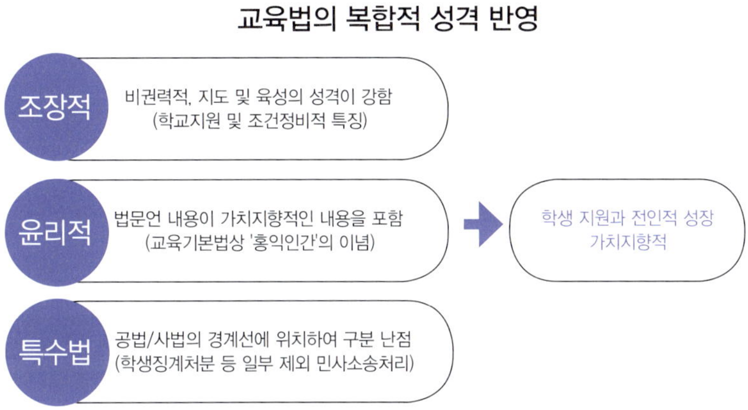

[그림 7-3] 교육법의 성격

3) 교육법의 법원 및 체계

행정법, 경제법과 같은 법학의 하위 분야에서는 각 분야마다 법의 존재 양식 또는 형태를 '법원(source of law : 法源)[4]이라는 제목 아래 다루고 있다. 이때 언급되는 법원은 '법의 연원(法의 淵源 : Rechtsquellen)'을 짧게 줄인 말로 법의 존재형식 또는 현상상태 등을 의미한다(곽윤직, 2003:12). 우리의 사회생활 관계 속에서 '법'이라는 것은 일종의 규범적 준칙으로 기능하는 것으로 그 외형이 명확하게 드러나기가 어렵다. 이 때문에 법은 어떤 요소 또는 존재를 통하여 인식될 수 있는 것이어야 하며, 바로 이 요소 또는 존재가 되는 것이 무엇인가를 다루는 분야가 법학의 법원(法源)에 관한 논의라 할 수 있다.

법학에서 법원은 크게 성문법(成文法)과 불문법(不文法)으로 구분된다. 전자는 문자로 표시되며 일정한 형식체계를 갖추고 있으며 절차에 따라 제정되는 법이며, 후자는 성문법이 아닌 법을 의미한다. 우리가 익히 알고 있는 「헌법」, 「민법」, 「형법」, 「형사소송법」, 「민사소송법」, 「행정소송법」 등 국회에서 제정된 법(제정법)

4) 여기서 의미하는 법원은 지방법원, 고등법원 등의 사법부의 조직체를 의미하는 것이 아닌 법의 근원이 무엇인가에 대한 탐색적 차원에서 법의 연원을 의미한다.

의 경우에는 일정한 법체계를 갖춘 것으로 법률관계 및 법률효과 등이 문자화되어 있고 체계화되어 있다. 반면, 관습법, 판례법, 조리 등은 불문법에 해당[5]된다.

(1) 성문법

교육법의 법원은 어떠한가? 교육법 역시 교육에 관한 법규범 및 법체계이므로 교육법의 존재 형식 및 현상이 무엇인가를 탐구하는 것은 교육법의 근원이 무엇인가를 이해하는 데 있어 도움을 줄 수 있다. 먼저, 성문법부터 검토하도록 한다. 우리나라 「헌법」은 전문과 130개조 및 부칙으로 구성되어 있으며, 국민의 기본권 보장과 통치구조를 규정하는 우리나라 기본법이다(권영성, 1999:3). 「헌법」의 구조를 살펴보면, 제10조부터 제37조까지는 국민의 기본권에 대한 내용이 제시되어 있는 바, 교육에 관한 내용은 「헌법」 제31조제1항부터 제6항까지의 규정에 명시[6]되어 있다.

---

5) 우리나라 「민법」 제1조는 '법원'을 '민사에 관하여 법률에 규정이 없으면 관습법에 의하고, 관습법이 없으면 조리에 의한다'와 같이 규정하고 있다. 이것은 민사에 관한 법원은 크게 법률, 관습법, 조리이며, 국회에서 제정된 법률을 가장 최우선으로 하며, 법률이 부재한 경우에 한하여 관습법이나 조리에 의한다는 보충적 적용의 원칙을 내포하고 있다(박찬주, 2007).

6) 통설적인 입장은 아니지만 「헌법」 제31조 외에도 기본적 인권을 확인하는 제10조(인간으로서의 존엄과 가치, 행복을 추구할 권리), 제11조(법 앞의 평등), 제12조(신체의 자유), 제17조(사생활의 자유), 제20조(종교의 자유), 제21조(언론·출판·집회·결사의 자유), 제22조(학문와 예술의 자유), 제25조(공무담임권), 제33조(근로자의 권리) 등을 교육법의 법원으로 파악하는 입장도 있다(조석훈, 2020).

제31조 ① 모든 국민은 능력에 따라 균등하게 교육을 받을 권리를 가진다.
② 모든 국민은 그 보호하는 자녀에게 적어도 초등교육과 법률이 정하는 교육을 받게 할 의무를 진다.
③ 의무교육은 무상으로 한다.
④ 교육의 자주성 · 전문성 · 정치적 중립성 및 대학의 자율성은 법률이 정하는 바에 의하여 보장된다.
⑤ 국가는 평생교육을 진흥하여야 한다.
⑥ 학교교육 및 평생교육을 포함한 교육제도와 그 운영, 교육재정 및 교원의 지위에 관한 기본적인 사항은 법률로 정한다.

다음으로 국회에서 제정된 '법률'이 있다. 법률은 국회에서 의결하고 대통령이 공포하면서 효력을 갖게 되는 것으로 「유아교육법」, 「초 · 중등교육법」 및 「고등교육법」이 가장 대표적이라 할 수 있다. 한편, 한국이 가입한 국제조약 가운데 교육 관련 사항 역시 교육법의 법원성이 인정된다. 우리나라 「헌법」 제6조제1항에 의하면 "헌법에 의하여 체결 · 공포된 조약과 일반적으로 승인된 국제법규는 국내법과 동일한 효력을 갖는다."라고 명시하고 있으며, 이를 통한 대표적인 예가 「아동의 권리에 관한 협약」이다. 이 조약은 국제조약이지만 성문법과 같은 효력을 갖추고 있다. 이상의 내용은 국회에서 제정하거나 승인한 교육에 관한 입법으로 성문법의 범주에 속한다.

한편, 정부가 제정하는 법으로서 교육에 관한 내용에 대하여 대통령령, 총리령 및 부령 등이 있다. 우리나라 「헌법」 제75조는 "대통령은 법률에서 구체적으로 범위를 정하여 위임받은 사항과 법률을 집행하기 위하여 필요한 사항에 관하여 대통령령을 발할 수 있다."로 규정하면서 입법부가 아닌 행정부가 법령을 제정할 수 있는 권한을 부여하고 있다. 이와 같은 법은 정부가 제정하는 이른바 정부입법으로, 모법인 국회에서 제정된 법률로부터 위임받은 사항이나 법률이 규정한 범위 내에서 법률을 집행하는 데 필요한 세부적인 사항을 규정하게 된다. 대표적인 예로는 「초 · 중등교육법 시행령」, 「초 · 중등교육법 시행규칙」 등이 있다. 마지막으로

자치법규는 지방자치단체가 법령의 범위 안에서 제정하는 규정이며, 해당 지방자치단체 지역 내에서 효력을 갖는 특징이 있다. 교육에 관한 대표적인 자치법규로는 지방의회가 제정하는 조례와 교육·학예에 관한 지방자치단체 집행기관인 교육감이 제정하는 교육규칙이 있다.

(2) 불문법

불문법은 법을 제정할 수 있는 기관의 절차를 통한 법조문 또는 법 문언의 형태가 아닌 법을 의미한다. 먼저, 관습법(慣習法)은 사회적으로 스스로 발생한 일정한 관행이 사회의 법적 확신 또는 법적 인식을 갖추면서 많은 사람에 의하여 지켜질 정도로 된 것을 의미한다(곽윤직, 2003:17). 관습법에 있어 핵심적인 요소인 '관행'은 교육에 관하여 상당히 긴 기간 동안 동일한 행위가 반복되고 그 사항에 관하여 일반적으로 동일한 행위가 진행될 것으로 예측되는 것을 의미하며, 이것이 법적 확신 또는 법적 인식에까지 이른 상태가 관습법이라 할 수 있다.

다음으로, 판례법(判例法)은 법원(法院)의 재판(판결·결정)을 통하여 형성되는 법이다. 통상적으로 법원에서의 재판은 구체적인 쟁송 사실에 대한 판단이자 그 사실에 관한 법률적 판단이 진행된다. 바로 이 법률적 판단이 쌓여서 일반적인 법칙으로 발전하게 되며, 추상적인 규범이 성립하게 된다(곽윤직, 2003:20). 특히, 우리나라 「법원조직법」 제8조제1항에서는 "상급법원 재판에서의 판단은 해당 사건에 관하여 하급심을 기속한다."라고 규정하고 있기 때문에 동 규정에 의하여 동일한 사건에 관한 재판이라 하더라도 최고심이라 할 수 있는 대법원의 판결 또는 결정은 판례법에서 중요한 의미를 지닌다.

마지막으로, 조리(條理)는 사물의 본질적인 법칙 또는 사물의 도리를 의미하며 인간의 이성에 의하여 생각되는 규범으로 일반적인 사회인이 보통 인정한다고 생각되는 객관적인 원리 또는 법칙을 의미한다(곽윤직, 2003:22). 조리는 일반적인 원칙으로 개별적·구체적인 사건의 법률적 판단의 기준으로 적용되기도 한다. 예컨대, 행정법 분야의 평등의 원칙, 신뢰보호의 원칙[7] 등이 대표적인 예라 할 수 있다. 보다 구체적으로 살펴보면, 성문법이라 할 수 있는 법률, 정부입법, 자치입법이 부재한 상황이고, 관습법이나 판례법도 없는 상황에서 쟁송이 제기되는 경우 법관은 당해 사건을 피할 수 없다. 따라서, 대륙법계 전통을 계수하고 있는 우리나라는 법령이 마련되지 않은 상황에서 쟁송이 제기되면 법관은 재판을 거부할 수 없기 때문에 조리는 성문법 그리고 관습법 및 판례법이 부재한 경우에 적용하게 된다. 이상의 내용을 도식화하여 제시하면 다음과 같다.

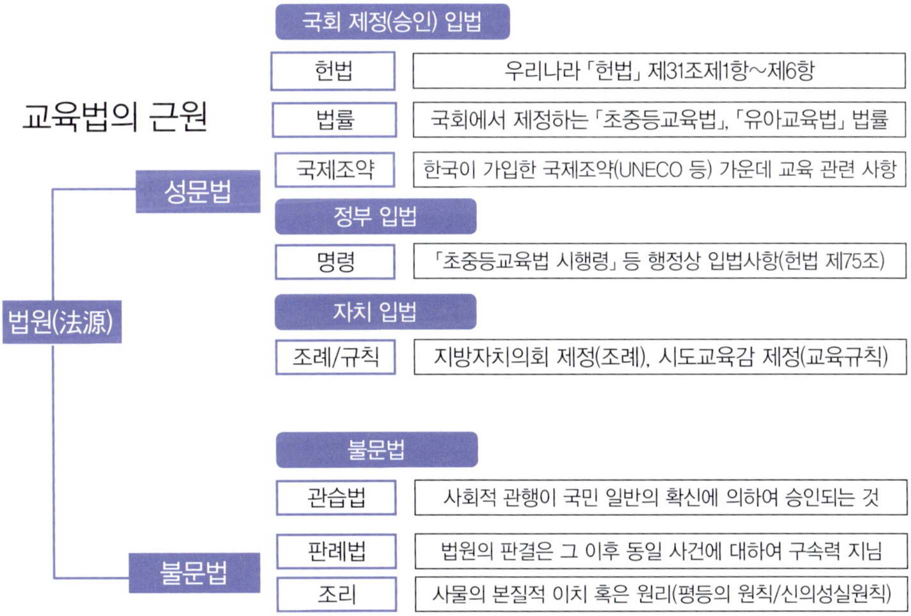

[그림 7-4] 교육법의 법원(法源)의 구조

---

7) 행정상 법률관계에 있어서 행정청의 견해(사업계획)에 대하여 신뢰하였고, 사업계획에 따라 일정한 자본금을 투자한 사업자의 귀책사유(책임)가 없으며, 행정청의 견해에 따라 사업 투자행위가 실제 이루어진 상황에서 행정청이 앞선 견해와 다른 견해(사업계획 철회)를 제시하는 경우 관계법령도 부재하고, 관습법 및 판례법도 부재한 경우라면 사업자의 권리구제는 '신뢰보호 원칙'에 따라 권리구제를 신청하게 되는 경우가 대표적이라 할 수 있다. 이와 같은 사례와 신뢰보호 원칙의 적용은 학교의 교육복지 분야에서도 자주 나타날 수 있는 사례라 할 수 있다.

2. 법령 적용의 일반 원칙

법령 적용의 일반원칙은 교육법에만 적용되는 원칙이 아닌 우리나라 모든 법에 적용되는 일반적인 원칙이다.

1) 특별법 우선의 원칙

대등한 법적 형식으로 이루어진 어떤 법령들에 있어 '일반적인 사항'을 규정하고 있는 법과 '특별한 사항' 또는 '특정한 사람 또는 지역'에 대하여 규정하고 있는 법이 있는 경우, 두 법령의 관계는 일반법과 특별법의 관계에 있다고 한다. 특별법 우선의 원칙이라 함은 일반법과 특별법 간의 관계에 있어서 특별법이 우선적으로 적용되고, 특별법에 규정이 없는 경우에 일반법이 적용되는 것을 의미한다. 예컨대, 우리나라 교원은 국가공무원으로 일반적으로는 「국가공무원법」의 적용을 받게 된다. 하지만, 교원이라는 특수한 신분적 지위로 말미암아 일반법인 「국가공무원법」보다 특별법인 「교육공무원법」이 우선 적용되며, 「교육공무원법」에 관련 규정이 흠결된 경우에는 「국가공무원법」의 적용을 받게 된다.

특별법 우선의 원칙

교육공무원법
[시행 2020. 2.21] [법률 제 16436호, 2019. 8. 20., 일부개정]

OR

국가공무원법
[시행 2020. 1.29] [법률 제 16905호, 2020. 1. 29., 일부개정]

교사에게 적용되는 법은 무엇인가?

- 교사는 교육공무원으로 「교육공무원법」과 「국가공무원법」 모두 적용 대상
- 「국가공무원법」은 일반법이며, 「교육공무원법」은 특별법
- '특별법 우선의 원칙'에 따라, 1차적으로 「교육공무원법」의 적용,
「교육공무원법」에 부재한 내용에 대하여 「국가공무원법」 적용

[그림 7-5] 특별법 우선의 원칙 예시

2) 신법 우선의 원칙

신법 우선의 원칙은 동일한 법령이 개정되거나 폐지되고 신설법령이 만들어지는 경우, 과거 법령보다 후에 만들어지는 법령이 우선적으로 적용되는 것을 의미한다. 이것은 법률의 개·폐와 관련하여 과거 법령보다 최신의 법령이 우선적으로 적용되어야 함을 의미한다. 따라서 교육행정가의 경우 가장 최신의 법령이 무엇인지 정확하게 숙지하고 있어야 한다.

[그림 7-6] 신법 우선의 원칙 예시

3) 상위법 우선의 원칙

상위법 우선의 원칙에 앞서 우리나라 법체계의 근간에 대한 검토가 필요하다. 우리가 익히 알고 있는 것처럼 우리나라에서 「헌법」은 최고의 법규범으로 「헌법」을 통하여 국회가 구성되고 국회에서 '법률'이 제정된다. 또한 국회에서는 법률을 제정할 때에도 법률의 위임 범위를 한정하여 행정부인 대통령 또는 각부에서 정부입법을 만들 수 있도록 위임하고 있다. 또한 지방자치단체인 교육조례와 교육규칙에 대해서도 법률의 위임 범위 내에서 제정할 수 있다. 이와 같은 구조를 살펴보면, 아래 그림처럼 헌법을 정점으로 '헌법~법률~명령/규칙(정부입법)~조례/규칙'과 같은 4단계 구조가 만들어진다.

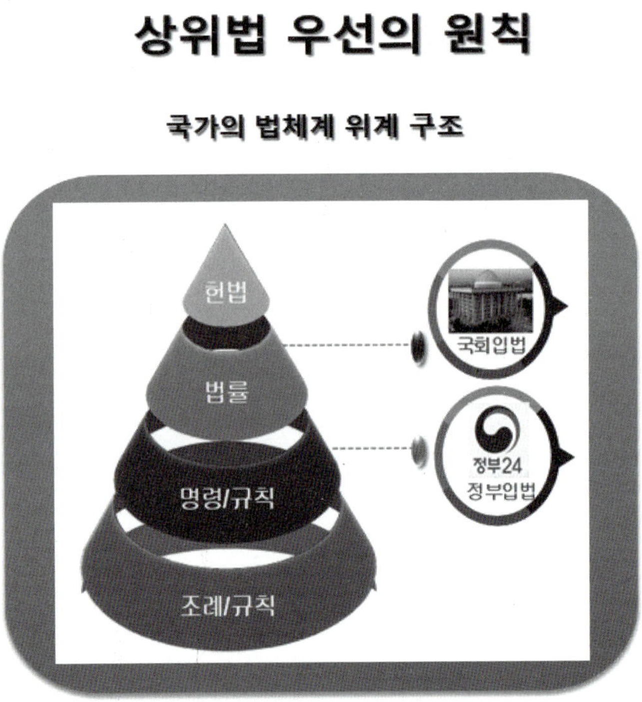

[그림 7-7] 상위법 우선의 원칙 예시

상위법 우선의 원칙은 4단계 구조 가운데 하위에 위치한 법령이 상위 법령에 위배하여 제정되거나 개정될 수 없으며, 하위 법령에서 위배 또는 배치되는 내용으로 제정 혹은 개정되는 경우 4단계 구조상 상위법에 위치한 법이 우선적으로 적용되는 것을 말한다.

3. 법조문 및 판례 탐색 방법

학교 현장 실무에서 교육행정을 담당하는 사람에게 가장 필요한 것 가운데 하나가 법조문을 탐색하는 것이다. 인터넷이 확산되기 이전에는 우리나라의 모든 학교 교무실 서재에는 '교육법전'이 꽂혀 있었다. 하지만 인터넷이 확산되면서 학교 현장 실무에 필요한 법조문을 검색하는 것이 가능해졌다. 또한 법조문 외에도 판례 검색도 인터넷을 통하여 검색하는 것이 가능해졌다. 학교에서 교육과정을 편성하거나 운영하는 데 있어 법조문 또는 판례를 탐색하는 것은 교육행정 실무를 담당하는 행정가에게 필요한 역량 가운데 하나라 할 수 있다.

1) 법조문 탐색 방법

우리나라에서 유치원·초·중등학교의 교육과정과 관련된 법조문은 「유아교육법」, 「초·중등교육법」을 찾아야 하며, 교원의 복무 및 승진과 관련된 규정은 「국가공무원법」 또는 「교육공무원법」을 탐색하게 된다. 앞서 법원(法源)에서 언급한 것처럼 이들 법령은 국회에서 제정한 법률이며, 정부입법인 「~시행령」, 「~시행규칙」 등도 탐색이 가능하다. 한편, 지방자치단체인 시·도교육청과 시·의회가 제정하는 「교육규칙」 및 「교육조례」도 탐색이 가능하다. 먼저, 인터넷 검색엔진에서 '국가법령정보센터(www.law.go.kr)'를 검색하고 링크를 통해 접속한다. 국가법령정보센터에서는 아래와 같이 서비스를 제공하고 있다. 첫 번째 메뉴부터 살펴보면, '법령(법률)', '자치법규(교육조례 및 규칙)', '행정규칙(정부입법)' 등의 법령을 검색할 수 있다.

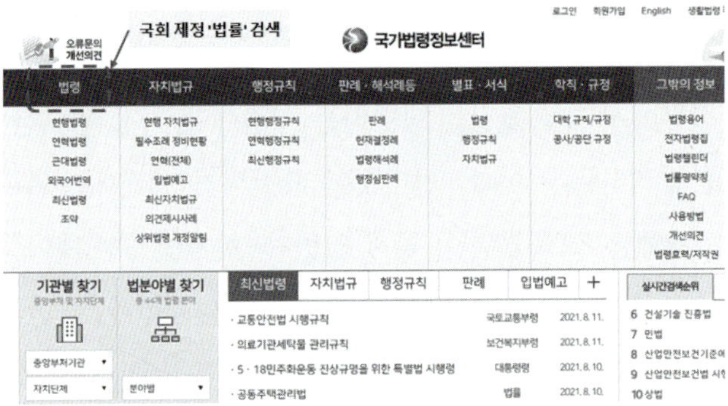

[그림 7-8] 국가법령정보센터 홈페이지

국가법령정보센터 홈페이지 검색창에서 학교교육과 관련이 있는 법령명 또는 법조문의 용어를 검색한다(아래 ②번). 관련 법령을 검색하면 아래 그림의 ③번과 같이 관련 법령들이 나타난다. 이 가운데 내가 찾고자 하는 법령을 검색하게 되면 아래 그림의 ④번과 같이 관련 법조문의 세부적인 내용을 검색할 수 있다.

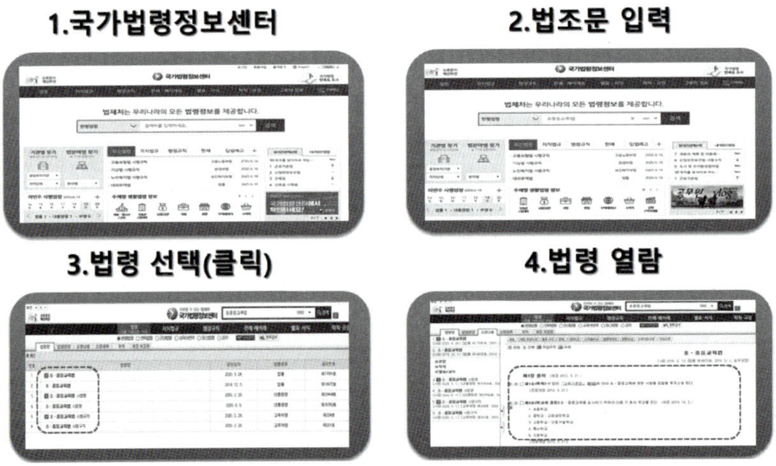

[그림 7-9] 교육 관계 법령 탐색 방법

2) 판례 탐색 방법

앞서 법원(法源)에 관한 설명에서 '판례법'은 불문법원의 한 종류라는 점을 언급하였다. 앞서 살펴본 '법령 검색'을 통하여 학교교육과정 또는 교원 복무 등에 관한 규정이 존재한다면 해당 규정을 통하여 해결하면 되지만, 그렇지 않은 경우도 있다. 관련 법령이 부재한 경우에는 판례 검색에서 관련 유사사건에 대한 탐색을 통하여 모종의 교육사안에 대한 지혜를 얻을 수도 있다. 먼저, 인터넷 검색엔진에 '대법원 종합법률정보(glaw.scourt.go.kr)'를 검색한다. 대법원 종합법률정보 홈페이지 검색창에서 학교교육과 관련이 있는 관련 용어를 검색한다(아래 ②번). 관련 용어를 검색하면 아래 그림의 ③번과 같이 관련 사건들이 나타난다. 이 가운데 내가 찾고자 하는 사건을 검색하게 되면 아래 그림의 ④번과 같이 관련 판결문을 확인할 수 있다.

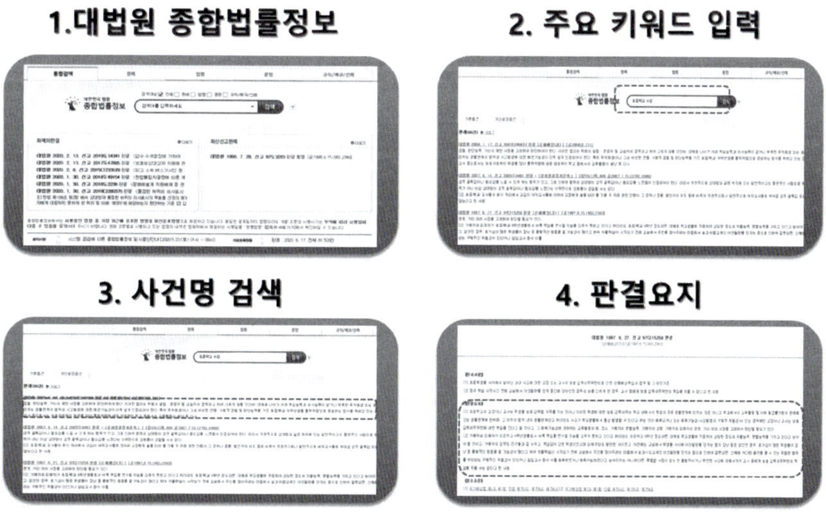

[그림 7-10] 교육 관계 판례 탐색 방법

한편, 교육과 관련된 권리·의무 관계 또는 헌법소원 등 헌법과 관련이 있는 판결문의 경우에는 '헌법재판소(https://search.ccourt.go.kr/)'를 통하여 검색이 가능하며 판례검색 방법은 위와 같다.

4. 학교교육과정 운영에 관한 법 적용 사례

우리는 지금까지 교육법의 개념, 성격, 법원, 법령 적용의 일반원칙 및 판례 검색 방법까지 살펴보았다. 마지막으로 '교육법'의 실제 적용(법해석)은 어떠한가를 살펴보도록 한다. 교육법 분야에서 법해석에 앞서 법학의 기초 분야의 내용이라 할 수 있는, '권리', '의무', '권능', '권한' 등과 같은 법적 개념을 먼저 이해할 필요가 있다. 나아가 교육법 가운데 여러분이 학교 현장에서 자주 만나게 되는「초·중등교육법」은 세부적인 내용에 따라 차이는 있지만 대부분 공법 분야의 법해석 방법을 적용하게 된다. 여기에서는 여러분이 학교 현장에서 자주 접하게 되는「초·중등교육법」의 학교교육과정 운영과 관련하여 법해석 적용의 사례를 제시하도록 한다.

공법의 대표적인 법은 '행정법'이다. 행정법은 행정조직과 행정작용에 관한 국내 공법을 의미하는 바, 교육법 가운데 학교교육과정의 편성·운영과 관련된 내용들 대부분은 국·공·사립의 학교[8]에서 진행되고 있으므로 행정법과 모종의 관계를 가지고 있다. 아래에 제시된 것처럼 두 개의 법조문부터 살펴보도록 한다.

8) 국·공립학교에 행정법이 적용되는 것은 이해가 되지만, 사립학교에 행정법이 왜 적용되어야 하는가에 대해 의문이 제기될 수 있다. 우리나라「사립학교법」제1조에서는 "이 법은 사립학교의 특수성에 비추어 그 자주성을 확보하고 공공성을 높임으로써 사립학교의 건전한 발달을 도모함을 목적"으로 한다고 명시하고 있고,「교육기본법」제9조제2항에서는 "학교는 공공성을 가지며...(하략)." 라고 규정하고 있다. 이 외에도 사립학교와 관련된 각종 학교행정업무 등은 '공적인 임무를 사인이 수행하는 것'으로 파악하는 공무수탁사인의 관점에서 공법, 즉 일정 부분 행정법의 적용을 받는 것으로 볼 수 있다(권순형·김도기, 2012 : 6-8).

「초 · 중등교육법」
第17조(학생자치활동) 학생의 자치활동은 권장 · 보호되며, 그 조직과 운영에 관한 기본적인 사항은 학칙으로 정한다.

「초 · 중등교육법 시행령」
第30조(학생자치활동의 보장) 학교의 장은 법 제17조의 규정에 의한 학생의 자치활동을 권장 · 보호하기 위하여 필요한 사항을 지원하여야 한다.

먼저, 위의 조문 가운데 「초 · 중등교육법」 시행령 제30조(학생자치활동의 보장)에는 "학교의 장(법주체)은 법 제17조의 규정에 의한(내용①) 학생의 자치활동을 권장 · 보호하기 위하여 필요한 사항(내용②)을 지원하여야 한다(어떻게)"라고 규정되어 있다. 여러분은 법조문을 읽을 때, 제일 먼저 '누가'에 해당되는 주어를 살펴야 한다. 해당 규정이 '누구'로부터 시작되는 것을 이해하는 것은 법주체가 누구인지를 판단하는 작업에 해당된다. 만약, 법조문이 '학생은(이)'으로 시작되는 조문이라면 해당 조문의 법주체는 학생이 되며, '교원은(이)'으로 시작되면 해당 조문의 법주체는 교원이 된다. 「초 · 중등교육법 시행령」 제30조의 법주체는 '학교의 장'으로 되어 있으므로 학교장이 법주체가 된다.

한편, 법률요건에 해당되는 '내용'이 무엇인지 검토해야 한다. 「초 · 중등교육법 시행령」 제30조에서는 크게 두 가지의 내용을 포함하고 있다. 먼저, '내용①'에 해당되는 것은 '법 제17조의 규정'이 해당된다. 시행령에서 '법 제17조'는 모법인 「초 · 중등교육법」을 의미하며, 이 경우 여러분은 「초 · 중등교육법」 제17조를 찾아야 한다. 「초 · 중등교육법」 제17조에서는 "학생의 자치활동은 권장 · 보호되며, 그 조직과 운영에 관한 기본적인 사항은 학칙으로 정한다."로 규정되어 있으며, 이를 통해 '학생의 자치활동은 권장 · 보호되고 자치활동 조직과 운영을 위한 기본적인 사항은 학칙'으로 한다는 것을 알 수 있다. 이것은 국회에서 제정입법인 「초 · 중등교육법」 제17조에서 학생의 자치활동의 조직 및 운영 등의 규정을 직접 규정하지 아니하고, 개별학교마다 상황이 다르다는 것을 감안하여 정부입법인 「초 · 중등교육법 시행령」에 위임한 것이다. 따라서 「초 · 중등교육법 시행령」을 해석할 때, 모법인「초 · 중등교육법」의 해당 조문을 찾아서 함께 찾아 검토해야 한다.

다음으로 '내용②'는 '학생의 자치활동을 권장 · 보호하기 위하여 필요한 사항'으로 규정되어 있다. 학교의 장은「초 · 중등교육법」 제17조의 내용을 학교에서 구체적으로 조직 및 운영하기 위하여 필요한 사항을 검토하게 된다.

마지막으로 법률행위에 해당되는 '어떻게'에 해당되는 '지원하여야 한다'를 검토하면 이것은 법주체(학교의 장)가 법내용(법내용①과 법내용②)을 토대로 어떠한 행위를 하여야 하는가를 의미한다. 여기서, 법률행위에 해당되는 내용은 크게 두 가지가 있다. 법조문의 후단부에 '~하여야 한다'라고 규정된 경우와 '~할 수 있다'로 규정되는 두 가지가 있다. 전자의 경우, 행정법 분야에서 기속행위로 언급되며 이것은 법주체가 법률요건(법내용)에 해당되면 해당 행위를 반드시 해야 함을 의미한다. 반면에 후자인 '~할 수 있다'의 경우는 행정법 분야에서 재량행위로 언급되며 법주체가 법률요건(법내용)과 관련하여 해당 행위를 할 것인지 하지 않을 것인지를 결정할 수 있다.

학교 현장 실무에 있어 여러분이 자주 접하게 되는「초 · 중등교육법」 및 동법 시행령을 검토할 때, 법률행위에 해당되는 후단부의 내용이 어떠한가에 따라 교육공무원인 여러분의 학교교육과정 운영에 있어 '반드시' 해야 하는 부분과 '임의로' 해야 하는 부분으로 구분된다고 할 수 있다. 이상의 내용을 정리하여 제시하면 [그림 7-11]과 같다.

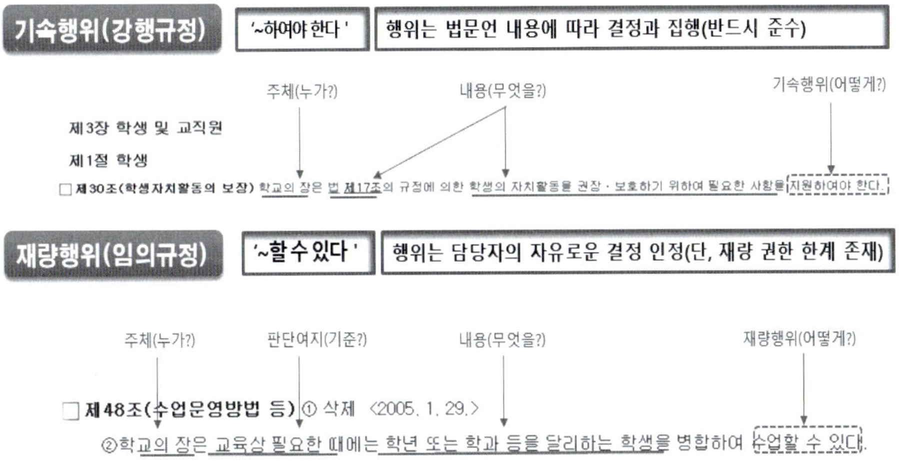

[그림 7-11] 학교교육과정 관계 법해석(예)

이상 검토한 것처럼 교사가 되고자 하는(혹은 현직 교사) 여러분에게 교육법에 대한 이해는 필수적이다. 한 가지 명심해야 할 것은 교육법이 학교교육의 규준으로 의미가 있는 것은 분명하지만, 학교교육과정의 운영 및 학생생활지도에 있어 교육법의 엄격한 적용은 교육의 본연의 의미를 구현하는 데 있어 제약이 될 수 있다는 점도 명심해야 한다. 앞서 살펴본 대로 교육법은 학교교육의 '자율'을 일정 부분 '통제'하는 기능을 갖고 있기 때문에 학교의 자율성을 고려할 때, 엄격한 법 적용은 최소한[9]이어야 한다는 점을 상기하기 바란다.

9) 학교교육의 모든 분야에서 법 적용이 느슨해야 함을 의미하는 것은 아니다. 학생들의 권리·의무 관계에 발생·변동이 예상되는 학생평가(특히, 학교생활기록부 작성), 입시 및 학생징계 등에 있어서는 엄격한 법 적용이 필요하다.

CASE STUDY 해설

● 우리나라에서 교원은 교육공무원으로 「국가공무원법」과 「교육공무원법」의 적용을 받고 있다. 따라서, 헌법상 명시된 공무원의 의무와 책임이 따르게 된다. 우리나라 「헌법」 제7조 제1항에서 "공무원은 국민 전체에 대한 봉사자이며, 국민에 대하여 책임을 진다."라고 명시되어 있다. 먼저, 공무원은 국민 전체에 대한 봉사자이다. 따라서, 사례에서 제시된 '사회적으로 지탄을 받을 수 있는 부적절한 활동'은 국민 전체에 대한 봉사자로서 이미지를 실추시킬 수 있으므로 허용될 수 없으며, '특정 인물을 비방하거나 폭력적이거나 선정적인 영상을 수록하는 것' 역시 사회통념상 공무원에게 허용될 수 있는 것으로 보기 어렵기 때문에 허용될 수 없다.

한편, 교원이 업체 협찬을 받거나 특정 상품을 홍보함으로써 물품을 취득한 경우, 라이브 방송을 통하여 금전적 이득을 취하는 경우 등은 「교육기본법」 제6조제1항 교육의 중립성 원칙에 위배될 가능성이 있다. 우리나라 「교육기본법」 제6조제1항의 후단부에서는 '정치적, 파당적 또는 개인적 편견을 전파하기 위한 방편'으로 교육이 이용되어서는 아니된다라고 명시하고 있는 바, 해당 유튜브 활동을 하고 있는 교원이 '교육'과 관련된 주제로 개인의 의견을 피력하거나 금전적 이득을 취득하는 것 역시 허용될 수 없다.

일각에서는 교사가 국가공무원이기에 앞서 '자연인'이기 때문에 헌법상 표현의 자유를 가지고 있고 이로 말미암아 앞서 언급한 「헌법」 제7조 및 「교육기본법」 제6조의 제약이 과도하다는 주장이 제기될 수도 있다. 그 논거로는 우리나라 국민에게는 「헌법」 제21조 표현의 자유가 보장되어 있고, 「헌법」 제37조제2항에서는 국민의 모든 자유와 권리는 국가안전보장·질서유지 또는 공공복리를 위하여 필요한 경우에 한하여 법률로써 제한할 수 있으며, 제한하는 경우에도 자유와 권리의 본질적인 내용을 침해할 수 없다는 점을 근거로 들 수 있다.

여기에서 쟁점은 교사의 표현의 자유가 「헌법」 제37조제2항의 요건인 '국가안전보장, 질서유지 또는 공공복리'를 위해 교사의 유튜버 활동 제약이 가능한가를 검토할 필요가 있다.
첫째, 교사는 헌법과 법률이 정하는 바에 따라 일정한 자격과 임용 절차를 거쳐 학교교육을 위해 임용되었다는 점이다. 즉, 교사는 학교에서 교육활동을 목적으로 임용된 자이지 유튜버 활동을 위해 임용된 자는 아니라는 점이다.
둘째, 관계 법령에서 교사의 유튜버 활동을 허용하는 것은 유튜버 활동이 교육활동에 도움이 될 수 있기 때문에 일정한 기준을 정하여 허용하고 있는 것이지, 금전적 수익 창출 또는 정치적 의견 피력 등 헌법과 법률에서 정한 공무원으로서 기대되는 수준을 넘어서는 행위까지 허용하는 것은 아니다.
셋째, 교사의 유튜버 활동을 전면적으로 허용하게 되는 경우 금전적 수익 창출을 기대하는 교원이 증가할 우려도 있으며, 이로 말미암아 교직에 헌신하며 성실하게 교육활동에 임하는 다른 교원에게 악영향을 미칠 우려도 있다. 이와 같은 세 가지 이유로 「헌법」 제37조제2항의 기본권에 대한 제약은 일정 부분 필요한 것으로 볼 수 있다.

요컨대, 교사의 유튜버 활동은 '교육의 목적' 달성을 위해 필요 최소한으로 그쳐야 하며, 교육의 목적 달성과 관련된 활동에 있어서도 일정한 제약 기준은 필요하다. 다만, 교사의 유튜버 활동에 대한 제약 기준을 설정함에 있어 교사의 표현의 자유를 과도하게 제약하고 있는 것은 아닌지 세심한 고려와 검토 후에 설정되어야 하며, 이 과정에서 「헌법」 제37조제2항에서 언급하는'자유와 권리의 본질적인 내용을 침해할 수 없다'는 점이 반드시 고려될 필요가 있다.

CHAPTER 08

장학론

학습 목표

- 장학의 발달에 대한 경향성을 이해한다.
- 장학을 구분할 수 있다.
- 현장에서 이루어지는 장학의 실태를 파악하고, 성공적 장학에 대해 설명할 수 있다.

앞서 1장에서 교육행정의 개념 가운데 '국가통치권론'을 살펴보았다. 국가통치권론은 국가 본연의 목적을 달성하는 데 있어 교육행정을 '교육'에 관한 행정이라고 보는 입장이다. 또한, 교육을 중심에 두고 행정은 수단적으로 바라보는 '조건정비론', 그리고 구성원들의 협동을 통한 교육목표 달성을 중요하게 바라보는 '협동행위설' 등도 검토하였다. 교육행정에 대한 이와 같은 개념적 구분 가운데 국가통치권론과 조건정비론을 비교해 보면, 전자는 국가가 교육을 주도하는 것으로 볼 수 있고 후자는 교육이 우선이며 교육을 위해 국가의 지원이 필요한 것으로 이해할 수 있다.

국가 입장에서 교육은 포기할 수 없는 중요한 국가 과업 가운데 하나이다. 이를 위해 국가가 행정적 우위에서 주도하는 방식으로 교육을 이끌었던 시절도 있었고, 이를 통하여 소기의 성과를 거둔 적도 있었다. 하지만, 과도한 국가주도 교육 관점으로 말미암아 교육의 획일화 · 정체화 등이 나타나게 되었고 교육목표의 실현은 요원해지며 교육목표 달성을 위해 행정적 지원이 필요하다는 관점이 나타나게 되었다. 과거와 달리 어느 정도의 교육적 기반을 갖추고 있는 오늘날, 교육행정에 대한 관점이 다원화와 교육의 중요성을 인식하는 것으로 변화하고 있다. 이런 시기에 교육 구성원들 간 협력을 통한 거버넌스 구축을 통하여 교육목표를 달성하고자 하려는 것으로 이해한다면 하나의 교육 발전 스토리를 만들어 갈 수 있을 것이다.

장학에 대한 개념적 특징을 간략하게 언급한다면, 교사의 수업 개선에서, 그리고 나아가 '보다 좋은 학교'를 만들기 위한 유 · 무형의 조언 · 지원 행위로 이해될 수 있다. 하지만, '장학' 하면 으레 '장학사'라는 분이 학교를 방문하고, 장학사님이 참관하는 공개수업을 위해 교실 청소는 물론이며 선생님께서 며칠을 밤 · 낮으로 공개수업을 준비하는 모습을 떠올리게 된다. 장학의 현실에 있어 이와 같은 모습이 나타나는 이유는 무엇인가? 이번 장에서는 장학의 개념을 살펴보고, 장학의 유형을 탐색하며, 장학의 최신 경향들도 확인해 본다. 마지막으로 실제 현장에서의 장학의 모습은 어떤지에 대해서 살펴보도록 한다.

1. 장학의 개념

장학의 개념은 어떤 관점에서 접근하느냐에 따라 다르게 이해될 수 있다. 시대와 장소, 사회적 상황에 따라 장학의 역할과 기능은 변모해 왔으며, 이론적·학술적 지지 경향도 달라져 왔다.

먼저 언어적 접근을 통해 장학의 의미를 살펴보고자 한다. 우리나라에서 사용되는 장학은 한자어로 '獎學'으로 쓴다. 권면할 '장', 배울 '학'인 바, '권면하다'는 '권하고 격려하여 힘쓰게 한다'는 의미[1]이다. 장학의 한자 뜻을 그대로 풀이하면 '배우는 것을 권하고 격려하여 힘쓰게 한다'로 해석할 수 있다. 학습하는 것을 권하는 진정한 교육적 의미를 표현하고 있는 것이다. 그런 의미에서 한자로 표기된 장학은 교육적 속성을 잘 드러내고 있다. 그러나 한자 풀이는 당위적 모습을 설명하고 있어 교육 전반의 활동이 모두 '장학'이 될 수 있다는 점에서 개념으로서 한계가 있다.

장학의 영어 표기는 미국과 영국에서 조금 다른 맥락에서 접근하고 있지만, 기본적으로는 교육을 잘 하고 있는지를 '감시'한다는 의미를 내포하며, 이는 위에서 아래로의 교육적 접근에 가깝다. 미국에서 장학은 'supervision'으로 'super'와 'vision'이 합쳐져 '위에서 바라본다'는 의미의 '감독'이라는 어원을 가진다(주삼환, 2003:14). 영국에서는 'inspection'으로 '시찰'이나 '감사' 등의 의미를 갖는다(주삼환, 2003:14-15). 영어 풀이는 장학의 실제적 모습을 반영하고 있으며, 잘 되고 있는지 점검하는 방식이 곧 장학이 된다. 이와 같은 접근은 장학의 본질적 속성에 대한 접근이 부족하다. 한편 교육이 갖는 평등적 속성에서 생각해 볼 때, 특히 교육행정에서의 전문적 관료제 속에서, 'supervision'이나 'inspection'과 같은 위계적 의미를 갖는 용어가 최근의 교육환경에 적절한 표현인지도 생각해 볼 필요가

1) 'NAVER 한자사전' 참고(2021.07.04. 검색)

있다[2].

장학의 개념을 언어적으로 접근할 때, 한자어는 평등한 관계 속에서 시행되는 교육적 접근으로 이해되지만, 너무 광범위하여 개념적 한계를 갖는다. 반대로 영어 표기는 장학의 의미를 한정하여 표현하고 있지만, 감독과 지시적 속성을 가진 다소 위계적 의미를 갖는다는 점에서 교육적 접근이 부족하다는 한계를 갖는다. 결국 언어적 접근에서는 어원을 통해 근원적 의미에 대한 속성 정도를 이해할 수 있지만, 현장에서 혹은 개념적으로 더 명확한 표현을 하고 있다고 보기 어렵다.

다음으로 학문적 접근을 통해 장학의 개념을 살펴보고자 한다[3]. 학문적 접근은 대체로 문헌에 대한 연구이거나 현장에 기반을 둔다는 점에서 보다 종합적이면서도 구체적인 개념화가 가능하다. 다만, 학문적 접근은 당시의 시대적 사회상이 반영된다는 점과 관점의 차이가 있어 합의된 개념으로 도출되기 어렵다는 한계를 갖는다. 이는 앞서 '장학'이라는 한자 표기에서 살펴본 것과 같이 우리나라에서의 장학의 의미는 '배움을 격려하는 것'으로 해석할 수 있다는 점에서 너무도 다양한 의미를 갖게 하기 때문이라 할 수 있다.

이에 따라 학문적으로 논의되는 장학의 관점은 넓은 의미에서 '교육의 질 관리 기제'로서의 장학(이종태, 2004)으로 보는 것과 교육 중에도 명시적으로 수업에 국한하여 '교사의 수업 개선'(허병기, 1997; 2013)에 목적을 두는 것이 대표적이다. 이 두 관점은 나름의 타당성을 가지고 있지만, 대다수의 논문에서 수업에 초점을 맞춘 장학을 다루고 있으며(김희연, 허병기, 2018:42), 수업 외의 영역까지 고려한다면, 장학은 교육행정의 목적 그 자체가 될 수도 있을 것이다. 이런 점을

2) Glickman, Gordon과 Ross-Gordon(2014)의 책에서는 SuperVision이라고 철자를 대문자로 하여 수업을 개선하는 새로운 장학으로 표기하기도 한다.

3) 장학에 대한 학문적 접근은 크게 이론적 접근과 실제적 접근으로 구분될 수 있다. 이론적 접근이 장학에 대한 당위적이고 이상적 측면을 강조하며 방향성을 제시하고 있다면, 실제적 접근은 장학의 현장에 대한 다양한 분석들을 토대로 방향성을 제시한다. 결론적으로 이론적 접근과 실제적 접근 모두 장학의 이상향을 제시하는 경우가 많으며, 이는 연역적 접근과 귀납적 접근으로 접근하는 논리적 방식에서의 차이는 있지만, 결국 현실의 부족한 부분에 대한 결핍에서 출발한다는 점에서 비슷한 관점을 갖는다고 볼 수 있다.

고려할 때, 장학은 수업에 한정하는 것이 적절할 것으로 보고 여기에서는 이와 관련한 개념을 중점으로 다루고자 한다[4].

장학이라는 용어 자체가 학문적 연구를 통해 형성되었다는 점에서 앞서 언어적 접근에서 한자로 표기되는 장학의 의미와 크게 다르지 않다. 이에 따라 장학은 학습에 대한 장려로 볼 수 있으며, 학습의 주체인 학생을 대상으로 한다고 볼 수 있다. 이윤식과 신유식(2016:360)은 장학의 본질을 "학생들의 지적, 정의적, 신체적 성장·발달이라는 교육목표를 효율적으로 달성할 수 있도록 교원을 대상으로 한 직간접적 지도·조언 활동"이라고 보고 있으며, 허병기(1997)는 장학의 개념 혹은 본질은 "기본적으로 교사의 수업행위에 대한 전문적 조력"이라고 한다. 글릭만 외(Glickman et al., 2014)의 저서인 '*SuperVision and instructional leadership*'에서 장학에서 수업에 초점을 맞추고 있는 것이나 서지오반니와 스타라트(Sergionvanni & Starratt, 2007:8-9; 김희연, 허병기, 2018:425 재인용)가 장학 리더십을 수업에 초점을 맞추어 논의하고 있는 것을 볼 때, 장학은 수업의 개선이 그 중핵이며, 궁극적 목적은 학생의 성장과 발달에 있다할 수 있다. 결국 장학의 개념은 "교육목표 달성을 위한 수업에 대한 전문적 조력활동"이라고 볼 수 있을 것이다.

---

4) '교육의 질 관리 기제'로서의 장학의 관점에서 볼 때 수업에 초점을 맞춘 장학은 '수업장학'에 해당한다고 할 수 있을 것이다(김희연, 허병기, 2018:426).

CASE STUDY 8

임상장학을 준비하고 있는 2년차 교사 김신입 선생님은 어떤 주제의 수업을 진행할지 고민하고 있다. '내가 잘할 수 있는 주제는 뭐지? 학습자 중심의 수업으로 진행할 수 있을까? 수업이 잘 되려나? 내가 실수하는 건 아닐까? 실수를 예방하는 차원에서 아이들과 미리 연습을 해 보는 것도 필요할까?' 등의 여러 고민들이 밀려온다. 그러면서 동시에 '어차피 한 번 하고 마는데 이렇게 고민할 필요가 있나? 이렇게 한다고 뭐가 더 나아지는 걸까? 너무 고생만 하는 것 같은데? 왜 신입교사들만 임상장학을 하지? 보여주기식 수업이 정말 필요할까? 그냥 평소의 내 수업을 그대로 보여 주면 되는 거 아니야?'와 같은 생각도 하게 되었다.

김신입 선생님은 옆 반의 15년차 경력의 이중견 선생님께 임상장학에 대한 자신의 생각과 고민을 이야기했다.

김신입 : 이 선생님! 임상장학을 준비하려는데, 생각과 고민이 너무 많네요. 일단은 수업을 공개하는 것이다 보니 잘해야겠다는 생각에 부담이 되네요. 그러면서도 이렇게 준비한 수업을 보여 주는 것보다 그냥 원래의 내 수업을 그대로 보여드리고, 바꿀 부분들을 평가받는 것이 더 나을 것 같다는 생각도 하게 돼요. 어떻게 하는 것이 좋을까요?

이중견 : 선생님, 너무 부담 가지실 필요 없습니다. 수업을 보여 주는 것이 부담이 되는 것은 누구나 마찬가지겠지만, 열심히 준비하는 과정이 더 의미 있는 것 같습니다. 결국 임상장학의 목적 자체가 조금은 더 나은 수업이 될 수 있게 하는 것이니까요. 공개수업을 준비함으로써 더 나은 수업이 될 것이고, 수업에 대한 코멘트들을 통해서도 생각할 거리들이 생길 테니까요. 그리고 수업을 평가한다는 개념으로 받아들이기보다 학생들의 학습이 어떻게 이루어지고 있는지를 확인하는 과정으로 이해하시면 어떨까요?

김신입 : 네. 그렇지만 결국 수업을 보다 보면, 제가 평가받게 되는 것 같아서 부담이 커요.

이중견 : 저도 그런 생각들을 했어요. 지금도 크게 달라지지는 않았구요. 하지만 결국 그 과정에서 저도 조금은 교사로서 전문성을 갖추게 된 것 같네요. 수업에서는 신경 쓸 부분이 많잖아요? 그런 부분들을 서로 다른 관점에서 이야기 나누다 보면, 함께 발전할 수 있는 계기가 될 겁니다. 그런 계기가 장학이 될 수 있을 것이구요.

CASE STUDY 8

김신입 : 그렇게 생각할 수도 있겠네요. 그렇다면 모든 선생님들께서 임상장학을 하는 것은 어떨까요?

이중견 : 모든 선생님들께서 장학을 하게 되는 것이 좋을 수도 있겠네요. 서로의 수업을 공유하며, 다양한 논의들이 이어질 수 있도록. 그렇지만 교사의 경력에 따라 중요하게 다루어야 할 부분이 다를 수 있다는 점도 고려되어야겠지요.

- 장학은 일회성 행사일까? 아니면 수업 전문성 발달의 연속선상에 있는 한 부분일까? 어떤 접근이 더 현실적, 혹은 나아가야 할 방향일까?

- 장학이 잘 이루어지기 위한 조건에는 어떤 것들이 있을까?

2. 장학의 구분과 발달

장학은 구분하는 기준에 따라 다양한 명칭들을 갖는다. 참여자, 목적, 진행 방식 등에 따라 명칭들을 구분할 수 있다. 여기에서는 그런 기준에 따라 장학들을 살펴보고자 한다. 그리고 이와 같은 구분은 장학의 발달과도 관련되어 있다. 현장에서의 요구나 필요가 반영되거나 기술의 발달 등으로 장학들이 변화하고 새로운 방식의 장학들이 등장하면서 그 방식을 구별하고 규정하는 용어가 만들어졌기 때문이다. 본 절에서는 이와 같은 내용들을 살펴본다.

1) 장학의 구분

(1) 참여자에 따른 구분

① 혼자 하는 장학: 자기장학

수업에 대한 개선을 위해 스스로 노력할 수 있다. 이처럼 자신의 수업에 대해 돌아보며 장학활동을 하는 것을 '자기장학'이라고 한다[5]. 글자 그대로 교사가 자신을 대상으로 장학활동을 한다는 의미인 것이다(이윤식, 강호경, 2007:57). 즉, 장학의 개념에 비추어 볼 때 "자신의 수업을 스스로 개선해 가는 것"이라고 볼 수 있을 것이며, 이는 전적으로 수업활동 상황에 초점이 맞추어질 필요가 있다.

수업을 개선한다는 것은 우선 교사 스스로가 무언가 부족한 상황을 인식하거나 발전의 욕구를 가지고 있을 때 가능할 것이다. 그런 점에서 볼 때, 자기장학은 쇄신하고자 하는 스스로의 의지와 노력이 바탕이 된다. 이를 바탕으로 수업의 어떤 부분을 어떻게 바꾸어 갈 것인지 목표를 설정하고, 설정된 목표를 달성하기 위해 구체적으로 어떤 활동을 할 것이며, 이후 실제적인 변화나 개선이 있었는지를 확인하고 피드백한 뒤 다시 계획하여 활동하는 반복적 과정으로 생각해 볼 수 있다.

---

5) 대부분의 자기장학에 관한 연구는 교사의 전문성과 관련된 영역 전반을 다루고 있으며, 교사의 다양한 방식의 전문성 개발을 포함하고 있다. 여기에서의 자기장학은 수업 영역에 초점을 맞추었다.

자기장학의 일반적 절차로는 계획, 실행, 결과 협의(이윤식, 강호경, 2007)로 제시하기도 하며, 이후 피드백까지(강주연, 정정희, 2016) 제시하기도 한다. 이와 같은 연구들을 바탕으로 자기장학의 절차는 문제상황 발견(혹은 인식), 계획, 실천, 결과 협의, 피드백의 과정으로 제안할 수 있다.

문제상황 발견		계획		실천		결과 협의		피드백
반성과 성찰 주변의 시선 교원 평가	⇒	목표 설정 방법 및 일 정 설정	⇒	수업 분석 (녹음·녹화) 학생 의견 조사	⇒	개선 방안 모색 (주변 교원과의 협의, 연수 참 여 , 관련 문헌 탐색 등)	⇒	자신의 부족 한 부분 보완 정도 확인 자기장학 과정 정교화

[그림 8-1] 자기장학의 절차

출처: 이윤식, 강호경(2007)과 강주연, 정정희(2016)의 연구를 바탕으로 재구성.

자기장학을 실천하는 방법에는 녹음이나 녹화를 통한 수업 분석, 학생 의견 조사 등을 활용할 수 있으며, 분석의 결과에 따라 문헌 탐색이나 연수 참여 등 스스로 찾아가는 방식을 활용할 수 있을 것이다(이윤식, 강호경, 2007:59, 64). 수업에 대한 분석 이후 주변의 전문가에게 조언을 듣는 것도 한 방식이 될 수 있다(이윤식, 강호경, 2007:64).

교직발달 과정에 따라 자기장학 실천 영역이나 주제에 차이가 발생할 수 있으며(강주연, 정정희, 2016), 교사발달 수준이 높은 교사에게 조금 더 적합한 방식이라고 할 수 있다(조부경, 백은주, 2002). 최근 교사의 자율성이 강조되고 있는 현장의 상황에서 교사의 주체성을 통한 전문성 개발이라는 점에서 중요한 장학의 한 유형으로 볼 수 있다.

② 동료교사와 함께 하는 장학: 동료장학, 수업비평

동료교사와 함께 하는 장학으로 대표적인 장학은 동료장학이 있다. 동료장학은 수업 개선과 교수능력 향상을 위해 교사들이 서로 협력하고, 서로의 전문성과 경험을 같이 나누며, 교사 상호 간의 협동적 인간관계를 통해 상호 존경과 지지, 이해와 도움을 주는 활동이다(김정환, 2003; 오은석, 2020:126에서 재인용). 앨런(Allan, 1987; 오은석, 2020:126에서 재인용)은 동료장학을 두 명 이상의 교사가 서로의 교실을 관찰하고, 관찰한 결과를 토대로 피드백을 제공하고, 공동의 문제를 토의하는 등 교사의 전문성 개발을 위해 함께 일하는 중간 수준의 공식적인 과정이라고 하였다. 이렇게 볼 때 동료장학의 목적은 자기장학과 같이 수업의 개선이며, 이를 위해 주변의 동료교사와 함께 한다는 점에서 차이가 있다고 볼 수 있다.

동료장학이 강조된 것은 현장에서의 민주화와 자율화 분위기가 강조되면서 교내장학의 필요성이 대두되는 것에서 출발하여(이민희 외, 2010:2) 수평적 관계에서 장학활동이 이루어질 수 있다는 점 때문이라 할 수 있다(정경선, 임은미, 2019:455). 그리고 자기장학이 이루어질 수밖에 없는 여건의 조성을 위해서 필요하다고 보기도 한다(윤기옥, 1995:247). 이는 그간의 장학이 상위교육행정기관인 교육부나 교육청, 교육지원청 중심의 강제성이나 위계성을 가진 상황에서 수평적 관점의 접근으로 변화하고 있는 것으로 볼 수 있다. 동료장학은 수직적으로 원장의 지도와 감독으로 이루어지는 장학이 아니라 교사들이 자체적으로 협력하여 실시하는 장학으로 장학 중에서도 가장 체계적이며 효율적인 장학으로 인식된다(김현정, 황혜정, 2019:86).

동료장학의 장점은 무엇보다 자신과 함께 있는 교육현장의 상황에 대해 잘 알고 있는 교사와 적절하고 유용한 지식과 기술, 피드백을 주고받을 수 있다는 것이다(정경선, 임은미, 2019:455). 또한 수평적 관계 속에서 부담감은 최소화하고 필요와 요구가 발생할 때는 즉각적인 피드백을 주고받을 수 있다는 용이성을 갖는다는 장점도 있다(김은영, 2006; 정경선, 임은미, 2019:455에서 재인용). 동료장학은 동학년 교사나 동교과목 교사가 수평적인 동료관계에서 전문성을 높이기 위해 상호 협동하는 장학 형태이므로, 교사들에게 거부감이 적고 자율적으로 이루어질 수 있다(노선옥, 정희섭, 2008:286). 주변과의 소통이라는 점에서 자기장학과의 결정적 차이를 보이는 동료장학은, 동료교사들끼리 상호 협력하여 전문성 개발을 도모함으로써 동료교사들에 대한 존경감, 교사들의 일에 대한 자신감, 만족감 및 동기유발 등을 크게 증가시키는 활동(조부경 외, 2005:15)이라고 할 수 있다. 이를 정리해 보면, 동료장학은 동료 교사들의 실제적인 도움은 최대화하면서 교사의 부담은 줄일 수 있는 방식이라 할 수 있다. 이를 통해 교사 간의 협력적 분위기 혹은 문화를 형성해 갈 수 있다는 점도 동료장학의 강점이라 할 수 있을 것이다.

동료장학의 방법은 다양한 방식으로 이루어질 수 있다. 수업을 참관한 후 서로 간의 의견을 교환하는 방식이 대표적이라 할 수 있다. 이를 실천하는 구체적 방식으로는 교사들이 동료와 짝을 이루거나 혹은 모임활동을 통하여 동료교사들의 수업연구과제나 수업방법 개선을 위한 교사 상호 간의 경험, 아이디어, 조언을 교환하거나 관심사가 같은 교사들끼리의 소모임 혹은 스터디 그룹활동 등을 통해 공동의 관심사나 과제를 협의하거나 연구하고 추진하기 위해 공동으로 노력(김현정, 황혜정, 2019:86)하는 방식 또는 멘토링, 동료코칭 등을 통해 실천할 수 있다(조부경 외, 2005:19-24).

동료장학과 유사하게 생각될 수 있는 수업비평에 대한 내용을 살펴보면 다음과 같다. 비평의 사전적 의미는 사물의 옳고 그름, 아름다움과 추함 따위를 분석하여 가치를 논한다는 것으로, 수업비평은 수업활동이나 현상을 분석하고, 그것의 가치를 판단하고 평가하는 일로 볼 수 있다(김도기, 김효정, 2013:135). 수업비평에 대해 구체적으로 개념화해 보면, 수업비평이란 교사와 학생들이 함께 구성해 가는 수업 현상을 하나의 분석 텍스트로 하여 수업활동의 과학성과 예술성, 수업 참여자의 의도와 연행, 교과와 사회적 맥락 등을 종합적으로 고려하면서 수업을 기술, 분석, 해석, 평가하는 비판적이고 창조적인 글쓰기이다(이혁규, 2007:167).

수업비평의 목적은 수업을 이해하고 해석하려는 것에 있으며, 이는 수업을 보고 평가하거나 문제를 해결하려는 등의 일반적인 장학들의 토대가 되는 활동이라 할 수 있다(이혁규, 2010:86). 수업비평에서 수업 실천가와 관찰자는 예술가와 비평가의 관계로 은유된다(이혁규, 2010:86). 이는 수업을 예술로 이해하고, 이를 관찰한 비평가는 자신의 관점에서 수업에 대해 판단한 것들을 글로써 남기게 되는 것이다. 이와 같은 수업비평의 관계 설정은 수업 실천가와 관찰자를 평등한 관계로 참여하게 하며(이혁규, 2010:86), 수업을 바라보는 관점을 예술로 이해하고 있다는 점, 그리고 수업에 대한 관찰자(비평가) 각각의 접근들을 공유하는 일종의 공동체로 바라본다는 점이 특징이라 할 수 있다. 이는 장학자와 피장학자의 관계를 수평적 관계를 설정하여 진정한 공동체의 의미를 가질 수 있으며, 장학의 참여를 보다 자율적으로 해낼 수 있게 만들고, 서로 간의 비평을 통해 수업의 관점 역시 발전하게 만들 수 있다는 점에서 장점을 갖는다 할 수 있다. 다만 아직 이론적 정교성, 제도적 뒷받침 등이 부족하여 현장에서의 시도가 활성화되지는 못하고 있다(이혁규, 2010).

③ 외부 사람과 함께 하는 장학: 수업컨설팅, 컨설팅장학

컨설팅이라는 용어를 공유하고 있는 수업컨설팅과 컨설팅장학은 모두 ‘학교컨설팅’이라는 개념의 하위 영역이라고 볼 수 있다. 의뢰인과 컨설턴트의 만남을 통해 의뢰인이 겪고 있는 문제를 해결해 가는 과정이 컨설팅이라고 볼 수 있다. 이와 같은 컨설팅의 개념에 따라 수업컨설팅과 컨설팅장학은 의뢰인, 컨설턴트(장학요원), 과업이라는 요소를 공통적으로 갖는다. 다만 컨설팅장학의 경우 기존의 장학과 유사한 형식을 가지고 있어 ‘장학 관리자’가 개념적 요소에 포함(김도기, 2005:26)된다 할 수 있다. 수업컨설팅과 컨설팅장학의 목적 또한 비슷하여, 주로 수업에 초점을 맞춰 교사의 전문성을 발달시키기 위한 활동이라 할 수 있다. 수업컨설팅, 컨설팅장학은 유사한 활동으로 볼 수 있으며, 이 외에도 학교컨설팅, 학교종합컨설팅, 교육컨설팅장학, 마중물장학, 요청장학, 교육과정 지원, 사이버장학, 맞춤형 컨설팅 등은 유사한 활동으로 구분된다(홍창남, 2019:182).

컨설팅장학은 컨설팅과 장학이 합쳐진 용어로 기존의 장학에서 문제로 지적되었던 장학 참여자의 자율성 부족과 장학자와 피장학자 간의 위계적 관계를 극복하기 위해 등장하였다. 그렇지만 장학이라는 용어를 다시 사용하여 장학의 문제를 극복하려고 했던 의도와 모순된다 할 수 있다. 이는 학교컨설팅으로 변화하는 중간단계 정도로 이해할 수 있을 것으로 보고, 보다 장학이라는 용어를 제외한 후 주요 초점이 수업이라는 것을 분명히 하고 있는 수업컨설팅의 내용을 중심으로 살펴보고자 한다.

수업컨설팅은 수업 관련 과제를 해결하고 의뢰인의 수업을 개선하기 위하여, 전문성을 갖춘 교내외 전문가들이 교원을 중심으로 한 학교 구성원의 요청에 따라 제공하는 독립적인 자문활동을 말한다(김도기 외, 2016:22). 수업컨설팅에서는 학생의 참여와 배움을 핵심으로 하여 수업의 설계, 의사소통, 상호작용 등을 기술적·예술적 요소로 나누어 분석·이해하고, 의뢰 과제를 해결하기 위한 과업을 학교컨설팅의 원리와 방법에 따라 수행한다(김도기 외, 2016:22). 학교컨설팅의 원리는 자발성, 전문성, 자문성, 독립성, 일시성, 교육성으로 의뢰인 측면에서는 자발성이, 컨설턴트 측면에서는 전문성이 핵으로 나머지 네 가지 원리가 상호 복합적으로 연결되어 있는 구조를 갖는다(김도기, 2005:29). 각 원리를 간략히 소개하면 아래와 같다(김도기, 2005:27-31).

- 자발성: 교사 스스로의 필요에 의해 도움을 요청(의뢰)함으로써 시작된다.
- 전문성: 컨설턴트는 교사가 필요로 하는 도움을 해결하는 데 전문성을 갖춰야 한다.
- 자문성: 컨설턴트가 문제를 해결하는 것이 아닌 조언의 역할을 하다. 조언을 받아들이는 것에 대한 선택은 교사가 한다.
- 독립성: 교사(의뢰인)와 컨설턴트의 관계는 평등하며, 컨설턴트는 객관적인 자세로 조언을 해야 한다. 교사(의뢰인)는 컨설팅의 시작과 종료 모두를 독

립적으로 선택할 수 있다.

- 일시성: 도움을 받고자 하는 일이 해결되면, 컨설팅은 종료된다. 교사(의뢰인)와 컨설턴트의 관계도 종료된다.
- 교육성: 교사(의뢰인)는 컨설팅의 과정에 대한 학습이 이루어질 수 있어야 하며, 컨설턴트도 컨설팅 과정을 정교화할 수 있는 기회가 되어야 한다.

위와 같은 내용을 종합해 볼 때, 수업컨설팅은 기존의 장학에 비해 평등한 관계 속에서 실제적인 문제의 해결을 통한 각각의 발전이 이루어질 수 있는 과정으로 이해된다.

교육 현장에서는 관주도의 컨설팅이 이루어지면서 대체로 교육지원청에서 구성한 컨설턴트 인력풀을 활용한 수업컨설팅이 대부분이므로 자발성에 기반한 수업컨설팅으로 보기 어려운 실정이다. 이로 인해 교사들의 수업컨설팅에 대한 인식은 관에서의 임상장학과 유사한 인식이 강하며, 기존의 장학과 별로 구분되지 않은 채 운영되다가 2010년대 후반에 들어 지역교육청 차원에서 컨설팅이라는 용어를 조금씩 배제하여 그 흐름이 약해지고 있는 상황이라고 할 수 있다.

(2) 목적에 따른 구분

① 자신의 의지에 따라 진행되는 장학: 자율장학

자율장학은 교육현장에서 이루어지고 있는 대표적인 장학(정혜림, 허병기, 2009:434)으로 단어의 의미 그대로 자율적으로 이루어지는 장학을 말한다. 앞서 장학이 갖는 타율성과 위계성을 해결하여, 교사가 '장학 받는 자'가 아닌 '장학의 주인공'이 되는 활동(권은주, 이영림, 2005:147-148)이라고 할 수 있다. 그런 의미에서 볼 때 위에서 구분했던 대부분의 장학들이 자율장학의 범주에 포함된다고 볼 수 있다.

그렇기에 자율장학을 이해하기에는 개념적 접근이나 실제적 접근은 많이 부족한 상황이라 할 수 있다. 먼저 자율장학에 대한 구체적 개념을 제안하기보다 자율적으로 이루어지는 장학 전반을 일컫는다는 점에서 무엇이 자율장학인가에 대한 대상을 설정하기 어렵다. 이를 연결시켜 생각해 보면, 실제적으로 이루어지고 있는 자율장학을 살펴보면 교사의 자율적 의지로 진행된다고 보기 어려운 측면이 크며, '자율'이라는 것의 주체와 범위가 불분명하다. 예를 들어, 자율의 주체가 교사라는 개인 차원인지, 학교라는 조직 차원인지 알 수 없다. 정혜림, 허병기(2009:444)의 연구에서 교사들이 교내에서 이루어지는 자율장학의 일정이나 구체적 방법에 대해 알고 있지 못하고 있는 것을 볼 때, 교사 개인의 자율이라기보다는 학교에서의 자율이라는 의미가 더 강한 것으로 이해되며, 장학의 방식들도 학교의 계획에 따라 운영되는 것으로 보인다.

② 부족한 부분을 채우기 위한 장학: 임상장학

임상장학은 코간(Cogan, 1973)에 의해 개발된 장학의 한 형태로, 전통적인 장학의 개념과 달리 교수자들이 자신의 교수전략을 개선하도록 직접 도움을 주고자 고안된 교실 내의 지지체계라고 할 수 있다(손은경, 김지영, 2016: 825에서 재인용). 임상장학에서 장학자는 교사(피장학자)를 성인학습자로 인정하고 교사를 주체로 하여 교사와의 협의에 따라 장학의 전 과정을 진행해 가는 방식이지만, 관주도의 권위주의적 실행으로 인해 그 기능과 역할을 제대로 해내지 못하고 있는 것으로 평가된다(손은경, 김지영, 2016:826). 임상장학은 용어에서 그 의미가 분명히 이해되기 어려운 부분이 있으나 'Clinical Supervison'이라는 영어 표기를 통해 이해를 조금은 높일 수 있다. 'Clinic'은 무언가의 문제상황에 처방을 내리는 것으로 이해할 수 있다. 그렇다는 점에서 교사의 수업에 있어서 무언가 문제가 있고 이를 해결해 주기 위해 장학자의 개입 혹은 처방이 이루어지는 것이다. 그런 점에서 볼 때 임상장학이 그 기능과 역할을 제대로 수행하기 어려운 것은 당연한 것일지도 모른다. 그럼에도 임상장학을 하는 장학자와 교사의 협의에 기반한 객관적 분석이 이루어질 때, 교사의 어려움을 해결해 주고 전문성을 높일 수 있는 계기가 될 수 있다(손은경, 김지영, 2016). 이런 점들을 생각해 볼 때, 임상장학은 장학자의 전문적 역량이 제대로 된 장학을 수행하기 위한 결정적 요소라 할 수 있다.

(3) 만나는 방식에 따른 구분

장학은 만나는 형태에 따라 구분할 수도 있다. 즉, 직접 만나서 진행하는 대면장학과 만나지 않고 진행되는 비대면장학이 있다.

① 직접 만나서 진행: 대면장학

대부분의 장학은 수업의 계획, 실행에서 함께한 후 수업에 대한 협의까지 직접 보면서 진행된다. 이런 점에서 대면장학은 장학의 일반적 형태라 할 수 있다.

② 만나지 않고 진행: 비대면장학

비대면 장학은 대면장학이 어렵거나, 비효율적인 측면이 있을 때 진행된다. 거리상의 제한이나 방역적 측면이 강조될 때 비대면으로 진행되는 경우가 많다. 수업컨설팅의 경우 컨설팅 의뢰의 대부분이 메일이나 유선상으로 이루어질 때가 많다. 이처럼 계획 단계에서 비대면 장학이 이루어지기도 하며, 수업 영상을 촬영한 후 촬영된 수업을 보는 방식으로 장학이 진행되기도 한다. 최근에 발달되는 언택트 관련 인프라가 교육 현장에서 보강되고, 이와 같은 인프라를 활용할 수 있는 역량을 장학자와 교사가 모두 습득하게 된다면 비대면 방식의 장학이 더 활발해질 수도 있을 것으로 기대된다.

2) 장학의 발달

장학의 출발은 관리에 초점을 두고 시작된 것으로 보인다. 장학은 영국에서 시작된 것으로 알려져 있는데, 근대산업사회가 시작되면서 아동에 대한 교육적 필요가 급증하였고, 대중들을 위한 학교가 생겨나면서 평교사들의 수업 내용을 감독한 것이 장학의 시초로 이해된다(천세영, 박세희, 2019:400). 이후 프랑스와 독일에서도 교육제도의 확립과 함께 장학이 도입되었으며, 20세기 들어와 서구 국가들에서 교육제도를 확립함에 따라 교육행정의 핵심활동으로 장학이 자리잡게 되었다(천세영, 박세희, 2019:400). 미국에서는 교사에 대한 지원의 의미를 담아 'inspection'에서 'supervision'으로 용어를 바꿔 사용(천세영, 박세희, 2019:401)하였지만, 여전히 관리 중심의 장학이라 할 수 있다. 식민시대에 공교육제도가 도입된 우리나라는 시학이라고 불리던 장학이 미국의 영향을 받아 'supervision'을 해석하여 장학이라는 명칭을 공식적으로 사용하였으며, 그 용어는 수업 개선의 관점을 넘어 교육체제의 핵심적 정책 개념이 된다(천세영, 박세희, 2019:401). 1970년대까지 문교부(현 교육부) 행정조직의 실질적 권한은 수업장학과 교과서 편수 기능에 집중되어 있었다(천세영, 박세희, 2019:401). 이는 당시의 과학적 관리 기법과 같은 일반의 경영 이론이 교육 현장에 도입된 이유도 있다. 1980년대부터 자리 잡은 발달장학(천세영, 박세희, 2019:401)은 교사의 발달에 맞춰 그에 적합한 장학을 시행해야 한다는 것으로, 관리 차원에서 조금 벗어나 교사의 수업 전문성 발달에 대한 이해를 중요시한다. 하지만 급격한 발전을 이룬 우리나라 상황에서 수업 부분에 대한 과학적 검증이 부족했고, 과학에 기반한 객관적 근거가 부족했던 터에 현장에서의 장학은 자연스럽게 장학자의 주관적 개입 위주로 흐르면서 장학에 대한 실효성을 의심하게 되었다(천세영, 박세희, 2019:401).

수업에 관심을 둔 관리 중심의 장학에서 수업의 결과에 대한 책무성을 묻는 학교에 대한 평가가 이루어지기 시작하였다. 1980년대 영국은 황실장학청을 교육표준청으로 바꾼 뒤 학업성취도에 기반한 학교평가를 시행하였고, 1990년대 미국에서는 NCLB와 같은 정책으로 확산되었다(천세영, 박세희, 2019:402). 그렇지만 책무성 중심의 장학은 현장에서의 수업의 내실화를 오히려 방해하는 요소로 작동하는 등 여러 측면에서 어려움을 겪게 된다.

최근 들어서의 장학은 교사의 수업 전문성 발달에 초점을 둔 흐름을 맞으면서 일방적 지시보다는 평등한 관계 속에서의 장학으로 볼 수 있는 컨설팅, 코칭, 수업비평 등의 개념들이 등장하게 되었다(천세영, 박세희, 2019:402). 이와 같은 개념들은 수업에서 양화할 수 있는 내용들을 중심으로 다루기보다는 실제 수업의 질적인 내용들에 관심을 갖는다. 예를 들어, 과거 수업 분석에서 활용되었던 발문이나 학생 행동에 대한 체크리스트 같은 것들보다 수업이 왜 그렇게 구성되고 진행되었는지를 함께 고민해 가는 과정을 통해 반성적 성찰을 할 수 있게 만드는 수업에 대한 관찰들이 더 중요하게 받아들여지고 있는 것이다.

장학에서 피장학자와 장학자의 관계는 수업 실천가와 관찰자로 위치가 설정될 수 있다. 피장학자와 장학자의 관계를 보면 점차 수평적 관계를 지향하고 있음을 알 수 있다. 타율적이고 위계적인 장학의 문제를 개선하기 위해 장학의 여러 갈래들이 등장했다고 볼 수 있기 때문이다.

〈표 8-1〉 장학의 흐름 변화

장학의 흐름	해외 시기	우리나라 시기	주된 대상	장학자와 피장학자의 관계	장학에 대한 접근
관리 중심의 장학	1830년대	1910년대	수업 내용	위계적, 관료적	감시·감독, 지시, 지도
책무성 중심의 장학	1980년대	2000년대	학교 단위의 학생 성취도	위계적, 관료적	책무성, 결과 중심, 지도·조언
수업 중심의 장학	2000년대	2000년대	수업	수평적, 민주적	소통, 성장, 지원

출처: 이윤식(2015), 이윤식, 유양승(2016), 천세영, 박세희(2019)의 내용을 토대로 구성.

모든 장학의 흐름 속에서도 분명 공통적인 속성이 존재하며, 수업에 실질적인 도움이 되기 위해 노력했던 시도들이 이루어지고 있었다고 볼 수 있다. 특히 우리나라에서는 해방 후 들어 식민시대 시학을 장학으로 변경하면서 민주화의 시도가 있었다(이윤식, 2015:242). 그렇지만 실제 시행된 장학의 형태에서는 감독의 기능을 벗어나지 못했으며(이윤식, 2015:243), 2000년대 들어 전면 시행된 '국가수준 학업성취도평가'를 책무성 중심 장학의 시작으로 볼 수 있다. 따라서 위의 표에서 보는 것과 같이 구분하는 것은 대략적인 흐름일 뿐 분명히 구분되는 시점이나 기준이 있다고 보기는 어렵지만, 장학이 점차 수업에 초점을 맞추고 있다는 점은 주요한 변화라 볼 수 있을 것이다.

3. 장학의 실제와 적용

장학의 실제에 있어서 여러 문제들을 지적하는 연구들은 다수 있으며, 그 원인이나 현상에 대한 분석이나 해석들을 살펴보면, 관료적 행태의 장학, 장학자의 전문성 부족, 수업 개선에 대한 조력 실패 등을 지적하고 있다(김희연, 허병기, 2018:420; 서울특별시교육연구원, 2005). 장학의 본질을 추구하기 위한 장학이 교육 내적·외적 상황에 맞추어 변화하고 있음에도 불구하고 교사들의 장학에 대한 부정적이고 소극적 인식은 여전하며(이윤식, 유양승, 2016:288), 현장에서 긍정적 평가를 받지 못하고 있는 것이다(천세영, 박세희, 2019:400). 장학이 수업의 개선에 별다른 도움이 되지 못하고 있다는 교사들의 인식이 장학의 근본적인 문제일 것이다.

우리나라 교육 현장에서의 최근 모습을 보면 수업 나눔과 배움의 공동체 같은 협동적 동료장학의 모습이 늘어나고 있으며, 문제의 진단과 해결의 과정에서 전문적 역량을 요구하는 컨설팅이 장학에 도입되는 등 동료교사 간 또는 교사와 장학자 간 자율적이고 수평적인 상호관계성에 기반한 전문적 장학활동을 하려는 움직임이 있다(천세영, 박세희, 2019:404). 상호관계성에 기반한 전문적 장학활동을 하려는 움직임이 있다(천세영, 박세희, 2019:404). 그럼에도 불구하고 장학에 대한 교사들의 인식이 여전히 부정적이라는 것(천세영, 박세희, 2019:404)은 장학의 변화가 여전히 필요하다는 것으로 볼 수 있다. 장학의 개선과 발전을 위해 먼저 장학의 모습에 대한 이해를 바탕으로 어떤 방향성을 가지는 것이 필요한가에 대해 생각해 볼 필요가 있을 것이다.

1) 학교급별 장학의 실제

먼저 장학의 양상이 어떠한가를 살펴보는 것에서 출발한다. 기존의 장학은 수업에 대한 논의보다는 학교나 교실의 환경이나 분위기 등 전반적인 사항에 대한 것들이 장학의 대상이 되어 관리 측면이 강조되는 장학의 모습이 대부분이었다(천세영, 박세희, 2019:401). 행정적 장학은 교사의 경력이나 능력, 요구, 필요, 개인적 기대 등을 고려하지 않은 채 일방적으로 이루어지고 있다(이대균, 김주영, 2010:427). 이와 같은 양상은 장학이 갖는 공통적 문제라 할 수 있다. 그렇지만 이와 같은 문제들이 발생하는 원인이나 접근은 학교급별로 차이가 있을 수 있다. 아래에서는 학교급별로 나누어 장학의 특징에 대해 살펴보고자 한다.

(1) 유아교육의 장학

유아기는 발달적 가소성이 높은 시기로 교육의 효율성을 높일 수 있다(양세열, 정영희, 2004:276). 이는 유아교육이 갖는 시기적 중요성을 언급하는 것이기도 하다. 그런 점에서 교사의 수업 전문성을 향상시키기 위한 유아교육기관에서의 노력은 무엇보다 중요하다. 장학의 주된 관점이 수업의 개선에 있다는 것으로 볼 때, 유아교육에서의 장학은 다른 학교급에 비하여 더 중요하다고 볼 수 있다.

사립유치원의 장학 문화를 살펴본 박혜경(2008)의 연구를 보면, 장학자와 피장학사 사이의 관계를 중요시하며 장학이 진행되지만, 여전히 수직적 의사소통을 통해 지시적이고 강제성을 가지고 있으며, 충분한 시간을 가지면서 장학이 진행되기보다는 여러 업무적 부담으로 시간에 쫓기는 장학이 이루어지고 있다. 이대균, 김주영(2010)의 연구에서도 시간 부족, 수업을 보여 준다는 것에 대한 부담감, 수업 전문성에 대한 자극이나 동기부여 요소 부족이 사립유치원에서 이루어지는 장학의 문제점으로 언급되고 있다. 사립유치원이 국공립유치원에 비해 교사들의 경력이 낮은 편이며, 사립에서의 유치원 운영이 원아 모집을 위한 홍보 중심의 행사 위주로 이루어지는 경우가 적지 않아 더욱 장학이 필요하지만(이대균, 김주영, 2010:427), 교사의 수업 개선에 실제적인 도움을 줄 수 있는 장학을 해 나가는 것은 녹록지 않은 것으로 보인다.

국·공립유치원의 경우 대부분 병설유치원으로 되어 있다. 그런 점에서 초등학교에서 계획되는 장학에 따라 장학이 이루어져 장학은 주기적으로 진행된다는 점에서 장학의 체계는 조금 더 갖추어진 상황으로 볼 수 있다. 그럼에도 "10초 장학" 이라고 불릴 정도로 부실하게 이루어지거나, 수업 장학에 대한 별다른 지원이 없다고 할 수 있는 상황으로 보여지기도 한다(이순자, 2000:95). 이와 같은 이유는 유아교육을 전담하는 장학자가 병설유치원에는 거의 없다시피 한 상황이기 때문이다. 단적으로 유아교육 전담 장학사는 교육지원청에 1명 정도이며, 이마저도 없는 경우도 있다. 유아교육 담당 장학사가 있더라도 유아교육 출신의 장학사가 아닌 경우도 많으며(이순자, 2000:96), 병설유치원의 원장이 초등학교의 교장이라는 것은 병설유치원의 장학을 부실하게 만드는 원인이라 할 수 있을 것이다. 이런 중에 장학이 이루어지더라도 지적하는 방식의 장학(이순자, 2000:95-96)이 대부분이라는 점은 장학의 효과를 미비하게 만들 수밖에 없는 유아교육에서의 현실이라 생각해 볼 수 있다.

(2) 초등교육의 장학

과거 초등에서의 장학은 "3분 장학"(이순자, 2000:95)으로 비유될 정도로 부실하게 진행되는 경우도 많았던 것으로 이해되지만, 최근 들어 수업 전체를 이해하고 보는 경우가 더 많은 것으로 보인다. 이는 초등학교의 장학에 대한 문제를 지적할 때 대부분이 장학의 실효성에 대한 언급이 많을 뿐 실제적인 시간에 대한 언급을 찾아볼 수 없다는 점에서도 간접적으로 확인할 수 있다.

초등에서의 장학은 자율(동료)장학과 임상장학으로 구분되며, 현장에서의 이러한 구분은 교장과 교감이라는 관리자의 참여 여부에 따라 구분되는 것으로 인식된다. 임상장학이나 동료장학 모두 연 1회 정도 진행(정혜림, 허병기, 2009:442)되는 경우가 다수이다. 과거에는 장학을 실시하는 수업에 시간이 되는 교사들만 참석하여 수업 참관이 어려웠지만, 최근 들어서는 연초 교육과정을 수립할 때부터 수업시간을 조정하여 교사들이 참관할 수 있도록 진행되는 경우가 많다. 연구부장이 장학과 관련된 일정을 총괄하며, 학년에서 협의된 일정에 따라 계획하여 교장의 결재 후 진행된다.

임상장학은 대부분 저경력 교사를 대상으로 하며, 교장과 교감이 참관하게 된다. 저경력 교사를 대상으로 진행되므로 동학년의 선배 교사들과 수업 계획에 대한 협의를 통해 도움을 받거나 멘토 교사(정혜림, 허병기, 2009:443)나 수석교사의 도움을 받기도 한다. 작성된 수업계획안(혹은 교수학습과정안)은 미리 결재가 이루어지며, 결재 과정 중에도 장학이 이루어지는 것으로 볼 수 있다. 수업 종료 후 빠른 시일 내에 참관했던 수업에 대한 협의회를 개최하도록 학교에서 정하고, 대체로 당일에 진행되지만, 협의회에 참석하는 교사(특히 관리자)의 일정에 따라 조금씩 조정되기도 한다. 수업을 참관하면서 수업 참관록을 작성하며, 수업협의회의 협의록을 작성하고, 참관록과 협의록을 통해 결과를 보고하며 임상장학은 종료된다.

동료장학은 대부분 동학년에서 이루어지며, 전담교사의 경우에는 소속 학년의 교사들이 참관하거나 동교과의 교사들이 참여하는 방식으로 진행된다. 수업계획안에 대한 결재는 임상장학과 마찬가지로 이루어지며, 동학년에서 계획안을 취합한 후 한번에 결재되기도 한다. 협의회에 참석하는 교사는 동학년 교사나 동교과 교사로, 임상장학과 비슷하게 작성된 수업참관록과 협의록을 결재함으로써 동료장학은 종료된다.

초등에서의 장학의 특징을 보면, 수업을 준비하면서 교사들은 장학을 가볍게 보면서도 평가받는 것에 대한 의식이 동시에 발생하게 된다(정혜림, 허병기, 2009). 이는 불가피한 업무적 속성이 장학에 반영되어 별로 하고 싶은 것은 아님에도 잘 해내고자 하는 의지가 어느 정도 반영되고 있는 것으로 볼 수 있다. 더 잘 평가받으려는 노력으로 기존의 수업보다는 더 많이 준비하는 것이 일반적이며, 그 부담은 크다고 할 수 있다(정혜림, 허병기, 2009:446). 그리고 수업을 하고, 이를 참관하는 과정에서 교사들은 '좋은 게 좋은 거'라는 식의 형식적 참여가 이루어진다(정혜림, 허병기, 2009:447), 수업 후 진행되는 협의회에서 교사들은 실제로 수업에 대한 진지한 논의는 부족한 채로 이어가는 경우도 있으며(정혜림, 허병기, 2009:447-448), 장학자(관리자)와 피장학자(교사)의 관계 유지를 더 중요시하며 본질적인 장학이 이루어질 수 없는 상황도 발생한다(정바울, 2000:142-145). 이는 장학자(관리자)와 피장학자(교사) 사이의 위계적 관계 속에서 장학자의 조언에 순응하는 것처럼 보이면서 서로의 관계를 나쁘게 만들지 않으려는 시도로 이해된다(정바울, 2000:142-145). 이런 과정은 장학이 갖는 의미를 퇴색시키게 된다는 점에서 문제라 볼 수 있다.

(3) 중등교육의 장학

중등교육의 장학의 특징에 대해 확인할 수 있는 연구는 제한적이지만, 초등교육의 장학과 비교한 정바울(2000)의 연구에서 엿볼 수 있다. 기본적으로 중등교육과 초등교육의 차이에 기반하여 장학의 차이도 발생하게 된다. 먼저 초등과 중등의 일반적 차이와 그 차이에 기반하여 발생되는 차이를 살펴보면 다음과 같다. 중등은 교과로 구분되어 있고, 가르치는 대상들은 추상적 사고가 가능한 연령에 있다는 일반적 차이가 있다. 이렇게 볼 때, 중등교육은 지식의 전달이 비교적 더 강조될 수 있으며(정바울, 2000:130), 교과별 지식에서의 차이와 그 지식들의 전달 방식 등에서 차이가 있을 수 있다. 이런 특성에 의해 중등에서의 장학은 동교과 외의 교사들 간에 쉽게 이루어지기 어렵다. 이는 학교장에게도 마찬가지로 통용되어 감독자로서의 역할이 비교적 덜 강력하며, 중등의 교사들은 초등에 비해 덜 순응적이며, 적극적인 편이다(정바울, 2000:131-133).

위와 같은 교원들의 특성은 장학문화에서의 차이로 이어진다. 교사들의 과목에서의 차이가 크기 때문에 다른 과목의 수업에 대한 관심의 정도가 떨어지게 된다. 이는 수업 참관에 초등에 비해 덜 진지하게 참여하며, 자신의 경험에 더 치중하여 장학을 준비하고, 동료들의 조언에 대한 도움의 정도가 낮다는 점을 통해 유추해 볼 수 있다(정바울, 2000:138-140). 이는 각자 가르치는 과목에 대한 전문성을 존중한다는 것으로도 해석될 수 있으며, 반대로 상호의존의 정도가 낮은 것으로도 이해할 수 있다.

2) 성공적 장학을 위한 전략적 접근

장학의 수업 전문성 개발 효과에 대한 연구들은 대부분의 장학 연구에서 제시하고 있다. 그럼에도 장학에 대한 교사들의 호감도는 높지 않은 것으로 보인다. 수업 전문성을 개발하기 위해 개별적 학습이나 연수를 시도하기는 하지만, 장학은 별다른 고려의 대상이 아니기도 하며(박혜영, 민찬규, 2021), 실제적인 수업 개선보다 절차나 형식에 치우치고(조인수, 김진기, 2005), 수업 공개에 대한 심리적 부담을 호소하기도 한다(이대균, 김주영, 2010:432-433).

교육의 핵심은 학생의 발달에 있고, 학생 발달의 직접적 요인이 수업에 있다고 할 때, 수업은 무엇보다 중요하다 할 수 있다. 이와 같은 수업의 중요성은 곧 장학의 중요성과 연결된다. 수업에 대한 만족스럽지 못한 아쉬움은 교사라면 누구나 있을 수 있는 일이다(이순자, 2000:95). 지식을 전달한다는 것이 얼마나 어려운 일인가에 대한 것은 '수업의 예술성'에 대한 언급으로 설명될 수 있을 것이다. 이와 같은 수업의 개선을 위해 어떤 방식을 취할 것인가에 대해 고민해 볼 필요가 있으며, 이에 대한 직접적 방법이 장학인 것이다.

성공적인 장학을 실행하기 위해서는 먼저 장학의 문제에 대한 인식에 기반해야 할 것이다. 그 문제를 해결하지 못하더라도 알고 접근하는 것이 잘못된 장학이 되지 않게 만들 수 있을 것이기 때문이다. 장학에 관련된 연구를 종합하고 장학의 문제를 정리한 이민희 외(2013:13-15)의 연구에 따르면, 보여주기식의 형식적 장학, 교사들의 거부감과 부담감, 일방식 장학 계획 수립, 평가위주의 권위적 장학 실행, 시설 및 자료의 부족을 꼽고 있다. 이를 정리해 보면, 교사들은 장학이 별다른 도움이 되지 않는 것으로 보고 있으며, 제대로 실행될 수 있는 여건조차 갖추지 못하고 있는 것으로 보고 있다. 그리고 일방적 장학 실행으로 인한 부담만 큰 상황이다.

이와 같은 장학의 문제를 해결하기 위해서는 무엇보다 수업 개선에 직접적인 도움이 될 수 있도록 하는 장학의 실제가 본질에 가까워지게 만드는 것이다. 그렇게만 된다면 위에서 발생되는 문제의 대부분이 해결될 수 있을 것이다. 동시에 장학을 잘 수행할 수 있는 여건들도 함께 조성된다면 장학의 본질에 더 가까이 갈 수 있을 것으로 생각된다.

언급한 내용들을 고려할 때, 김희연, 허병기(2018)의 연구에서 '장학 실행의 주요 조건'으로 밝히고 있는 '좋은 수업에 대한 관점', '수업의 성격에 부합하는 수업의 관찰 및 분석 방식', '교사의 수업 전문성 향상에 실질적 기여'라는 세 가지는 나름의 의미를 갖는다 할 수 있다.

(1) '좋은 수업'에 대한 합의

먼저 '좋은 수업'에 대한 합의를 이끌어 낼 필요가 있다. 물론 '좋은 수업'이라는 것을 정의하기는 어려운 일이다. 전윤숙, 이경진(2017)의 연구에 따르면, 유아교사, 원장, 장학사들이 가지고 있는 좋은 수업에 대한 개념은 일관되지 못하다. 각자의 지식과 인지, 실천 상황이 반영되어 좋은 수업에 대한 일관된 개념을 형성하지 못하고 있는 것이다. 그렇지만 '좋은 수업'을 정의하지 못한다면 '좋은 수업을 할 수 있는 좋은 교사를 길러 내는 일'은 더욱 힘들어질 가능성이 높다(천세영, 박세희, 2019:405). 최소한 '좋은 수업'에 대한 장학자와 피장학자 간의 합의라도 만들어 낼 필요가 있는 것이다. 이를 위해서는 장학자와 피장학자 간의 심도 있는 협의와 논의가 이어져야 할 것이며, 이는 일방적 합의가 아닌 진정한 합의가 이루어져야 한다. 그러면서도 동시에 교육적 의미를 잃지 않는 합의가 되어야 할 것이다. 이에 양자 간의 수평적 관계가 강조되며 비교적 최근에 장학의 대체자로 등장한 컨설팅, 코칭, 비평 등은 의미를 갖는다 할 수 있다.

(2) '장학 방식'에 대한 합의

다음으로 실행 방식을 고민해 볼 필요가 있다. 장학의 기능은 수업의 개선이 우선이지만, 개선을 위해 평가적 측면이 공존한다(신현석, 2000:30-31). 평가를 위해 보다 객관적인 지표들을 마련하는 것을 중요하게 생각할 수 있지만, 언급한 대로 수업의 예술성을 고려할 때 객관적 지표들은 오히려 수업을 온전히 보는 것을 방해하는 요소가 될 수도 있다는 점에서 주의할 필요가 있다. '수업 비평'에서처럼 왜 그런 수업활동들이 발생하게 되었으며, 발생할 수밖에 없었는지를 함께 고민하면서 더 나은 수업에 대한 방향을 살펴나가려는 접근이 필요하다. 동시에 주관적 관점이 과도할 수 있다는 점을 고려하여 여러 사람과 함께 협의해 나갈 필요가 있으며, 상황에 따라서는 객관적 지표화도 고려해 볼 수 있다[6].

(3) '수업 전문성 향상'에 실질적 기여

마지막으로, '수업 전문성 향상에 실질적 기여' 부분은 앞서의 두 가지가 선행된다면 자연스럽게 달성될 수 있을 것이지만, 교사를 상대하면서 잊지 말아야 할 조건이기도 하다. 이 조건이 장학의 본질에 가장 부합하는 것으로 잊지 말고 지속적으로 염두에 두고 있어야 하는 것이다. 장학의 출발은 원만한 인간관계와 소통에 있다(천세영, 박세희, 2019:404). 지위가 만드는 자연스러운 심리적 거리감(오영범, 2021:132)을 극복하는 것은 쉬운 일이 아닐 수 있기에 관계 형성을 위한 부단한 노력에서 장학이 출발할 필요가 있을 것으로 보인다. 이와 같은 관계의 자연스러운 형성을 위해 마음 맞는 동료와의 장학을 시행하는 것도 고려해 볼 수 있을 것이다.

6) 마은희, 허계형(2018)의 연구에 따르면, 유아와의 상호작용 횟수와 방식에 대한 체크리스트를 통해 긍정적 관계 형성의 효과를 확인할 수 있었다. 그렇지만 이와 같은 방식의 도입은 피장학자에게 새로운 것을 적용하는 것이기에 더 부담이 될 수 있다는 점을 생각할 필요가 있다.

(4) 성공적 장학이 이루어지기 위한 환경 조성

위와 같은 세 가지 조건이 잘 성립된다면, 장학은 성공적으로 이루어질 수 있을 것이다. 그렇지만 '시간 부족'(장한기, 김순득, 2006)이나 '업무적 부담'(이민희 외, 2010)과 현장의 상황에서 장학은 기피하거나 형식적으로 이루어지게 만드는 요인이 될 것이다. 그런 점들을 제거하거나 최소화하면서 장학의 조건들을 갖추어 갈 때 성공적 장학의 모습이 이루어질 수 있을 것이다. 이를 위해 행정 업무의 최소화, 합리적 업무 분장, 수업 시수 최적화 등의 방편을 마련하고, 고정적인 수업 협의 시간을 마련할 수 있는 여건을 조성해 주어야 할 것이다.

따라서 장학자의 경우에는 피장학자와의 관계를 형성하는 것에서 출발하여 어떤 것이 더 도움이 될 수 있는지를 바탕으로 장학을 진행하여야 할 것이다. 장학자는 수업에 대한 바른 관점을 토대로 수업을 관찰하고 분석해야 하며, 그 결과는 장학을 받는 사람(대부분 교사)의 수업이 향상되는 데 기여할 수 있어야 한다(김희연, 허병기, 2018:426-429). 장학자들은 수업에 대해 잘 알지 못하고 있는 것 같으며, 수업 개선에 별다른 도움이 되지 않는 말만 한다(천세영, 박세희, 2019:404)고 생각하는 피장학자의 마음을 이해할 필요가 있다. 그리고 장학을 체제적으로 접근하고 있는 서지오반니와 스타라트(Sergiovanni & Starratt)의 발달장학이나 선택적 장학과 같은 개인의 필요에 따른 장학의 개별화도 시도해 보는 것도 좋을 것이다.

반대로 피장학자는 쉽게 문제를 해결할 수 있는 방법을 제시해 주기를 바라는 교사의 기대와 비판적 시각으로, 수업을 분석할 때 느껴지는 교사의 냉소적 시선(천세영, 박세희, 2019:404)으로 인한 장학자의 어려움도 이해할 필요가 있다. 교사로서의 경험을 생각해 볼 때, 학생들의 어려움을 해결하는 것이 쉽지 않다는 것은 자연스럽게 알 것이다. 장학자와 피장학자의 관계도 이와 유사하다(김희연, 허병기, 2018:428). 물론 피장학자의 입장에서 수업 공개라는 부담이 장학자에 비해 더 클 것이며, 이를 덜어 내는 것이 쉽지는 않겠지만, 피장학자 역시 장학의 본질에 대해 염두에 두고 있다면 조금이나마 수업 공개에 대한 부담을 줄일 수 있을 것이라 기대해 본다.

4. 우리나라 학교에서 장학의 방향과 미래

주삼환(1982)의 연구에서는 장학의 개선 방향을 논의하면서, 그간 행정의 일부로만 생각하던 문교부나 시도 수준의 '간접적 접근'의 장학에서 장학의 핵심에 가까운 교수학습(수업)과 지도성을 중심으로 하는 학교와 교육청(현 교육지원청) 수준의 '직접적인 접근'이 되어야 한다고 제시하고 있다. 정도에는 차이가 있겠지만, 이는 현재 우리가 고민하고 있는 장학의 문제와 크게 다르지 않다. 공부에 왕도가 없듯이 장학에도 왕도는 없다. 서로 간의 관계 속에서 배움이 있듯이 장학도 마찬가지이다. 받아들이려는 사람의 마음이 중요하며, 무언가를 주려는 사람의 준비가 필요하다.

받아들이는 사람의 입장에서는 자발적인 참여 의지가 필요하다. 교사의 수업에 대한 관심과 의지가 부족한 것은 수업 전문성의 저해 요인이며, 특히 교재 연구에 대한 분위기가 부족하며, 수업에 대한 성취감 또한 저조하다(고재천, 2015: 1064). 이 둘은 서로 연결되어 지속적인 관심 부재로 이어질 수 있다. 따라서 교사들의 수업 전문성 개발 의지를 높이기 위해 수업에 대한 성취감을 높일 수 있을 만한 기제들을 마련할 필요가 있다. 수업보다 업무에서의 성취감이 더 높은 교사들의 현재 상황을 타개할 수 있을 만한 방법이 필요한 것이다. 또한 교사의 업무를 적정화하려는 노력도 지속되어야 할 것이다. 수업 중심의 교사 직무가 되어야 한다. 컨설팅 장학의 저해요인 중에 가장 크게 나타났던 것이 교사의 의지 부족이기도 하다(주도연, 2011). 이는 교사들의 참여 의지를 높이는 것이 장학의 중요한 성공요인이기도 하다는 것이다. 이러한 교사 의지의 변화를 위해 선행되어야 할 것은 제반 여건일 것이다.

또한 이를 위해 무엇보다 장학자는 장학을 통해 교사들에게 실질적 도움을 줄 수 있는 전문성을 갖추는 것이 중요(주도연, 2011:508)하다. 교사의 의지와 장학자의 전문성은 서로 시너지를 내며 활발하게 만들 수도 있으며, 그 반대가 될 수도 있다. 교사들이 장학을 거부하는 정서를 갖는 것도 실제적 도움이 되지 못하고 있다는 생각에 기인하기도 한다. 교사들에게 실제로 활용될 수 있을 만한 작은 팁이 거대 담론이나 당위적 접근보다 훨씬 효과적일 수 있다. 따라서 장학자들은 교사들이 원하는 것이 무엇인지 잘 알아내고 이를 적절히 지원해 줄 수 있는 역량을 갖추는 것이 중요하다(최영진 외, 2011).

제반 여건으로 현장은 시간적, 심리적 부담감을 최소화할 수 있는 환경이 갖추어져야 한다. 수업에 대한 교육행정가들의 인식이 저조한 것(고재천, 2015)이 가장 큰 문제일 수 있다. 이와 같은 인식 저조로 교육의 제반 여건들이 교사들이 수업에 중점을 두지 못하게 만들 것이기 때문이다. 컨설팅 장학을 저해하는 요인 중에 업무나 학생 수가 제기되기도 한다(주도연, 2011). 이와 같은 요인들이 기본적으로 저해요인으로 인식되지 않을 때, 더 활발한 장학이 일어날 수 있을 것이다. 이렇게 될 때, 교사들의 관심이 더 많아질 수 있을 것이며, 교사 간의 활발한 교류도 발생하게 될 것이다.

이를 위해 어떤 환경적 조성이 필요할지 논의하다 보면 좋은 방향들이 나올 수 있을 것이다. 최종적으로 장학은 교사들 간의 자연스러운 소통을 통해 서로의 노하우들을 확산시키고, 교사 스스로의 반성에 기반한 실천, 그리고 연구자로서의 교사가 되어 더 발전하려는 모습을 만들어 가는 것이 아닐까 싶다. 너무도 꿈같은 상황이겠지만, 교육행정이 잘 이루어진다면 충분히 가능할 것이다. 앞서의 글들이 그런 논의들을 해나갈 수 있는 생각의 시간들을 제공할 수 있기를 기대해 본다.

CASE STUDY 해설

김신입 선생님의 다양한 고민들은 실제 장학에 있어 실효성이 있는지, 그리고 어떤 자세로 장학에 임하면 좋을지에 대한 생각들이다. 갈등되는 부분은 일회성에 그치는 수업인지, 아니면 수업 발전이라는 연속선상의 한 부분인지에 대한 것이다.

- 이중견 선생님은 어떤 상황이든 교사의 장학 참여는 전문성의 발달과 충분히 연결될 수 있다는 입장을 가지고 있다. 일회성이든, 연속성이든 어떻든 고민하는 기회를 마련하는 것으로 장학의 의미는 충분히 있는 것이라는 점이다. 그렇기에 교사가 원하는 바가 무엇인지 장학자들과 상의하는 과정도 중요한 부분이 될 것이다. 그리고 수업 종료 후 나누는 이야기들도 수업의 개선에 대한 이야기, 아이들과의 관계, 수업 내 활동들의 자연스러운 연결 등 여러 부분에서의 다양한 의견에서 피장학자의 발전을 가져오게 될 뿐만 아니라, 장학자들의 발전도 가져올 수 있다. 이것은 교육에서 학생과 교사 모두 배우게 된다는 것과 유사한 관점에서 접근할 수 있다. 각 교사들의 관점과 입장, 성향 등에서 발생되는 차이는 수업에 대한 관점 차로도 이어질 수 있으며, 이런 다양한 관점이 공유되는 것만으로도 충분히 도움이 될 수 있는 것이다. 또한 경력에 따라, 성향에 따라 중요하게 다루어질 부분들도 서로 다를 수 있다. 이런 장학을 발달장학 혹은 선택적 장학으로 볼 수 있다.

- 어떻든 장학에 대한 교사(피장학자)의 부담은 크다 할 수 있다. 다른 사람에게 수업을 공개하는 것이 부담이 되기 때문이다. 이와 같은 장학의 부담을 줄이고 교육적 의의를 달성하기 위해서는 개방적 문화, 수업에 대한 인식 공유, 평가가 아닌 도움의 관점 갖기 등 여러 요소들이 고려되어야 할 것이다. 이를 위해서는 교사 간의 소통이 자유로워야 할 것이며, 자유로운 소통을 위해서는 여유가 필요할 것으로 보인다. 그렇지만 학교에서 여유를 찾기는 어려우며, 여유가 있더라도 교육에 대한 개방적 논의 또한 쉽지 않다. 이런 점들은 앞서 조직에 관련한 장에서 다루고 있는 문화나 풍토와 관련이 있다 할 수 있다. 이렇게 연결되는 복잡계적 학교 상황들을 잘 이해하고 있을 때, 적합한 교육행정을 해낼 수 있을 것이다.

CHAPTER 09

교원인사행정

학습 목표

- 교원인사행정의 개념에 대해 안다.
- 교원인사행정을 구분할 수 있다.
- 교원의 전문성과 교원인사행정이 연계될 수 있는 방법들을 구체화할 수 있다.

교원인사행정은 교원에 대한 직접적 영향력을 가진다는 점에서 실무적인 부분으로 볼 수 있다. 그렇기 때문에 이론적 접근보다는 실제적이고 현실적으로 정해진 부분에 대해 다루는 것이 일반적이다. 본 장에서도 일반적인 부분들을 주된 내용으로 다루었으며, 최근의 내용들을 토대로 정리하고자 하였다. 교원에 대한 인사행정 부분을 통해 교직 생활에 대해 미리 생각해 보고, 어떤 부분들을 알고 있으면 좋을지 고민해 볼 수 있기를 바란다. 그리고 조금 더 나아가 인사행정의 궁극적 목적이라고 볼 수 있는 교원의 전문성 활용 및 향상을 생각해 볼 수 있기를 바란다. 그런 생각으로 본 장의 마지막에는 교원의 전문성에 대한 논의들을 정리해 보았다.

1. 교원인사행정의 개념

교원인사행정은 '교원에 관한 인사행정'을 말한다. 인사는 한자로 '人事'이며, 그대로 해석하면 '사람의 일'이라고 할 수 있다. 여기에서 사람은 개인적 차원이 아닌 조직적 차원에서 일종의 '인력'으로서 사람을 말한다. 이렇게 볼 때 교원인사행정은 '교원이라는 직종을 가진 인력에 관한 행정'이라고 할 수 있다. 결국 인사라는 말에 인력의 사용, 활용이라는 의미가 있다는 점에서 이는 이미 교원이라는 인력의 특성적 측면이 포함되었다고 할 수 있지만, 교원으로 특정한 인사행정이라는 의미에서 교원인사행정이라 부를 수 있다.

위와 같은 언어적 개념에 조금은 학술적 개념으로 정의한다면, 교원인사행정의 목적을 추가할 수 있다. 모든 인사행정이 마찬가지이지만, 기본적으로 인사행정은 조직의 목적(목표) 달성을 지향한다. 이를 위해 필요한 인력에 대한 관리 측면의 접근인 것이다. 그렇게 볼 때, 교육조직에서의 인적 자원을 관리하는 것으로, 이는 교육적 조직의 목적 달성을 위해 활용되는 수단 혹은 과정으로 볼 수 있다. 웹과 노튼(Webb & Norton, 2009:3)은 "인적 자원의 효과적 시스템 정립을 위한 계획부터 실행까지의 과정과 교육적 목표 달성을 향상시키는 조직 풍토의 조성"이라고 개념화하였다. 그리고 주삼환 외(2005:270)는 "교육목적을 달성하기 위하여 유능한 교원을 채용하고 그들의 능력 발전을 계속 도모하며, 직무수행에 전념할 수 있도록 사기를 앙양시키는 행정기술"이라고 하였다. 서정화 외(2006)에 따르면 "교육활동의 주체가 되는 교원과 이들이 교육활동에 전념할 수 있도록 도와주고 제반 행정활동을 수행할 수 있는 교육전문직 및 일반직을 확보하고 이들의 자질을 향상시키며 근무의욕을 높여 주는 일련의 행정지원활동"이라고 교육인사행정을 정의하였다. 이와 같은 정의는 학교와 교육기관을 모두 포함하고 있는 것으로, 본 장에서 다루고자 하는 교원으로 좁혀볼 때 '교육전문직 및 일반직'을 '교원'으로 대체하여 생각해 볼 수 있을 것이다.

이와 같은 내용들을 종합해 볼 때, 교원인사행정은 "교육목적 달성을 위한 교원에 대한 계획부터 활용까지의 과정과 이를 효과적으로 이루어질 수 있게 만드는 체계"라 할 수 있다. 본 장에서는 이와 같은 개념을 토대로 교원인사제도의 전반에 대한 내용을 살펴보고자 한다.

2. 교원인사행정의 구분

교원인사행정의 개념에 따라 교원에 대한 계획, 활용에 대한 과정, 이를 효과적으로 만들어 주는 체계에 대한 내용을 중심으로 교원인사행정을 구분하여 다룬다. 교원인사행정은 대체로 법적 규정에 따라 진행된다는 점에서 규정을 중심으로 살펴본다. 교원인사행정에서 절차라 함은 다양하게 해석될 수 있다. 이번 장에서는 교원의 입직에서 복무, 복무 중의 전문성 개발에 대한 내용으로 구분하여 살펴보고자 한다.

1) 교원인사행정의 대상

교원인사행정의 주된 대상은 「교육공무원법」 상의 교원을 중심으로 한다. 「교육공무원법」 상의 교원은 교사, 수석교사, 교장 · 교감, 교수, 교육전문직원으로 구분되고 있으나, 이 중 주되게 다루게 되는 교원은 '교사'이며, '교수'의 경우에는 고등교육기관에 소속된 교원이기에 유초중등교육과 관련한 내용을 다루는 본 지서의 취지에 따라 여기에서는 다루지 않을 것이다.

2) 입직

(1) 교원 양성

교원 자격증 취득은 기본적으로 무시험 검정으로 이루어지고 있으며, 초등교사 자격증은 교육대학을 졸업하면서 취득할 수 있으며, 중등교사 자격증은 사범대학이나 교육대학원이나 대학원 교육과에서 석사학위를 취득함으로써 취득할 수 있다.[1] 유아교사의 경우에는 중등교사 자격증과 유사하게 유아교육과를 졸업하거나 교육대학원이나 대학원의 석사학위 취득을 통해 취득할 수 있다.[2] 모든 학교급의 교원 양성 기관의 교육과정은 전공과 교직으로 나누고, 각각 50학점, 22학점 이상을 이수하여야 한다.[3] 교원 자격증 취득을 위해 소정의 양성과정을 둠으로써 교사의 일정 수준을 확보하는 일종의 질 관리 차원으로 이해할 수 있다. 전공과목은 기본이수과목과 교과교육과목으로 구분되며, 교직과목은 이론, 소양, 실습으로 구분되고 있다. 무시험 검정의 기준이 되는 각 과목별 시수를 살펴보면, 아래 〈표 9-1〉과 같다.

〈표 9-1〉 무시험 자격 검정 합격 기준(2016학년도 이후)

<table>
<tr><th rowspan="2">구분</th><th colspan="2">전공</th><th colspan="3">교직</th><th rowspan="2">기타 필요 사항</th></tr>
<tr><th>기본이수</th><th>교과교육</th><th>이론</th><th>소양</th><th>실습</th></tr>
<tr><td rowspan="2">주전공
(교대, 사범대, 유아교육과)</td><td>21학점(7과목) 이상</td><td>8학점(3과목) 이상</td><td rowspan="2">12학점 이상</td><td rowspan="2">6학점 이상</td><td rowspan="2">4학점 이상</td><td rowspan="2">- 전공과목 평균 75점 이상
- 교직과목 평균 80점 이상
- 교직적성 및 인성 검사 2회 이상
- 응급처치 및 심폐소생술 2회 이상</td></tr>
<tr><td colspan="2">- 합쳐서 50학점 이상
- 특수의 경우 80학점(기본이수와 교과교육 외 전공 42학점 포함)</td></tr>
</table>

1) 「교원자격검정령」 [별표 1] 〈개정 2021. 2. 9.〉의 내용 확인.

2) 「유아교육법」 [별표 2] 〈개정 2013.3.23.〉의 내용 확인.

3) 「교원자격검정령 시행규칙」 [별표 3] 〈개정 2017. 8. 17.〉의 내용 확인.

<table>
<tr><th colspan="2" rowspan="2">구분</th><th colspan="2">전공</th><th colspan="3">교직</th><th rowspan="2">기타 필요 사항</th></tr>
<tr><th>기본이수</th><th>교과교육</th><th>이론</th><th>소양</th><th>실습</th></tr>
<tr><td rowspan="4">부
전
공</td><td rowspan="2">교육
대학원</td><td>14학점(5과목 이상) 포함(교과내용 영역 24학점 이상)</td><td>6학점(2과목) 이상</td><td colspan="3" rowspan="4">해당 없음</td><td rowspan="6">– 전공과목 평균 75점 이상
– 교직과목 평균 80점 이상
– 교직적성 및 인성 검사 2회 이상
– 응급처치 및 심폐소생술 2회 이상</td></tr>
<tr><td colspan="2">– 합쳐서 30학점 이상</td></tr>
<tr><td rowspan="2">교육청</td><td>21학점(7과목) 이상</td><td>8학점(3과목) 이상</td></tr>
<tr><td colspan="2">– 합쳐서 38학점 이상</td></tr>
<tr><td colspan="2" rowspan="2">실기(실기교사 양성)</td><td></td><td>6학점(2과목) 이상 포함</td><td rowspan="2">교육학 개론 (2학점)</td><td rowspan="2"></td><td rowspan="2">실기 교육 방법론 (2학점)</td></tr>
<tr><td colspan="2">– 합쳐서 50학점 이상</td></tr>
</table>

출처: 교육부(2020)의 '2020년도 교원자격검정 실무편람' 53쪽의 내용을 토대로 정리함.

교사 양성에 있어 국가수준에서 관여함으로써 양질의 교사가 입직할 수 있도록 하는 것은 교육의 기회를 균등하게 제공한다는 점에서 필요한 부분이라 할 수 있다. 이와 같은 측면에서 접근하여 초등교사를 양성하고 있는 것으로 볼 수 있다. 폐쇄적 목적형 양성으로, '교육대학교'를 두고 여기에서만 초등교사를 양성하고 있기 때문이다[4]. 체계적 교육과정을 통해 교사 양성이 이루어지고 있는 것이기도 하며, 비교적 수요와 공급을 적정하게 맞춰 교사를 양성할 수 있다(김갑성 외, 2009:4)는 장점을 갖는다. 그러나 이는 교사를 양성하는 교육과정이 경직되어 학교에서의 필요가 제대로 반영되기 어려울 수 있다는 지적을 받기도 한다(박영숙 외, 2017; 조동섭, 2004).

4) 교육대학교 외의 초등교사 양성은 이화여자대학교와 한국교원대학교의 초등교육과가 있기는 하지만, 정원의 조정에 있어 자율성이 없다고 볼 수 있다는 점에서 폐쇄적 목적형 양성이라는 점에 변함은 없다.

공통된 교육과정을 통해 교사를 양성하는 것은 교원의 질 관리로 이해될 수도 있지만, 반대로 교원의 획일화로도 이해될 수 있다. 교원의 다양성을 확보하는 것도 교육의 효율성을 높일 수 있는 좋은 방법이기도 하다. 스트롱(Strong, 2011; 박선형 외, 2019:185-186에서 재인용)은 교직을 희망한다면, 다양한 직군에서 교직에 입직할 수 있는 다양한 경로를 제공하는 것을 통해 우수교사를 모집할 수 있을 것이라고 하고 있다. 다양한 경로의 직군에서 교사가 되는 것은 현재 우리나라에서는 매우 제한적[5]이지만, 우리나라에서는 다양한 학과에서 교직 이수를 통해 중등교사를 양성함으로써 교원의 다양성을 확보하고 있기도 하다. 하지만, 이는 양적 팽창을 가져오기는 했지만, 그에 비해 질적 수준의 제고는 따라가지 못하고 있다는 비판도 존재한다(김이경 외, 2004; 박선형 외, 2019:185에서 재인용).

(2) 채용

우리나라에서 신규교사의 채용을 위해 국·공립에서는 임용고사[6]를 치르고 있으며, 사립의 경우에는 기관별 전형을 마련하고 있다. 사립의 경우 기관별로 상이하며, 교육행정 차원의 접근이 어려운 부분이 있어 여기에서 다루는 내용은 임용고사를 통한 채용으로 한정한다. 임용고사의 공식 명칭은 '교육공무원 임용후보자 선정경쟁시험'으로 교사의 선발이 그 직접적 기능이라고 할 수 있지만, 이에 따라 예비 교사의 양성 과정 및 역량 개발에도 영향을 미칠 수 있다는 점에서 중요한 지위를 갖는다(박영숙 외, 2017:124-125). 임용시험의 주요 과목 및 전형 방식을 살펴보면 아래의 〈표 9-2〉와 같다.

---

5) 고교학점제의 내실화를 위해 학교 밖 학점이 인정되는 방향이 결정된다면, 교원의 다양성은 보다 확대될 수 있을 것임

6) "임용"은 「교육공무원법」 제2조제5항에 신규 채용, 승진, 승급, 전직, 전보, 겸임, 파견, 강임, 휴직, 직위 해제, 정직, 복직, 면직, 해임 및 파면으로 규정하고 있음(박영숙 외, 2017: 124).

〈표 9-2〉 임용 시험 주요 과목 및 전형 방식

<table>
<tr><th></th><th>학교급</th><th colspan="2">시험과목</th><th>문항 수</th><th>배점</th><th>답안 작성 방식</th><th>시험시간</th></tr>
<tr><td rowspan="7">1차</td><td rowspan="2">유치원,
초등,
특수(유치원),
특수(초등)</td><td colspan="2">교직논술</td><td>1문항</td><td>20</td><td>논술형</td><td>60분</td></tr>
<tr><td colspan="2">교육과정(A, B)</td><td>16문항 내외(초등은 22문항 내외)</td><td>80</td><td>기입형,
서술형</td><td>140분(A: 70분, B: 70분)</td></tr>
<tr><td rowspan="5">중등
특수(중등)</td><td colspan="2">교육학</td><td>1문항</td><td>20</td><td>논술형</td><td>60분</td></tr>
<tr><td rowspan="4">전공</td><td rowspan="2">전공A</td><td>4문항</td><td>8</td><td>기입형</td><td rowspan="2">90분</td></tr>
<tr><td>8문항</td><td>32</td><td>서술형</td></tr>
<tr><td rowspan="2">전공B</td><td>2문항</td><td>4</td><td>기입형</td><td rowspan="2">90분</td></tr>
<tr><td>9문항</td><td>36</td><td>서술형</td></tr>
<tr><td rowspan="4">2차</td><td rowspan="4">유치원,
초등,
특수(유치원),
특수(초등),
중등,
특수(중등)</td><td colspan="2">교직적성 심층면접</td><td colspan="4" rowspan="4">시·도교육청 결정사항</td></tr>
<tr><td colspan="2">교수학습과정안 작성</td></tr>
<tr><td colspan="2">수업 실연</td></tr>
<tr><td colspan="2">영어 면접 및 수업 실연(초등만 해당)</td></tr>
</table>

출처: 한국교육과정평가원 홈페이지(2022.2.3. 검색).

1차 전형은 국가적으로 동일한 시험을 치러서 시·도별 채용 고시 인원의 150%를 우선 선발한다. 논술형으로 출제되는 교직논술(교육학) 시험은 교직과목이 그 범위라 할 수 있으며, 교육과정에서는 교육과정과 관련한 전 영역, 중등의 전공은 교과교육학(30% 내외) 및 교과내용학(70% 내외)에서 출제된다[7]. 2차 전형의 경우에는 각 시·도별 필요 교원을 선발할 수 있도록 교육청 차원의 전형 방식을 고지하고 있다. 과목들을 보면 필기를 통해 확인하기 어려운 인성이라든지 적성, 수업 역량 등을 확인하려는 것으로 볼 수 있다. 임용시험을 큰 틀에서 살펴보면, 교육

7) 한국교육과정평가원의 안내 내용을 토대로 정리함.

학적 지식과 교육과정적 지식을 확인하고, 교사로서의 기본 품성과 수업 역량을 확인하려는 것으로 이해된다. 이와 같은 시험에 대해 미시적으로 확인해 보면 문제점을 지적할 수 있겠지만, 앞서 양성과 평가가 연계될 수 있도록 구성하고 있다는 점을 확인할 수 있다.

3) 입직 후 복무

(1) 복무[8]

복무는 "어떤 직무나 임무에 힘씀[9]"을 말하는 것으로, 공무원으로 지켜야 할 의무 또는 책임관계로 의무적 측면이 강조된다(백규호, 2012:9). 실제 경기도교육청의 인사실무편람에서 제시하고 있는 복무에서의 내용은 임무와 의무, 근무, 출장 등 교사로서의 일상적 생활에서 지켜야 할 것들에 대해서 이야기하고 있다. 먼저 교직원의 임무는 「초·중등교육법」 제20조에서 규정하고 있다. 교장과 교감, 수석교사, 교사의 임무에 더해 행정직원의 임무도 나타나 있으며, 그 내용은 아래와 같다.

① 교장은 교무를 통할(統轄)하고, 소속 교직원을 지도·감독하며, 학생을 교육한다.
② 교감은 교장을 보좌하여 교무를 관리하고 학생을 교육하며, 교장이 부득이한 사유로 직무를 수행할 수 없을 때에는 교장의 직무를 대행한다. 다만, 교감이 없는 학교에서는 교장이 미리 지명한 교사(수석교사를 포함한다)가 교장의 직무를 대행한다.
③ 수석교사는 교사의 교수·연구활동을 지원하며, 학생을 교육한다.

---

8) 복무의 내용은 경기도교육청의 "2021년 교육공무원 인사실무편람(207-226쪽, 263-291쪽)"을 토대로 정리함.

9) Naver 어학사전 참고.

④ 교사는 법령에서 정하는 바에 따라 학생을 교육한다.

⑤ 행정직원 등 직원은 법령에서 정하는 바에 따라 학교의 행정사무와 그 밖의 사무를 담당한다.

교육공무원 복무상 의무는 「국가공무원법」과 「국가공무원 복무규정」에 나타나 있으며, 이와 관련해서는 직무상 의무와 신분상 의무로 구분된다. 구체적 내용은 아래 표와 같다.

〈표 9-3〉 복무상 의무 구분

복무상 의무	의무의 내용
직무상 의무	성실의 의무, 복종의 의무, 직장 이탈 금지, 친절 · 공정의 의무, 종교 중립의 의무, 비밀엄수의 의무, 청렴의 의무
신분상 의무	품위 유지의 의무, 정치 운동의 금지, 집단행위의 금지, 영리 업무 및 겸직 금지

위와 같은 의무는 법에 제시되어 있는 것으로 위반시 법적 처벌이 뒤따를 수 있다. 이 중 '집단행위의 금지'와 '겸직 금지[10]'의 경우에는 법적으로 허용되는 범위를 한정하여 일부 제한적으로 허용하고 있다.

근무의 경우에는 출근, 지각, 조퇴, 외출, 퇴근, 결근으로 구분하고 있다. 일반적으로 교육기관에서의 근무시간은 9시~17시[11]로 정해져 있으며, 단위학교별로 교육과정 운영에 지장이 없는 선에서 조정이 가능하다. 교원은 학교에서 휴업(수업 및 학생의 등교 정지) 중에도 출근하여야 하며, 「교육공무원법」 제41조에 근거

10) 겸직의 경우에는 해당 교사의 허가 신청 이후 교장의 승인과 교육지원청의 허가 여부로 최종 결정된다(경기도교육청, 2021: 235-248). 최근에는 겸직과 관련한 복잡한 상황들이 많이 있어 구체적으로 어떤 사례가 가능한지에 대해서는 쉽게 판단하기 어렵다.

11) 급식지도 및 학생 생활지도가 점심시간에도 지속되기 때문에 점심시간도 근무시간에 포함되므로 다른 공무원들보다 퇴근시간이 1시간 더 이르다(경기도교육청, 2021: 209).

하여 근무 장소 이외의 연수를 승인하여 연수를 받을 수 있으며, 이는 방학 중에도 해당되는 내용으로 학교장의 사전 허가가 필요하다.

출장은 근무지 외의 장소에서 공무를 수행하는 것으로, 명령권자의 판단하에 결정된다. 관할 근무교육지원청을 기준으로 근무지 내 출장과 근무지 외 출장으로 구분된다. 출장 후에는 출장에 대한 사항을 결과보고하되 간단한 사항은 구두로 보고할 수 있다. 이와 같은 교사의 복무와 관련된 내용들은 모두 나이스 상에 결재나 보고를 통해 기록에 남겨 두어야 한다.

교사의 휴가는 연가, 병가, 공가, 특별휴가로 구분되며, 미리 신청하여 사유발생 전까지 승인을 받아야 하는 것이 원칙이지만, 부득이한 경우 해당일 정오까지 신청하거나 다른 공무원(대부분 교감)으로 하여금 이를 대행하게 할 수도 있다. 연가 일수는 재직 기간별로 상이하며, 구체적으로 확인해 보면 아래 표와 같다.

〈표 9-4〉 재직 기간별 연가 일수

재직 기간	연가 일수	재직 기간	연가 일수
1개월 이상 1년 미만	11일	4년 이상 5년 미만	17일
1년 이상 2년 미만	12일	5년 이상 6년 미만	20일
2년 이상 3년 미만	14일	6년 이상	21일
3년 이상 4년 미만	15일	-	-

8시간이 1일로 계산되며, 연가 일수는 1월 1일부터 12월 31일까지의 1년 단위로 계산된다. 이월은 허가되지 않는다. 연가 가산이 되는 경우는 해당 연도 중에 결근·휴직·정직·직위해제 및 강등처분 사실이 없는 교원으로 병가 일수가 1일 미만인 교원과 연가실시 일수가 3일 미만인 교원에게 각각 1일씩 총 2일을 가산할 수 있다. 이는 승인권자의 확인을 받은 경우에만 해당된다. 또한 재직 기간에 따라 초과되는 연가 일수를 다음 연도 연가 일수에서 미리 사용할 수 있는데, 재직 기간에 따라 3~10일까지 사용 가능하다. 사용한 연가는 다음 연도의 연가 일수에

서 제한다.

병가는 연 60일(공무상 병가의 경우 연간 180일) 범위이며 적용기간은 연가와 마찬가지로 1월 1일부터 12월 31일까지를 1년 단위로 한다. 공가는 법률에 의거하여 근무를 빠져야 할 때 활용되는 것으로, 병역법, 국가기관의 소환, 법률에 따른 투표, 승진 및 전직 시험, 국가적 행사 참여 등이 이에 해당된다.

특별휴가는 경조사 휴가와 출산휴가, 난임치료시술휴가, 여성보건휴가, 모성보호시간, 육아시간 등으로 구분된다. 그중 경조사 휴가의 경우에는 결혼, 출산, 사망, 입양에 따른 휴가로 나뉘며, 구체적 휴가 일수를 확인해 보면 아래 표와 같다.

〈표 9-5〉 경조사 휴가 구분 및 휴가 일수

구분	대상	일수
결혼	본인	5
	자녀	1
출산	배우자	10
사망	배우자, 본인 및 배우자의 부모	5
	본인 및 배우자의 (외)조부모	3
	자녀와 그 자녀의 배우자	3
	본인 및 배우자의 형제, 자매	1
입양	본인	20

출산휴가는 출산 전·후 90일까지 승인할 수 있으며, 출산 후의 휴가 기간이 45일 이상이 되어야 한다. 난임치료시술휴가는 시술 당일 1일 휴가를 얻을 수 있으며, 여성의 경우에는 시술에 따라 1일을 추가로 받을 수 있다. 여성보건휴가는 매월 단위로 1일의 무급 휴가를 얻을 수 있다. 모성보호시간은 1일 2시간 범위 내에서 임신 중인 여성이 활용할 수 있는 시간이다. 이는 출근을 전제로 하고 있기 때문에 4시간 이상 근무를 할 때만 적용될 수 있으며, 육아시간과 함께 사용할 수는 없다. 육아시간의 경우에는 만 5세 이하의 자녀가 있을 경우 24개월의 범위에서

1일 2시간을 활용할 수 있다. 이때 학교장은 공무수행에 지장이 없는 범위에서 승인하게 된다. 이 외에도 수업휴가, 재해구호휴가, 가족돌봄휴가, 임신검진휴가, 「교원의 지위 향상 및 교육활동 보호를 위한 특별법」 제15조에 따른 특별휴가 등이 있다.

공무 외 국외여행의 경우 휴가 일수의 범위 안에서 가능하며, 「교육공무원법」 제41조를 활용한 공무 외 국외여행(국외자율연수)의 경우에는 자율연수 계획서 제출 후 나이스를 통해 승인 후 실시할 수 있다. 이와 같은 휴가는 모두 학교교육에 지장이 없는 범위 내에서만 승인이 가능하다.

(2) 휴직 및 복직

휴직은 직권휴직과 청원휴직으로 구분되며, 직권휴직은 본인의 의사와 관계 없는 휴직을 말하고, 청원휴직은 본인의 의사에 따라 이루어지는 휴직을 말한다. 이는 「교육공무원법」 제44조와 제45조에 명시되어 있는 내용이다. 직권휴직은 질병휴직, 병역휴직, 생사불명휴직, 법정의무수행휴직, 노조전임자 휴직이 있으며, 청원휴직의 경우에는 유학휴직, 고용휴직, 육아휴직, 연수휴직, 가사휴직, 동반휴직, 자율연수휴직이 있다. 이와 관련한 내용을 표로 정리하면 아래와 같다.

〈표 9-6〉 휴직의 종류 및 내용

		근거	요건	기간	승진평정 경력	승급	결원보충	보수	수당
직권휴직	질병	제1호	장기 요양 필요	1년이내 (공무상은 3년)	불인정 (공무상은 인정)	제한 (공무상은 인정)	6개월 이상 휴직 시 보충 가능	봉급 7할[12] (공무상은 전액)	공통수당: 보수 지급 비율만큼 기타수당: 휴직 사유별 차등
	병역	제2호	병역	복무 기간	인정	인정	6개월 이상 휴직 시 보충 가능	안함	안함
	생사불명	제3호	생사나 소재 불명	3개월	불인정	제한	없음	안함	안함
	법정의무수행	제4호	법정 의무 수행	복무 기간	인정	인정	6개월 이상 휴직 시 보충 가능	안함	안함
	노조전임자	제11호	교원 노동 조합 전임자	종사 기간	인정	인정	6개월 이상 휴직 시 보충 가능	안함	안함

12) 1~2년의 경우 5할.

13) 만 19세 미만의 자녀 입양과 불임·난임으로 인한 장기 치료가 필요할 경우도 가능.

		근거	요건	기간	승진평정 경력	승급	결원보충	보수	수당
청원휴직	유학	제5호	해외 학위 취득	3년	50%	인정	6개월 이상 휴직 시 보충 가능	50%	규정에 따라 지급
	고용	제6호	재외 교육기관 고용	고용 기간	인정	인정(비상근은 50%)	6개월 이상 휴직 시 보충 가능	안함	안함
	육아	제7호	만8세 또는 초등 2학년 이하의 자녀 양육[13]	3년 입양: 6개월 불임·난임: 1년	인정 불임·난임: 경력평정 미산입	첫째, 둘째 1년이내, 셋째 이후 전기간 입양: 전기간 불임·난임: 제한	6개월 이상 휴직 시 보충 가능	안함	70~150만원(월봉급의 80%)
	연수	제8호	국내학위 취득	3년	50%	제한(단, 학위취득 시 인정)	6개월 이상 휴직 시 보충 가능	안함	안함
	가사	제9호	장기요양이 필요한 가족이 있을 경우	1년	불인정	제한	6개월 이상 휴직 시 보충 가능	안함	안함
	동반	제10호	배우자가 국외근무나 유학을 하는 경우	3년	불인정	제한	6개월 이상 휴직 시 보충 가능	안함	안함
	자율연수	제12호	재직기간 10년이상의 교원	1년	불인정	제한	6개월 이상 휴직 시 보충 가능	안함	안함

출처: 경기도교육청(2021).

모든 휴직은 요건(사유)이 소멸하거나 신청한 기간이 지났을 경우 복직을 하게 되며, 복직 시 복직원을 제출하게 된다. 그리고 학교교육과정 운영상의 편의를 고려하여 6개월 이상의 휴직은 대체로 학기 단위로 이루어진다. 육아휴직의 경우에는 1명의 아이당 3년의 휴직이 가능하며, 보통 입양 및 불임·난임 휴직과 유사한 휴직으로 다룬다. 불임·난임의 경우 1년으로 되어 있지만, 부득이한 경우 1년 범위 내 연장이 가능하다. 동반 휴직의 경우에도 3년이 기본이지만, 3년 범위 내에서 연장할 수 있다. 휴직 중에도 소속은 본인의 휴직 전 근무기관이므로 휴직 중에도 정기적 연락을 통해 자신의 상황을 알리고, 인사상의 준비가 충분히 이루어질 수 있도록 할 필요가 있다.

(3) 승급

승급은 호봉과 관련되어 자신이 받는 봉급이 올라가는 것을 말한다. 일반적으로 승급은 1호봉 올라간 것으로 1년의 기간이 지나면 자동 승급된다. 이 외에도 교사자격이 2급에서 1급으로 올라간 경우에도 1호봉 승급된다. 승급이 제한되는 경우는 보통 징계사항이 있을 경우이며, 징계의 종류에 따라 승급 제한 기간에 차이가 있다.

(4) 징계[14)]

징계는 직무상의 의무를 위반하거나 법률의 위반, 체면 또는 위신을 손상하는 행위를 한 때에 이루어진다. 징계는 경징계와 중징계로 나눌 수 있으며, 경징계에는 견책, 감봉이 있고, 중징계는 정직, 강등, 해임, 파면이 있다. 언급한 순서대로 징계의 중한 정도가 높아지는 것으로 이해할 수 있다. 징계를 받게 되면 인사 및 성과관리카드에 등재되게 되는데, 법적으로 무효나 취소된 경우에는 기록을 말소해 주며, 앞서의 징계들은 중한 정도에 따라 말소제한 기간에 차이가 있다.

---

14) 징계의 내용은 경기도교육청의 "2021년 교육공무원 인사실무편람(440쪽, 483쪽, 492-493쪽)"을 토대로 정리함.

〈표 9-7〉 징계의 종류와 효력

<table>
<tr><th colspan="2">종류</th><th>효력</th><th>말소기간</th></tr>
<tr><td rowspan="4">중징계</td><td>파면</td><td>• 공무원 관계로부터 배제
• 5년간 공무원 임용 결격사유
• 재직기간 5년 미만인 자는 퇴직급여액의 1/4, 5년 이상인 자는 퇴직급여액의 1/2을 각각 감함</td><td>–</td></tr>
<tr><td>해임</td><td>• 공무원 관계로부터 배제
• 3년간 공무원 임용 결격사유
• (금품 및 향응수수, 공금의 횡령・유용 관련) 재직기간 5년 미만인 자는 퇴직급여액의 1/8, 5년 이상인 자는 퇴직급여액의 1/4을 각각 감함</td><td>–</td></tr>
<tr><td>강등</td><td>• 동종의 직무 내에서 하위의 직위에 임명
• 공무원의 신분은 보유하나 3개월간(경력 평정 제외) 직무에 종사하지 못함
• 기간 중 보수 전액 감함
• 징계처분의 집행이 종료된 날부터 18개월간 승진, 승급 제한</td><td>9년</td></tr>
<tr><td>정직
1~3월</td><td>• 공무원의 신분은 보유하나 직무에 종사하지 못함
• 기간 중 보수 전액 감함
• 징계처분의 집행이 종료된 날부터 18개월간 승진, 승급 제한
• 처분 기간은 경력 평정에서 제외</td><td>7년</td></tr>
<tr><td rowspan="2">경징계</td><td>감봉
1~3월</td><td>• 감봉 기간 중 보수(수당 포함)의 1/3을 감함
• 처분 기간 및 처분 집행의 종료일로부터 12개월간 승진, 승급 제한</td><td>5년</td></tr>
<tr><td>견책</td><td>• 전과에 대하여 훈계하고 회개하게 함
• 처분 집행의 종료일로부터 6개월간 승진, 승급 제한</td><td>3년</td></tr>
</table>

출처: 경기도교육청(2021).

징계 이후에 부당한 징계라고 판단되는 경우 먼저 교원소청심사위원회에 소청할 수 있으며, 해당 결과는 기존의 징계보다 더 중한 징계를 내릴 수 없다. 이에도 불복할 경우 법적 소송이라 할 수 있는 행정소송을 제기할 수 있다.

징계로 볼 수는 없지만, 중징계 의결이 요구되거나 법적 문제의 발생, 직무수행이 어렵다고 판단될 경우 등에는 교육행정기관에서는 직위해제를 부여하기도 한다. 이 외에 행정상의 문제가 발생할 경우에는 불문경고 처분을 하기도 한다. 이는 모두 징계로 볼 수는 없지만, 인사 및 성과관리카드에 기록된다. 기록이 말소되는 제한 기간은 직위 해제는 2년이며, 불문경고는 1년이다.

(5) 면직 및 퇴직[15)]

면직과 퇴직은 모두 교직에서 나가는 것으로 공통된다. 면직의 경우 본인이 원해서 사직하는 경우는 의원면직이라고 하며, 비위사실이나 다른 면직 사유가 있을 때는 받아들여지지 않는다. 직권 면직은 직제와 정원의 개폐 또는 예산 감소로 인한 폐직이나 과원, 휴직 이후 복귀하지 않거나 직무를 감당할 수 없다고 판단될 때 이루어진다. 중한 법적 처벌을 받거나 성범죄가 있을 경우에는 당연퇴직의 사유가 된다. 위와 같은 면직 및 퇴직의 절차는 아래와 같다.

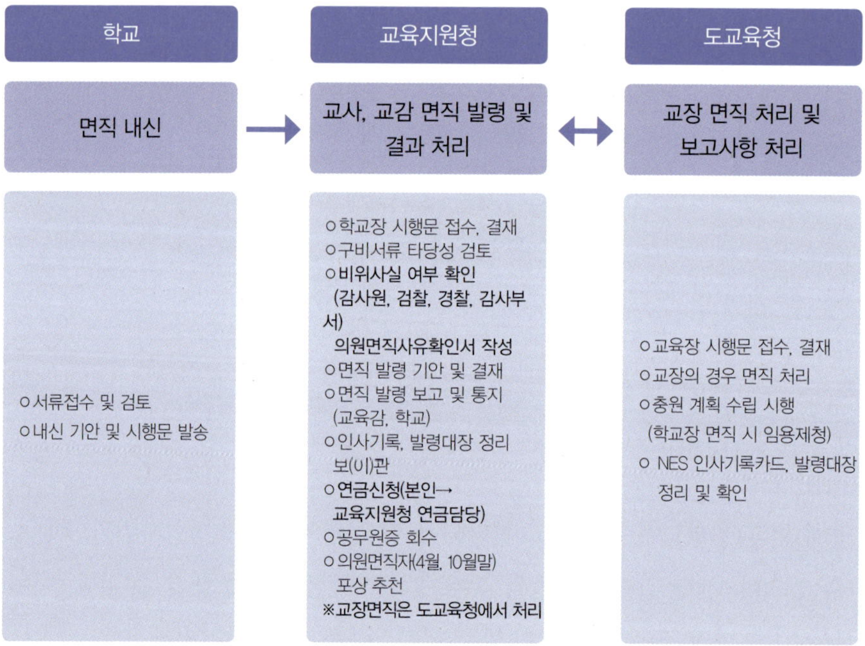

[그림 9-1] 당연퇴직 및 의원면직, 직권면직 절차

출처: 경기도교육청(2021).

15) 경기도교육청의 "2021년 교육공무원 인사실무편람(55-75쪽)"을 토대로 정리함.

재직 기간이 20년 이상이고, 정년퇴직이 1년 이상 남은 교원 중 희망하여 퇴직하는 것을 명예퇴직이라고 한다. 명예퇴직 신청 이후에 심사를 통해 명예퇴직이 결정되는데, 최근에는 명예퇴직하고자 하는 교원의 수가 많지만, 교원의 수급 및 퇴직 수당의 지급 등의 문제로 인해 신청이 쉽게 받아들여지지는 않고 있다.

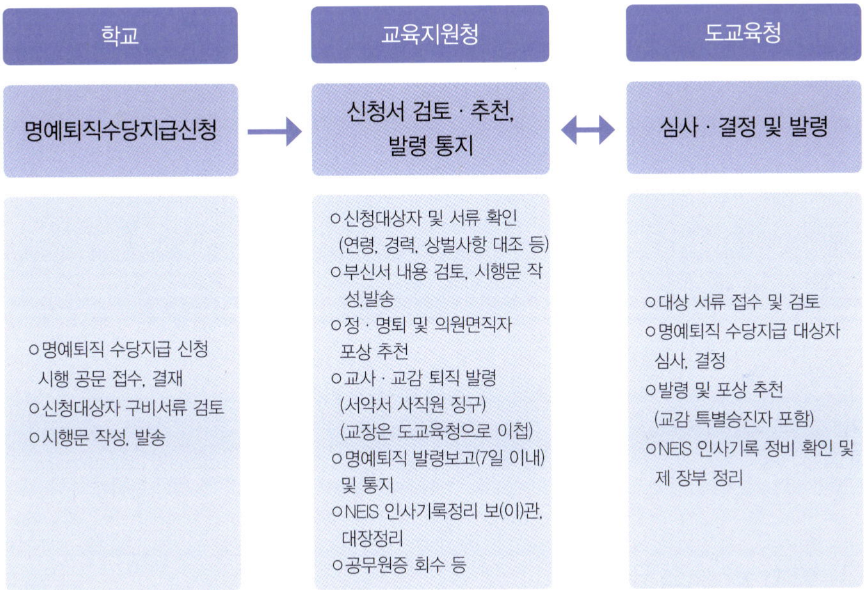

[그림 9-2] 명예퇴직 절차

출처: 경기도교육청(2021).

마지막으로 근무할 수 있는 연령(교사의 경우 만 62세)이 다 되어 퇴직하는 경우 정년퇴직이라고 한다. 생일에 따라 8월말(생일이 3~8월) 퇴직과 2월말(생일이 9~다음해 2월) 퇴직으로 결정된다.

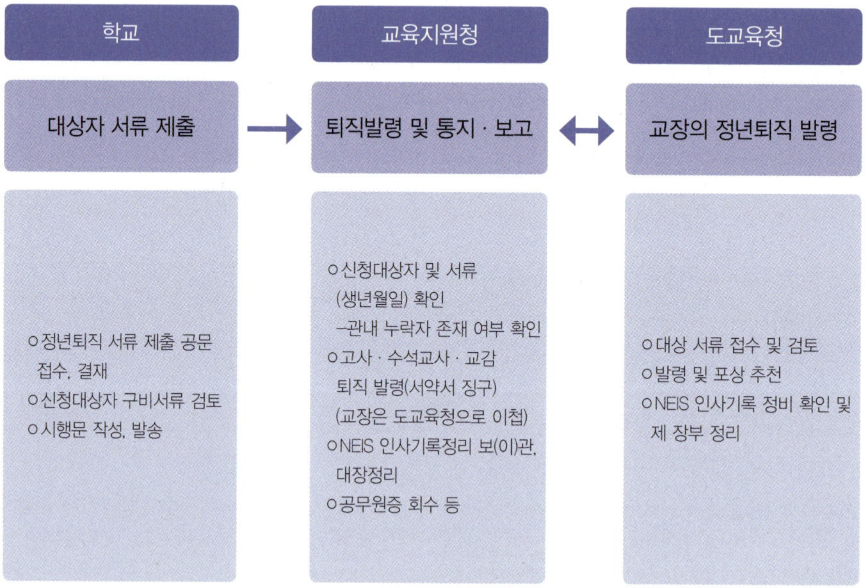

[그림 9-3] 정년퇴직 절차

출처: 경기도교육청(2021).

4) 입직 후 전문성 계발

(1) 승진

승진은 동일 직렬상의 위계적 상승이라 할 수 있다. 따라서 교사로서 승진은 '교사 – 교감 – 교장'이라는 단선적 경로로 볼 수 있다. 우리가 흔히 알고 있는 부장교사는 일반 회사에서의 부장으로의 승진과 같은 개념이라기보다 보직을 맡은 것으로 다시 교사로 돌아온다는 점에서 이는 승진의 개념이라 보기 어렵다. 다만 「교육공무원법」에 등장하는 '수석교사'는 교사의 다른 승진 경로로 볼 수 있다. 이와 같은 내용을 토대로 승진이라는 경로를 그려 보면 아래 그림과 같다.

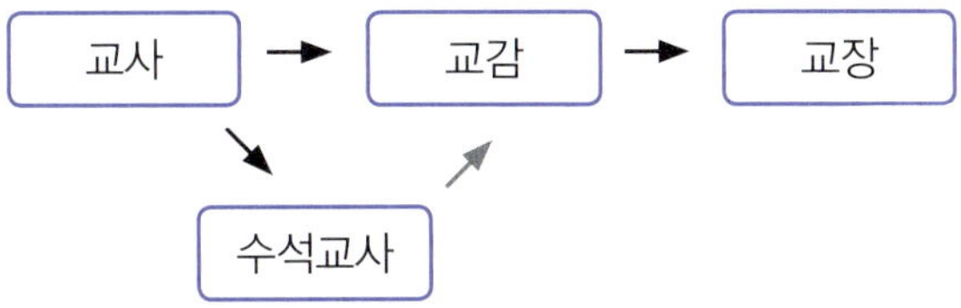

[그림 9-4] 교사 승진 경로

물론 사립의 경우에는 교사에서 교(원)감, 교(원)장으로 가는 것이 승진의 유일한 경로로 볼 수 있다. 수석교사의 경우 위계적 위치에 대해서는 논란이 많지만, 수석교사 이후 교감의 경로로 가는 경우도 다수 있다는 점을 볼 때, 수석교사는 교감의 지위보다 다소 위계적으로 아래에 위치한다고 볼 수 있다.

이와 같은 승진은 교사의 자아실현 욕구 충족의 요인이기도 하며, 교직 동기의 한 요인이기도 하고, 전문성 계발의 한 요인이기도 하지만, 수업활동에서의 전문성과는 큰 관련이 없는 것으로 이해되기도 한다(엄문영, 2018:714-716). 그런 점에서 행정적 관리자로 승진하는 것 외에 교육전문가로 승진하는 경로를 두고자 만들어졌던 것이 수석교사이다. 이렇게 행정과 수업이라는 두 가지 경로를 둠으로써 교사의 핵심 직무라 할 수 있는 수업에서 갖는 전문성도 함께 계발하게 하기 위함이라 할 수 있다. 이렇게 볼 때 승진은 교사의 전문성 계발의 결과물로 인식되는 것이 이상적 목적이라 할 수 있겠다.

그러나 언급하였던 것처럼 수석교사에서 교감으로 다시 들어오는 것은 수업전문가에서 다시 행정 관리자로 경로를 이전하는 것이므로 이와 같은 취지를 무색케 하고 있어 수석교사의 직위를 가질 경우 행정직으로 전환하는 것을 금지하고 있다. 이 외에도 2가지 트랙으로 인한 위계적 위치, 업무의 구분 등의 문제들이 아직도 현장에 남아 있어 제도적 정비가 조금 더 필요할 것으로 보인다.

이와 같은 승진을 위해서 필요한 것은 일반적으로 승진 점수이다. 승진 점수는 크게 4가지로 구분되는데, 경력평정, 근무성적평정, 연수성적평정, 가산점평정이 그것이다. 그 내용을 보면 아래 표와 같다.

〈표 9-8〉 교원의 승진 점수

구분	점수 종류	점수 산정 방법	비고
경력평정 (70)	기본경력(만점 64점, 15년) 초과경력(만점 6점, 15년 이후 5년)	1월 당 기본경력 0.3555, 초과경력 0.1000	1일 단위 계산 경력별 점수 상이
근무성적 평정 (100)	근무수행태도(교육공무원으로서의 태도(20점)) 근무실적 및 근무수행능력(교육활동 및 교육연구지원(40점), 교원지원(20점), 행정·사무관리(20점))	상대평가(수 30%, 우, 40%, 미 20%, 양 10%) 근무성적평정 및 다면평가 최근 3년 점수 반영(최근 평정 점수 별 각 50%, 30%, 20%씩 반영)	'양'은 해당자가 없을 경우 '미'에 포함 등수별 점수 상이
연수성적 평정 (30)	직무연수성적(18점) 자격연수성적(9점)	직무연수성적은 직무연수 3개의 성적 반영, 1개의 점수가 95점 초과일 경우 만점, 2개는 만점으로 계산 자격연수성적은 연수성적만점을 기준으로 1점 미달 시 0.05점 감점	직무연수성적의 경우 5점 단위로 직무연수환산성적이 달라짐 자격연수성적의 경우 1급 정교사 자격연수의 성적이 일반적임
	연구실적평정(3점)	연구대회 입상 및 학위 취득	연구대회 입상은 입상등급 및 주최 규모별 상이 학위 취득은 학위 종류 및 직무 관련성별 상이
가산점 평정	공통가산점 선택가산점	공통가산점은 연구학교(1점), 재외국민교육기관 파견(0.5점), 학점 기록 관리되는 직무연수(1점), 학교폭력 예방 및 대응 실적(1점)임[15)] 선택가산점은 도서벽지, 농어촌, 기타 실적 등임	공통가산점은 전국적으로 적용되며, 선택가산점은 시·도교육청별 상이

출처: 교육공무원 승진규정[시행 2020. 3. 1.] [대통령령 제30495호, 2020. 2. 28., 일부개정]내용을 토대로 정리함.

16) 2022.4.1. 변경된 것이며 이전까지는 연구학교 1.25점, 재외국민교육기관 0.75점이었다.

이와 같은 승진 점수들을 보면 경력, 근무성적, 연수성적은 일정 정도 정해진 점수라면, 가산점은 교사의 경력 관리에 따라 차이가 발생하게 된다. 그런 연유로 가산점을 받을 수 있도록 열심히 노력하는 교사들도 있지만, 이와 같은 노력이 전문성의 계발보다는 치열한 경쟁으로 이어지기도 한다(성준우, 허병기, 2015). 경쟁에서 밀린 교사들은 '루저'(박인서, 2020; 성준우, 허병기, 2015)로 인식될 정도이다.

교직의 경우에는 장학사(연구사)로의 전직도 일종의 승진으로 보는 경향이 있다는 것이 특이점이다. 교직에서의 승진이 너무도 단조롭고 20년 정도의 기간이 소요된다는 점에서 개인적 준비의 기간이 너무 길어 희생되는 부분들이 크지만, 이와 같은 기회는 보다 빠른 승진을 가능하게 한다는 점과 새로운 직무로의 도전에서 얻게 되는 부분이 있다는 점에서 선택되기도 하는 경로이다. 이와 같은 전직 후에 다시 교장이라는 경로로 편입될 수 있다는 점에서 승진의 한 경로로 이해될 수 있다. 이를 위해서는 기본적으로 앞서 승진과 관련된 점수 외에 별도의 전형을 거쳐 선발되는데 이는 최소 5년 정도의 경력을 가지고 있어야 한다. 하지만 시·도교육청별로 전형에 따라 필요로 하는 경력은 보통 9~12년 정도인 것이 일반적이다. 유사하게 교육부에서 근무하는 교육연구사의 경우에는 보다 짧은 경력으로도 지원할 수 있기도 하다. 이와 같은 것들은 모두 전직에 해당되지만, 큰 범주에서 승진으로 인식되고 있다는 것이 교직에서의 특징이라고도 할 수 있다.

(2) 연수

연수는 교사의 전문성 계발 혹은 자격 취득 등을 위해 이루어지는 일종의 직무교육으로 볼 수 있다. 「교원 등의 연수에 관한 규정」에 따르면, 자격연수와 직무연수로 구분할 수 있으며, 이외에 특별연수(교육부, 2021)도 한 유형으로 구분된다. 자격연수는 법령에 따른 교원의 자격을 취득하기 위한 연수로 교(원)장 자격연수, 교(원)감 자격연수, 수석교사, 정교사 자격연수가 있으며, 직무연수는 교육의 이론·방법 연구 및 직무수행에 필요한 능력 배양을 위한 연수, 특별연수는 국가나 지방자치단체의 특별연수계획에 따라 국내외의 교육기관 또는 연구기관에서 받는 연수를 말한다(교육부, 2021:2). 운영 형태에 따라 집합연수, 원격연수, 혼합형 연수로 구분하기도 한다(교육부, 2021:2).

연수는 교사의 전문성 계발에 가장 큰 목적이 있기 때문에 교원의 요구나 사회적 환경 변화에 따라 유기적으로 변화하며, 실제적 도움을 줄 필요가 있다. 이런 점들을 고려하여 교육부에서 여러 관리들을 적용하고자 하고 있으며, 2022년의 중점과제를 보면, 맞춤형 연수 지원, 미래형 연수체제 강화, 교원 연수 내실화(교육부, 2021:5)를 들어 교원에게 필요한, 그리고 사회적 변화와 다양화에 맞춘 연수를 내실 있게 제공하고자 하고 있다. 실질적 변화의 내용을 살펴보면, 연수비를 교원 1인당 25만 원 수준으로 지원하고자 예산에 있어 반영 시도를 하고 있는 것이다(교육부, 2021:23).

교원의 연수 기관은 교육부에서 인가하고 있으며, 2021년 12월 기준 시·도교육연수원 19개, 교육행정연수원 1개, 종합교육연수원 16개, 대학부설교육연수원 79개, 원격교육연수원 29개 등이다.[17)]

(3) 평가

교원에 대한 평가는 교원근무성적평정, 성과상여금평정으로 구분되는 성과기반의 평가인 교원업적평가와 교원의 전문성 제고를 목적으로 하는 교원능력개발평가로 구성되어 있다. 이 중 교원업적평가는 교원의 성과급과 인사에 직접적으로 관련이 있는 '인사관리형 평가'로 분류할 수 있고, 교원능력개발평가는 교사의 전문성 계발에 보다 초점을 맞춘 '능력계발형 평가'로 분류된다.

① 교원업적평가

교원업적평가는 기존에 따로 이루어지던 교원근무성적평정과 성과상여금평정을 통합하여 붙여진 명칭으로 교원들의 평가에 대한 부담을 줄이고자 하는 것을

17) 교육부의 "교원 연수원 인가 및 폐원 현황(2021년 12월 기준)" 참고.

목적으로 추진되었다(교육부, 2015). '인사관리형 평가'라는 공통적 속성에 기반하여 교사의 직무를 어느 정도 잘 수행하고 있는지를 평가하고자 만들어진 것으로 볼 수 있다. 1번의 평가를 통해 2개의 평가가 진행될 수 있도록 평가자와 평가 방식에 따른 반영 비율을 다르게 두었다. 대강의 실행 방안을 살펴보면 아래 [그림 9-5]와 같다.

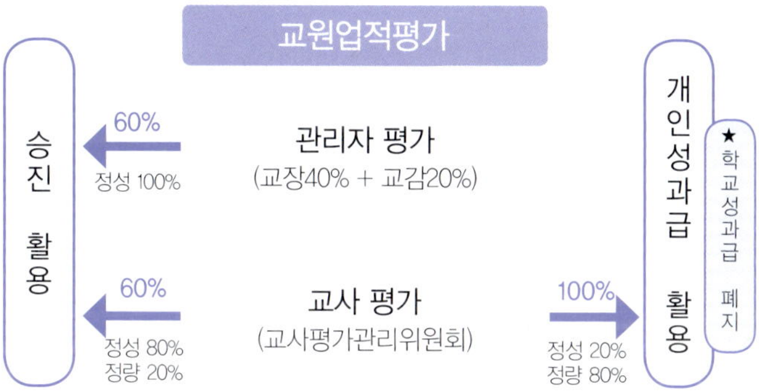

[그림 9-5] 교원업적평가 체제

출처: 교육부(2015:6).

평가자를 관리자와 교사로 구분하고 평가 영역을 정성적인 부분과 정량적인 부분으로 구분하였다. 그리고 성과급의 경우에는 정량을 주되게 반영하여 주로 업무의 양적 평가를 통해 평가가 이루어지며, 승진에 활용되는 근무성적평정은 정성적인 부분이 더 반영될 수 있도록 하고 있다. 이때 평가자의 의견 반영 비율도 달리하여 평가의 실효성 측면도 제고할 수 있도록 하였다.

〈표 9-9〉 교원업적평가 방식

	교원근무성적평정	교원성과상여금평정
법적 근거	교육공무원승진규정	공무원수당 등에 관한 규정 제7조의 2 공무원보수 등의 업무지침(인사혁신처 예규 제67호)
목적	승진임용 등 인사행정에 반영	교직사회의 사기진작 도모
평가 대상 시기	해당 학년도	직전 학년도
평정등급 및 분포 비율	수(30%, 95점 이상) 우(40%, 90~95점 미만) 미(20%, 85~90점 미만) 양(10%, 85점 미만)	S등급(30%) A등급(40%) B등급(30%)
평정준거 및 배점	정성평가(총 100점) – 교육공무원으로서의 태도(10점) – 근무실적 및 근무 수행능력: 학습지도(40점), 생활지도(30점), 전문성 개발(5점), 담당업무(15점) 정량평가(총 100점) – 근무실적 및 근무 수행능력: 학습지도(30점), 생활지도(30점), 전문성개발(10점), 담당업무(30점)	
평정자 및 확인자	교장(40%), 교감(20%) – 정성만 반영 다면평가(40%) – 정성 32% + 정량 8%	다면평가(100%)
평정 결과의 공개	요구 시 공개	개별 통보

출처: 박영숙 외(2019:115-116).

② 교원능력개발평가

교원능력개발평가는 교원의 전문성 수준을 신장하는 것에 그 목적이 있다(김갑성 외, 2010; 전제상, 2015; 경기도교육청, 2021). 본격적 논의는 2004년에 시작되어 2005년에는 교육부에서 시범학교를 운영하였으며, 2010년부터 모든 초·중등학교에서 제도를 전면 시행하게 되었다(박영숙 외, 2019:116). 교원능력개발평가는 대통령령 제31359호인 '교원 등의 연수에 관한 규정'의 제18조부터 제23조와 교육부 훈령 제320호인 '교원능력개발평가 실시에 관한 훈령'에 근거하여 운영되고 있다(경기도교육청, 2021:1). 유치원 교원도 교원능력개발평가의 대상으로 되어 있지만, 2010년 전면 시행에 유치원이 포함되었던 것은 아니다. 유치원의 경우에는 2011년 국립유치원 3개원의 시범운영을 시작으로 2012년 171개 공립 단설유치원, 2013년 3학급 이상, 2014년 2학급 이상, 2015년 1학급 이상의 국·공립유치원(전체) 및 사립유치원(희망)으로 점차 확대하였고(김경철, 이민영, 2019:218-219), 2018년에는 국·공립유치원과 5학급 이상의 사립유치원이 해당되었고, 2019년부터는 모든 공·사립유치원에서 시행되고 있다(서울시교육청, 2019). 2021년 교원능력개발평가에 대한 개요를 표로 정리하면 아래와 같다.

〈표 9-10〉 교원능력개발평가 내용 정리

<table>
<tr><th>구분</th><th colspan="2">주요 내용</th></tr>
<tr><td>목적</td><td colspan="2">교원의 교육활동에 대한 전문성을 진단하여 자기성찰과 성장의 기회 제공</td></tr>
<tr><td>평가 대상</td><td colspan="2">• 2개월 이상 재직하는 교원(계약제 교원 포함)
※ 단위 학교 및 유치원에서 결정 가능 사항: 교외 기관 파견교사 포함, 전일제 근무가 아닌 교원 및 정년퇴직자와 휴직자의 제외, 1학급의 경우 미운영 여부(유치원만 해당, 미운영 시 전문성 향상 개발 계획 수립 및 연수 실시)</td></tr>
<tr><td rowspan="2">평가 종류/평가 참여자</td><td>학생 만족도 조사</td><td>• 유치원 및 초1~초3: 미참여
• 초4~초6 학생: 서술형(자기성찰적 의견조사) 문항
• 중1~고3 학생: 개별 교사 대상 만족도조사(단, 2개월 미만 재학생은 제외)</td></tr>
<tr><td>학부모 만족도 조사</td><td>• 재학 중인 학생(혹은 유아)의 학부모(단, 2개월 미만 재학생의 학부모는 제외)
• 만족도조사 대상자는 학부모 본인이 희망하는 교원에 대해서만 만족도 조사 실시</td></tr>
<tr><td>평가 시기</td><td colspan="2">• 매 학년도 9월부터 실시, 11월 말까지 종료(구체적 시기는 단위 학교 및 유치원 자율)</td></tr>
<tr><td>평가 시행 주체</td><td colspan="2">• 주체 : 교육감
• 위임 : 교(원)장·교(원)감은 관할 교육장, 교사 및 수석교사는 소속 학교장에게 위임</td></tr>
</table>

<table>
<tr><th colspan="2">구분</th><th colspan="3">주요 내용</th></tr>
<tr><td colspan="2">평가 관리 기구</td><td colspan="3">• 교육청 및 교육지원청 교원능력개발평가관리위원회
(교원, 학부모, 외부전문가 등 5인 이상 11인 이하로 구성)
– 외부위원 비율이 50% 이상 되도록 구성
– 임기 1년, 1회에 한해 연임 가능
• 학교의 교원능력평가관리위원회(또는 학교 내 다른 위원회에서 심의 가능)
(교원, 학부모, 외부전문가 등 구성 비율에 제한 없음)</td></tr>
<tr><td rowspan="8">평가영역/요소/지표</td><td>공통</td><td colspan="3">• 교원의 교육활동 전반
– 교장·교감 : 학교경영 영역
– 수석교사 : 교수 · 연구활동 지원, 학습지도, 생활지도 영역
– 교사 : 학습지도, 생활지도 영역
※ 비교과교사 : 학생지원 영역
(수업을 하는 경우 학습지도 영역 포함할 수 있음)
※ 진로진학상담교사는 교과(전담)교사에 해당</td></tr>
<tr><td>구분</td><td>영역</td><td>요소</td><td>지표</td></tr>
<tr><td rowspan="2">교사</td><td>학습지도</td><td>수업 준비, 수업 실행, 평가 및 활용 (3요소)</td><td>교과내용 분석 등 8개 지표</td></tr>
<tr><td>생활지도</td><td>상담 및 정보 제공, 문제행동예방 및 지도, 생활습관 및 인성지도 (3요소)</td><td>개별학생(유아) 특성 파악 등 7개 지표(유치원은 5개 지표)</td></tr>
<tr><td rowspan="3">수석교사</td><td>교수 · 연구 활동지원</td><td>수업 지원, 연수 · 연구 지원 (2요소)</td><td>교수·학습전략 지원 등 6개 지표</td></tr>
<tr><td>학습지도</td><td>수업 준비, 수업 실행, 평가 및 활용 (3요소)</td><td>교과내용 분석 등 8개 지표</td></tr>
<tr><td>생활지도</td><td>상담 및 정보 제공, 문제행동예방 및 지도, 생활습관 및 인성지도 (3요소)</td><td>개별학생(유아) 특성 파악 등 7개 지표(유치원은 5개 지표)</td></tr>
<tr><td>교(원)장 · 교(원)감</td><td>학교(유치원) 경영</td><td>학교교육계획, 교내 장학, 교원 인사, 소통과 배려, 시설관리 및 예산운용 (5요소)
(※교(원)감은 시설관리 및 예산운용 제외, 소통과 배려는 유치원 제외)</td><td>학교경영 목표 관리 등 교장 11개, 원장 8개 지표
(※교감 9개, 원감 6개 지표)</td></tr>
</table>

구분	주요 내용
평가 문항	• 학생 만족도조사 문항 – 초등학생(4~6학년) : 자기성찰적 의견조사 3문항 이상으로 구성 – 중 · 고등학생(중1~고3) : 체크리스트 5문항 이상 + 서술형 병행 • 학부모 만족도조사 문항 – 체크리스트 5문항 이상 + 서술형 병행 • 담임교사와 교과(전담)교사의 평가문항 구성 차별화 ※ 담임교사는 생활지도 영역, 교과(전담)교사는 학습지도 영역 문항을 강화 • 서술형 응답 양식은 '좋은 점', '바라는 점'의 두 가지로 제시 • 개별교원의 특색 교육활동에 대해 개별교원 본인이 문항 구성 가능 – 학교 교원능력개발평가관리위원회의 또는 학교 내 다른 위원회의 심의 후 추가 문항으로 제시
평가 방법	• 「초·중등교육법」 제30조의4와 제30조의5에 따라 교육정보시스템을 사용 • 모바일 시스템 구축 및 지원으로 모바일 기기를 활용한 평가 가능 • 학부모 만족도조사 시, 종이설문지 활용 가능 • 학생에 대한 사전 연수·홍보 의무적 실시 – 평가관리자(교감)가 직접 실시 • 교원의 교육활동 소개자료 의무 탑재 – 원격수업 동영상, 원격수업자료도 교육활동 소개자료로 탑재 가능
결과 통보	• 교육감 · 학교장은 개별교원에게 평가 결과 통보 – 평가문항별 환산표, 개인별 합산표 • 원자료 열람: 평가결과를 통보받은 후 일주일 이내
결과 활용	• 운영결과보고서 작성 • 정보공시사이트에 탑재(4월) – 학생 및 학부모 만족도조사지 – 교사에 대한 교원능력개발평가 등의 학교 평균값 • 교사의 자기성찰에 따른 성장자료로 활용 • 평가결과 공유 – 학기 초 학부모총회 시 참여 절차, 방법, 전년도 평가결과 등 안내 – 가정통신문 발송 및 학교홈페이지 탑재

출처: 경기도교육청(2021).

표의 내용을 토대로 볼 때, 교사 및 수석교사는 학생과 학부모에게 평가를 받으며 관리자(교(원)장 및 교(원)감)는 학부모와 교사에게 평가를 받는다. 교사의 경우 학생의 학습과 생활에 대한 부분의 평가를 통해 전문성을 기르는 것이 중요하다고 볼 수 있으며, 초등학교 이하의 학생들에게는 만족도조사를 실시하지 않고 있다. 그리고 평가에 참여할 때 온라인이 기본 원칙이며, 필요시 학부모에게는 종이 설문도 가능하다. 추가적으로 학부모의 경우에는 응답 중 "잘 모른다"를 두어 무조건 평가 점수를 주는 것을 예방하고 있다. 제대로 된 평가가 될 수 있도록 충분한 홍보가 진행되어야 한다고 명시하고 있으며, 교사들은 반드시 자신들의 교육 방식이나 내용에 대해 홍보하고 소개할 수 있는 자료들을 탑재하도록 하고 있다.

이와 같은 평가 이후에 결과를 확인하고 교사들은 자율적으로 자신의 전문성을 제고하기 위한 노력들이 진행되며, 이에 대한 계획서를 나이스상에 탑재하게 된다.

3. 교원인사행정과 교원의 전문성

교원에 대한 인사행정은 교육조직의 목표를 달성하기 위한 것이다. 이를 위해 교원의 전문성을 적재적소에 활용하고 계발하여 더 나은 결과를 마련하게 하기 위함이라고 할 수 있다. 이를 위해 처음부터 교직에 적합한 교원을 선발하고, 선발된 교원들이 보다 현장에서 잘 활동할 수 있도록 기반을 마련해 줄 필요성이 있는 것이다. 궁극적으로는 교육조직의 본질적 목적이라고 할 수 있는 학생들의 역량을 기를 수 있는 교육이 이루어지게 하기 위함일 것이다. 그렇지만 교직의 현실을 보면, '수업 관련 행정 및 정책 지원의 미흡', '수업 연구 및 협의 활동의 소홀', '수업 개선 의지의 부족', '수업 환경 및 여건의 열악'의 순으로 수업전문성 개발이 제약을 받고 있으며, 이런 제약 조건을 해소하기 위해서 수업 관련 행정 및 정책을 적극 지원할 필요가 있음을 제안하기도 한다(고재천, 2015). 이와 같은 행정적 기반을 마련하는 것이 교육행정의 목표라면, 행정적 기반 아래 교원의 인사정책으로 반영해 낸다면 그것이 곧 인사행정의 한 부분이 될 것이다. 하지만 이에 대한 구체적 방안을 마련하는 것은 쉬운 일이 아니다. 세세하게 조정해야 할 부분들이 많으며, 정책을 잘못 펼쳤을 경우에는 오히려 공정성을 해치는 일이 발생할 가능성이 높다. 특히 승진의 경우 더욱 그러하다.

교원의 전문성의 활용과 개발이라는 인사행정의 목적에 따라, 또한 궁극적으로 교육조직의 목적 달성이라는 큰 틀 안에서 어떤 것들을 할 수 있을지 생각해 보기 위해서는 교원의 전문성이 무엇인지 고민해 볼 필요가 있다.

교원에 대한 연구들을 보면, 일치된 견해를 이끌어 내는 것은 어려운 것으로 보인다. 그럼에도 연구에서 교원에 대한 전문성은 크게 두 가지로 구분할 수 있다. 학생을 가르치는 것과 학생의 생활을 지도하는 것이 그것이다. 이는 앞서의 교원능력개발평가에서의 주요 평가 분야이기도 하다. 전자는 교사의 수업전문성으로 지칭되기도 하는 교사의 핵심적 전문성이라 할 수 있으며, 후자는 수업전문성 이전에 학생의 사회적 적응 및 사회성의 발달과 밀접한 관련이 있다.

그러나 이와 같은 전문성을 교사 개개인이 모두 갖추고 있기는 너무도 어려울 뿐만 아니라, 교사의 전문성을 온전하게 기능하기 어렵게 한다. 그 이유는 아래와 같이 세 가지로 정리할 수 있다(문영빛, 2017:25–26).

첫째, 개인이 갖추어야 할 능력은 구체적으로 규정되어 기술적 측면에 치우칠 수 있기 때문이다. 이와 같은 기술적 규정은 교사의 복잡한 직무를 단순화하여 기술함으로써 교사전문성에 대한 이해를 오히려 해칠 수 있으며, 교육을 개별적인 것으로 치부하여 고립된 교육문화가 형성될 우려가 있다.

둘째, 교사는 조직의 구성원으로서의 역할을 해내야 하기 때문이다. 구성원 간의 협력적 관계를 통해 교육을 이끌어 갈 필요가 있기 때문에 교사는 교육을 실행하는 한 구성원으로서 '연계적 전문가(소경희, 2003)'가 될 필요가 있다.

셋째, 교사가 갖출 능력이나 자질들을 개인의 것으로 규정함으로써 발생하는 근본적인 문제로, 교사 전문성 개발의 주도권이 교사가 아닌 사회에 있게 된다는 것이다. 이는 결국 교사를 수동적 존재가 되게 하여 주도적 전문성 개발이 어렵게 된다는 것을 말한다. 표준화라는 것이 이해를 쉽게 할 수는 있지만, 복잡한 것을 단순화함으로써 발생되는 문제들이 오히려 더 문제화 될 수 있게 만드는 것이다.

이와 같은 이유를 생각해 볼 때, 현재 현장에서 이루어지고 있는 전문적학습공동체나 NTTP 같은 교사의 전문성 개발과 관련된 교사들의 자발적 노력, 그리고 전국적으로 확산되고 있는 혁신교육지구와 같은 것은 교사의 전문성 개발의 실제라고 할 수 있다. 따라서 연계자로서의 교사의 역할이 더욱 중요할 뿐만 아니라 사회적 자본의 활용이 결국 교육의 목표 달성과 연계될 수 있는 것이다.

전문적학습공동체는 교사학습공동체의 한 유형(서경혜, 2015)으로, 가치와 비전을 공유하고, 서로 협력하고, 학습하는 교사들의 공동체를 말한다(김지선 외, 2018). 이와 같은 접근은 교사의 전문성을 개별적으로 보는 것이 아니라 집단전문성으로 봄으로써 개별이 가진 전문성에 기초하여 더 많이 발현될 수 있도록 만들고자 하는 접근이다(서경혜, 2015:52). 교사들의 공통된 목표를 중심으로 서로 도와가며 학습할 수 있는 조직으로, 조직이 학습하여 발달할 수 있는 기회를 제공한다는 점에서 이상적인 교육기관의 모습이라 할 수 있을 것이다.

교육의 장을 더 확장한 혁신교육지구는 지역과 학교가 하나가 되어 학생들을 교육하고자 하는 것에서 출발한다. 기존의 단위학교 중심의 혁신교육을 주변으로 확산하고 범위를 확장하고자 하는 시도라 할 수 있다. 이와 같은 교육환경에서 교사의 역할은 달라질 수밖에 없을 것이다. 교사가 연계자로서 주변의 환경을 더 잘 활용할 수 있는 교사의 역량이 필요하게 될 것이며, 이를 위해서는 교사 간의 협력 외에노 다양한 범주의 사람들과의 교류가 필수적이게 될 것이기 때문이다.

이와 같은 교원의 전문성에 대한 변화는 꾸준히 발생하고 있다. 언택트 시대가 되어가고 있는 현 시점에서도 역시 교원의 전문성에 대한 실제적 변화는 발생하고 있을 것이다. 따라서 교원의 전문성이 무엇인지 구체화하는 것도 중요하겠지만, 더 중요한 것은 교원의 역할이라고 하는 보다 큰 주제에서의 접근이 더 중요할 수 있다. 또한 다양한 전문성을 가진 교원들이 어떻게 어울릴 때 더 좋은 효과를 만들어 낼 수 있는지도 중요할 것이다.

결국 교원으로서 내가 어떤 분야의 전문성을 가져야 할 것이며, 그런 전문성을 어떻게 길러 갈 것인지에 대한 개별적 경력 관리가 이루어질 필요도 있는 것이다. 국가 경쟁력의 중심에 교육이 있고, 교사의 전문성은 교육 효과의 중대한 영향 요인인 만큼 교육의 역사 속에서 교사의 전문성 신장을 위한 노력은 계속되어 왔다(천세영, 박세희, 2019:406). 이에 따라 교원인사행정도 발전해 가야 할 것이다.

CASE STUDY 9

'가'지역 신규교사 쏠림 불균형 현상 '대책 세워라'

'가'지역에 신규교사의 쏠림 현상이 심각한 수준이라는 지적이 나와 학부모들은 물론 시민들의 우려의 목소리가 높다. 도의회 A의원은 최근 도의회 5분 자유발언을 통해 도내 신규교사 295명 중 28.8%인 85명이 '가'지역에 배치됐다고 밝혔다.

지난 2001년부터 현재까지 현황 비교에서도 '가'지역 신규교사는 25.7%로 '나'지역 16.93%나 15%대의 '다'지역와 비교할 때 월등하게 높은 수준이다. 이에 A의원은 <u>① 신규교사 쏠림 현상은 '가'지역의 전반적인 교육의 질 저하로 이어져 그 피해가 학생들에게 돌아간다는 점과 모든 학생이 균등하게 교육을 받을 수 있는 권리를 강조하는 헌법정신에도 위배된다고 주장했다</u>. 그는 또 도교육청이 신규교사 배치가 '가'지역으로 쏠리는 불균형 현상에 대한 대책을 마련할 것을 강력하게 촉구했다. (하략)

● 위 신문기사의 ①과 관련하여 신규교사가 특정 지역에 쏠리는 현상은 「헌법」 제31조의 '모든 국민은 능력에 따라 균등하게 교육받을 기회를 가진다'라는 조항에 위배될 수 있다는 점을 언급하고 있다. 이것은 타당한 지적인가? 아니라면 그 근거는 무엇인가?

– 참고 조문 –

• 「대한민국 헌법」

제7조 ① 공무원은 국민 전체에 대한 봉사자이며, 국민에 대하여 책임을 진다.

제10조 모든 국민은 인간으로서의 존엄과 가치를 가지며, 행복을 추구할 권리를 가진다. 국가는 개인이 가지는 불가침의 기본적 인권을 확인하고 이를 보장할 의무를 진다.

제14조 모든 국민은 거주 · 이전의 자유를 가진다.

제37조 ① 국민의 자유와 권리는 헌법에 열거되지 아니한 이유로 경시되지 아니한다.

② 국민의 모든 자유와 권리는 국가안전보장 · 질서유지 또는 공공복리를 위하여 필요한 경우에 한하여 법률로써 제한할 수 있으며, 제한하는 경우에도 자유와 권리의 본질적인 내용을 침해할 수 없다.

출처 : 동양일보(http://www.dynews.co.kr), 2016년 12월 7일자.

CASE STUDY 해설

우리나라에서 교원은 교원순환전보제도의 적용을 받고 있다. 전보는 동일 직위에 근무하면서 그 기관을 달리하여 근무하게 되는 것을 의미하는 바, 교사의 경우 특정 학교에서 일정 기간 근무한 후 다른 학교로 이동하는 경우가 대표적이라 할 수 있다.

이하, 특정 지역에 신규교사가 쏠리는 현상의 쟁점을 검토하고 신규교사 쏠림 현상이 헌법적 가치에 부합되는가의 여부를 검토하도록 한다.

위 신문기사에서 신규교사 쏠림 현상을 문제로 지적하고 있는 것은 특정 지역에 신규교사가 과도하게 배치됨에 따라 해당 지역의 학교에 대부분 신규교사가 근무하게 되어 경력을 갖춘 교사가 부족하게 된다는 점을 지적하고 있다. 우리나라의 교원순환전보제도에서 경력교사의 경우 교사 본인이 희망하는 지역을 고려하는 것이 가능하지만, 신규교사의 경우에는 그와 같은 고려가 초임 발령에는 고려되지 않기 때문에 경력교사들이 회피하는 지역의 경우 신규교사로 충원될 수밖에 없으므로 '특정 지역의 신규교사 쏠림' 현상이 나타나게 된다.

이 신문기사에서 지적하고 있는 것(①번 쟁점)은 신규교사가 학생 지도에 있어 경력교사보다 교수역량이 뛰어나지 못하다는 점을 전제하고 있는 것으로 보인다. 즉, 신규교사가 경력교사보다 교수역량에 뛰어나지 못하기 때문에 「헌법」 제31조제1항의 '국민의 교육기본권' 침해 가능성이 있다는 것이다. 이와 같은 언급이 타당하다면, 학생을 지도하고 가르치는 역량은 교사의 경력에 따라 반드시 비례한다는 전제가 성립되어야 한다. 그러나, 경력교사라 하더라도 신규교사보다 교수역량이 반드시 월등하다는 것을 입증하기 어려움은 물론이거니와 신규교사의 경우 교원양성기관에서 충분한 교육과 국가에서 정한 임용시험을 통과하였다는 점을 고려한다면 위와 같은 쟁점은 타당성을 인정받기 어렵다.

학교에는 '수업'만 존재하는 것이 아니라 '학교교육과정'을 운영하고 있다는 점을 고려할 필요가 있다. 우리 학생들은 교실수업 외에도 학교교육과정을 통하여 전인으로 성장해 나간다는 점을 상기해 볼 때, 경력교사들의 교직경험과 교육과정 운영의 암묵지는 신규교사에게 귀감이 됨은 물론이며 학교교육과정 운영에도 많은 도움이 될 수 있다. 즉, 학교교육과정 운영에 있어 경력교사가 필요하다는 관점이라면 위와 같은 쟁점에 대한 언급이 가능하겠으나, 신규교사가 많다는 이유 하나만으로 '가' 지역 학습자들의 교육기본권이 침해된다는 해석은 과도한 해석이 아닐 수 없다.

CASE STUDY 해설

- ‘쏠림’ 현상은 학생의 학습권을 침해할 수 있다. 단순히 ‘순환전보제’라는 하나의 제도 때문이 아닐 수도 있을 것이다. 따라서 먼저 제도를 바꾸기 이전에 고민해 볼 것은 과연 순환전보제의 장점과 단점은 무엇이 있는지 실증적으로 분석해 보는 것에서 출발해야 한다.

- 이에 대한 실증적 자료들이 수집되고, 쏠림이 학생들의 학습권을 침해하는 것이 분명하다면, 구체적 논의들이 필요할 것이고, 인사행정의 변화로 인해 발생되는 사회적 · 경제적 비용에는 어떤 것이 있을지 충분한 논의들이 이루어져야 할 것이다.

- 그 이후에 다양한 의견들을 수집하여 반영한 하나의 정책이 만들어질 수 있다.

- 인사정책은 변화에 적절히 대응하는 것보다 어쩌면 안정적인 것이 더 중요할 것이다.

CHAPTER 10

교육재정 및 학교회계

학습 목표

- 교육재정의 체제와 특성을 이해한다.
- 교육재정의 재원 확보와 분배 구조를 이해한다.
- 학교회계제도의 의의를 이해하고 운영과정을 설명할 수 있다. .

우리가 초등, 중고등학교에서 경험한 무상교육과 지금 대학에서 누리는 대부분의 교육경험, 최근의 무상급식, 무상교복 등의 용어는 그 이면에서 '돈(money)'과 관련을 맺게 된다. 교육 분야에서 사용되는 돈은 일반적으로 교육재정으로 언급되고 있으며, 이것은 교육의 수단임과 동시에 교육목적 달성을 위해 필요한 요소라 할 수 있다. 나아가, 우리나라는 「헌법」 제31조제1항에서 모든 국민은 능력에 따라 균등하게 교육받을 기회의 보장을 천명하고 있으며, 이를 위해 국가는 의무교육 단계부터 평생교육에 이르기까지 필요한 재정을 확보 · 배분 그리고 지출활동을 하게 된다. 국가가 의무교육을 포함한 교육의 재정을 확보하기 위하여 어떠한 역할을 하는지, 이를 위해 어떠한 재정 확보 방안을 마련해야 하는지, 그리고 확보된 교육재정을 어떻게 집행해 왔는지 이번 장을 통해 거시적인 국가수준의 재정의 흐름과 미시적인 단위학교에서의 회계운영을 살펴본다.

1. 교육재정

1) 우리나라 국가재정 체계와 교육재정

정부가 공공욕구[1]를 충족시키기 위해 수행하는 모든 경제적 활동을 '재정(public finace)'이라고 한다(이준구·조명환, 2021). 보다 구체적으로 정부는 조세수입을 주요 재원으로 하여 공공서비스, 경제개발, 사회복지 등을 제공하기 위해 지출활동을 하는데, 이러한 정부의 재원조달 및 지출활동을 재정이라 한다. 우리나라의 재정체계는 [그림 10-1]과 같이 중앙재정과 지방재정으로 구분된다. 중앙재정은 중앙정부 총수입·총지출 등 국가재정운용계획, 예산안에 적용되는 재정범위는 예산(일반·특별회계), 기금으로 구성된다. 지방정부 재정은 일반재정과 교육재정으로 구분되는데, 일반재정은 중앙정부의 재정구조와 유사하게 예산(일반·특별회계), 기금으로 구성되고, 교육재정은 교육비특별회계를 통해 별도로 운용된다. 중앙정부의 세입은 내국세, 관세, 세외수입, 국채 등이며, 세출은 보건·복지·고용·교육 등 12개 분야로 집행된다.

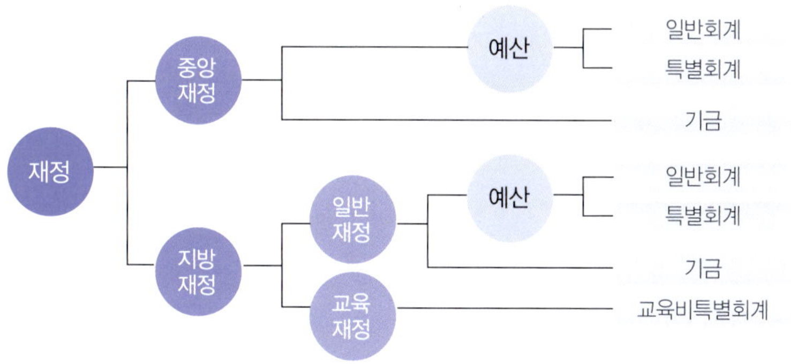

[그림 10-1] 우리나라 재정 체계

출처: 한국조세재정연구원 홈페이지(www.kipf.re.kr).

1) 여기에서 말하는 '공공욕구'라 함은 '개인의 욕구'에 반대되는 개념이다. 예컨대, 쾌적한 환경에서 살고자 하는 것, 범죄 없는 마을에서 살고자 하는 것, 능력에 따라 균등하게 교육을 받기를 원하는 것 등은 공공욕구에 해당된다.

우리나라 정부의 재정이 어떻게 구성되었는지 살펴봤다면, 중앙정부 재정 규모와 변화를 다음의 〈표 10-1〉을 통해 파악할 수 있다. 2021년 중앙정부의 총수입은 5년 전 대비 약 20% 증가한 482.6조 원이며 총지출은 약 40% 증가한 558조 원이다.

〈표 10-1〉 연도별 총수입 및 총지출 규모 변화(2016~2021)

(단위: 조 원, %)

항목	2016년	2017년	2018년	2019년	2020년	2021년
총수입	401	423.1	447.7	476.4	470.7	482.6
-국세수입	232.7	251.1	268.1	294.8	279.7	282.7
-세외수입	27.2	26.4	27.2	26.9	29.1	28.9
-기금	141.1	145.6	152.4	154.7	161.9	171
총지출	398.5	410.1	432.7	475.4	554.7	558
-일반회계	221.7	229.8	250.2	280.9	323.5	314.8
-특별회계	49.6	50.6	47.8	51.7	54	60.2
-기금	127.3	129.8	134.7	142.8	177.3	182.9

출처: 국회예산처 재정경제통계시스템(검색일: 2021.10.31.).

최근 10년간 12개 분야별 예산 규모 추이를 살펴보면, 규모 상위 분야는 보건·복지·고용 분야로 매년 총지출 대비 30%대 수준으로서 1위 규모이며, 일반·지방행정/교육 분야는 매년 총지출 대비 10% 초중반 수준으로서 각각 2위 및 3위 규모로 나타났다. 분야별 예산의 증감률 추이에서 증가율 상위 분야는 교육 분야로 연평균 9.5%의 가장 큰 증가율을 나타낸다. 2015년 국립대 기성회비 반환에 따른 국고지원 확대, 2018년 어린이집 누리과정 국고지원 시작 등 주로 일시적 요인에 영향을 받은 것이다(나원희, 2020).

〈표 10-2〉 2012~2021년 12대 분야별 예산의 규모 및 총지출 대비 비중

(단위: 조 원, %)

구분	2012	2013	2014	2015	2016	2017	2018	2019	2020	2021
보건·복지·고용 (총지출 대비)	92.6 (28.5)	97.4 (28.5)	106.4 (29.9)	115.7 (30.8)	123.4 (31.9)	129.5 (32.3)	144.7 (33.7)	161.0 (34.3)	180.5 (35.2)	199.7 (35.8)
교육 (총지출 대비)	45.5 (14.0)	49.8 (14.6)	50.7 (14.2)	52.9 (14.1)	53.2 (13.8)	57.4 (14.3)	64.2 (15.0)	70.6 (15.0)	72.6 (14.2)	71.2 (12.8)
교부금 차감시 (총지출 대비)	미확인	8.7 (2.5)	9.8 (2.8)	13.5 (3.6)	12.0 (3.1)	10.5 (2.6)	14.6 (3.4)	15.4 (3.3)	17.3 (3.4)	18.0 (3.2)
문화·체육·관광 (총지출 대비)	4.6 (1.4)	5.0 (1.5)	5.4 (1.5)	6.1 (1.6)	6.6 (1.7)	6.9 (1.7)	6.5 (1.5)	7.2 (1.5)	8.0 (1.6)	8.5 (1.5)
환경 (총지출 대비)	6.0 (1.8)	6.3 (1.8)	6.5 (1.8)	6.8 (1.8)	6.9 (1.8)	6.9 (1.7)	6.9 (1.6)	7.4 (1.6)	9.0 (1.8)	10.6 (1.9)
R&D (총지출 대비)	16.0 (4.9)	16.9 (4.9)	17.7 (5.0)	18.9 (5.0)	19.1 (4.9)	19.5 (4.9)	19.7 (4.6)	20.5 (4.4)	24.2 (4.7)	27.4 (4.9)
산업·중소기업· 에너지 (총지출 대비)	15.1 (4.6)	15.5 (4.5)	15.4 (4.3)	16.4 (4.4)	16.3 (4.2)	16.0 (4.0)	16.3 (3.8)	18.8 (4.0)	23.7 (4.6)	28.6 (5.1)
SOC (총지출 대비)	23.1 (7.1)	24.3 (7.1)	23.7 (6.7)	24.8 (6.6)	23.7 (6.1)	22.1 (5.5)	19.0 (4.4)	19.8 (4.2)	23.2 (4.5)	26.5 (4.7)
농림·수산·식품 (총지출 대비)	18.1 (5.6)	18.4 (5.4)	18.7 (5.3)	19.3 (5.1)	19.4 (5.0)	19.6 (4.9)	19.7 (4.6)	20.0 (4.3)	21.5 (4.2)	22.7 (4.1)
국방 (총지출 대비)	33.0 (10.1)	34.3 (10.0)	35.7 (10.0)	37.5 (10.0)	38.8 (10.0)	40.3 (10.1)	43.2 (10.1)	46.7 (9.9)	50.2 (9.8)	52.8 (9.5)
외교·통일 (총지출 대비)	3.9 (1.2)	4.1 (1.2)	4.2 (1.2)	4.5 (1.2)	4.7 (1.2)	4.6 (1.1)	4.7 (1.1)	5.1 (1.1)	5.5 (1.1)	5.7 (1.0)
공공질서·안전 (총지출 대비)	14.5 (4.5)	15.0 (4.4)	15.8 (4.4)	16.9 (4.5)	17.5 (4.5)	18.1 (4.5)	19.1 (4.5)	20.1 (4.3)	20.8 (4.1)	22.3 (4.0)
일반·지방행정 (총지출 대비)	55.1 (16.9)	55.8 (16.3)	57.2 (16.1)	58.0 (15.5)	59.5 (15.4)	63.3 (15.8)	69.0 (16.1)	76.6 (16.3)	79.0 (15.4)	84.7 (15.2)
교부세 차감시 (총지출 대비)	미확인	20.3 (5.9)	21.6 (6.1)	23.1 (6.2)	23.4 (6.1)	22.6 (5.6)	23.0 (5.4)	24.1 (5.1)	26.8 (5.2)	32.9 (5.9)
※ 총지출	325.4	342.0	355.8	375.4	386.4	400.5	428.8	469.6	512.3	558.0

주) 12대 분야별 예산 분류체계는 개념상 12개 분야 총합이 총지출과 일치하지 않음
출처: 국회예산정책처(2021) NABO_Focus_제29호, p.3.

2) 교육재정 체계(재정의 확보): 중앙재정 중심의 교육재정

교육재정은 중앙과 지방재정이 모두 혼합되어 있어 [그림 10-2]와 같이 구조적으로 매우 복잡하다. 교육 분야는 크게 중앙정부와 지방자치단체로부터 재원을 이전받아 시·도교육청에서 운영, 관리, 집행되는 구조인 유·초·중등교육단계와 중앙정부와 지방자치단체가 직접 대학(기관)에 지원하는 고등교육단계로 구분한다. 유·초·중등교육의 지방교육재정 재원 구조는 시·도교육청의 과세권 없음으로 인해 중앙정부의 지원금 및 지방자치단체 전입금에 주로 의존하고 있기 때문에 자주적인 교육재정 확보가 어렵고 재원조달구조가 복잡한 특성이 있다(나원희, 2020). 중앙정부의 주요 재정통계를 살펴보면, 중앙정부의 교육 분야 지출은 대부분 교육부에서 직접 집행하는 교육정책사업, 인건비를 포함한 행정경비, 국립학교 지원금, 시·도교육청으로 전출되는 지방교육재정교부금, 국고보조금 등이다. 교육 분야에 과학기술정보통신부에서 집행하는 교육사업이 일부 포함된다. 고등교육의 재원 구조는 유·초·중등교육과는 달리 시도교육청과 같은 별도의 관리기관이 존재하지 않기 때문에 중앙정부에서 직접 대학에 재정을 지원하는 방식으로 되어 있다. 고등교육은 중앙정부와 지방자치단체 재정이 대부분 대학으로 흡수되지만, 대학으로 이전되지 않고 교육부에서 자체 운영하는 사업과 과학기술정보통신부의 과학기술인력 양성을 위한 R&D 지원금 등도 존재한다. 이 외에 중앙재정 분야별 통계에서 교육 분야로 분류되어 있지 않지만, 고용노동부, 보건복지부 등 많은 정부 부처가 고등교육에 재정지원을 하고 있다.

교육 분야에 대한 재정지출은 중앙정부 이외에도 지방재정으로부터 유입되는 재원이 있음을 확인할 수 있다. 지방재정에서 교육재정으로 유입되는 지방자치단체 이전수입과 교육경비보조금은 중앙정부 재원 다음으로 많은 비중을 차지한다. 그중 교육경비보조금의 일부는 지방교육재정을 거치지 않고, 바로 단위학교 학교회계로 집행되므로 전체 교육재정 규모 파악 시 이를 고려해야 한다.

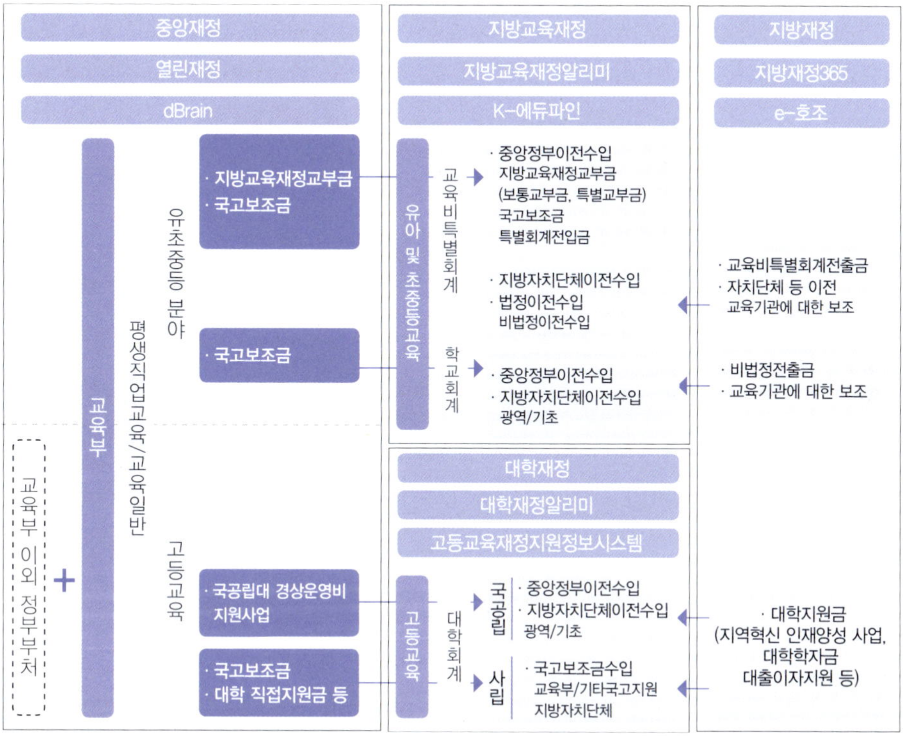

[그림 10-2] 교육 분야 중앙과 지방재정 재원 구조와 흐름

출처: 나원희(2020:25).

3) 교육재정 체계(재정의 배분): 지방교육재정 구조와 지방교육재정교부금

유·초·중등 교육재원은 중앙정부이전수입 이외에 지방자치단체이전수입과 자체 수입으로 구성되어 있다. 지방자치단체의 일반회계 전입금제도는 중앙정부가 교육비 대부분을 부담하는 구조이기 때문에 지방교육에 대한 교육비의 일부를 지방자치단체가 부담하게 함으로써 지방교육에 대한 책임을 높이는 데 의미가 있다(이선호 외, 2017; 나원희, 2020 재인용). 지방자치단체에서 시·도 교육비 특별회계로 이전하는 수입은 크게 법정이전수입과 비법정이전수입으로 구분되는데, 법정이전수입은 지방자치단체에서 지방교육을 위해 부담해야 할 재원의 규모를 구체적으로 정하고 있는 전입금이다. 시·도 교육비 특별회계에 지방자치단체가 의

무적으로 부담해야 하는 법정전입금은 「지방교육재정교부금법」 제11조에 의해 지방교육세전입금, 담배소비세 전입금, 시·도세전입금 등이 있고, 「학교용지 확보 등에 관한 특례법」 제4조에 따른 학교용지 일반회계 부담금 등이 있다. 지방교육세는 「지방세법」에 따른 지방교육세 전액을 전입해야 하며, 담배소비세는 도 지역을 제외한 특별시와 광역시에서 담배소비세의 45%를 부담, 시·도세전입금의 경우, 특별시는 시세 총액의 10%, 광역시 및 경기·제주도는 시·도세 총액의 5%, 그 밖의 도는 도세 총액의 3.6%를 부담해야 한다. 학교용지 일반회계부담금은 지방자치단체가 개발사업 지구의 학교용지 확보에 드는 경비를 시·도의 일반회계와 학교용지부담금 특별회계에서 50%를 부담하는 것이다. 비법정이전수입은 지방자치단체로부터 이전되는 수입 중 법정이전수입을 제외한 수입을 말한다.

중앙정부로부터의 교부금은 지방교육재정의 중앙정부이전수입이 되며, 지방재정의 교육비 특별회계 전출금은 지방교육재정의 지방자치단체이전수입으로 전입된다. 중앙정부는 단위학교로 직접 국고보조금을 지원할 수 있으며, 지방자치단체 역시 단위학교에 교육기관에 대한 보조, 비법정전출금 등을 전출할 수 있다. 앞서 교육재정 규모 파악에 고려해야 했던 교육경비보조금 등이 이에 해당한다. 교육경비보조금의 경우, 시·도 교육비 특별회계, 즉 지방교육재정에 포함되지 않으며 단위학교에서 사용하는 단위학교회계 세입에 포함되어 있다.

지방교육재정교부금은 법 제1조에 따라 지방자치단체가 교육기관 및 교육행정기관을 설치·경영함에 필요한 재원의 전부 또는 일부를 국가가 교부하여 교육의 균형 있는 발전을 도모하기 위함이다. 즉, 지방 간 격차로 인해 교육의 질적 격차를 해소하기 위해 국가가 지방자치단체에 교육재정을 지원하는 재원이다. 지방교육재정교부금은 보통교부금과 특별교부금으로 나뉘는데, 보통교부금은 기준재정수입액이 기준재정 수요액에 미달하는 지방자치단체에 그 미달액을 기준으로 하여 총액으로 교부한다. 기준재정수요액은 〈표 10-3〉과 같이 법령에 의하여 측정항목·측정단위·산정공식에 따라 산정한 금액이며, 기준재정수입액은 일반회계 전입금 등 교육·학예에 관한 지방자치단체 교육비특별회계의 수입예상액이다(「지방교육재정교부금법」 제6조, 제7조). 교육재정의 구성요인을 개관한 개념도 [그림 10-3]과 같이 교육부 예산에서부터 각급 학교의 교육비에 이르기까지 재정의 흐름을 중심으로 구성요인을 파악해 볼 수 있다. 재정의 흐름을 중심으로 전개되고 있다는 점에서 재원의 배분구조까지 포함되어 있다.

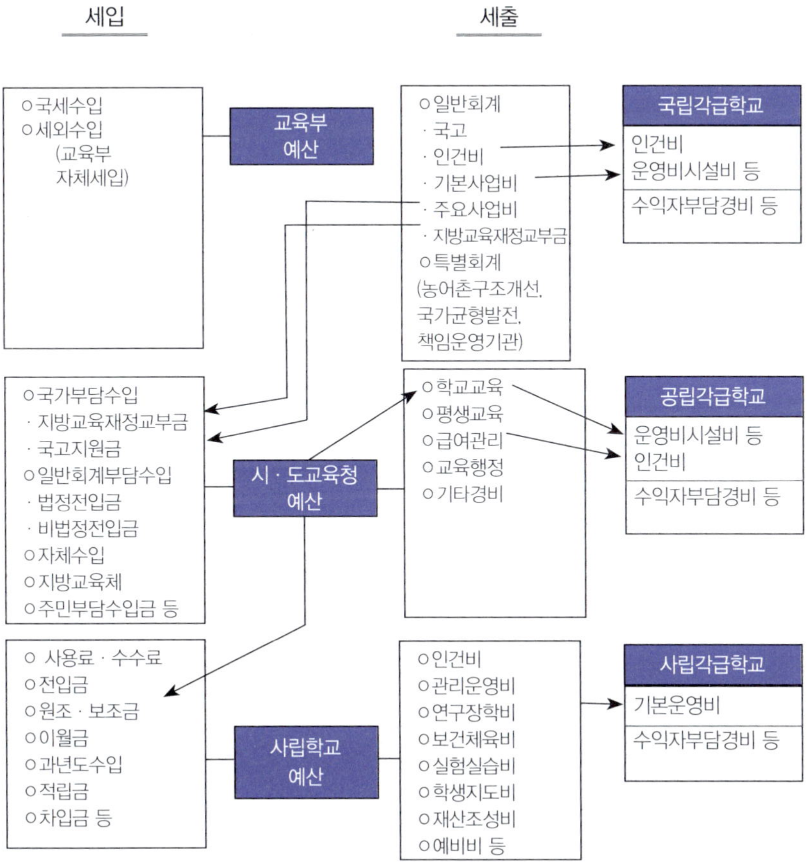

[그림 10-3] 교육재정 구성요인 및 배분구조 개관을 위한 개념도

출처: 공은배 외(2007). 한국 교육재정 구조개편 방향 설정 연구.

중앙재정 "dBrain"	지방교육재정 "K-에듀파인"					지방재정 "e-호조"
교육부사업 (교육정책, 교육일반 등)						
교육부 · 지방교육재정교부금 · 국고보조금	교육비특별회계	중앙정부이전수입	지방교육재정교부금	내국세분 교부금	내국세 총액의 11.8%→13.0%(2001)→19.4%(2005)→20.0%(2008)→20.27(2010)→20.46%(2019)→20.79%(2020)	
				교육세분 교부금	국세교육세분 일부[금융 · 보험업자 수입금액의 0.5%, 개별 소비세액 30%(등 · 중유, 부탄 및 부산물 유류 15%) 교통세액(휘발유 · 경유)의 15%, 주세액의 10%(주세율 70% 초과주류 30%)	
			국고보조금		국고사업 보조금	
		교육비특별회계	지방교육세		취득세 산출금액의 20%, 등록면허 세액의 20%, 레저(경주 · 마권)세액의 40%, 담배소비세액 43.99%, 균등할주민세액의 10~25%, 재산세액의 20%, 자동차세액의 30%	· 교육비특별회계 전출금 (703-01 법정 전출금 703-02 비법정 전출금) · 자치단체 등 이전 · 교육기관에 대한 보조
			담배소비세 전입금		특별시 · 광역시 담배소비세액의 45%	
			시 · 도세 전입금		시 · 도세 총액(목적세 제외)의 3.6%~10%(특별시 10%, 광역시 및 경기 · 제주도 5%, 그 밖의 도 3.6%)	
			학교용지 일반회계 부담금		「학교용지 확보 등에 관한 특례법」의 규정에 의한 지방자치단체 일반회계 부담금	
			지방교육재정교부금보전금		지방소비세 확대분(부가가치세의 6%) 중 20.27%(지방교육재정교부금 감소분)	
			교육급여 보조금		「국민기초생활보장법」 개정에 따른 광역 · 기초자치단체가 부담하는 수급자 교육급여	
			기타		자치단체 비법정 전입금 등	

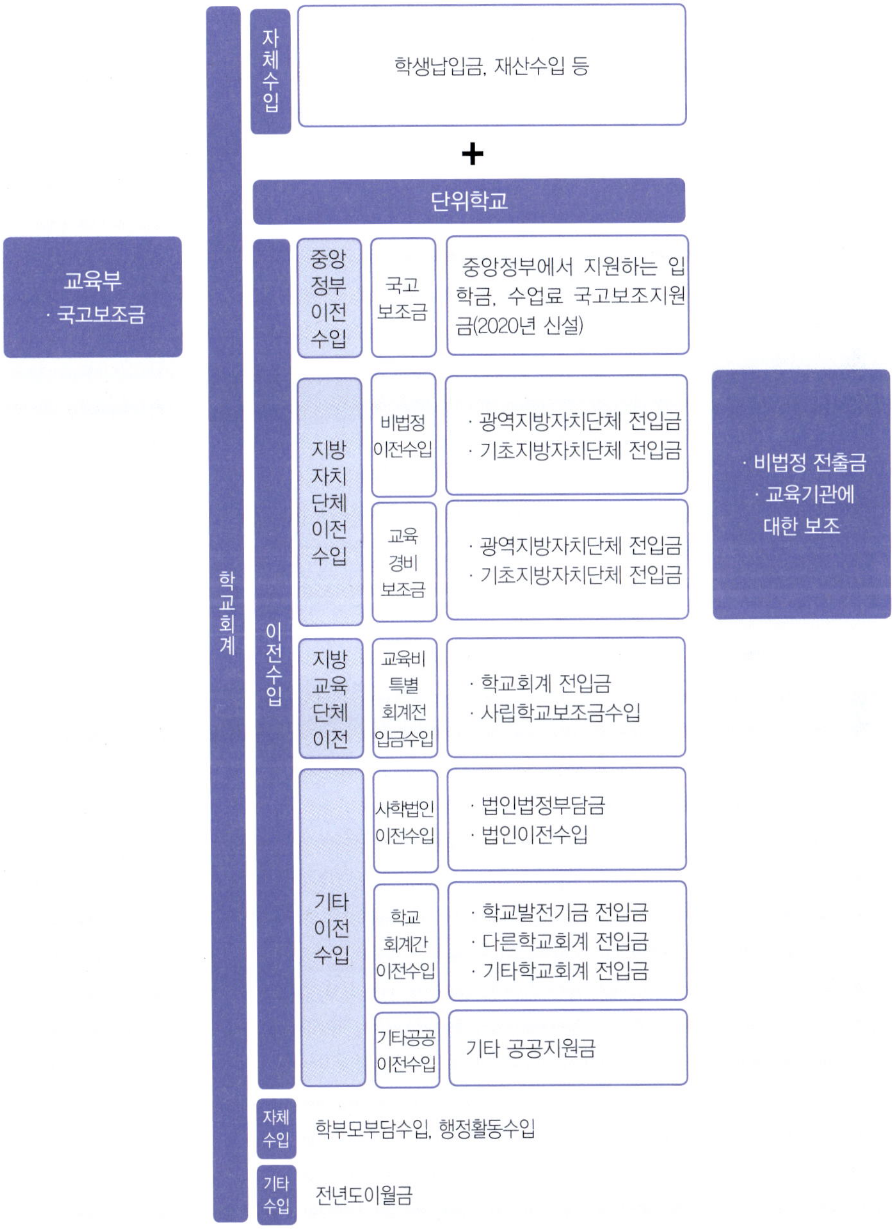

[그림 10-4] 지방교육재정 재원조달 및 분배구조

출처: 나원희(2020:34-35).

지방교육재정 세입은 앞서 설명한 중앙정부이전수입과 지방자치단체이전수입이 차지하는 비중이 절대적이며, 실제 시 · 도교육청의 자구 노력으로 세입 재원을 확보할 수 있는 규모는 매우 작다. 시 · 도교육비특별회계 자체수입에는 고등학교 등 입학금 및 수업료, 공유재산 · 물품에 대한 사용 · 임대료 및 매각대금, 이자수입 등이 해당된다.

〈표 10-3〉 기준재정수요액의 측정항목 · 측정단위 · 산정공식

측정항목	측정단위	산정공식
1. 교직원인건비	교원 수	전년도 교원 수 × 단위비용 × 교육부장관이 정하는 처우개선율
	교원 증원 수	교원 증원 수 × 단위비용
	교육전문직원 수	교육부장관이 정하는 교부연도 총액인건비 산정의 기준이 되는 교육전문직원 수 × 단위비용 × 교육부장관이 정하는 처우개선율
	교육공무원이 아닌 공무원 및 사무직원 수	[(교육부장관이 정하는 교부연도 총액인건비 산정의 기준이 되는 교육공무원이 아닌 공무원 × 해당 단위비용) + (교육부장관이 정하는 교부연도 총액인건비 산정의 기준이 되는 사무직원 수 × 해당 단위비용)] × 교육부장관이 정하는 처우개선율
	공무원 · 사무직원 외의 직원 수	교육부장관이 정하는 공무원·사무직원 외의 직원 수 × 단위비용 × 교육부장관이 정하는 처우개선율
	명예퇴직 교원 수	1) 교육부장관이 교원수급 및 재정여건 등을 고려하여 인정하는 명예퇴직 교원 수 × 단위비용 2) 정산 결과 남거나 부족한 금액

측정항목		측정단위	산정공식
2. 학교 운영비	가. 학교경비	학교 수	Σ(학교급별·규모별 학교 수 × 단위비용) × 교육부장관이 정하는 적용률
	나. 학급경비	학급 수	Σ(학교급별 학급 수 × 단위비용) × 교육부장관이 정하는 적용률
	다. 학생경비	학생 수	Σ(학교급별 학생 수 × 단위비용) × 교육부장관이 정하는 적용률
	마. 교과교실 운영비	학교 수	학교 수 × 단위비용 × 교육부장관이 정하는 적용률
		증설 교과교실 수	교육부장관이 정하는 기준에 따라 증설이 필요하다고 인정되는 학교의 교과교실 수
		교과교실 전환 교실 수	교육부장관이 정하는 기준에 따라 교과교실로 전환이 필요하다고 인정되는 학교의 교실 수
	사. 추가 운영비	학교 수	Σ{유형별 · 규모(연차)별 학교 수 × 단위비용} × 교육부장관이 정하는 적용률
3. 교육 행정비	가. 기관 운영비	학교 수, 학생 수 및 기준 교직원 수	[(학교 수 × 학교당 단위비용) + (학생 수 × 학생당 단위비용) + (기준 교직원 수 × 기준 교직원 당 단위비용)] × 교육부장관이 정하는 인상률
	나. 지방선거 경비	지방선거경비	1) 「공직선거법」 제277조제2항에 따라 지방자치단체가 부담하는 지방선거 관리 경비 2) 정산 결과 남거나 부족한 금액
4. 교육 복지 지원비	가. 지역 간 균형 교육비	학교 수, 소재 행정구역 면적, 도서·벽지 소재 학교의 학생 수	{(해당 시·도의 행정구역 면적 ÷ 해당 시·도의 학교 수) ÷ Σ(시·도별 행정구역 면적 ÷ 시·도별 학교 수) × 교육부장관이 정하는 금액} + {해당 시·도의 도서·벽지 소재 학교에 재학 중인 학생 수 ÷ Σ(시·도별 도서·벽지 소재 학교에 재학 중인 학생 수) × 교육부장관이 정하는 금액}

측정항목		측정단위	산정공식
4.교육 복지 지원비	나. 계층간 균형 교육비	학생 수, 수급자 수, 한부모 가족 보호대상 학생 수, 차상위계층 학생 수, 다문화 가정 및 북한이탈주민 가정 학생 수	[{(해당 시·도의 「국민기초생활 보장법」 제7조제1항 제4호에 따른 교육급여 수급자(이하 "수급자"라 한다) 수, 한부모 가족 보호대상 학생 수, 차상위계층 학생 수, 다문화 가정 학생 및 북한이탈주민 가정 학생 수 ÷ 해당 시·도의 전체 학생 수) ÷ Σ(시·도별 수급자 수, 한부모 가족 보호대상 학생 수, 차상위계층 학생 수, 다문화 가정 학생 및 북한이탈주민 가정 학생 수 ÷ 시·도별 전체 학생 수)} × 50% + (해당 시·도의 수급자 수, 한부모 가족 보호대상 학생 수, 차상위계층 학생 수, 다문화 가정 및 북한이탈주민 가정 학생 수 ÷ 전체 시·도의 수급자 수, 한부모 가족 보호대상 학생 수, 차상위계층 학생 수, 다문화 가정 및 북한이탈주민 가정 학생 수) × 50%] × 교육부장관이 정하는 금액
		정보화 지원 수급자 수	(만 6세에서 만 15세까지의 수급자 수 × 10% × 80% × 교육부장관이 정하는 적용률 × 교육부장관이 정하는 개인용 컴퓨터 지원액) + (만 6세에서 만 17세까지의 수급자 수 × 80% × 교육부장관이 정하는 적용률 × 교육부장관이 정하는 인터넷 통신비 지원액)
		자율형 사립고등학교, 사립 외국어계열 고등학교 및 사립 국제계열 고등학교의 사회적 배려 대상 학생 수	1) 사회적 배려 대상 학생에게 지원할 입학금·수업료 2) 사회적 배려 대상 학생에게 지원할 교육부장관이 정하는 학부모 부담 경비
		자율형 사립고등학교, 사립 외국어계열 고등학교 및 사립 국제계열 고등학교의 사회적 배려 대상 학생 중 미충원 학생 수	미충원 학생 수 × 단위비용 × 교육부장관이 충원율 등을 고려하여 정하는 보전비율

<table>
<tr><th colspan="2">측정항목</th><th>측정단위</th><th>산정공식</th></tr>
<tr><td rowspan="15">5. 교육기관등시설비</td><td>가. 학교 교육환경 개선비</td><td>건축 연면적</td><td>1) 교육부장관이 교육환경 개선 계획 및 재정여건 등을 고려하여 유지, 보수 또는 개축이 필요하다고 인정하는 학교 내 시설의 건축연면적 × 단위비용
2) 정산 결과 남는 금액
3) 정산 결과 부족한 금액 중 교육부장관이 정하는 범위 내의 금액</td></tr>
<tr><td rowspan="2">나. 공립학교 신설·이전(移轉)·증설비</td><td>토지면적</td><td>학교급별·학교규모별 표준 토지면적 × 단위비용</td></tr>
<tr><td>건축연면적</td><td>학교급별·학교규모별 표준 건축연면적 × 단위비용</td></tr>
<tr><td rowspan="2">다. 개발지구 내 공립 통합운영 학교 신설·이전비</td><td>토지면적</td><td>학교급별·학교규모별 토지면적 × 단위비용</td></tr>
<tr><td>건축연면적</td><td>학교급별·학교규모별 건축연면적 × 단위비용</td></tr>
<tr><td rowspan="6">라. 공립유치원 신설·증설비</td><td>토지면적</td><td>규모별 표준 토지면적 × 단위비용</td></tr>
<tr><td>건축연면적</td><td>규모별 표준 건축연면적 × 단위비용</td></tr>
<tr><td>공유재산 전환형 건축 연면적</td><td>공유재산 전환형 규모별 표준 건축연면적 × 단위비용</td></tr>
<tr><td>증설 교실 수</td><td>교실 수 × 단위비용</td></tr>
<tr><td>전환 교실 수</td><td>교실 수 × 단위비용</td></tr>
<tr><td>매입 대상 사립유치원 수</td><td>매입 대상 사립유치원 수 × 단위비용</td></tr>
<tr><td rowspan="2">마. 학교 통폐합에 따른 신설·이전·개축·증설·대수선비</td><td>토지면적</td><td>학교급별·학교규모별 토지면적 × 단위비용</td></tr>
<tr><td>건축 연면적</td><td>학교급별·학교규모별 건축연면적 × 단위비용</td></tr>
<tr><td>사. 사립학교 이전 건축비 부족분 지원</td><td>건축연면적</td><td>1) (학교급별·학교규모별 표준 건축연면적 × 단위비용) – [기존 학교 교지, 교사(강당을 포함한다) 및 체육장 매각 계약 금액 – 이전하는 학교의 교지 매입 계약 금액]
2) 정산 결과 남거나 부족한 금액</td></tr>
<tr><td>아. 학교 기숙사 시설비</td><td>건축연면적</td><td>학교급별·학교규모별 표준 건축연면적 × 단위비용 × 교육부장관이 정하는 적용률</td></tr>
</table>

측정항목		측정단위	산정공식
5. 교육기관 등 시설비	자. 청사 신설·이전비	토지면적	{(교육청 청사 규모별 표준 토지면적 × 단위비용) + (교육지원청 청사 규모별 표준 토지면적 × 단위비용)} × 교육부장관이 정하는 적용률
		건축 연면적	{(교육청 청사 규모별 표준 건축연면적 × 단위비용) + (교육지원청 청사 규모별 표준 건축연면적 × 단위비용)} × 교육부장관이 정하는 적용률
6. 유아교육비	가. 유아교육비·보육료 지원	유아 수	1) Σ(연령별 유아 수 × 단위비용) 2) 보육료 정산 결과 남거나 부족한 금액
	나. 유치원 교원 인건비 보조	교원 수	교원 수 × 단위비용
	다. 유치원 교육 역량 지원비	유치원 수 및 원아 수	(유치원 수 × 단위비용) + (원아 수 × 단위비용)
7. 방과후학교 사업비	가. 방과후학교 사업 지원	학급 수	1) 읍·면 지역 및 도서(島嶼)·벽지(僻地)에 있는 공립 및 사립의 초등학교, 중학교, 고등학교 및 특수학교의 학급 수 × 단위비용 2) 대도시 및 시 지역에 있는 공립 및 사립의 초등학교, 중학교, 고등학교 및 특수학교의 학급 수 × 단위비용
	나. 자유 수강권 지원	수급자 수	수급자 수 × 단위비용 × 교육부장관이 정하는 적용률
	다. 초등 돌봄교실 지원	학급 수	학급 수 × 단위비용 × 교육부장관이 정하는 적용률
		교실 수	교실 수 × 단위비용 × 교육부장관이 정하는 적용률

<table>
<tr><th colspan="2">측정항목</th><th>측정단위</th><th>산정공식</th></tr>
<tr><td rowspan="3">8. 재정결함보전</td><td>가. 지방교육채 상환</td><td>원리금 상환액</td><td>교육부장관이 원리금을 지원하기로 결정한 사업의 원금상환액 및 이자액</td></tr>
<tr><td>나. 민자사업 지급금</td><td>임대형 민자사업 임대료</td><td>교육부장관이 임대료를 지원하기로 결정한 사업의 임대료</td></tr>
<tr><td>다. 재정안정화 지원</td><td>지원액</td><td>[(해당 연도의 해당 시·도의 학교 수, 학급 수 또는 학생 수를 측정단위로 설정한 기준재정수요액) ÷ Σ(해당 연도의 시·도별 학교 수, 학급 수 또는 학생 수를 측정단위로 설정한 기준재정수요액)] × 교육부장관이 정하는 금액</td></tr>
</table>

출처: 「지방교육재정교부금법」 시행규칙(「지방교육재정교부금법」 제7조제1항 관련).

4) 교육재정과 체계의 특징

지금까지 살펴본 교육재정과 교육재정체계의 특성을 살펴보면, 우선 교육재정은 교육의 특수성으로 인해 재정 투입 후 교육의 결과가 중장기적으로 다양한 형태로 나타나기에 가시적인 측정이 어렵다는 것이다. 다음으로, 지방교육재정교부금이라는 국가지원금이 내국세의 20.79%로 교부율이 법제화되어 안정적으로 재원을 확보하고 이를 통해 재정운영의 자율성과 책무성을 제고할 수 있는 장점이 있다. 마지막으로, 교육재정에는 정부의 역할이 절대적이기에 강제성, 공익추구, 영속성 등 정부의 운영 특성이 반영된다.

2. 학교회계

1) 학교회계제도의 의의

(1) 학교회계제도

2000년부터 제7차 교육과정이 전국적으로 적용됨에 따라 기존의 경직된 예산회계제도는 학교의 자율적인 운영과 효과적인 교수학습활동 지원이 어려웠다. 이에 「초·중등교육법」을 개정하고 국립 및 공립 초·중등학교 회계규칙을 제정하여 2001년부터 학교회계제도를 시행할 수 있도록 하였다. 학교회계는 교육과정운영을 직접 담당하고 있는 교원, 자녀들을 학교에 보내고 있는 학부모 등 학교 구성원들의 의사를 반영하여 학교가 교육활동을 실천해 나가는 데 필요한 세입과 세출의 체계적인 계획서인 학교예산을 직접 편성, 심의, 집행, 결산의 과정을 거치게 된다. 이는 단위학교 책임경영제도와 함께 학교의 자율성과 책임성을 확보하는 제도이다.

학교회계제도 도입의 주요 효과는 다음과 같다.

- **학교의 자율적인 재정운영**: 예산이 총액으로 배부되어 교육과정과 학교의 실정에 적합하게 교육 수요와 필요에 따라 우선 순위를 정하여 자율적으로 재정을 운영한다.
- **학교재정 운영의 투명성**: 학교재정이 하나의 회계로 통합되어 쉽게 파악할 수 있고, 학교의 예산 과정과 결산이 모두 공개되어 학교재정의 투명성을 확보한다.
- **학교재정운영의 효율성**: 단위학교의 회계연도를 학년도(3월 1일부터 이듬해 2월 말까지)와 일치시켜 학교의 교육활동을 효과적으로 지원할 수 있게 되었고, 학교세입도 다원화되어 학교 구성원과 지역사회의 역할과 노력에 따라

학교재정의 추가적인 조성이 가능하다.

- **회계업무의 간소화**: 자금별로 서로 다른 회계지침을 적용하고 장부를 별도로 작성하여 관리하던 것을, 단일한 회계규칙과 하나의 장부로 통합운영, 관리하고 회계처리 과정의 전산화로 회계관리 업무가 간소화되었다.
- **학교 구성원의 예산운영 참여 확대**: 예산 편성단계에서 교직원 등으로부터 예산요구서를 제출받아 편성하도록 되어 있어 교육과정을 직접 담당하는 교사들의 의견을 충분히 수렴할 수 있게 되었고, 학교운영위원회 심의 절차를 거치는 과정에서 학교 구성원들이 예산운영에 참여하게 된다.

(2) 학교회계제도의 주요 사항

학교회계의 기본 단위는, 원칙적으로 국·공립의 초등학교, 중학교, 고등학교 및 특수학교에 각각의 학교별로 설치·운영한다. 분교는 독립된 학교가 아니라 장소만 분리하여 운영되므로 본교에 단일 회계를 설치·운영한다. 병설유치원은 소속 공립학교회계에 별도의 계정을 두어 통합 관리할 수 있다.

학교회계의 회계연도는, 학교의 모든 활동이 학년도를 단위로 이루어지므로 학교재정이 교수학습활동을 효과적으로 지원하기 위해 학년도와 동일하게 3월 1일 기준으로 개시하고 2월 말을 기준으로 종료한다.

학교회계의 부기방법을 〈표 10-4〉와 같이 기존의 단식부기와 달리하여 비용-효과 분석을 통한 손익의 개념이 적용되는 복식부기의 방법을 적용한다.

〈표 10-4〉 단식부기와 복식부기 비교

구분	단식부기	복식부기
기록 방법	상식적인 방법으로 기록	원리, 원칙에 의한 기록
계정의 수	현금, 채권, 채무 등 단일항목의 증감만을 기록	모든 자산의 변동항목을 기록
활용 영역	가계, 비영리기관 등 주로 소비경제에서 사용	기업과 같이 생산과 소비를 모두 수행하는 기관에서 사용
손익계산여부	손익계산을 하지 않음	손익계산을 함

2) 학교예산 운영의 원칙과 과정

(1) 학교회계제도 운영 원칙

단위학교에서 예산의 편성 및 집행, 결산과정 중에 임의적으로 운영하지 않도록 다음 〈표 10-5〉와 같이 관련 법에 의거하여 일반원칙을 규정하고 있다.

〈표 10-5〉 학교회계제도 운영 일반원칙

구분	근거	내용
예산총계주의 원칙	공립학교회계 규칙 제9조 「지방재정법」 제34조	모든 세입 세출은 예산에 편성
회계연도 독립의 원칙	공립학교회계 규칙 제3조 「지방재정법」 제7조	회계연도 내에 수입지출(예외: 명시, 사고이월비, 계속비, 결산잉여금의 이월, 과년도 수입지출 등)
예산 사전 의결의 원칙	공립학교회계 규칙 제14조 「초·중등교육법」 제30조의3	회계연도 개시 이전에 학교운영위원회 심의
예산 공개의 원칙	공립학교회계 규칙 제51조	재정운영의 교육수요자 참여 재정운영 공시제도
예산의 목적 외 사용금지 원칙	공립학교회계 규칙 제17조 「지방재정법」 제47조	예산의 편성된 목적대로 집행 (예외: 예산의 이용 및 전용)

구분	근거	내용
건전재정 운영의 원칙	공립학교회계 규칙 제2조	재정운영의 건정성과 효율성 확보
수입금 직접 사용 금지의 원칙	공립학교회계 규칙 제6조 「지방재정법」 제15조	모든 수입은 예산에 편성하여 집행

출처: 주삼환 외(2015:287).

(2) 학교회계 예·결산 과정

교육감은 회계연도 개시 3개월 전까지 학교회계 예산편성 기본지침을 시달한다. 교육감은 지침 시달 후 단위학교 재정운용에 영향을 미치는 중요한 시책 수립, 변경사항이 있을 시 기존 시달된 지침을 변경하여 시달할 수 있다.

학교장은 학교교육과정 계획을 반영하여 예산편성 기본계획을 수립한다. 학교장은 예산편성 시 가정통신문, 학교홈페이지, 학생자치회, 담임교사 전달 등 학교 자율적인 방법으로 학생과 학부모의 의견수렴을 실시한다. 학교장은 교직원으로부터 교육과정 및 사업 운영에 필요한 경비를 기재한 예산요구서를 개인별 또는 부서별로 제출받아 교직원의 의견을 최대한 반영하여 예산안을 편성한다. 학교장은 관할청으로부터 전입금 교부계획이 통지되면 학교의 연간 세입예산을 확정하고 가용재원의 범위 내에서 교직원회의 또는 부장회의를 통하여 민주적으로 예산 조정작업을 하고 예산안을 확정한다. 학교장은 학교회계 세입·세출 예산안을 회계연도 개시 30일 전까지 학교운영위원회에 제출하여야 한다. (「초·중등교육법」 제30조의3제2항)

학교운영위원회 위원장은 학교운영위원회에 제출된 예산안 심의를 위하여 예산안을 학교운영위원회 개최 7일 전까지 학교운영위원회 위원에게 개별 통지하여야 한다. 학교운영위원회는 예산안 심의 후 그 결과를 회계연도 개시 5일 전까지 학교장에게 통보하고 학교장은 예산을 확정하여야 한다. 아래의 [그림 10-5]는 경기도교육청 사례로, 절차와 주요 내용을 확인할 수 있다.

구분	일정	주요내용
학교회계 예산편성 기본지침 시달 (교육감)	2020.11.30. 까지	• 회계연도 개시 3개월 전까지 학교에 시달 • 경기교육방향 및 단위학교 재정운용 기본방향 • 학교회계 예산편성 기준 및 학교회계운용 일반사항 • 예산과목 및 과목내용 등 학교예산운영에 관하여 필요한 제반내용 포함
예산요구서 제출 및 예산안의 편성 (학교장)	2020. 12월	• 학교는 소속 교직원을 대상으로 연간 학교 교육시책 및 학교예산편성에 필요한 사항에 대하여 사전 교육 실시 • 학교 구성원으로부터 교육과정 및 학교운영 소요경비에 대한 예산요구서를 개인별 또는 부서별로 제출받아 예산안 편성 • 교직원회의 또는 부장회의에서 조정회의를 거쳐 예산안 조정(1차 사정)
전입금 교부계획 통지 (관할청)	2021.1.9. 까지	• 관할청에서 학교회계로 전입되는 금액의 총 규모 및 분기별 자금교부계획 통보 **(회계연도 개시 50일 전)**
예산조정작업 및 예산안 확정 (학교장)	2021.1월	• 학교의 총 세입 규모를 확정 • 교직원회의 또는 부장회의에서 조정회의를 거쳐 예산안 확정 (2차 사정)
예산안 제출 (학교운영위원회)	2021.1.29. 까지	• **회계연도 개시 30일 전**까지 학교운영위원회에 제출 ▶학교운영위원장은 학운위 개최 7일 전까지 학교운영위원에게 개별 통지 ※ 예산의 효율적인 심의를 위하여 학교운영위원회 예 · 결산소위원회를 구성하고 학교 운영위원회가 위임한 경우 운영
예산안 심의 (학교운영위원회)	2020.2.23. 까지	• 학교의 교육시책방향 및 재정여건, 예산편성방향 및 내용에 대한 학교장 제안 설명 • 예산과 관련된 교직원 의견 청취 • 심의 후 **회계연도 개시 5일 전**까지 학교장에게 통보
예산 확정(학교장)	2021.2.28.	• 학교운영위원회의 예산 심의 통보 후 확정
예산 공개(학교장)	확정 후 10일 이내	• 가정통신문, 학부모총회, 홈페이지 탑재 등을 통한 예산서 공개

[그림 10-5] 학교회계 예산편성 및 심의 과정(경기도 사례)

출처: 경기도교육청 2021학년도 학교회계 예산편성 기본지침.

확정된 예산은 정해진 목적에 따라 자금의 수급 등 학교의 재정 여건을 감안하여 합리적이고 효율적으로 집행하여야 한다. 학교장은 회계연도 종료 후 2월 이내에 학교회계 세입세출 결산서를 작성하여 학교운영위원회에 제출하여야 한다. 학교운영위원회는 결산 심의 후 그 결과를 회계연도 종료 후 3월 안에 학교장에게 통보하여야 한다. 결산과 심의 과정의 구체적인 단계와 주요 내용은 아래 [그림 10-6] 경기도교육청의 사례와 같다.

구분	일정	주요내용
결산준비		• 총괄 결산서의 작성, 예산의 이 · 전용, 예비비 사용 등 확인
회계연도 종료	2.28.	• 매년 2월 말일 기준 • 당해 회계연도의 징수행위 및 지출원인행위 종료
출납폐쇄 정리	3.20.	• **회계연도 종료 후 20일** (※경기도 공립학교회계 규칙 제4조) • 당해 회계연도의 징수행위, 세입금 수납 및 세출금 지출 마감
결산서 작성	3~4월	• 제 장부 마감 및 세입 · 세출 결산서 작성 • 예산의 이 · 전용 내역, 이월경비 내역, 계속비 내역, 예비비사용 내역 첨부 (※ 경기도 공립학교회계 규칙 제20조 제1항)
결산서 제출	4.30.	• **회계연도 종료 후 2월 이내** 학교운영위원회에 제출 (※ 「초 · 중등교육법」 제30조의3 제5항) • 결산서 제출 시 첨부자료 –예비비 사용명세서 –세출예산 이 · 전용명세서 –계속비조서 –명시이월 및 사고이월명세서, 계속비이월명세서 –예금잔액증명서 –시설적립금현황 –기타 결산심의에 필요한 자료
결산 심의	5.22.	• 학교운영위원들에게 회의 개시 7일 전까지 결산서 개별 통보 • 학교의 장이 결산 내용 설명 • 의문사항에 대하여 관련 교직원 의견 청취
결산 심의 결과 통보	5.31.	• **회계연도 종료 후 3월 이내**에 심의 결과를 학교장에게 통보
결산 공개	6.10.	• **심의 결과 통보 후 10일 이내** 가정통신문, 홈페이지 탑재 등을 통한 결산서 공개

[그림 10-6] 학교회계 결산 및 심의 과정(경기도 사례)

출처: 경기도교육청 2021학년도 학교회계 예산편성 기본지침.

3) 교사의 학교회계 운영 참여 필요성

(1) 교사의 참여와 책무성

에듀파인 학교회계시스템은 사업담당자가 교수학습활동을 위한 예산을 편성하고 집행 시 전자적으로 복식부기 분개까지 자동적으로 처리되는 시스템이다. 학교장의 교육철학 구현이 가능하도록 예산편성·운영이 가능하여 학교장의 리더십 발휘가 용이하며, 교육과정을 직접 운영하는 교사들이 필요한 예산을 요구하고, 집행에 참여하는 등 교원의 참여가 제도적으로 보장되어 있다. 에듀파인 학교회계시스템이 효과적으로 운영되기 위해서는 교사들의 적극적인 참여, 행정실의 협력, 학교장의 리더십을 통한 조정이 요구된다.

에듀파인 학교회계시스템은 예산이 사업별로 운영되어 담당 교원이 직접 관리해야 하며, 예산요구, 편성, 지출에서 결산까지 원스톱으로 자동 처리된다. 따라서 담당교원의 책무성이 더욱 중요하게 부각되고 있으며, 효과적인 에듀파인 학교회계시스템 활용을 위한 학내 구성원의 역할 및 업무는 다음 〈표 10-6〉과 같다.

〈표 10-6〉 학교회계 운영을 위한 학교구성원의 역할과 업무

사용자	학교회계에서의 역할	운영 업무
학교장	• 교육철학과 학교 교육목표 달성을 위해 학교 실정에 적합한 예산을 편성·운영할 수 있는 리더십 발휘 • 예산 편성 및 조정, 집행, 결산 과정에서 학교 구성원의 적극적 참여 유도	• 예산, 품의, 지출원인행위, 징수결의, 결산 등 승인 • 예산 및 집행 현황 모니터링
교원 (사업담당자)	• 학급 경영자, 교육과정 운영자, 의사결정 참여자 • 자신이 담당한 교육활동 목표의 달성을 위하여 필요한 예산편성 요구 • 가장 효과적으로 교육활동을 운영할 수 있도록 지출 품의	• 세출예산요구, 품의 및 출장여비 청구 • 구매요청 건에 대한 검사검수 수행 담당 사업의 집행 현황 모니터링 예산 및 품의 요구, 물품 검수 등

사용자	학교회계에서의 역할	운영 업무
행정실	• 사업계획 수립단계에서 참여하여 행정적인 문제를 사전에 검토 • 사업담당교원의 요구사항을 효율적으로 처리하여 원활한 교육활동 계획 수립과 시행이 가능하도록 지원	• 학교 기준정보관리 • 예산편성 및 수입/지출의 전반적인 업무 수행 • 발전기금, 세입세출외 현금, 세무 업무 수행 • 계약, 공유재산, 물품 업무 및 결산 수행 • 예산결산, 재무결산 업무 수행

출처: 한국교육개발원(2012:4).

(2) 학교회계 운영 참여를 통한 교수학습 효과 제고

교수학습에 소요되는 예산은 비용이 크지 않더라도 예산을 편성하지 않은 경우 추경 등의 과정을 거쳐야 하기 때문에 교육활동이 위축될 수 있다. 교과활동에 필요한 예산을 신청하거나 기자재 구입을 요청하였을 때, 예산에 반영되지 않았다거나, 규정에 어긋난다는 답변을 계속해서 듣게 되면 돈이 수반되는 교과활동을 생각하지 않게 될 수 있다. 학교특성상 교육과정 운영시기에 맞추어 필요한 물품을 구입하거나 교육활동에 대한 예산을 지원하는 것이 학교재정을 효율적으로 운영하는 것이며, 필요한 시기에 집행하지 않을 경우 더 이상 집행할 필요가 없게 되어 불용처리가 되거나 상대적으로 필요성이 떨어지는 연도 말에 기자재와 물품을 구입하게 된다.

3. 교육재정의 과제

우리나라 교육재정의 역사는 교육비 증가와 지방교육재정교부금 확보를 위해 내국세 총액에 대한 교부율 증가 11.8%→13.0%(2001)→19.4(2005→20.0%(2008)→

20.27%(2010)→20.46%(2019)→20.79%(2020) 노력과 함께해 왔다. 그럼에도 교육재정제도는 몇 가지 문제점을 갖고 있다. 앞서 살펴본 교육재정체계를 통해 알 수 있듯이 매우 복잡하며 독립적인 교육세가 아닌 일반 국세에 부과하는 방식으로 인해 매년의 세율 변동에 의해 결정되는 목적세의 역할이 부족하다. 꾸준한 노력에도 불구하고 여전히 OECD 국가 평균 대비 낮은 교육재정 규모를 갖고 있다. 재원 확보 측면에서 중앙재정이 지방교육재정의 대부분을 차지하는 상황으로 지방교육 재정운영의 자율성을 확보하기 어렵다.

학령인구 감소와 4차 산업혁명을 대비하는 교육의 질 제고가 최근 교육정책과 교육재정의 화두가 되었다. 이러한 시대의 변화를 반영하고 미래 교육을 위한 새로운 수요는 지속적으로 증가할 전망이기 때문에 교육수요자의 만족도를 제고할 교육정책을 실행하려면 안정적인 교육재정의 확보가 가장 중요하다. 유아학비·보육료 지원·고교 무상교육·고교학점제 등 중앙정부에서 추진된 사업에 대해서 국가 책임의 재원확보 방안 마련이 필요하다. 확보된 재원을 시·도교육청의 재정 여건 및 지역의 교육환경 및 특성을 고려하여 합리적으로 배분할 수 있어야 한다. 아울러, 시·도교육청에서 단위학교로의 재정배분 시, 유사 사업을 광역화하고 사업의 목적에 크게 벗어나지 않는다면 학교별 특수성을 인정해 단위학교 재정운영의 자율성을 높여 학교 재량권을 확대할 필요가 있다. 이를 위해서는 중앙정부와 시·도교육청, 단위학교의 공감대 형성이 필요할 뿐 아니라, 교사들이 예산편성 과정에 참여해 예산요구서를 작성하고, 학교운영위원회 심의 과정에 의견을 개진하는 등 학교 재정과정에 교사들의 참여를 권장·보장하기 위한 노력이 함께 필요하다.

CASE STUDY 10

나라 살림을 책임지는 기획재정부가 학생이 줄어드는데도 재정지원은 늘어나는 지방교육재정교부금 제도를 서둘러 개편해야 한다고 주장했다. "초고령사회에 대비한 재정 수요는 지속 증가하는 반면, 출산율 하락에 따라 학생 수는 매년 감소하고 있다"며 "현재 내국세의 일정 비율(20.79%)을 지방교육재정으로 배분하는 교육재정교부금 제도하에서는 초중등 학생 1인당 교육재정 규모가 지속 증가해 교육지방자치단체에 재원이 편중되는 현상이 심화할 전망"이라고 밝혔다. 이어 "현재와 미래의 인구구조 변화에 대응해 교육재정교부금 제도 전반에 대한 재설계가 시급하다"고 주장했다.

… (중략) …

- "현재와 미래의 인구구조 변화에 대응해 교육재정교부금 제도 전반에 대한 재설계가 시급하다"는 주장에 대해 '교육자치 확대의 기회'라는 입장과 '교부금 제도 개선'의 입장을 각각 조사하고 함께 논의해 보자.

출처: 한겨레, 2021.09.09.(https://www.hani.co.kr/arti/economy/economy)general/1011113.html)

CASE STUDY 해설

● '교육자치 확대의 기회' 입장

학생 수가 감소하니 교육 재정을 축소하자는 입장은 타당하지 않으며, 이는 군인 수가 감소하니 국방비를 줄여야 한다는 것과 같은 의미이다. 학급과 학교 단위로 배분되는 교육예산은 학생 수 감소와 비례해서 줄지 않으며, 앞으로 교육예산 쓰임새와 규모는 미래사회 대응력에 맞춰야 하는데, 학생 수가 줄어든다는 단순지표를 가지고 교육재정 규모의 축소를 논하는 것은 근시안적 대응으로 생각된다.

실상은, 지방교육재정에서 인건비, 전출금 등 소위 경직성 경비의 비중은 총지출의 70% 이상을 차지하며 교부금 증가분이 인건비 증가분보다 적은 경우도 발생하는 등 교육의 질 개선을 위한 적극적인 투자가 이루어지기 어려운 상황이다. 또한 고교무상교육 완성으로 연간 1조 원의 추가 부담, 학급당 학생 수 감축을 위한 교원인건비와 학교운영비 증가, 수익자부담경비 제로화 추진에 따른 추가 비용 등 지방교육재정을 재원으로 하는 신규 사업은 늘어나는 추세이다.

지방교육재정을 줄일 것이 아니라 운용의 효율화를 위해 예산 편성 및 집행 과정을 효율적으로 운용하며 교육투자의 방향을 전환해야 한다.

● '교부금 제도 개선' 입장

중앙재정 수요가 급증해 재정 여건이 상당 수준 악화한 상황에서 무리한 국세 수입의 지방이양은 국가 대외신인도 등에 악영향을 줄 우려가 있기에 개편이 필요하다. 교육재정과 일반재정을 연계해 초 · 중 · 고만 쓰는 게 아니라, 평생교육이나 직업교육 쪽에서 쓸 수 있도록 제도 개선을 추진해야 한다.

한정된 정부재정을 효율적으로 지출하는 것이 바람직하다는 측면에서 교육지출 규모의 적정성에 대해 검토할 필요가 있다. 지방교육청이 해마다 다 쓰지 않고 남기는 재정이 수조 원에 이른다. 지자체에 지급하는 지방교부세와 지방교육청에 지급하는 교부금을 통폐합해 효율적으로 운영하는 방안을 고민해야 한다.

CHAPTER 11

학교경영 및 학급경영

학습 목표

- 학교경영의 의미와 중요성에 대해 이해한다.
- 학급경영의 의미와 중요성에 대해 이해한다.
- 학교경영의 영역을 구분할 수 있다.
- 학급경영의 영역을 구분할 수 있다.

개별화되어 가고 있는 사회에서 교육 역시 그에 맞추어 변화하여야 할 것이다. 이에 따라 공급 주체는 점차 국가에서 각 시 · 도교육청으로 이양되고 있으며, 시 · 도교육청에서의 지시에 따른 교육보다는 각 단위학교에서의 교육을 더욱 강조하고 있다. 이런 관점에서 강조되었던 학교경영의 주된 흐름은 단위학교의 자율성을 강조하는 '단위학교 책임경영'이었으며, 더 나아가 '창의학교경영'을 내세우며 특성화의 측면도 강조하고 있다. 이처럼 학교를 경영하는 것은 각 단위학교의 역량에 따라 많은 차이를 가질 수 있다. 차이가 곧 학교의 특색이나 강점으로 드러나게 될 것이고, 그렇기 때문에 학교경영은 더욱 강조될 수밖에 없을 것이다.

이에 더해 학교에서도 각 학년, 혹은 학급의 교육과정을 두게 하여 미시적 차원에서 학생들에게 직접적인 영향을 미치는 것에서 교사의 자율성을 부여하고 있다. 학생들이 학교에서 생활하고 있는 터전이자 학습의 공간인 학급의 운영도 강조되고 있는 것이다. 물론 이는 학교급에 따라 그 차이가 있을 것이지만, 학생들에게 직접적 영향을 미치고 있는 공간이라는 점에서 그 중요성은 다르지 않을 것이다.

교육 현장의 자율성이 높아지는 것은 그만큼의 책임도 뒤따르는 것으로 볼 수 있다. 따라서 학교 차원의 경영과 학급 차원의 경영을 고민함으로써 왜 필요한지, 어떻게 더 효과적으로 혹은 효율적으로 경영을 해나갈 수 있을지 미리 고민해 보고 생각해 보는 것은 중요하다. 본 장의 내용으로 그 모든 것을 세밀하게 계획하고 준비하기는 어렵더라도 방향성과 몇몇의 아이디어들을 떠올릴 수 있기를 기대한다. 이런 것들이 체계적으로 조직될 때, 학교 및 학급경영은 보다 성공적으로 이루어질 수 있을 것이다.

1. 학교경영

1) 개념

학교경영에서 학교는 우리가 일상적으로 알고 있는 물리적 학교이면서, 그보다 더 중요한 교육의 장으로서의 학교를 말한다고 할 수 있다. 교육이 이루어지는 장소로서의 학교와 교육의 내용 모두가 학교라고 볼 수 있다는 것이다. 경영은 국가 중심의 운영에서 학교 중심의 운영으로 이전되면서 등장한 용어로 볼 수 있다. 학교가 상부 관청의 지침을 중심으로 운영되는 것을 행정이라고 한다면, 각 학교별 교육목표 중심으로 운영되는 것을 경영이라 할 수 있다(정태범, 2000:11). 따라서 학교경영이라는 용어는 정부가 갖는 통제의 범위를 보다 유연하게 하여 학교마다의 특성과 학생의 상황에 따라 더 효율적인 학교 운영이 되게 하겠다는 의도가 포함되어 있는 것으로 이해할 수 있다. 경영이라는 것은 불확실성, 비구성화 등처럼 불확실한 상황을 매듭지어 나가는 절차로 볼 수 있다(한공우, 1971; 강원식, 남율수, 이현수, 1999:4에서 재인용).

이와 같은 맥락에서 학교경영의 개념은 다음과 같이 정의되고 있다. 정태범(2000:12)은 학교경영을 학교가 교육목표를 수립하고, 수립된 목표를 달성하기 위하여 인적, 물적 자원을 확보·배분하고, 이를 능률적으로 활용하여 교육성과를 극대화하기 위한 계획, 조직, 조정, 평가하는 일련의 활동 또는 과정(정태범, 2000)이라고 하였고, 김정한 외(2006)는 학교의 교육목적을 효율적으로 달성하기 위하여 학교 구성원들과 더불어 계획하고, 조직하고, 실행하며, 평가하는 일련의 활동을 학교경영이라고 하였다. 즉, 학교경영은 학교의 교육목적을 수립하고, 이를 효율적으로 달성하기 위한 제반 여건을 조성하여 관련한 활동을 실행하고, 지도, 관리하는 과정이라 할 수 있다. 개별 단위학교에서의 특성을 최대한 살릴 수 있는 운영이 중요해진 것이다.

2) 원리

이와 같은 운영이 이루어지기 위해서는 몇 가지 중요한 원리를 제시할 수 있다. 정태범(2000:21-22)은 목표지향적 측면에서 민주성, 타당성을 기본원리로 제시하고, 수단 방법적 측면에서 자율성과 효율성을 기본원리로 제시하였다. 김순남(2004)은 학교단위 책임경영[1]의 원리로 분권화, 자체경영, 인간주도, 이인동과성을[2] 제시하였으며, 김순남과 김용(2006:32-33)은 자율성, 민주성, 합목적성, 능률성을 제시하였다. 또한 박종렬(2005:142)은 여러 연구자들이 제시한 원리를 자율성, 헌신성, 학습성, 참여성, 개별성, 책무성 등으로 제시하고 있다.

위에 제시된 학자들의 원리 중 유사한 것을 범주화해 보면, 민주성, 자율성, 효율성을 생각해 볼 수 있다. 여기에서 민주성이라고 하는 개념은 구성원의 참여와 소통을 강조하는 개념으로, 획일적 결정이 아닌 구성원의 의견 조율을 강조하는 것이다. 이는 구성원 간의 자율적 결정이어야 하며, 동시에 이와 같은 결정을 위해서는 구성원에게 결정할 수 있을 정보들이 공개될 필요성이 있을 것이다. 따라서 민주성이라는 개념을 자율성에 어느 정도 포함시키고, 정보의 공개라는 측면에서의 투명성을 제시하고자 한다. 그리고 능률성과 효율성이라는 투입 대비 산출의 의미를 가진 개념보다 조금 더 교육적 개념에 가까운 효과성으로 원리를 제시할 수 있다. 이에 따라 학교경영의 원리는 자율성, 효과성, 투명성으로 정리될 수 있다.

자율성은 구성원 간의 자유로운 참여와 소통을 통해 의사결정이 이루어지는 것으로 어느 정도의 규정이나 규칙에 근거하여야 할 것이다. 즉, 자율성은 학교가 관리 운영에 필요한 규범과 규칙을 가지고 자주적으로 통제하여 나가는 것을 말한다(정태범, 2000:22). 이와 같은 자율성은 다양성과 창의성이 존중되는 사회적

---

1) 학교단위 책임경영은 앞에서 언급했듯이 국가에서 학교 중심으로 운영의 주체가 옮겨간 학교 운영 방식을 말한다.

2) '이인동과성'이란 '목표를 달성하기 위해 다양한 방법이 있다'는 의미(김순남, 2004:401)로 다양한 방식에 대한 인정으로 이해할 수 있다. 이는 다양성에 대한 이해로 민주성의 의미를 포함하고 있으며, 이는 자율성에 기반한 다양한 해결방안 모색의 의미로도 이해할 수 있다.

추세와도 부합하는 것으로 학교교육의 근본적 취지(정태범, 2000:22)에도 부합하는 원리라 할 수 있다. 학교에 대한 주인 의식과 헌신성을 통해 실현될 수 있다(김순남, 김용, 2006:32). 1명의 절대적 의사결정자를 두기보다는 다수의 참여를 독려하는 것도 자율성의 의미에 내포된 것으로, 민주적 절차에 따르는 규정과 규칙 안에서 이루어져야 할 것이다. 또한 주인 의식과 헌신성에 있어 조직의 발전을 목표로 하는 스스로의 반성과 이에 기반한 실천이 이루어질 때 자율성은 그 의미를 가지게 될 것이다.

효과성은 교육목표에 달성하는 정도가 중요하게 받아들여지는 것으로 목표 달성을 위한 다방면의 노력을 중요하게 생각하는 것이다. 물론 경영상 한정된 자원을 적절히 투입하려는 결정들이 수반되어야 한다는 점에서 효율성이나 능률성을 원리로 제시할 수 있겠으나, 그보다 중요한 것은 교육목표의 달성에 더 가까이 가려는 시도라는 점에서 효과성으로 명명하였다. 따라서 효과성은 경영의 의미를 경제적인 것보다 교육적인 것을 우선하는 원리로 이해할 수 있다. 효과성을 위해서는 적절한 판단이 전제되어야 하며, 그 판단에 따른 결정을 실행함에 있어 전문성을 갖추어야 할 것이다. 여기서 전문성이란 판단(진단)과 실행, 그리고 실행에 따른 평가와 이를 통한 재실행의 과정 전반을 아우르는 것이라고 할 수 있다.

투명성은 경영의 판단, 과정과 결과를 공개하는 것을 말한다. 단위학교에서의 자율성과 효과성을 높이기 위한 기본 전제이기도 하다. 투명성은 공개를 통해 학교경영에 자유롭게 참여할 수 있게 만들어 줄 것이며, 또한 의사결정의 근거로 활용할 수 있어 다수의 참여를 통한 공동의 경영을 할 수 있게 만들어 집단지성의 활용이 가능하게 한다. 이는 자율성과도 연계되어 주인 의식과 헌신의 의지를 가질 때 그 활용도가 높아지게 된다. 최근 교육혁신지구와 같이 지역의 참여를 활성화하고 있는 시기에 투명성은 자율성과 합쳐져 일종의 거버넌스로 이해될 수도 있을 것이다. 과거에 학교경영에 대한 주요 정보들이나 핵심적인 내용들을 일부의 학교 관리자들이 독점했다면, 현재에는 이와 같은 내용을 학교의 관련인들이 알 수 있도록 '알 권리(정영화, 2010:523-524)'를 보장하고 있다.

3) 영역

학교경영의 영역은 관점에 따라 다양하게 제시될 수 있다. 법상 학교장의 직무는 「초·중등교육법」 제20조에 제시된 것에 따라 교무 통할, 소속 교직원 지도 및 감독, 학생 교육이라는 세 범주로 구분될 수 있다. 학교장이 해야 하는 것이 결국 학교경영의 전반이라고 볼 때, 학교에서의 모든 업무에 대해 학교장이 관리해야 하며, 직원 관리, 학생 교육과 관련된 학교에서의 전반의 사항이 모두 학교경영의 영역이라 할 수 있다.

이를 보다 구체화하기 위해 기존의 문헌들을 토대로 살펴볼 필요가 있다. 정태범(2000:24-27)은 이에 대해 교육목표 관리, 학교조직 관리, 교육과정 관리, 교육조건 관리, 교육성과 관리로 구분하였다. 이는 학교경영의 과정과 직무를 동시에 고려한 영역으로 볼 수 있다. 신상명(1999)은 교장의 능력을 교육과정과 교수의 개선, 학생 및 행정직원 개선, 학교와 지역사회 관계 개선, 전문성 신장, 행·재정적 직무 개선으로 구분하였다. 이는 학교경영의 영역을 직접적으로 제시한 것은 아니지만, 교장이 갖추어야 할 능력이 곧 학교경영의 영역을 잘 해내는 것이라는 점에서 접근한 것으로 일종의 영역으로 이해할 수 있다. 이렇게 볼 때 학교경영의 영역을 자신을 포함한 학교의 구성원의 관리, 그리고 교육과정과 행·재정 관리로 구분할 수 있다.

학교장은 학교경영의 리더로 볼 수 있기 때문에 학교장의 직무 중심으로 학교경영의 영역을 구분할 수도 있다. 조대연 외(2010:298)는 문헌 분석을 통해 학교장의 표준 직무를 학교경영목표관리, 교육과정 편성/운영, 학생 관리, 교실수업 개선 지원, 교원 인사, 시설 관리, 예산편성/집행 등으로 구분하였다. 현수(2019)는 직업계고 학교장의 임무로 학교비전 및 교육목표 설정, 교육과정 운영, 학교조직 및 인사 관리, 장학 및 교원역량 개발, 학생 생활지도 관리, 산학협력, 학교재정 관리, 실험·실습실 및 기자재 확보 관리, 교육환경 및 시설 관리, 교육공동체 협력체제 구축, 진로지도로 구분하였다. 이는 직업계고라는 특성이 반영되었다는 점에서 일부 제한점이 있지만, 목표 설정부터 교육과정 운영, 그리고 운영에서의 제반사항 관리, 기본적 학교 시설 관리, 그리고 학교 구성원의 역량 개발을 중요하게 본 것으로 이해할 수 있다.

세부적인 직무를 보다 포괄적으로 살펴본 경우도 있다. 김성열(2019)은 학교장은 '좋은 학교'를 만들기 위한 조건을 형성하는 것을 중점으로 해야 한다고 하면서 교육활동 개선, 학교구성주체의 역량 개발, 자체평가의 효율적 운영, 교육공동체성 회복이라는 포괄적 조건들을 제시하기도 하였다. 이는 학교장의 많은 직무들을 포괄하여 상징적으로 제시한 것으로, 이와 관련한 제반 사항들이 학교경영의 중요함을 말하고 있는 것으로 볼 수 있다. 김도기 외(2016; 2017)의 연구에서는 기존의 직무역량 연구들과 「초·중등교육법」 제20조 및 교(원)장자격연수 표준교육과정 등을 토대로 교장이 갖추어야 할 역량을 기본 역량과 전문 역량으로 구분하기도 하였다. 여기서 기본 역량이란 교장의 인간적 면모로 품성과 깊은 관련이 있으며, 전문 역량이란 학교경영을 위해 직접적으로 필요한 역량과 관련된 것으로 볼 수 있다(김도기 외, 2016:448).

이처럼 다양한 방식으로 학교경영의 영역을 구분할 수 있겠지만, 학교장의 직접적 직무를 중심으로 생각해 볼 때, 학교경영의 영역은 교육과정, 인사, 재정, 시설, 지역사회와 관계, 기타 행정 사항으로 구분할 수 있다. 이는 교육행정 이론에서 다루는 내용들과도 범주가 유사하다. 결국 교육행정의 많은 부분이 학교경영에서 필요한 것들이다. 이 중 학교의 책임 있는 경영을 위해 중요한 영역은 교육과정, 인사, 예산 등으로 볼 수 있다(박우진, 2004:69). 이 부분에서의 의사결정권을 가지고 자율적으로 할 수 있는 권한이 없다면, 획일적인 학교의 모습을 벗어날 수 없을 것이며, 창의적 활동으로 볼 수 있는 경영의 의미가 많이 퇴색될 수밖에 없을 것이다.

교육과정은 학교교육의 전반적인 모습을 나타내는 일종의 청사진으로 볼 수 있다. 학교수준의 교육과정이 만들어지는 것은 「초·중등교육법」 제23조에 근거한 것으로 볼 수 있다. 이에 따르면, 학교는 교육과정을 운영하여야 하며, 교육과정의 기준과 기본적 사항은 교육부장관이 정하고, 교육감은 지역 실정에 맞게 기준과 내용을 정하며, 교과는 대통령령으로 정하게 된다. 즉, 학교는 교육부에서의 기본적 지시로 볼 수 있는 국가수준의 교육과정에 따르며, 이 범위에서 벗어나지 않게 각 시·도교육청에서 정한 교육과정 기준과 내용에 따라 교육과정을 편성하고 운영하게 된다. 이때 큰 틀에서의 내용으로 볼 수 있는 교과는 대통령령이 정한다. 이는 초·중등교육에 해당되는 내용이며, 유치원의 경우에는 교육부의 행정규칙에 따라 만 3~5세 사이의 유아에게 적용되는 누리과정을 적용하여 운영한다.

이렇게 볼 때, "국가-시·도교육청-단위학교"라는 일종의 위계적 수준이 형성되어 학교에서의 결정권한은 매우 제한적일 수밖에 없을 것으로 보인다. 실제로 국가수준의 교육과정인 초·중등교육과정을 보면, 편제와 시간 배당 기준[3]을 정하고 있다.

〈표 11-1〉 국가수준 교육과정 총론 내 초등학교 단위 시간 배당 기준

<table>
<tr><th colspan="2">구분</th><th>1~2학년</th><th>3~4학년</th><th>5~6학년</th></tr>
<tr><td rowspan="8">교과</td><td>국어</td><td rowspan="7">국어 448
수학 256
바른 생활 128
슬기로운 생활 192
즐거운 생활 384</td><td>408</td><td>408</td></tr>
<tr><td>사회/도덕</td><td>272</td><td>272</td></tr>
<tr><td>수학</td><td>272</td><td>272</td></tr>
<tr><td>과학/실과</td><td>204</td><td>340</td></tr>
<tr><td>체육</td><td>204</td><td>204</td></tr>
<tr><td>예술(음악/미술)</td><td>272</td><td>272</td></tr>
<tr><td>영어</td><td>136</td><td>204</td></tr>
<tr><td>소계</td><td>1,408</td><td>1,768</td><td>1,972</td></tr>
<tr><td colspan="2">창의적 체험활동</td><td>336
안전한 생활 (64)</td><td>204</td><td>204</td></tr>
<tr><td colspan="2">학년군별 총 수업시간 수</td><td>1,744</td><td>1,972</td><td>2,176</td></tr>
</table>

① 이 표에서 1시간 수업은 40분을 원칙으로 하되, 기후 및 계절, 학생의 발달 정도, 학습 내용의 성격, 학교 실정 등을 고려하여 탄력적으로 편성·운영할 수 있다.

---

3) 아래 〈표 11-1〉~〈표 11-3〉은 "교육부 고시 제2018-162호 [별책 2]"의 8~15쪽의 내용을 토대로 작성한 것이며, 특히 〈표 11-3〉의 경우에는 고등학교 유형별로 나누어진 2개의 표를 하나로 합쳐서 작성하였다.

② 학년군 및 교과(군)별 시간 배당은 연간 34주를 기준으로 한 2년간의 기준 수업 시수를 나타낸 것이다.

③ 학년군별 총 수업시간 수는 최소 수업 시수를 나타낸 것이다.

④ 실과의 수업시간은 5~6학년 과학/실과의 수업 시수에만 포함된 것이다.

〈표 11-2〉 국가수준 교육과정 총론 내 중학교 단위 시간 배당 기준

구분		1~3학년
교과	국어	442
	사회(역사포함)/도덕	510
	수학	374
	과학/기술·가정/정보	680
	체육	272
교과	예술(음악/미술)	272
	영어	340
	선택	170
	소계	3,060
창의적 체험활동		306
학년군별 총 수업시간 수		3,366

① 이 표에서 1시간 수업은 45분을 원칙으로 하되, 기후 및 계절, 학생의 발달 정도, 학습 내용의 성격, 학교 실정 등을 고려하여 탄력적으로 편성·운영할 수 있다.

② 학년군 및 교과(군)별 시간 배당은 연간 34주를 기준으로 한 3년간의 기준 수업 시수를 나타낸 것이다.

③ 총 수업시간 수는 3년간의 최소 수업 시수를 나타낸 것이다.

④ 정보 과목은 34시간을 기준으로 편성·운영한다.

〈표 11-3〉 국가수준 교육과정 총론 내 고등학교 단위 배당 기준

<table>
<tr><th rowspan="2">구분</th><th rowspan="2">교과 영역</th><th rowspan="2">교과(군)</th><th rowspan="2">공통 과목(단위)</th><th colspan="2">필수 이수 단위</th><th colspan="2">자율 편성 단위</th></tr>
<tr><th>일반, 특목</th><th>특성화, 산업수요</th><th>일반, 특목</th><th>특성화, 산업수요</th></tr>
<tr><td rowspan="11">교과</td><td rowspan="4">기초</td><td>국어</td><td>국어(8)</td><td>10</td><td rowspan="3">24</td><td rowspan="9">학생의 적성과 진로를 고려하여 편성</td><td rowspan="9">학생의 적성·진로와 산업계 수요를 고려하여 편성</td></tr>
<tr><td>수학</td><td>수학(8)</td><td>10</td></tr>
<tr><td>영어</td><td>영어(8)</td><td>10</td></tr>
<tr><td>한국사</td><td>한국사(6)</td><td>6</td><td>6</td></tr>
<tr><td rowspan="2">탐구</td><td>사회
(역사/도덕 포함)</td><td>통합사회(8)</td><td>10</td><td rowspan="2">12</td></tr>
<tr><td>과학</td><td>통합과학(8)
과학탐구실험
(2)[4]</td><td>12</td></tr>
<tr><td rowspan="2">체육
예술</td><td>체육</td><td></td><td>10</td><td>8</td></tr>
<tr><td>예술</td><td></td><td>10</td><td>6</td></tr>
<tr><td>생활
교양</td><td>기술·가정/제2외국어/한문/교양</td><td></td><td>16</td><td>10</td></tr>
<tr><td colspan="3">소계</td><td>78</td><td>66</td><td rowspan="2">86</td><td rowspan="2">28</td></tr>
<tr><td colspan="3">17개 교과(군 등) – 전문교과 II</td><td>–</td><td>86</td></tr>
<tr><td colspan="4">창의적 체험활동</td><td colspan="4">24(408)</td></tr>
<tr><td colspan="4">학년군별 총 수업시간 수</td><td colspan="4">204</td></tr>
</table>

① 1단위는 50분을 기준으로 하여 17회를 이수하는 수업량이다.(공통)

② 1시간의 수업은 50분을 원칙으로 하되, 기후 및 계절, 학생의 발달 정도, 학습 내용의 성격, 학교 실정 등을 고려하여 탄력적으로 편성·운영할 수 있다.(공통)

4) 특성화 및 산업수요 맞춤형 고등학교에서는 과학탐구실험 과목은 없음.

③ 공통 과목은 2단위 범위 내에서 감하여 편성·운영할 수 있다. 단, 한국사는 6단위 이상 이수하되 2개 학기 이상 편성하도록 한다.(공통)
④ 과학탐구실험은 이수 단위 증감 없이 편성·운영하는 것을 원칙으로 하되, 과학계열, 체육계열, 예술계열 고등학교의 경우 학교 실정에 따라 탄력적으로 운영할 수 있다.(일반, 특목)
⑤ 필수 이수단위의 단위 수는 해당 교과(군)의 '최소 이수단위'로 공통과목 단위 수를 포함한다. 특수목적 고등학교와 자율형 사립고등학교의 경우 예술 교과(군)는 5단위 이상, 생활·교양 영역은 12단위 이상 이수할 것을 권장한다.(일반, 특목)
⑥ 기초 교과 영역 이수단위 총합은 교과 총 이수단위의 50%를 초과하지 않도록 한다.(일반, 특목)
⑦ 창의적 체험활동의 단위는 최소 이수단위이며 ( )안의 숫자는 이수단위를 이수시간 수로 환산한 것이다.(공통)
⑧ 총 이수단위 수는 고등학교 3년간 이수해야 할 '최소 이수단위'를 의미한다.(공통)

위의 표들과 같이 정해진 바가 분명히 제시되어 있어 학교에서는 조절할 수 있는 부분이 거의 없는 것으로 보인다. 그러나 지역에서의 특성에 맞추어 운영할 수 있는 부분과 단위학교의 상황에 따라 운영의 자율성을 가질 수 있도록 하고 있다. 구체적으로 살펴보면, 초·중등 모두 한 개 학년에 고정하기보다 묶어서 시수를 두고 있는 것은 학교에서의 자율권을 어느 정도 인정하는 것이며, 또한 최소 시수(단위)만을 두고 있어 추가적인 운영의 가능성도 두고 있다. 초등학교와 중학교의 경우에는 20% 범위 내에서 교과 시수를 증감(체육·예술은 감축 제외)할 수 있으며, 고등학교의 경우에는 유형에 따라 시수의 증감에 자율성을 높이고 있다.

이와 같은 시수(단위) 측면에서의 자율성보다 더욱 큰 자율성을 가질 수 있는 것은 다루는 내용에서의 자율성이라 할 수 있다. 교과서 중심의 교육에서 벗어나

역량 중심으로 교과 내용들을 다룰 수 있기 때문이다. 더욱이 중학교에서는 '자유학기제'를 두어 교과 운영의 자율성을 높여 학생들의 진로에 대한 탐색 시기를 갖도록 하고 있다. 고등학교는 교과의 선택폭을 넓히는 시도를 하고 있으며, 최근에는 고교학점제를 통해 이를 더욱 확대하려는 시도도 이어지고 있다. 유아교육의 경우에는 누리과정을 통해 유아들을 가르칠 것들에 대해서 정하고 있다. 초·중등 교육과정과 같이 시수나 교과들을 따로 정하고 있지 않고, 유아들이 익혀야 할 영역으로 구분하고 있어 그 구성에서의 자율성이 더욱 높다 할 수 있다. 또한 유아 중심의 활동 운영이 이루어지고 있어 정해진 교육과정보다 만들어 가는 교육과정 중심으로 운영되고 있다. 이와 같이 만들어 가는 교육과정이라는 측면에서의 교육과정의 접근은 초·중등에서도 강조되고 있다.

인사는 학교에서 필요로 하는 인력을 활용하기 위해 필요한 것으로 교(원)장 및 교사의 임용이 그 중심에 있다고 할 수 있으며, 이 외에도 모든 교직원의 복무에 대한 관리[5]를 필요로 한다. 최근 현장에서 활용되는 다양한 인력들을 고려해 볼 때, 보다 복잡한 인사 관련 규정들도 중요해지고 있다. 먼저 교장의 임용에 대해 살펴보면, 초·중등에서의 교장의 임용은 크게 둘로 구분할 수 있다. 일반적 승진을 통해 발령을 받는 것과 공모를 통해 교장으로 임용되는 것이다. 공모는 기존의 승진제나 초빙제가 갖는 한계를 극복하고 단위학교에 적합한 유능한 교장을 발탁하여 책임있는 학교경영이 이루어지도록 만들어진 제도로 내부형, 개방형, 초빙형으로 나눌 수 있다(권정현 외, 2015:9-10).

교사의 경우에는 교육지원청이나 교육청의 발령을 통해 배치된다. 이때 대부분은 교사의 이동 점수, 지원교 희망 순위 등을 고려하여 배정하게 된다. 일부 인원은 학교에서 필요로 하는 역량을 갖춘 교사를 초빙할 수 있도록 초빙교사제도를 두고 있다. 이는 학교에서의 교원 인사에 대한 자율권으로 볼 수 있다. 이와 관련해서는 「초빙교사제의 실시 지침」에 따르게 되어 있는데 대상학교는 공립 초·중등학교이며, 세부적인 내용을 간단히 정리하면 아래 표와 같다.

5) 복무에 대해서는 '제9장 교원인사행정'의 내용 참고.

〈표 11-4〉 초빙교사제 임용 요건

구분	초빙교사 비율	임용 요건	비고
일반학교	총 정원의 20% 이내	경력: 실경력 4년 + 현 임교 2년 이상 근무지역: 교육지원청 관내 교사(고등학교 및 전문교과 교사 제외)	4년 근무(1회 재초빙 가능)
교장공모제 실시교 및 개방형 자율학교	운영지침에 따름		
자율형 공립고	훈령에 따름		

학교에서 필요로 하는 인력을 선발하고자 하는 경우 초빙교사제를 활용할 수 있으며, 그 비율은 학교의 유형에 따라 일부 차이가 있다. 이처럼 필요 인력을 선발하기 위한 결정은 정해진 절차에 따라야 하며, 그 절차는 다음과 같다.

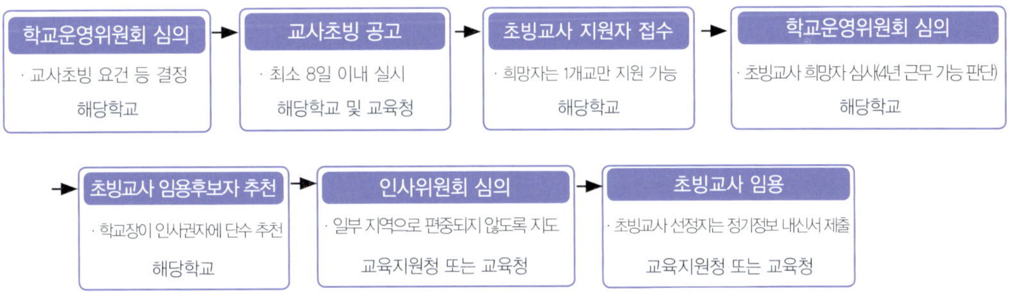

[그림 11-1] 초빙교사 임용 절차

국민권익위원회(2012)에 따르면 초빙교사는 2010~2012년까지 꾸준히 증가해 오고 있으며, 2012년 3월 현재 초빙교사의 비율은 초등학교 교사 중 3.44%, 중학교 교사 중 4.54%, 고등학교 교사 중 9.52%로 전체 교사 중 5.13%가 초빙교사인 것으로 조사되었다. 이후 혁신학교 등 학교의 자율성을 높이려는 인사 정책들이 도입되어 초빙교사의 비율은 더 늘어났을 것으로 추측된다.

단위학교의 재정[6]은 모든 계획들을 실현시킬 가능성을 높이는 자원으로 볼 수

6) 재정에 대한 구체적 내용은 '제10장 교육재정 및 학교회계'의 내용 참고.

있다. 즉, 학교에서의 교육과정 운영에 대한 계획을 세우고, 이를 실천하는 데 반드시 소요되는 것으로 예산을 제대로 활용하지 못하면 계획을 실현시키는 것이 매우 어려워질 것이며, 반대로 제대로 활용할 수 있다면 계획의 실현을 더 수월하게 만들어 줄 수 있는 것이다. 그런 이유에서인지 학교경영의 기법으로 예산 관련 기법들이 자주 등장한다. 예를 들어, 기획예산제도, 영기반예산제도, 비용효과분석 등이 있다(옥장흠, 2000:250-252; 정태범, 2000:535-600). 기획예산제도는 목표를 달성하기 위한 다양한 대안들을 제안하고 이를 실현시키기 위한 비용을 책정하는 것으로, 경제적 객관성을 토대로 구성하게 된다(옥장흠, 2000:250-251). 영기반예산제도는 전년도예산을 '0'으로 간주(정태범, 2000:577)하여 특정 사업들이 어느 정도의 재원이 필요한지에 대해 처음부터 재고해 보는 과정을 말한다(옥장흠, 2000:251). 비용효과분석은 경비와 효과를 양화하여 경제성에 입각한 대안 선택방법을 말한다(옥장흠, 2000:252).

학교의 재정 운영은 자율성과 책무성을 강조하는 방향으로 점차 변화되고 있다(반상진, 2004:64; 윤홍주, 2011:49). 학교회계제도는 자율성과 책무성을 실현시키기 위한 회계제도로 볼 수 있다. 또한 학교회계제도란 단위학교 중심의 예산 편성, 심의, 집행, 결산 등의 과정을 통해 이해관계가 있는 사람들에게 합리적인 의사결정을 할 수 있도록 하는 일련의 과정을 말한다(이선호 외, 2021:3). 이와 같은 학교회계제도를 통해 단위학교의 자율성을 강화하고 있지만, 여전히 높은 목적사업비의 비중, 교육부가서비스 중심의 학교재정 확대 등은 재정 운용의 자율성을 저해하고 있다(이선호 외, 2021:22). 한국교육개발원(2020; 이선호 외, 2021:5에서 재인용)에 따르면, 공립학교회계 교육비특별회계 이전수입 중 목적사업비 비율은 2014년 50.15%에서 2015년 47.00%까지 감소하였다가 2016년 54.26%, 2017년 56.69%, 2018년 58.93%, 2019년 61.60%로 다시 증가하고 있는 것으로 나타났다. 이 외에도 학교회계에서 목적이 지정되어 운영되는 재원을 고려할 때, 목적사업성 재원은 60%를 상회하는 것으로 볼 수 있다(이선호 외, 2021:5). 즉, 재정에서의 자율성은 강조되고 있지만, 특정 목적이나 사업 수행을 위한 경비를 산정하여 교부되는 사업비인 목적사업비(김용남, 2017:125)는 자율성 행사를 제한하게 만들고 있는 것이다. 그만큼 재정에 있어 학교에서의 자율성은 높다 할 수 없다.

학교회계에서의 세입과 세출을 살펴보는 것은 어느 부분에서의 자율성을 가질 수 있는지 확인할 수 있게 한다. 먼저 세입은 정부재원과 민간재원으로 구분할 수 있으며, 정부재원은 중앙과 지방의 재원, 민간재원은 학부모부담재원, 발전기금, 자체수입, 민간지원금, 사학법인 전입금(사학만 해당) 등으로 분류된다(김용남, 2017:122). 세출은 '정책사업 – 단위사업 – 세부사업 – 원가통계비목 – 산출내역'으로 위계화 되어 있으며, 최상위 사업분류인 정책사업의 경우 인적자원운용, 학생 복지/교육격차 해소, 기본적 교육활동, 선택적 교육활동, 교육활동 지원, 학교일반운영, 학교시설 확충, 학교재무활동과 같이 8가지로 구성된다(김용남, 2017:122–123). 이 중 기본적 교육활동비를 학교에서 자율적으로 활용할 수 있는 예산으로 볼 수 있으며, 이 부분의 비용을 잘 활용하여 운영할 때 학교경영의 묘를 잘 살릴 수 있을 것이다.

이 외에 학교회계상의 몇 가지 쟁점을 보면, 학교의 세입 중 교육비특별회계의 경우 회계연도의 기준 등 운용에 있어 학교회계와 여러 차이가 있어 학교회계 사용에 혼선이 발생되고 있는 것, 수익자 부담의 축소 방안 등을 고민해 볼 필요가 있을 것이다(김용남, 2017). 예를 들어, 학교 운영의 특성상 2월에 마무리되는 사업들을 이전에 마무리되도록 부자연스럽게 조정해야 하는 것은 재원의 특성 때문에 발생될 수 있는 문제이다. 또 매해 항상 실행되는 학교의 사업으로 볼 수 있는 체험학습 같은 경우에 이를 수익자에게 부담하게 하는 것이 맞는지에 대해서도 고민해 볼 필요가 있는 것이다. 물론 이와 같은 내용들은 학교 차원에서 해결할 수 있는 문제라기보다 학교 차원에서의 문제제기가 필요한 사항에 더 가깝다 할 수 있지만, 한번 고민해 볼 부분으로 보인다.

이 외의 시설의 경우에는 무엇보다 안전하게 관리하는 것이 중요하며, 월 1회 학교에서의 담당자가 학교 시설에 대한 안전점검 및 조치를 실시하여야 한다. 혹은 학교의 강당이나 체육시설들을 대여할 경우 자체수입으로 학교회계에 편입시킬 수도 있다.

지역사회와의 관계는 최근 들어 더 강조되고 있다. 혁신교육지구나 마을학교와 같이 주변의 시설들을 교육과정 계획상 혹은 교육과정 외의 활동으로 활용할 수 있도록 기초자치단체나 주민들과 충분한 협의와 합의 등이 필요하기 때문이다. 이 외에도 학교에서의 특정 사안들을 결정하고자 할 때 지역인사들을 적절히 활용할 필요성도 있다.

CASE STUDY 11

100년이 넘은 역사를 가진 학교이자 유명 독립운동가를 배출하기도 하여 자부심이 높은, 그리고 아름다운 환경을 가지고 있으며, 주변의 문화재로 인해 보호구역으로 지정되어 있는 지역에 위치한 초등학교로 부임한 '한 교장'. 그런데 학교 주변이 문화재 보호구역이라 주거 환경이 제한되는 바람에 인구가 줄어 학생 수도 급감하게 된다. 전교생이 20여 명 정도가 되어 이제는 폐교 위기에 몰리게 되었다.

'한 교장' 이 학교를 폐교하도록 두지 않으려고 한다. 이는 '한 교장'의 생각이 아니라 자부심 높은 초등학교를 가진 지역민의 생각이기도 하면서 학부모들이 가지고 있는 공통된 생각이다.

- 폐교가 되지 않도록 '한 교장'이 학교경영자로서 할 수 있는 것은 무엇이 있을까?

2. 학급경영

학급은 학교교육의 최소단위로 학생들의 주된 학교 생활의 공간이자 학습의 공간이다. 따라서 학급은 학생들에게 직접적 영향을 미치고 있는 조직으로, 학교교육의 최종 실행 공간이라고 볼 수 있다. 이런 학급을 어떻게 조직하고, 활동을 구성하며, 때로는 통제하는지에 따라 학교교육의 목적을 달성할 수 있는지 여부가 결정될 수 있을 것이다. 본 절에서는 학급경영에 대한 학술적 논의를 토대로 실제적 접근 방식을 탐구해 보고자 한다.

1) 개념

교육에 경영이라는 용어를 사용하는 데는 교육에 대한 경제·경영적 접근이라는 관점에서 논란이 될 만한 여지가 있지만, 학급경영이라는 용어는 큰 비판 없이 받아들여지고 있다(남유진, 김현수, 2019:109). 학급경영이라는 용어는 2000년대 이전까지 중요하게 다루어지지 않다가, 학급운영의 노하우와 사례 등이 비체계적 방식으로 공유·확산되던 중 2009년 교직실무 과목에서 필수적으로 포함되어 공식 지식화되었다. 이는 교사 재교육이나 메뉴얼 형태와 같은 표준화된 지식으로 확산되고 학교단위 업무로까지 전문화되는 과정으로 간단히 설명할 수 있다(남유진, 김현수:2019). 이렇게 확산될 수 있는 데는 다양한 이유들이 있겠지만, 용어상으로는 학교경영이라는 용어의 일반화에 따른 것이 있을 것이며, 교사의 자율권을 바탕으로 학급 차원의 다양한 활동들이 확산되는 것이 '운영'이라는 것보다 '경영'에 더 적합하다고 판단되었기 때문일 것이다.

용어 측면에서 볼 때, 학급경영은 학급 단위의 경영이라는 점에서 학교경영과 유사한 부분이 있지만, 학생과의 직접적 대면이라는 점에서 차이가 발생한다. 교사의 대표적 직무로 볼 수 있는 수업과 생활지도에 연결되어 있는 학급경영은 다양한 관점에서 정의되기도 한다. 박남기(2008:5–9)는 미국의 학급경영 단행본 34권을 분석하여 초점에 따라 학급경영의 개념을 구분하였는데, 수업경영적 관점,

행동경영적 관점, 학습환경 조성 및 지원활동 관점 그리고 이들을 통합적으로 바라보는 통합적 관점이 그것이다. 이들은 명확히 구분되는 관점이라기보다 서로 중첩되는 부분이 많으며(박남기, 2008:5), 우리나라에서는 수업활동을 제외한 활동이 학급경영에 해당한다고 볼 수 있다(박남기, 2008:13).

그럼에도 학급경영은 수업활동과 완전히 분리되기 어렵다. 경영활동과 수업활동 모두 교사가 수행하고 있기 때문에 이를 통합적으로 바라볼 필요가 있기 때문이다(박남기, 2008:13). 또한 학생들과의 다양한 활동들은 특정한 시간이 소요되게 하며, 활용할 수 있는 시간은 수업(혹은 교육과정)의 한 부분에 포함될 수밖에 없기 때문이기도 하다. 이렇게 볼 때 학급경영은 학급의 목표를 정하고 이에 따라 학생의 학급활동을 기획·계획하고, 이를 원활히 수행할 수 있도록 지원하는 학급운영 과정이라고 정의할 수 있다. 학급의 목표를 설정할 때에는 보다 상위 수준으로 볼 수 있는 학교와 교육청의 목표도 고려하여야 할 것이다.

2) 영역

학급경영은 학급과 학교의 행정 수준의 위계성 차원에서 차이가 발생한다. 실제 학급경영에 포함되고 있는 '인성교육 및 학교폭력 예방', '학생 상담', '안전교육' 등은 학교단위의 업무에도 포함되어 있다. 이는 학급경영이 학교경영에 어느 정도 구성될 수 있음을 내포하고 있는 것이기도 하다.

김달효(2007)는 보다 큰 범주로 질서유지, 조건정비, 교육경영이라는 세 관점을 활용하여 연구를 진행하였으며, 김훈호(2016)는 학급경영전략을 학습 관리, 학급 관리, 학부모 관리, 업무 관리라는 범주로 구분하여 연구를 진행하였다. 학급경영을 목적에 따라 구분하거나 적용 대상에 따라 구분하는 방식으로 영역화가 시도될 수 있는 것이다. 송윤나 외(2020)는 교육과정 운영, 교육환경과 시설관리, 생활지도, 지역사회 연계 및 협력으로 영역을 구분하기도 하였다. 이는 학급에서 교사의 주된 직무 영역과도 비슷하다. 학급경영 관련 국내외 단행본 19편을 분석하여 학급경영의 영역을 구분한 박남기(2008)는 ① 학급경영 계획수립, ② 학급

조직, ③ 교실환경 경영, ④ 행동경영, ⑤ 수업경영, ⑥ 시기별 경영, ⑦ 외부와의 관계, ⑧ 사무관리, ⑨ 학급경영평가 등 9개로 구분하였다. 학급경영 절차라는 틀에 분야와 대상을 적용한 범주의 구분으로 이해할 수 있다. 이렇듯 어떤 관점에서 학급경영을 바라보느냐에 따라 그 영역에 대한 구분은 달라질 수 있다.

3) 원리

학급경영의 특정한 원리가 제시된 바는 찾아보기 어렵다. 이는 학급경영에 대한 이론적 탐색보다는 실제를 드러내거나, 실제적으로 활용할 수 있는 팁을 다루는 것이 일반적이기 때문이라 할 수 있다. 그러나 다양한 연구의 내용을 종합해 볼 때, 결국 교육적 관점, 즉 학생의 발전에 주목하는 학생 중심의 접근이 필요하다는 것은 공통적이라 할 수 있다. 그 외의 학급경영의 전략을 연구하고 있는 김훈호(2016)의 연구에서 원리를 추론해 볼 수 있다.

먼저 생각해 볼 수 있는 것은 일관성이다. 이는 '미리 이야기하기'(김훈호, 2016:345)에서 설명되고 있듯이 꼭 지켜야 할 것들에 대한 것과 기대하는 적절한 행동에 대해 지속적으로 안내하는 것이 해당될 수 있다. 이와 같은 행동규범을 설정할 때에는 학생들과 충분한 소통이 동반되는 것도 필요할 것이다. 또한 훈육 과정에서 학생을 대하는 객관적이고도 신중한 태도도 중요하다(김달효, 2007:11). 이런 과정에서 일관성이 부족할 때, 학생들은 불안감을 가지거나 교사에 대한 신뢰가 낮아질 수도 있다. 따라서 학급경영의 기본적 원칙들을 학기 초부터 지속적으로 안내하는 것, 그리고 발생된 학급의 활동이나 문제를 처리하는 과정 및 방식, 일관된 교사의 태도가 학급경영의 한 원리가 될 수 있는 것이다.

다음으로 생각해 볼 수 있는 것은 신뢰성이다. 대부분의 교육학 서적에서 학생과의 '라포르(rapport)'를 중요하게 다루고 있다. 이것은 교사와 학생 관계의 신뢰로 대신하여 설명할 수 있다. 여러 업무로 인해 학생들과의 관계에 신경쓰기 힘든 상황에서 "애들과 함께 있는 시간"(김훈호, 2016:351)을 충분히 하는 것이 그 전략으로 제시되기도 한다. 이는 학생과 소통하는 시간을 충분히 확보하여 학급경영이 잘 이루어질 수 있도록 하려는 전략과도 같다. 소통의 시간을 충분히 확보하기 위한 교사의 전략적 업무처리도 신뢰성의 중요한 준비과정이라고 볼 수 있다. 이는 앞서의 일관성과도 연관되어 있어 일관성이 무너지면 신뢰성도 함께 가기 어려울 수 있다는 점을 염두에 둘 필요가 있겠다.

마지막으로 생각해 볼 것은 포용성이다. 이는 사회적 흐름이기도 한 '다양성'에 대응되는 원리이기도 하다. 학생들이 갖는 일반적 속성들이 있을 수는 있겠지만, "다 같을 수는 없다"(김훈호, 2016:347). 학생들에 대한 개별적 대응들이 요구되는 것이다. 이는 학생이 아닌 하나뿐인 자녀로서 바라보고 교사를 대하는 '학부모의 태도'(김훈호, 2016:349–350)와도 관련되기도 한다. 각 자녀에 대한 다른 요구와 실제 학생들의 다양한 특성은, 교사로서 학생들마다에게 개별적 대응이 필요함을 말한다. 결국 이는 앞서 살펴보았던 교육적 노력이기도 하다. 그렇다 하더라도 '형평성'도 중요하게 다루어야 할 것이다. 지나친 개별화는 특수성에 대한 지나친 배려가 될 수 있으며, 이는 '편애'라는 비교육적 양상으로 충분히 오해될 수 있기 때문이다. 이를 적절히 조화시키는 것이 교사의 포용성이라 할 수 있다.

4) 실제

유치원과 초등은 학급에서 학습자들이 생활하는 시간이 많으며, 수업 공간이 곧 생활의 공간이 된다는 점에서 중등보다 학급경영을 더 중요하게 받아들이고 있다. 실제 연구물도 유아교육과 초등교육 분야에서의 연구가 상대적으로 다수인 것으로 확인된다.

먼저 유치원을 살펴보면, 누리과정에서부터 교사의 자율성과 영유아의 참여권을 강조(송윤나 외, 2020:1454)하고 있어 학급경영의 폭이 큰 것으로 볼 수 있다. 하지만 실제적 학급경영의 모습을 보면, 유아의 활동에 있어서는 매우 역동적이며 활동적이지만, 교사는 획일적이며 통제적인 모습을 보인다(조자연, 2016). 이는 교사들이 활동을 계획할 때, 유아들의 흥미와 수업 시기 및 상황 등을 고려하여 유아들이 활동 속에서 학습이 발생할 수 있도록 노력한 결과이면서, 동시에 이와 같은 활동들이 누리과정이라는 국가수준 교육과정의 틀에서 잘 벗어나지 못하고 있는 모습을 보여 주는 것이다(조자연, 2016:39-44). 공립이라는 환경은 국가에서 제시하는 틀에서 쉽게 벗어나지 못하고 있는 교사들의 모습과 그 틀 안에서의 역동적 유아 활동을 만들어 내려는 교사의 모순된 모습을 동시에 나타내고 있는 것이다. 유치원 학급에서의 실제 활동 사례를 보면, '다양한 상자로 교통기관 만들기', '벼 농사짓기와 수확하기', '우리나라의 문화재' 등의 주제들을 다루기도 하며, 이와 같은 활동을 할 때 '유아와의 상호작용의 중요성', '긍정적 언어 사용의 중요성'과 같은 교사들의 경험 속에서 만들어진 일종의 원칙들도 있었다(조자연, 2016:39-42).

초등학교는 다양한 학급경영 단행본들도 존재하며, '인디스쿨'이라는 교사 모임 사이트나, '에듀넷' 등에서 여러 자료들을 확인할 수 있다는 점에서 학급경영의 팁을 확보할 수 있는 좋은 환경을 갖고 있다. 한 학회의 학술대회에서 발표된 내용을 토대로 '격려 중심 학급경영'(고영성, 2021)에 대해 소개하고자 한다. 격려 중심 학급경영이란 격려의 기술과 과정을 학습하고, 서로를 인격적으로 존중하고 신뢰하는 분위기를 통해 결과보다는 과정에 초점을 맞추어 타인과 비교하고 경쟁하지 않고 학생들의 자율성과 책임감을 바탕으로 학급 공동체의 성장과 발전에 공헌할 수 있는 학급경영을 말한다(고영성, 2021:226). 이는 학생들 간 그리고 교사와 학생 사이에서도 적용되는 것으로, 중요한 것은 학급에서의 긍정적이고 자율적 분위기, 그리고 반성적 실행을 통한 발전의 과정으로 볼 수 있다. 실제 수행된 학급경영의 대략적 계획을 보면 아래 표와 같다.

〈표 11-5〉 격려 중심 학급경영 일정 예시

단계	내용
준비	• 목적 및 문제 설정 • 관련 자료 탐색
예비 실행 및 반성	• 예비 실행 계획 및 실행 – 학생실태 파악 – 친교활동 – 격려의 의미와 필요성 확인 • 예비 실행 반성 – 격려에 대한 깊이 있는 이해 필요 – 교육과정과 연계한 격려 중심 활동 필요 – 타인에게 관심 갖고 공헌할 기회 제공 필요
1차 실행 계획 수립	• 계획 수립 – 그림책을 통한 격려의 의미 이해 – 교육과정과 연계한 격려 중심 활동 운영 – 타인에게 관심을 갖고 공헌할 기회 제공
1차 실행	• 1차 계획의 실행
1차 실행 반성	• 1차 실행 분석 및 반성 – 학급에서 지속적으로 격려를 활용할 수 있는 여건 조성 – 격려를 통한 사회적 관심 증대 활동 필요 – 격려 중심 학급경영 소통의 시간 필요
2차 실행 계획 수립	• 2차 실행 계획(재구성) – 격려 집중 주간 운영 – 격려 중심 학급경영 산출물 제작 – 격려 중심 학급경영 소통의 시간 운영
2차 실행	• 2차 계획의 실행
2차 실행 분석	• 2차 실행 자료의 수집 및 분석
결과 분석	• 1, 2차 실행 결과 분석 • 학급경영 전략 구안

출처: 고영성(2021)의 연구 228쪽 표를 참고하여 재구성함.

위와 같은 과정을 통해 학생들의 격려 표현이 다양해지고, 서로를 이해하고 존중할 수 있게 되어 교우관계에 긍정적 영향(고영성, 2021:245-246)이 있었다고 한다.

초등학교 교과전담 교사의 경우에도 제한적이지만 학급경영을 하고 있다. 초등 영어 전담 교사의 학급경영에 대한 연구(권루미, 박기화, 2016)에 따르면, 영어 전담 교사의 학급경영은 교수 관리, 인적 관리, 행동 관리로 구분되었다. 이들을 각각 살펴보면, 교수 관리에서는 지속되는 일관된 수업 패턴을 비슷하게 유지하고, 성별, 키, 본 학급의 좌석 등을 고려한 좌석배치, 목표어의 주된 사용으로 노출 빈도 제고, 수준별 수업을 위한 노력이 시도되었다. 인적 관리에서는 학생 이름 외우기, 수업 관련 학생들과의 개별적 소통, 수업 외 시간에서 학생들과의 소통(수업시간 전후, SNS)이 있었다. 행동 관리에서는 교실 규칙, 보상 체계 등을 활용한 문제행동 통제 노력, 목표어 활용 분위기 조성, 수업 계획의 세밀한 조직을 통한 목표어 사용 확대 노력이 있었다. 이를 잘 활용하기 위해서는 학기 초부터의 지속적 연습이 필요하며, 학습내용은 적절하여야 한다. 또한 본 학급 담임과의 연계지도가 요구되며, 교사 스스로 연수를 들으며 전문성을 높이거나, 주변 교사들과의 소통을 통해 더 나은 방식들을 찾는 노력들도 필요하다.

고등학교 교사의 학급경영 전략에 대한 연구(김훈호, 2016)에서는 고등학교 담임의 학급 경영에 대한 세부적 전략들을 살펴볼 수 있다. 연구에서는 학부모, 동료교사, 학생으로 구분하여 여러 전략들을 탐색해 갔으며, 이를 구체적으로 확인해보면 아래 표와 같다.

〈표 11-6〉 일반계 고등학교 교사의 학급경영 전략

<table>
<tr><th colspan="3">구분</th><th>내용</th></tr>
<tr><td rowspan="2">학생</td><td rowspan="2">학습지도</td><td>학습방법 지도</td><td>과목별 성적 변화 확인
학생의 강점/약점 분석</td></tr>
<tr><td>학습분위기 조성</td><td>아침 조회
수업 종 치면 자리 앉기
시험기간 점심시간 학습지도</td></tr>
</table>

<table>
<tr><th colspan="3">구분</th><th>내용</th></tr>
<tr><td rowspan="4">학
생</td><td rowspan="4">인성지도</td><td>관심</td><td>학생 심리 및 신체 건강 관찰 – 관찰 후 장단점 쪽지 전달
면담: 자기소개서 및 환경조사서 숙지, 부적응/소외 등의 관심 필요 학생 면담 우선
개별적 지도 및 관심 표현: 담임이 관심을 갖고 있음을 자주 상기시킴</td></tr>
<tr><td>배려</td><td>기다림: 미리 언급하되 재촉하지 않기, 학생이 이해할 때까지 전달사항 설명하기
함께하는 시간 늘리기
부적응/소외 학생 챙기기: 교실 좌석배치, 수련회 방 배정 고려
학생 입장에서 생각하기: 수련회에서 물 챙겨 주기, 계단 같이 걷기, 성적표 발송 미리 공지(시기 조율), 간단한 종례, 아침 식사 못한 학생은 조회 중 아침 식사 허용</td></tr>
<tr><td>형평성</td><td>일관성: 교칙 적용의 일관성, 출석 기준 적용의 일관성, 생일잔치나 벌청소 등의 제도 시행의 지속성
허용과 제한의 긴장: 미리 알렸는지 여부에 따른 허용과 제한, 타당한 사유에 따른 허용/제한, 학기 초에 기준을 제시하고 벗어난 경우에는 엄격히 제한</td></tr>
<tr><td>보상</td><td>칭찬, 상점 부여
무더울 때 음료수 사 주기</td></tr>
<tr><td colspan="3">동료교사</td><td>선배 및 동료교사와의 교류: 학급 문제 관련 조언 듣기, 학급경영 자료 공유
학급 교과담당 교사에게 협조 요청
다른 학급과의 조화 및 협조: 학교행사 시 너무 튀지 않기, 출석 기준 및 교칙 적용의 학급별 형평성 고려</td></tr>
<tr><td colspan="3">학부모</td><td>학부모와의 협조 요청
학무모와의 충돌 최소화
학부모와의 불필요한 오해 최소화</td></tr>
</table>

출처: 김훈호(2016)의 339쪽 그림을 재구성함.

이와 같은 학급경영의 모습에서 공통적인 것은 학급경영의 원리에서 이미 언급한 것들이다. 그러나 학교급의 차이는 구체적 과정의 차이로 이어질 수 있다. 예를 들어, 유치원에서는 체험 중심의 활동 구성이라든지 유아들과의 친밀한 관계 등이 중요할 수 있으며, 고등학교에서는 학생들에게 적용되는 구체적 규칙의 공정성이 더 중요할 수 있다. 또한 학급을 구성하고 있는 학생들의 특성, 소속된 기관의 풍토나 문화, 학부모의 태도 등에 따라서도 달라지는 부분이 있을 것이다. 그리고 본인의 역량과 활용 가능한 예산 등도 연계되어 학급경영이 이루어져야 할 것이다.

학급경영은 일상적인 부분과 학급의 특성을 살리기 위한 부분으로 나누어질 수 있다. 학생들이 안전하게 생활하면서 별 탈 없이 학급활동을 해야 하는 것이 일상적인 부분이며, 학생의 특성과 요구 등을 고려하여 운영되는 우리 학급만의 특별한 활동이 특성을 살리기 위한 부분이 된다. 학급경영의 일상적 부분만이 강조된다면 이는 학급경영의 진정한 모습이라 보기 어렵다. 진정한 경영의 의미를 살리는 학급경영이 되려면 다양한 관점에서의 학급 분석이 이루어지고, 학생의 요구와 특성을 파악하며, 활용 가능한 자원을 확인하는 등 교사의 다방면의 노력이 이어진 후의 자율적인 판단을 통한 결정이 이루어져야 할 것이다.

우리나라의 경우에는 교사 주도의 학급경영 스타일이 더 많다(Koh & Shin, 2014). 이를 고려해 볼 때 학생들의 의견을 반영할 수 있는 체제를 잘 만들어 학생들을 존중할 수 있는 분위기를 조성하는 것도 필요할 것이다. 앞서 제시된 예시들은 동료교사와의 소통에서 얻을 수 있는 정보로 이해될 수 있다. 여러 교사들 간의 소통과 반성적 성찰을 통해 지속 발전할 수 있는 학급경영이 이루어질 수 있기를 기대해 본다.

CASE STUDY 해설

● 학교경영은 결국 학교의 존폐와도 밀접히 관련된다. 먼저 학교의 특성을 볼 때, 지역민의 자부심이 높고, 학부모들의 의지가 있음을 확인할 수 있다. 이와 같은 상황에서 먼저 지역민과 학부모들에게 할 수 있을 것들을 맡겨 주면 좋다. 예를 들어, 폐교의 가장 큰 이유인 '학생 수'를 늘리기 위한 학생 유치의 실제적 활동들이 있을 수 있다. 학교의 주변 환경을 볼 때, 자연적으로 학생 수를 증가시키는 것은 어려워 보인다. 인위적 노력이 있을 때에만 학생 수 증가를 기대할 수 있다. 이는 외부적 활동들이 많이 필요한 부분으로, 학교장이 모두 맡기보다는 지역민들과 학부모들의 노력이 더 효과적일 수 있다. 이는 학교경영의 원리 중 민주성과 자율성, 그리고 효율성이 적용되는 것이기도 하다.

● 그리고 한 교장은 학교에서 당장 할 수 있는 것들을 준비해야 한다. 학부모와 지역민들이 잘 활동할 수 있도록 예산을 마련할 수도 있을 것이며, 또한 실제 학생들이 전입해 올 만한 유인가를 제공할 필요가 있다. 이는 무엇보다 교육적 혜택을 가질 수 있는 학교가 되게끔 만드는 것이 중요할 것이다. 즉, 교육과정의 특성화, 그리고 그런 교육과정을 운영할 수 있는 교사, 그리고 이를 운영할 수 있게 하는 운영 예산과 제반 여건들을 한 교장은 마련할 수 있다. 이를 보다 포괄적으로 운영할 수 있도록 공모교장을 신청하거나 자율학교 신청을 할 수도 있을 것이다.

● 이와 같은 활동들을 무작정 하기보다는 근거를 가지고 계획을 세워서 진행하는 것이 좋겠다. 따라서 구성원들과의 협의체를 잘 활용하고, 그 협의체를 통해 여러 의사결정들이 이루어지는 것이 좋겠으며, 학교 내에서 판단하기 어려운 부분들은 외부의 인력들과 교류하거나 학교컨설턴트를 활용하는 것도 한 방법이 될 것이다.

● 한 학교를 살리는 것은 비단 이와 같은 몇 줄의 글만으로 되는 것은 아닐 것이다. 보다 철저한 분석을 통한 준비, 그리고 발생되는 문제들의 민주적이고 유연한 대처 등 실제 상황에서는 보다 대비하고 활동해야 할 것들이 너무도 많아 분주할 것이다. 그런 것들은 모두 교장 홀로 감당하기 어려운 부분이 있다. 따라서 권한의 적절한 분산도 중요하게 고려될 요소로 생각된다.

이 모든 것을 잘 해낼 수 있는 자신만의 생각을 만들어 가기를 바란다.

CHAPTER 12

미래사회의 도래와 교육행정

학습 목표

- 한국 사회의 변화에 관한 주요 이슈 네 가지를 이해하고 설명할 수 있다.
- 한국 사회의 변화에 관한 주요 이슈에 대하여 1~11장의 내용과 관련지어 설명할 수 있다.
- 12장에 제시된 한국사회 변화에 관한 주요 이슈 이외에 학교교육과 교육행정에 미치는 영향에 대하여 설명할 수 있다.

지금까지 여러분은 교육행정학의 총론과 각론의 주요내용을 학습하였다. 전통적인 교육행정학은 교육행정의 개념과 역사적 전개, 학교조직론을 중심으로 한 '총론'과 교육법, 교육재정, 교육정책, 교원 인사, 장학론 등과 같은 '각론'으로 구성되어 있다. 이 책을 접하는 독자들이 주로 학부생과 교육대학원생이라는 것을 감안하여 이 책의 구성도 전통적인 교육행정의 주요 영역과 내용을 검토하였다.

최근 우리 사회는 급격하게 변화의 바람을 맞이하고 있다. 주지하다시피, 과학 · 기술의 급격한 발전과 사회 · 인구구조의 변화, 환경문제로 인한 전 지구적 위기감 고조 등은 여러분도 한 번쯤은 접했을 것으로 생각된다. 이 책의 제2장 체제이론과 제6장 시스템사고에서 언급한 것처럼 '학교조직'을 일종의 개방체제(open system)로 이해한다면 학교 외부의 변화는 곧 학교 내부의 변화를 동반하게 된다. 다시 말해서, 사회적 변화의 흐름은 학교교육에도 일정 부분 영향을 미치고 있기 때문에 학교교육을 지원하고 조성하는 교육행정 역시 기존의 체제만으로 대응하기에는 한계를 보일 수 있다.

이 책의 제12장에서는 다가올 미래사회의 제 모습을 모두 예견하고 교육행정의 대응 방안을 제시하고자 하는 것은 아니다. 작금의 사회적 변화에 따라 학교교육이 어떠한 영향을 받고 있으며, 교육행정을 공부하는 우리들은 어떠한 자세로 임해야 하는가에 대한 화두를 제시하는 데 본 장의 목적이 있다. 이를 위해, 본서의 제12장에서는 '학령인구 감소에 따른 학교 규모 양극화 문제', '학교 구성원 간 관계 변화', '4차 산업혁명 시대 도래와 교육행정', 'ESG와 교육행정'이라는 네 가지 주제를 중심으로 사회적 변화와 교육행정의 대응이라는 주제로 저자들의 고민과 생각을 제시하였다.

이 책의 제12장은 학부생에게는 다소 어렵게 느껴지는 주제일 수도 있지만, 최근 임용 논술 시험의 경향이 사회적 이슈와 교육학에 대한 고민을 담아낼 수 있는가에 초점을 두고 있다는 점을 고려할 때, 학부생들도 한 번쯤은 읽어 보는 것을 권한다. 아울러, 교직 경험이 있는 교육대학원생 또는 일반대학원생은 12장에 제시된 내용과 관련이 있는 학술논문을 함께 검토한다면 다가올 미래사회에서 교육행정이 어떠한 모습으로 대응해야 하는가에 관하여 고민하는 계기가 될 수 있을 것으로 기대한다.

1. 지역소멸과 교육행정의 대응

우리나라 인구는 급격하게 감소하고 있다. 2021년에는 장래 인구 추계에 있어 핵심적인 지표라 할 수 있는 합계출산율이 1.0을 밑돌면서 전 세계적으로 초저출생 국가로 대한민국이 지목되고 있다. 인구 감소는 사회·경제·문화·산업계 등의 제반 문제와 함께 연동되어 여러 가지 변화를 가져올 수 있고, 초·중등의 학교교육 분야도 예외는 아니다(권순형 외, 2021). 급격한 인구 감소 시대에 비수도권, 즉 지방의 경우 인구 감소와 학령인구 감소에 따른 학교교육의 변화는 이미 시작되고 있으며, 교육행정의 대응에 있어 기존의 정책적 대응이 효과적인가에 대한 검토가 필요한 시점이다.

1) 학령인구 감소 및 인구 이동에 따른 학교 규모 양극화 현상

'학교 규모 양극화(School Size Polarization)[1]'라는 개념이 학술적으로 정의되어 있는 것은 아니다. 이것은 최근 인구 감소, 인구 이동 등 사회적 영향 요인에 따라 비수도권 지방의 중·소도시 및 군 단위 지역의 학교 규모가 대규모 또는 소규모로 양분되어 나타나는 것을 표현한 개념이다. 권순형 외(2021)에 따르면 소규모 초등학교는 점증하고 있고, 대규모 초등학교도 조금씩 점증하고 있는 것으로 보고하고 있다. 지난 2018년부터 2020년까지 3년 간 12학급 이하의 초등학교와 43학급 이상 초등학교는 아래 〈표 12-1〉에 제시된 것처럼 점증하고 있다.

1) 이하, 학교 규모 양극화의 개념에 대해서는 단국대학교 부설 통합과학교육연구소 국제학술대회 'Systems Thinking and Sustainable Development in K-12 Education'에서 Kwon., S.H., (2022) A study on Characteristics of School Size Polarization in South Korea -Focused on System Thinking-'에서 언급된 내용을 수정·보완하였음.

〈표 12-1〉 학급 수 기준에 따른 2018-2020 우리나라 학교 현황

학급	학교 수(합계)			학생 수(평균)	교원 수(평균)	1급정교사 수 (평균)	평균 직원 수 (공무직 포함)
	2018	2019	2020				
6학급 이하	1331	1279	1270	18.60	5.73	3.85	5.23
7~12학급	1195	1218	1246	147.57	16.57	9.41	11.90
13~18학급	739	746	786	305.84	25.46	16.28	14.82
19~24학급	832	832	851	472.56	33.57	23.13	16.98
25~30학급	732	747	719	631.81	41.59	29.95	18.57
31~36학급	603	590	574	807.32	49.59	36.94	20.24
37~42학급	399	372	382	986.06	57.53	42.73	21.91
43~48학급	245	271	228	1171.80	66.45	50.38	23.36
49~54학급	119	127	139	1353.55	75.56	56.95	24.90
55학급 이상	57	83	94	1717.82	91.66	67.75	28.33
전체	6252	6265	6289	428.32	30.29	21.11	15.00

주) 6학급 이하에는 분교장이 포함되어 있으며, 분교와 본교를 구분하여 제시.
출처: 학교알리미시스템 공시자료(2021년 기준)를 집필진이 재구성.

전반적인 인구 감소는 학령인구 감소 문제를 동반하게 되는 바, 학령인구가 감소하기 때문에 소규모학교가 증가할 것으로 예측되며, 전반적인 인구가 감소되면 학교 규모 역시 작아지는 것은 당연한 논리적 귀결이 될 것이다. 그러나 위 〈표 12-1〉에 제시된 것처럼 소규모학교가 증가하는 것은 이해가 되지만, 49학급 이상의 대규모학교는 소폭으로 점증하고 있었다. 특히, 55학급 이상의 대규모학교는 2018년 대비 2020년에 약 37개교나 증가한 것으로 나타났다. 이와 같은 현상의 원인은 무엇인가?

먼저, 전반적인 인구 감소와 학령인구 감소로 인하여 전체 인구 규모는 감소하고 있는 것은 주지의 사실이다. 하지만 인구 감소에 따른 문제와 함께 지역 간 인구이동, 지역 내 인구 이동이 보다 심화되면서 이른바 신도심이 만들어지게 되고 이 지역에 인구가 집중되면서 대규모 신설학교도 조금씩 증가하고 있다. 즉, 지

금 내가 살고 있는 지역보다 나은 조건을 갖춘 신도심으로 이주(경제적 여건이 갖추어졌다면)하고 이와 같은 이주에 따라 이들 지역에서는 대규모학교가 신설(또는 인근 지역 소규모학교가 신도심으로 이전 재배치 되는 경우도 있음)되는 것이다. 이 지역에 대규모학교가 신설되면 기존의 구도심 또는 외곽의 농산어촌 지역의 중규모학교는 소규모학교로 규모가 축소되며 하나의 지역에 소수의 대규모학교와 다수의 소규모학교가 공존하는 현상이 나타나고 있다.

모든 지역이 고르게 발전하고 지역 내 마을도 균형적으로 발전한다면 누구나 살기 좋은 지역(마을)을 선택하게 되므로 규모 양극화 문제는 언급될 필요조차 없을 것이다. 하지만 모든 지역을 고르게 발전시키는 것은 쉽지 않다. 지역마다 여건에 차이가 있고, 지역 내에서도 어떤 지역은 산업지구, 상업지구, 주택지구 등 도시계획에 따라 개발의 정도에 있어 차이가 나타나므로 모든 지역을 고르게 발전시킨다는 것은 말처럼 쉬운 일이 아니다.

일반적으로 학교 규모는 적정한 수준이 유지되어야 한다고 말한다. 학술적으로 어느 정도 규모가 적정한 규모인가에 대해서는 논하는 연구자마다 상이하겠으나, 일본의 경우 「학교교육법 시행규칙」 제41조에서 12-18학급을 적정 규모 학교로 규정[2]하고 있는 것을 미루어 볼 때, 인구 감소, 인구 이동에 따른 학교 규모 양극화 현상과 학교 규모를 적정화시키기 위한 노력은 교육행정에 있어 난제 가운데 하나로 이해될 수 있다.

2) 학교 규모 적정화를 위한 정책적 대응과 효과

적정 규모의 학교가 학생들의 학업, 정서적 신장에 있어 효과적이라는 점은 여러 연구 결과를 통하여 밝혀지고 있다. 이와 같은 이유로 중앙정부는 물론이며 지방교육자치를 담당하고 있는 시·도교육청에서도 학교 규모를 적정화하기 위한

2) 우리나라의 경우 학교 규모에 관한 법적 기준이 부재하다. 다만, 지난 2016년 교육부에서 발표된 '학교 규모 적정화' 권고(정책) 기준이 있으며, 이 기준에 따르면 읍면지역 학교의 경우 '학생 수'를 기준으로 60명 이하를 기준으로 하고 있다.

노력을 기울이고 있다. 먼저, 소규모학교의 학생 수를 증가시키기 위해 일부 시·도교육청에서는 '공동학구제' 정책을 시행하기도 한다. 학령기 초등학교 입학생은 학생이 거주하고 있는 거주지의 초등학교에 입학하는 것이 일반적이다. 중학교의 경우에도 특별한 사정이 없는 한 거주지의 중학교에 입학하게 된다. 공동학구제 정책은 학생의 주거주지를 벗어나 도시 외곽에 있는 소규모학교로 입학(전학)이 가능한 제도로 학생의 선택에 따라 학교를 선택하도록 유도하는 일종의 '학교선택' 확대 정책이다. 공동학구제 정책과 함께 소규모학교에는 소규모학교를 위한 특별 프로그램을 개설하고 운영을 지원하는 정책도 꾸준히 지속되어 왔다. 예컨대, 소규모학교 학생들을 위한 방과 후 지원 프로그램, 소규모학교 학생을 위한 학력 향상 프로그램 등이 대표적인 예라 할 수 있다. 이상의 정책들은 학교 규모를 적정화하기 위해 소규모학교에 특별한 지원을 통하여 학생과 학부모가 소규모학교를 선택할 수 있는 기회를 확대해 온 것으로 이해될 수 있다.

하지만, 앞서 언급한 것처럼 학교 규모는 우리나라의 전반적인 인구 감소 그리고 인구 이동에 의한 영향력이 상당하기 때문에 교육부와 교육청만의 노력으로 쉽게 해결되기 어려운 특징이 있다. 권순형 외(2021)의 연구에 따르면 공동학구제 정책과 소규모학교 정책은 소규모학교 학생 수 증가에 효과가 없는 것으로 보고하고 있다.

〈표 12-2〉 공동학구제가 학교 규모 증가에 미친 영향

구분	연도	ATET	Std.Err	z 값	p 값	95% 신뢰구간	
전체	2017	0.02329	0.02057	1.13	0.258	−0.01703	0.06360
	2018	−0.00416	0.01482	−0.28	0.779	−0.03320	0.02489
초등	2017	0.01318	0.02109	0.62	0.532	−0.0282	0.05451
	2018	0.01633	0.01267	1.29	0.197	−0.00850	0.04116
중등	2017	−0.06138	0.03242	−1.89	0.058	−0.12492	0.00217
	2018	0.00907	0.03117	0.29	0.771	−0.05202	0.07017

주) P값은 낮을수록 추정치가 통계적으로 유의함.

위 〈표 12-2〉에 제시된 것처럼 2017년과 2018년 두 해에 걸쳐 공동학구제를 실시하고 있는 학교의 학생 수를 종속 변수(결과변인)로 설정하고 공동학구제 정책을 시행한 지역의 학교와 미시행 지역의 학교 간 학생 수 증가 차이를 분석한 결과 통계적으로 의미 있는 결과는 제시되지 않았다. 공동학구제 정책은 물론이며, 소규모학교에 대한 특별한 지원을 해 온 학교의 경우에도 〈표 12-3〉에 제시된 것처럼 학생 수 증가에는 통계적으로 의미가 없는 것으로 나타났다.

〈표 12-3〉 소규모학교 특색사업이 학교 규모 증가에 미친 영향

구분	연도	ATET	Std.Err	z 값	p 값	95% 신뢰구간	
전체	2017	0.01954	0.02204	0.89	0.357	−0.02365	0.06274
	2018	−0.02453	0.01352	−1.81	0.070	−0.05102	0.00200
초등	2017	0.01333	0.27874	0.48	0.632	−0.04130	0.06796
	2018	−0.03710	0.02118	−1.75	0.080	−0.07861	0.00410
중등	2017	−0.01177	0.03641	−0.32	0.746	−0.08313	0.05958
	2018	−0.03324	0.02735	−1.22	0.224	−0.0863	0.02036

주) P값은 낮을수록 추정치가 통계적으로 유의함.

이상의 내용을 종합해 보면, 학교 규모 적정화와 소규모학교에 대한 특별한 지원을 통하여 소규모학교 지원에 관한 정책적 노력을 기울였음에도 불구하고 학교 규모 적정화를 위한 노력에는 일정 부분 한계가 있는 것으로 볼 수 있다.

3) 지역소멸의 시대 교육행정의 대응과 방향

서두에서 언급한 것처럼 합계출산율이 1.0을 밑도는 현 시점에서 향후 10년(2030년 경) 이내 초·중등학교 학생 수는 지금보다 더욱 감소할 것으로 예측되고 있다. 학령인구의 전반적인 감소 못지않게 보다 나은 지역으로 이주하는 인구 이동에 따라 학교 규모 양극화는 지금과 같이 그대로 나타나게 될 것이다. 권순형 외(2021)에 따르면 학교소규모화는 지역별로 상이하게 나타날 수 있다는 점을 제시하고 있다.

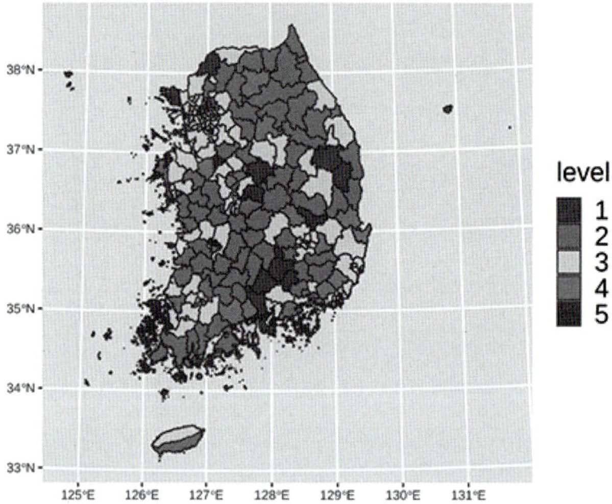

[그림 12-1] 2025년 기준 우리나라 초등학교 학교 규모 소규모화 단계구분도

주) 1단계에 해당될수록 학교소규모화 위험도가 높은 기초자치단체임.

출처: 권순형 외(2021). 학령인구 감소에 따른 소규모학교지원체제 구축 및 운영방안. 한국교육개발원 기본연구 보고서.

이와 같은 사실은 '지역 간'에 학교 규모의 편차는 지역마다 차이를 보이면서 나타남을 의미하며, 이를 보다 세부적으로 검토해 보면 '지역 내(하나의 시·군·구 내)'에서도 학교 규모는 편차(학교 간 차이)를 보일 수 있다는 점을 시사한다. 즉, 학교 규모 양극화, 학교소규모화 문제는 중앙정부 또는 시·도교육청의 일방적인 정책적 처방으로 해결될 수 있는 사안이 아니라는 점이다. 지금까지 학교 규모를 적정화시키기 위해 공동학구제 정책을 시행하기도 했으며, 소규모학교의 교육력을 높이기 위해 중앙정부[3] 및 시·도교육청은 상당한 정책적 노력을 기울여 왔으나 그 효과는 미미했다. 지역소멸, 학교 규모 양극화가 심화되는 현 시점에서 교육행정은 어떠한 대응이 필요할까?

먼저, 학교 규모 양극화 문제는 교육계를 포함하여 기초자치단체, 지역사회, 지

3) 아이러니하게도 소규모학교에 대한 중앙정부 차원의 노력은 교육부가 아닌, '농어업의 삶의질 정책'을 주관하고 있는 농림축산식품부가 주관이 되어 추진되어 오고 있다.

역의 대학과 연계하여 해결하려는 노력이 필요하다. 학교 규모 문제는 더 이상 교육계만의 문제가 아닌 지역소멸 대응 관점에서 파악되어야 한다. 가령, 지역 내 대규모학교가 존재하는 곳에서는 대규모학교의 학생 수를 분산시키기 위해 지역 차원의 인구를 분산시킬 수 있는 인구·일자리·산업정책과 연동되는 교육정책적 노력이 필요하다. 또한, 소규모학교의 경우 소규모학교에 집중적으로 재정이나 인력을 지원하는 구조에서 벗어나 지역사회와 연계하는 학교로 거듭나기 위한 노력이 필요하다. 지역과 마을에서 학교가 어떠한 기능과 역할을 할 수 있으며, 학교는 지역을 위해 어떠한 기여를 할 수 있는가에 대하여 원점부터 재검토가 필요할 수도 있다.

이와 같은 접근은 기존의 교육행정이 접근해 온 방식과 유사한 측면도 있고, 차이가 있는 측면도 있다. 지금도 기초자치단체와 지역교육지원청 간 연계하는 사업이 진행되고 있고, 기초자치단체에서는 교육경비보조를 통하여 지역의 학교에 지원해 오고 있다. 하지만 이와 같은 지원은 단기에 그치는 경우가 많고 경우에 따라서는 일반 행정계와 교육계 간에 오해와 갈등의 소지로 연계가 어려워지는 경우도 자주 목격되고 있다.

요컨대, 지역소멸, 인구 감소 그리고 인구 이동 등 사회적 영향요인으로 학교 규모가 양극화 되고, 소규모학교는 점증하는 현 시점에서 교육계가 중심이 되는 교육행정적 접근과 정책적 노력으로는 한계에 봉착할 수밖에 없다. 또한, 중앙정부나 광역단위의 시·도교육청의 일방향적 정책집행 방식으로는 더욱이 지역소멸과 학교 규모 문제 대응에 탄력적으로 대응하기 어렵다. 각 지역의 여건과 상황에 차이가 있는 만큼 지역교육에 관한 중·장기 발전계획 수립과 함께 지역사회의 교육행정의 체계가 다변화되고 탄력적이며 다양한 모습으로 대응하는 것이 보다 실효성을 거둘 수 있을 것이다.

CASE STUDY 12

〈소규모학교 통 · 폐합 vs 소규모학교 지원〉

농촌 소규모학교, 통폐합 말고 지속가능한 대책 찾아야

농어촌지역 소규모학교의 순기능에도 불구하고 학교 운영의 이유로 교육 당국에서는 통폐합 정책을 추진하고 있다. 이에 통폐합은 학교 운영 문제의 근본적인 해결방안이 아니라는 전문가 의견이 뒤따른다.

지난 5월 ○○○도교육청은 '적정규모 학교 육성계획'을 마련키로 했다고 밝혔다. 계획에 따르면 학교 통폐합 기준이 '지역민 80% 이상 찬성'에서 '예비 학부모를 포함한 학부모 2/3 찬성'으로 완화됐다.

'적정규모 학교 육성 정책'은 초등학교 기준으로 면 · 도서 · 벽지지역은 60명 이하인 학교, 읍 단위 이상은 120명 이하인 학교를 대상으로 권고된다. 해당 정책은 △학교 통폐합(동일 학교급 대상) △이전재배치 △분교장 개편 △통합운영학교(학교급이 다른 학교 대상)의 유형으로 운영된다.

소규모학교 통폐합이 골자인 이 정책은 농어촌지역 교육의 해결방안으로 작용하지 않았다. 한국농촌경제연구원에서 발행한 '농촌학교 활성화를 위한 교육모델 개발 및 확산 방안 연구' 보고서에 따르면 소규모학교 통폐합은 통폐합 지원금과 폐교 학생들의 통학 차량 운영 지원 등으로 큰 경제적 효과가 없다. 또 향후 농어촌 소규모학교가 더 줄어들면 통학은 더욱 불가능해 농촌에 거주하기 힘든 상황만 늘어나게 된다.

지난 5월 한국농촌경제연구원이 주최한 '제1차 KREI 생생현장토론회'에서는 농촌 교육 환경 개선방안으로 지역 특색을 살리고 지역주민과 협력하는 것에 참석자들의 의견이 모였다. 이날 토론회에서 □□□ KREI 부연구위원은 몇몇 선도지역에서 시도하는 지역사회 협력을 통한 △지역 거버넌스 △통학 여건 개선 △학부모 및 주민참여 △중간지원조직 및 지역활동조직 역할 확대를 제안했다.

특색 있는 교육을 통한 농촌학교의 역할도 강조됐다. 정 부연구위원은 농어촌지역 특성을 살린 △체험형 교육 및 농촌형 전인교육 △농업 환경교육 △유 · 초 · 중 · 고 연계교육을 통한 지역사회 돌봄 등을 제시했다. 한편, 농촌학교가 지역사회에 학교시설을 개방하는 방안도 제안됐다. 주민들의 지역사회 활동을 위한 구심점 역할을 도모하기 위해서이다.

● 위 신문기사에서 소규모학교 통폐합에 대하여 부정적인 입장을 제시하면서 소규모학교의 지원이 필요하다는 점을 제시하고 있다. '소규모학교 통폐합'에 대한 본인의 찬반 입장을 제시하라.

출처: 한국농정신문. 2021. 07. 18일자 기사. (http://www.ikpnews.net)

2. 학교 구성원 간 관계 변화와 교육행정의 대응

거버넌스는 불확실성을 최소화하기 위한 방안이기도 하다. 거버넌스의 확대는 복잡한 사회 상황을 대변하는 것으로 급변하기도 하면서 각 개인의 요구가 다양한 상황에서 서로의 의견을 적절히 반영할 필요가 있는 것으로 볼 수 있다. 학교에서도 의사결정 과정을 다변화하고, 사회적 복잡성에 대응하고자 다양한 방안들을 강구하고 있다. 의사결정 과정뿐만 아니라 학교가 가진 기능 또한 다양화와 복잡화에 맞추어 변형되고 있다. 그간에 요구되었던 교육의 기능이 단지 지식의 전수가 아니라 다양한 사회적 경험들을 할 수 있도록 하고 있기 때문에 교사에게 이 모든 것을 전담하게 만드는 것은 어느 기능도 제대로 할 수 없게 만들 수 있다. 그런 점에서 교사가 담당했던 역할들이 지속적으로 분화되어 학교 내의 구성원들도 다양화되고 있다. 이와 같은 상황에서 학교 내외의 교육행정적 대응이 요구되고 있다 할 수 있다.

1) 교직원 인사 관련

학교 내 구성원이 다양해지고 있다. 과거 학교에서는 교원으로만 구성되어 있다가 각종 서류 및 예산 관련 사항을 전담하는 서무실이 생기고 지금의 행정실이 되었다. 이후 학생들의 식사도 교육의 일환으로 취급되며, 도시락에서 급식으로 변경되는 과정에 급식실이 만들어지고, 이와 관련한 영양사 및 조리사가 근무하게 되었다. 교원업무정상화 정책의 일환으로 교사의 행정업무를 지원하는 행정실무사가 교무실에 배치되었으며, 그 후 방과후활동에 대한 지원을 담당하는 방과후 코디네이터 등이 배치되기도 하였다. 양호선생님은 학생들의 응급 조치 및 간단한 치료, 그리고 보건과 관련한 업무 및 수업을 담당하는 보건교사로 지위가 변경되었으며, 영양사 역시 영양교사로 지위 변경이 발생되었다.

이와 같은 상황은 교사의 업무적 부담을 줄이는 방안이기도 하지만, 교원의 업무가 분화되어 각 담당자들 간의 연대와 세력화를 통해 오히려 업무 과정의 분화에서 복잡화와 비효율화를 초래하기도 한다. 실제 학교에서는 문서의 결재자 순서에 행정실장의 위치를 두고 논란이 되기도 하며, 행정실무사에게 교사의 업무를 어느 수준까지 맡길 수 있는지를 조정하는 과정에서 갈등이 발생되기도 한다. 이런 점은 교육행정 특히 학교경영 차원에서 업무 조정을 위한 소통의 과정과 이해의 시간들을 충분히 마련하여야 할 것이다.

이 외에도 학교 내의 각 구성원들이 다양해지고, 그 구성원들의 법적 지위 역시 다양화되어 인사 관리 차원에서 학교경영 차원의 대응들이 필요하다. 예를 들어, 교사의 빈자리를 대신할 '임시 교사'를 채용할 경우, 초등학교에서는 담임 업무 여부에 따라 요구되는 자격증에 차이가 있다. 또한 채용되는 기간에 따라 전일제 및 시간제로 고용할 수도 있다. 교직원으로 한 부류인 것처럼 되어 있는 학교 내 구성원의 다양성으로 인해 발생되는 관계 개선을 위한 다양한 비용들 역시 교육행정적 대응이 필요할 것이다.

2) 학교 내 의사결정 관련

학교의 의사결정에 있어 최종적 의사결정자는 학교장으로 볼 수 있다. 그러나 학교장 단독의 의사결정으로 인해 발생될 수 있는 여러 문제들을 최소화할 수 있도록 다양한 장치들을 마련하고 있다. 이와 같은 장치는 대부분 위원회를 구성하여 해당 안건의 이해당사자들의 의견을 반영할 수 있게 마련되어 있다. 그중 법적 지위를 가지고, 1995년대 후반부터 도입된(경기도교육청, 2022:6) 학교운영위원회가 의사결정 기구로 대표적이다.

학교운영위원회는 학교운영에 학부모, 교직원, 지역인사가 참여함으로써 학교 정책결정의 민주성 및 투명성을 확보하고, 지역실정과 학교 특성에 맞는 다양한 교육을 창의적으로 실시할 수 있도록 심의하는 기구이다(경기도교육청, 2022:6). 이와 같은 정의를 볼 때, 학교 운영위원회는 학교에서의 의사결정에 있어 민주성과 투명성 확보를 통해 학교 이해당사자 간의 의견을 확보하고, 학교 맞춤형 교육이 이루어질 수 있도록 하기 위해 만들어진 것이다. 구성원의 다양성을 확보하여 투명성과 민주성을 실현하고자 하였지만, 실질적으로 학생들은 이에 포함되지 못하고 있다. 이를 보완하기 위하여 학교운영위원회의 회의 운영 시 학생들이 제안한 안건을 다루도록 되어 있으며, 필요시 학생대표 등의 학생들이 회의에 참석할 수 있도록 하고 있다(경기도교육청, 2022:30-31). 주요 결정 사항(안건)들은 ① 학교헌장과 학칙의 제정 또는 개정, ② 학교의 예·결산, ③ 학교교육과정 편성·운영, ④ 교과용 도서 선정, ⑤ 학부모 경비 부담 사항(교복·졸업앨범 등), ⑥ 방과후학교 운영, ⑦ 공모교장 공모 방법, 임용, 평가, ⑧ 초빙교사의 추천, ⑨ 학교운영지원비의 조성·운용·사용, ⑩ 학교급식, ⑪ 대학입학 특별전형 중 학교장 추천, ⑫ 학교운동부의 구성·운영, ⑬ 학교발전기금의 조성·운용·사용, ⑭ 학교운영에 대한 제안 및 건의사항, ⑮ 학교안전계획의 수립이 있다(경기도교육청, 2022:34-101). 이는 학교의 입법권, 인사권, 재정권 등에 대한 전반적인 사항을 다루고 있다는 점에서 학교의 운영에 대한 의견 제시가 가능하여 민주적 의사결정 기구로의 역할을 하고 있다고 볼 수 있다. 다만 학교운영위원회는 심의기구[4]로 정책에 대한 최종 결정을 하는 곳은 아니라는 점에서 학교장이 최종 의사결정자로 볼 수 있다. 2020년 1월부터는 「유아교육법」에도 유치원운영위원회를 설치(나민주, 2021:54)하도록 하여 유치원에서도 유사하게 운영되고 있으며, 「영유아보육법 및 시행규칙」에서 어린이집운영위원회도 설치·운영하도록 하고 있다(나민주, 2021:57). 이 운영위원회에는 다양한 소위원회[5](학교급식소위원회, 예·결산소위원회, 교육과정소위원회, 방과후학교소위원회 등)를 두어 안건 심사 및 전문성과 효율성을 제고하는 장치를 마련해 두고 있으며, 이 소위원회에는 학생들도 구성원으로 참여할 수 있다(경기도교육청, 2022:17). 이처럼 학교운영위원회는 다양한 역할과 기능을 해내고 있지만, 학교의 권한 범위 및 정도, 책임 주체 등(나민주,

4) 사립학교에서는 자문기구로서의 역할(나민주, 2021:59)을 하고 있어 의사결정에 대한 구속력은 더 약하다 볼 수 있다.

5) 학교급식소위원회는 필수적이며, 예·결산소위원회는 공립에서는 필수적이지만, 학생 수 100명 미만의 학교는 구성하지 않을 수 있다(경기도교육청, 2021:17).

2021:70-77)의 문제들을 안고 있다. 즉, 학교가 어느 부분에서 어느 정도의 결정 권한을 가지고, 어떤 구성원들(대표적으로 학생의 포함 여부)이 참여하여 결정 내릴 것인가에 대해 포괄적 논의가 필요한 것이다. 이 외에도 다양한 소위원회의 구성은 전문성이나 효율성을 높일 수 있을지 모르겠지만, 이와 같은 소위원회의 활동에 참여하는 교사들에게는 일종의 업무로 다가갈 수 있다는 점도 생각해 봐야 할 부분이다.

이 밖에도 의사결정에 영향을 미치는 교원 중심의 협의회가 있다. 부장회의, 전체교직원회의, 동학년회의 등이 그것이다. 이는 법적 지위를 갖는 것은 아니지만, 학교를 구성·운영하는 직접적 당사자로 의견을 제시할 수 있는 기회가 된다. 부장회의에서는 동학년이나 부서의 계원과의 협의를 통해 의견을 제안하기도 하고, 학교장의 의견을 제안하고 의견을 들어보기도 한다. 또한 이와 같은 의견들을 결정하기 위해 혹은 의견을 만들어 가기 위해 전체교직원회의가 진행되기도 한다. 이와 같은 회의들은 학교의 문화(혹은 풍토)에 따라 의견의 제안보다는 결정 사항의 전달로만 받아들여지기도 한다. 이런 상황에서 교사들은 회의(혹은 협의회) 시간이 불필요하게 받아들여져 의견을 제안하지 않는 것을 최선으로 이해하게 만들 수 있다. 그런 점을 고려할 때, 회의 운영 방식이나 교사의 의견 수렴에 있어 다양한 시도들이 이루어져야 할 것이다. 예를 들어, 전달이 필요한 내용들을 취합하여 일정 시기마다 전달하여 시간의 낭비를 최소화하고, 특정 사안에 대한 의견 취합 혹은 제안이 필요한 경우에는 전체 교직원 회의를 여는 방식이 있을 것이다. 조직의 풍토를 만들어 감에 있어 어떤 방향성으로 교직을 운영할 것인지에 대한 전반적 합의 혹은 학교장의 의도가 구성원들에게 충분히 이해될 수 있어야 원활한 학교경영이 이루어질 수 있다.

교내의 특정 분야를 다루는 위원회들도 중요한 의사결정들을 하고 있다. 대표적으로 교원인사자문위원회도 중요한 의사결정을 진행한다. 교직원의 업무 배분, 학년 담임 결정 관련 내용, 교원평가(교원성과상여금, 근무성적평정) 내용 등이 주요 사안이다. 이는 과거에 교장과 교감이 전적으로 가지고 있는 권한이었지만,

지금은 교원에게 권한이 일부 이양된 것이다. 교내의 학교폭력전담기구도 중요한 의사결정을 하는 기구이다. 학교장 자체 해결이 가능한 학교폭력 사안에 대해 조치를 내릴 수 있다. 학부모 위원의 구성을 다수 포함하여야 한다는 특징이 있으며, 2020학년도 이전에는 학교폭력에 대한 전적인 권한을 가지고 있다가 단위학교의 부담이 크다는 점을 고려하여 심각한 학교폭력 사안에 대한 처리는 교육지원청에서 하고 있다[6].

학생자치회와 학부모회도 학교의 정책에 대한 의사결정에 영향력을 높이고 있다. 해당 회에 대한 학교 예산의 지원을 명시하는 교육청들이 늘어나고 있으며, 이는 학생자치회와 학부모회의 참여를 활성화하기 위함이라고 할 수 있다.

위의 내용들을 통해 의사결정에 있어서 큰 방향성을 보면 다양한 구성원들의 참여, 그리고 참여 구성원들의 실질적 영향력 확보에 있으며, 자신의 삶에 관련된 것에 대해 직접적으로 의사를 밝힐 수 있는 기회들을 확대하는 데에 있다. 이는 리더로서 결정에 대한 권한을 독점하기보다 분산·이양하여 학교를 보다 민주적인 곳으로 만들고자 하는 의도가 있다. 또한 정부에서 교육청, 교육청에서 교육지원청, 교육지원청에서 학교로 하달하는 방식이 아니라 점차 분권화하여 단위학교에 대한 특색을 갖추게끔 하려는 의도도 있는 것으로 보인다. 이와 같은 의도들을 적절히 반영하여 단위학교를 이끌어 가는 리더로서의 교장과 교감, 그리고 교사의 역할은 중요하다 할 수 있을 것이다. 이를 위해 여러 교원들은 관련한 법적 지식의 습득은 필수적이며, 학생 및 학부모, 지역사회의 의견 청취 및 반영에 기반하여 이를 학교교육에서 실현하기 위해 노력해야 할 것이다[7].

---

6) 학교폭력대책자치위원회가 단위학교에 설치되어 학교폭력 사안에 대한 조치들을 결정할 수 있었다가 2020학년도부터는 교육지원청에 학교폭력대책심의위원회를 두고 심각한 학교폭력 사안에 대해 조치를 결정하도록 하였다. 이는 학교의 법적 처리 절차 및 판단에 대한 부담을 최소화하기 위한 방안으로 볼 수 있다.

7) 최근 학교에서는 이를 위해 학년도 말이 되면 학생, 학부모, 교사에게 설문을 진행하고, 컨퍼런스나 포럼 등을 개최하는 등의 다양한 구성원의 의견을 듣고 반영하기 위한 노력들이 실천되고 있다.

3) 학교교육과정 관련

교육과정 부분은 학교운영위원회에서 다루는 부분이라는 점에서 일부 논의된 것으로 볼 수 있지만, 최근 들어 혁신교육지구[8]정책은 지역의 학교 참여라는 점에서 의사결정 외에도 교육과정의 실질적 참여가 강조되고 있는 실정이다. 이는 지역의 시설 및 장소, 그리고 인력의 활용 등이 교육과정에 반영되도록 하고 있다. 학생들의 실생활과 관련된 교육이기도 하면서 지역에 대한 특색을 더 강조할 수 있는 교육이라는 점에서 그 의미를 갖는다 할 수 있다. 하지만 이는 지역 간 차이로 인한 격차의 확대를 가져올 수도 있다는 점에서 신중히 고려될 부분이 있다. 또한 그간 학교교육에서 조금 동떨어지게 생각되어 오던 평생교육의 측면이 조금씩 강조되는 것이기도 하다. 이를 위해서는 결국 교육행정기관과 일반행정기관의 협력을 넘어 민간에서의 협력도 필요하게 만들고 있으며, 이들 간의 긴밀한 협력관계가 이루어지지 않고서는 교육의 실천에 오히려 불협화음을 만들 수 있을 것이다.

학교 차원에서 마을과 연계하는 교육활동은 오래되었다(박수정 외, 2021:357). 그렇지만 실질적 활용은 부족한 부분이 많았으며, 학교에서 마을을 활용하기 위해서 준비해야 할 부분이 많이 있다. 가장 기초적인 것으로 현황에 대한 파악부터 이루어질 필요가 있다. 학교 주변의 자원에는 어떤 것이 있는지 확인하는 것에서 시작되어야 한다는 것이다. 학교의 교원들은 삶의 터전과 일의 터전이 분리되어 있는 경우가 다수이다. 이는 대부분의 직업에서 마찬가지이지만, 삶과 가까운 것에서 이루어지는 교육이 학생들에게 더 의미 있게 다가갈 수 있다는 점에서 학교교육에서 삶과 일의 터전이 일치되는 것은 관심있게 보아야 할 부분이다. 박수정 외(2021)는 교육지원청 수준에서의 마을자원 지도 제작 사례를 통해 혁신교육지구 운영의 토대를 마련할 필요가 있다고 주장하고 있다. 일정 수준 이상의 자원은 교육지원청 차원에서 정리될 수 있겠지만, 단위학교에서 유용하게 활용할 수 있

8) 혁신교육지구는 교육혁신지구, 미래교육지구 등 다양한 명칭으로 정책화되어 있다.

는 자원에 대한 조사를 통해 교원들이 어느 정도 파악하고 있을 때, 이를 교육과정과 연계하여 학교교육에서 활용할 수 있을 것이다. 학교에서는 지역의 물적 자원에 대한 파악 이후에는 이런 자료들을 주변의 학교와 공유하는 방식으로 운영의 효율성을 높여 갈 수 있을 것이며 점차 자료를 확대해 갈 수 있을 것이다.

학생들의 삶의 터전이 학습의 터전이 될 수 있도록 교육과정을 구성하기 위해서는 다양한 방식의 접근들이 요구된다. 그간 교육과정 재구성을 지속적으로 시도해 왔던 현장에서는 일정 수준 이상의 역량을 어느 정도는 갖추고 있을 것이다. 이를 지역으로 엮어 내는 것에서 차이가 있어 처음에는 어려운 부분들이 있을 것으로 예상되지만, 그간의 역량들을 발휘할 수 있도록 지원하는 입장에서 접근한다면 충분히 해낼 수 있을 것이다. 이와 같은 접근이 일종의 교육과정 리더십으로 이해될 수 있다.

4) 관계 변화에 따른 교육행정의 대응 방향성 정리

기본적으로 학교는 다양성에 대한 대비가 필요하다. 이는 학교 구성원-특히 교원과 학생-의 다양성이 심화되고 있는 상황에서 필수적이라 할 수 있다. 다양성에 대응하기 위해서는 필연적으로 민주적 의사소통에 기반해야 한다. 그 시작은 학교의 풍토나 문화에서 개방성을 갖는 것이 될 것이다. 단위학교에서 합리적 의사결정을 하게 된다면 학교의 특색을 살리는 것으로도 연결될 수 있다. 그렇지만 새로운 시도에서 발생되는 비용(혹은 리스크)에 대한 어려움으로 주변 학교들과 유사하게 하려는 동형화가 시도될 수도 있을 것이다. 어떤 것이 더 나은 방향인지에 대한 판단은 결국 학교 구성원의 판단에 맡겨질 것이다. 이런 판단에 최종적 의사결정자는 역시 교장이라는 점에서 교장의 비전과 이를 실현시킬 수 있는 실행력은 성공적 학교교육으로 나아갈 수 있는 주요한 변인이 될 것이라는 점을 기억해야 할 것이다. 교장은 학교의 리더로서 학교에 대한 어느 정도 구체화된 구상을 가지고 그 구상을 현실화할 수 있도록 구성원과 함께 노력해 갈 수 있기를 바란다.

3. 4차 산업혁명 시대 도래와 교육행정의 대응

1) AI 시대 도래와 교육행정

사물인터넷(Iot), 블록체인, 클라우드, 빅데이터, 인공지능(AI:Artificial Intelligence) 등 디지털 기반의 기술 발전이 우리의 삶에 낯설지 않게 다가왔다. 구글의 딥마인드가 개발한 알파고(AlphaGo)가 2016년 3월 인간과의 대결에서 승리하면서 AI의 기계학습(Machine Learning:ML)과 심화학습(Deep Learning:DL)이 각광을 받은 지 벌써 5년이 지났다. AI에 기반한 학습분석(Learning Analytics)으로 교수·학습 분야에서 적용되는 에듀테크 산업은 코로나19를 겪으며 급성장하고 있다. AI는 민간뿐 아니라 공공행정 분야에도 도입되고 활용이 확대되고 있다.

AI 기반 행정은 빅데이터와 알고리즘으로 구현되며, 이를 위해 데이터에는 수집, 플랫폼, 네트워크 역량이 요구되며, 알고리즘에는 논리 설계와 빅데이터 처리 시스템이 요구된다(엄석진 외, 2021). 데이터를 단순하게 자동처리함이 목적이 아니라 학습한 데이터의 분석 결과를 활용하거나 교육의 본질에 집중하기 위해 교육지원 제반의 절차를 자동화하는 것이다

AI 기반 민간, 공공 분야의 활용사례를 탐색하여 AI가 가져올 교육행정의 각 분야에서의 변화사항을 진단하고 교육행정의 미래를 전망하고자 한다. AI가 교육행정에 도입되고 활용될 분야는 갈수록 제한이 없을 것이나, 최근 행정에 활용되는 사례를 통해 교원 인사의 교원양성과 역량개발, 학교경영의 교원행정업무 분야 등을 대표적으로 살펴본다.

2) 교원 인사 영역에서 AI의 활용 가능성

민간분야의 채용과정에서 인공지능 활용은 서류전형이나 면접 단계에서 이미 이루어지고 있다. IBM의 AI 왓슨은 전화인터뷰나 화상면접으로 지원자와 대화

를 나눈 후 최종 면접 대상자를 선정하고 있으며, 유니레버는 인공지능으로 지원자의 페이스북이나 트위터 같은 SNS 정보를 분석하여 지원자의 성격이나 가치관을 판단하여 1차 합격자를 선정한다. LG U+, 중외제약, SK 등에서도 인공지능을 활용한 면접을 진행하고 있다. 공공분야에서도 구직 추천과 역량 검사를 AI로 활용하고 있다. 한국고용정보원, 중소기업중앙회에서는 구직자의 이력서와 구인기업의 직무역량을 AI가 분석하여 서로에게 추천을 해 주는 취업알선 서비스를 시작했으며, 한국정보화진흥원, 한국수자원공사 등에서는 AI를 활용한 역량검사를 실시하고 있다. 이에 대응하여 대학에서는 AI 역량검사 지원프로그램을 운영하고 있다. 아직 교원 채용에는 AI 활용이 고려되고 있지는 않은 것으로 보이지만, 시청각지능, 감정이해, 지원자 SNS 흔적 텍스트 분석 기술 등을 활용하여 적합한 채용을 추천하거나 부적합한 예비교원의 정보를 제공하는 역할을 수행할 수 있다.

미래 교육체제에 대비한 교원의 역량개발은 중요한 이슈가 되고 있다(허주 외, 2020). 교육훈련 분야는 AI에 의해 큰 변화를 맞이하게 될 분야로, 교원 개개인에 대한 역량 수준 평가 결과, 과거 연수 경험, 부족 역량 등을 분석하여 개인이 선호하는 교육내용을 제공하거나 개인에게 꼭 필요한 최적화된 추천 학습프로그램을 제공할 수 있을 것이다. 또한 교육을 받아야 할 시기와 도움될 시기 등을 파악할 수 있어 교육과정 편성, 교육기간, 훈련비용의 축소에도 기여할 것이다. 최근 활용의 폭이 커지고 있는 VR과 메타버스가 더해지면 입체적이고 체험 가능한 방식으로 연수가 진행될 수 있다. 이를 위해 다음과 같은 교원역량 및 연수관리 통합시스템(TCTMS:Teacher Competencies & Training Management System)이 인프라로 구축될 필요가 있다.

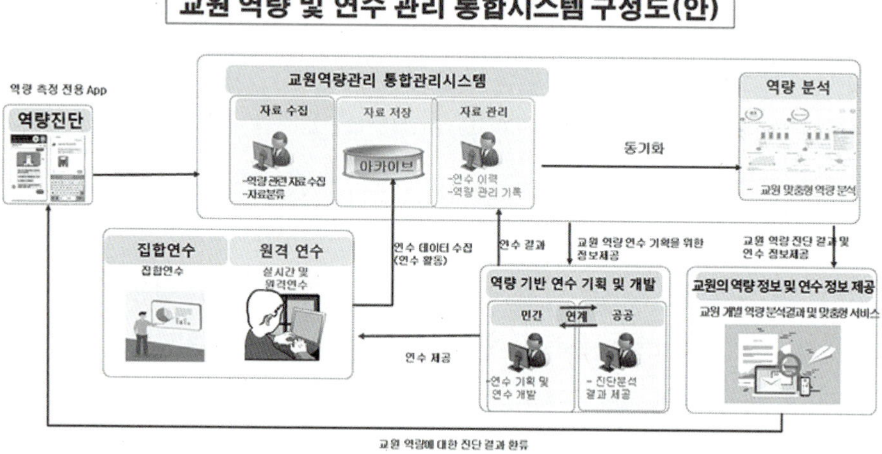

[그림 12-2] 교원 역량 및 연수 관리 통합시스템
(TCTMS:Teacher Competencies & Training Management System)

출처: 전제상·권순형·안병훈(2021).

교원 인사에 AI가 적용된다면 공정성과 효과성, 효율성을 확보할 것으로 예상되나, 예상되는 단점과 한계점에 대한 검토가 필요하다. 무엇보다 개인정보들이 빅데이터로 수집 관리되는 상황이므로 정보보호에 대한 법적인 고려가 먼저 이루어져야 한다. 인사에는 윤리, 가치, 내재된 역량 등이 다양하고 복합적으로 연결되어 있다는 점, 현 법체계상 AI는 법적 지위가 부여되지 않는 점, 빅데이터에 기반한 알고리즘의 편향성 등을 고려하여, 결정 자체보다 결정을 위한 추천으로 활용될 필요가 있다.

3) AI를 활용한 교원행정업무 경감

민간분야에서 AI 적용 사례 가운데 가장 많이 접하게 되는 것은 고객응대를 위한 챗봇 기능과 쇼핑에서의 사용자 경험(UX)을 증진시키고 매출에 도움이 될 수 있도록 하는 추천 기능이다. 이 중 챗봇은 우리나라의 지자체 등에서도 민원 응대

시 일부 사용되고 활성화되었다. 이에 대해 주지할 사항은 대부분 국내 민간분야 AI 시스템들이 충분한 규모의 데이터, 즉, 빅데이터를 토대로 운영되고 있다는 점이다. AI 가 내놓는 결과와 산출물의 활용이 주요 의사결정 등에 쓰이는 것이라기보다 인간을 보조하기 위한 용도로 활용되고 있다는 것이다. 예를 들어, 챗봇이나 쇼핑 등과 같은 경우에도 완전하게 인공지능이 모든 것을 처리하지는 않으며, 복잡한 사항 등에 대해서는 인간의 영역으로 그 결정을 넘기고 있다. 사례 가운데 공정관리 등의 영역에서는 실제적인 의사결정에 활용되거나 AI을 기반으로 하는 공정관리의 완전 자동화가 가능함에도 불구하고 최종적인 의사결정은 인간이 수행하는 것으로 나타난다. 공공분야의 경우 챗봇이나 자동응답과 같이 반복적이나 일반적인 답이 제시된 FAQ와 유사한 성격의 반응형 솔루션으로서 민원 응대 유형이 대부분이고 사회적 문제해결을 위한 예측이나 최적화 방안을 추천하는 유형이 늘어가고 있다. 교원의 행정업무의 경감도 업무효율화와 기획효과성 확보라는 두 가지 유형으로 접근할 수 있을 것으로 보인다.

ANI(Artificial Narrow Intelligence)에 해당하지 않으나 단위학교에서 '코디마스터'(방과후학교 및 고교학점제 관리플랫폼)를 통해 비약적으로 행정업무를 경감시킨 사례를 들 수 있다. '코디마스터'는 행정운영에 투입되는 자유수강권, 환불액 계산, 시간표 작성 등 복잡한 업무를 자동화하여 업무시간을 약 1/20까지 줄여 주는 효과를 보여 주고 있으며, 수강신청, 수강료 납부, 출석보고서, 학사 관리 등 잡무를 효율적으로 줄여 주는 솔루션이다. 데이터를 적극적으로 공개, 활용하고 사용자 친화적(User-friendly)으로 디자인하여 사용자(학생, 학부모)의 만족도뿐 아니라 관리 업무를 담당하는 교원의 업무 경감이라는 두 마리 토끼를 잡은 대표적인 성공사례로 볼 수 있다.

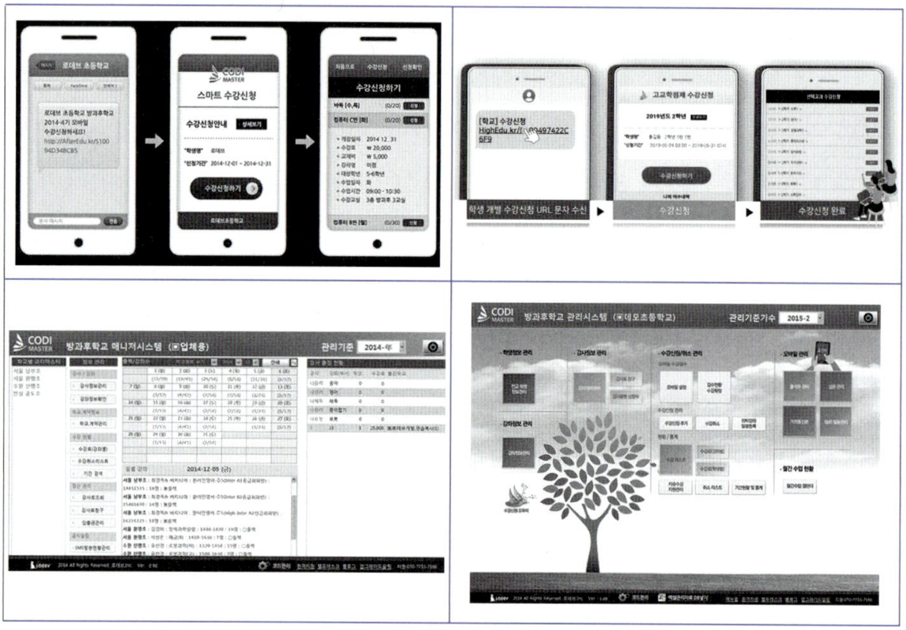

[그림 12-3] 코디마스터 운영, 실행, 관리 과정

출처: ㈜로데브 홈페이지(www.lodev.kr).

4) 빅데이터 · AI 기반 교육행정의 미래

AI 이용을 업무에 적용하는 것은 행정의 2가지 가치로서 효율성과 효과성 추구에 부합하는 것이다. 효율성은 민원업무 지원 등 단순 반복적인 서비스 업무를 대체함으로써 비용의 최소화를 달성하고, 효과성은 의사결정 과정의 정확성을 증가시키는 것이다. 민간영역의 AI 기반 사례들은 내부적으로 비용(물적, 인적) 절감으로 보다 나은 서비스에 집중하여 고도화를 이루고 생산성을 증대하고자 하며, 외부적으로 고객 참여 접근성을 높여 궁극적으로 이윤을 극대화하고자 한다. 공공영역의 경우, 행정비용을 최소화하여 본래의 정책목표에 집중케 하고, 외부적으로 정보격차 해소(주인 · 대리인), 정보 형평성 및 접근성 확보라는 가치를 실현하고자 한다.

무엇보다 AI는 학습(ML)에 기반하고 있고, 다시 학습을 위한 빅데이터와 근거에 기반하여 분석되고 대안이 도출된다. 데이터의 수집이 필수 선결 조건이 된다. 실무자의 개인경험과 정책기획자의 역량에 의존하기보다 일반화로 도출된 반복업무와 추천된 의사결정에 도움과 지원을 받는다. 교육행정 데이터 수집의 중요성이 대두될 수밖에 없으며 양질의 데이터가 충분히 확보되는 것이 핵심 사항이다. 다시 말해 딥러닝을 포함한 머신러닝 기반의 학습에 재료가 되는 것은 데이터이며, 우선적으로는 데이터의 양이 충분하게 확보되어야 하고, 질적으로는 데이터의 편향성 등이 나타나지 않는 것이 중요하다. 또한 데이터 처리 과정 등이 반드시 필요하고, 이를 위한 자원 소요도 고려할 사항이다.

AI 시스템 개발 거버넌스의 핵심은 리더, 실무자, IT부서 세 부분의 역할이 균형을 이룰 때 가장 효과적이라고 보여진다. 리더십 부분과 실무자의 의지와 학습 등이 중요하고, 실무 내용과 IT, 기본적인 인공지능에 대한 지식이 조화되어야 한다. 이는 교육행정 영역에서도 마찬가지로 중앙정부와 지방교육청의 중장기 전략과(정책결정자의 중도포기 방지), 교육청 및 단위학교 실무자 변화 관리(교육), 데이터사이언티스트의 역할(현장의 필요와 개발의 연결, 공인 인력)이 협력적으로 운영되어야 한다.

4. ESG와 교육행정

여기에서는 ESG(Environment, Society, Governance)와 교육행정의 대응을 언급하도록 한다. 먼저, 2022년 1월 국립국어원의 새말 모임에서는 'ESG 경영'을 '환경·사회·투명 경영'으로 사용할 것을 권고하는 권고안을 제시하였다(국립국어원 보도자료 22.1.19). 하지만, 본고는 ESG의 역사적인 맥락을 강조하고자 원문을 그대로 사용한다. ESG가 교육 행정에 어떤 영향을 미치게 될지를 조감하고 교육 행정 관점에서의 대응 방안을 다룬다. 재무관점의 ESG와 교육 행정과의 관계를 살펴보기 위해서는 ESG의 역사적인 배경을 살펴봐야 한다.

ESG라는 개념은 2001년 UNEP Finance Initiative에서 처음 발의되어(임대웅, 2022), 2004년 말에 유엔 글로벌 콤팩트(UN Global Compact)가 작성한 "Who Cares Wins" 보고서에 공식적으로 언급이 되었다(IFC, 2004). 이후 2006년에 유엔이 '책임투자원칙(PRI, Principles for Responsible Investment)의 핵심 의제로 제시하며 ESG가 확산되었는데(임대웅, 2022), 이러한 국제적인 공조를 통해 결국 2022년 3월 21일자로 미국 증권거래위원회는 상장기업이라면 ESG 자료를 공개해야 한다는 의무화 규정을 발표하기에 이르렀다(조선일보, 2022.3.22.).

ESG의 기본 원칙은 화석 연료를 쓰는 기업이나 지속가능한 경제를 만들지 않는 기업에는 투자를 줄이고, 녹색 기업이나 지속가능한 경제를 만드는 기업에 더 많이 투자함으로써 지속가능한 발전을 도모한다는 것이다(임대웅, 2022). 하지만 교육행정은 투자의 효율성보다는 교육행정의 목적과 효과성을 더 중요시하기 때문에 ESG의 원칙을 그대로 교육행정에 적용하기는 어렵다. ESG 원칙을 잘 준수하는 학교나 교육지원청에 교부금을 더 많이 지원한다는 소식은 우리나라뿐만 아니라 전 세계 어디에서도 찾아볼 수 없다. 따라서, 비록 지속 가능 사회를 위해 미래에는 교육행정 운용 원리에 ESG를 반영할지라도 본고는 교육행정에 ESG를 적용하는 방안은 논외로 하고 대신 세 가지 관점에서 ESG의 의미와 시사점을 다루고자 한다.

첫째, ESG는 UN의 SDGs와 같은 맥락이지만 철저하게 금융 관점에서 시작하였다. 즉, 거대 담론이 아니라 구체적으로 기업이 옴짝달싹 못 하고 억지로라도 움직일 수밖에 없도록 하는 실천 방안을 고민한 결과물이라는 점이다. 그만큼 국제사회가 구체적인 변화를 끌어낼 방안을 모색하고 움직이고 있기 때문에 이 흐름은 거스를 수 없는 큰 영향력을 행사하고 있다. 따라서 ESG는 모든 조직 관리 방안을 뒤흔들고 있고, 모든 조직은 적응해야 할 사안이 된다. ESG와 개별 조직이 어떤 관계인지를 따져보고 필요하다고 판단한 만큼의 수위로 조직 운영을 하는 것이 아니라, ESG와 조직 운영이 연결되어 있다는 전제로 어떻게 하면 조직

운영과 행정을 ESG에 맞출 것인가를 선제적으로 고민해야 하는 시대가 된 것이다.

둘째, 환경과 사회를 조직의 거버넌스와 별개로 보지 않고 상호 연결되는 시스템으로 보는 ESG 시각은 국제적으로 검증되었으며 거스를 수 없는 행정의 원칙이 되어야 한다는 점이다. 이런 원칙은 재무관점에만 국한할 필요가 없다. 특히 행정 관점에서 환경에 대한 영향과 사회에 대한 영향을 점검표에 반영해야 한다는 것을 의미한다. 이것은 행정 관점에서는 새로운 패러다임이고 도전과제가 된다. "모든 행정이 환경과 사회에 영향을 미치는 것은 아니다."라는 생각에서 이제 "모든 행정은 환경과 사회에 영향을 미친다."라는 시스템사고가 필요하다. 이는 자연스럽게 환경과 사회의 변화가 다시 행정에 영향을 미치는 피드백 관계가 만들어진다는 것을 의미한다. 바로 이런 사고가 낯설기 때문에 행정 관점에서는 도전과제가 될 것이다. 또한, 의사결정 과정에서 관련 이해관계자를 참여시킴으로써 투명성을 높인다는 ESG의 대원칙은 행정의 효율성을 떨어뜨릴 수 있는 요인으로 간주되어 거부감을 일으킬 수 있다. 행정 담당자의 저항이 있을 때 사회적 합의를 이루는 것은 매우 어려워진다. 이때 필요한 것은 세종대왕의 경연(經筵) 제도이다. 이는 세종대왕이 수년 동안 신하들과 토론하면서 조세 제도를 바꾼 사례로, 끈질긴 토론을 통해 사회적 합의를 도출했던 우리나라의 전통이다. 여기에도 이러한 노력이 필요하다. 그리고 행정 중에서도 교육 환경과 내용에 영향을 미치는 교육 행정 관점에서 ESG 관점을 행정에 반영하려는 노력은 그 자체로 귀중한 학습이 되어서 학교 현장 교육에 본보기로 직접 반영될 수 있다. 우선, 환경과 사회에 대한 시스템사고 관점에서 연결되어 있다는 사고의 전환이 학교 현장에 스며들 수 있으며, 이는 자연스럽게 학생들의 교육에 영향을 미칠 수 있다. 그리고 거버넌스 관점에서도 교육행정은 더욱 특별한 의미가 있다. 이미 학교 현장에서는 학생 자치를 실현하는 움직임이 활발하고 학부모와 소통하는 것을 매우 중요하게 생각하기 때문에 현장에서의 수용성은 높다고 볼 수 있다. 여기에 ESG의 거버넌스 관점은 학교, 지역사회, 지역 기업, 지방자치단체와의 협치와 협력을 도모할 수 있는 토대를 제공하기 때문에 하향식(top-down)의 소통이 아니라 상향식(bottom-up)의 소통 문화가 만개할 기회가 될 수 있다.

셋째, ESG를 통해서 지속가능발전교육(ESD, Education for Sustainable Development, 이하 ESD)이 더욱 강화될 수 있다. 유네스코의 ESD 목표는 정책, 학습 환경, 교육자의 역량 강화, 청년의 권한 부여와 참여, 지역 차원의 실천에 ESD와 17개의 SDGs를 완전히 통합하는 것이다(유네스코한국위원회, 2021). 그런데 ESD가 꼽은 우선 실천해야 할 5가지 영역 중에 첫 번째가 정책 개선(Advancing Policy)이다. ESD에서 강조하는 활동 주체는 다음과 같다. ① 기관·지역사회·국가·국제 수준의, 특히 교육부 내 교육정책 입안자, ② 지속가능발전 부문, 특히 환경부 등에서의 정책 입안자, ③ 지속가능발전 및 그 교육 관련 정책 담론에 기여하는 시민사회 조직, 민간 기업, 학계, ④ 유네스코와 그 파트너들 (유네스코한국위원회 2021).

ESD는 교육행정뿐만 아니라 SDGs 달성을 명시적으로 다루는 모든 정책에 ESD를 통합해야 한다는 지침을 제시했다. 따라서 지속가능발전을 위한 두 가지 축이 ESG와 ESD라고 할 수 있다. 이 둘은 명확하게 영역을 달리하고 있다. ESG는 재무와 금융 관점에서의 변화를 다루고, ESD는 교육 관점에서 변화를 다루고 있다. 하지만 ESD는 ESG를 통해 강조하는 환경과 사회에 대한 영향과 거버넌스에 대한 강조를 보완할 수 있으며, ESG는 ESD의 교육을 중심으로 통합하려는 시도를 ESG를 실현하는 구체적인 방법론으로 활용할 수 있다. 즉, ESG와 ESD는 SDGs라는 공통의 목표를 위해 상호보완적인 역할을 할 수 있다.

요약하면, ESG에 대해 교육행정은 선제적으로 환경과 사회에 미치는 영향을 고려하고 거버넌스 기반의 의사결정 체계를 구축하는 대응 자세가 필요하다. 이는 상대적으로 익숙한 ESD로 보완될 수 있는데, 방대한 ESD 영역을 환경·사회·거버넌스 틀로 점검할 수 있고 ESG 원칙을 활용하여 SDGs 실현에 도움을 받을 수 있다.

5. 사회적 변화에 따른 교육행정의 대응

이 책의 제12장에서는 사회적 변화에 따른 네 가지 이슈에 대하여 교육행정의 과제에 대하여 검토하였다. 본서의 제1장에서 교육행정은 조건정비설이 핵심적이라는 점을 언급하였던 바, 사회적 변화에 따라 학교교육이 영향을 받고 기존의 체제가 변동된다면 교육행정 역시 이에 적극적이고 탄력적으로 대응해야 함은 물론이다. 그러나 오늘날 나타나고 있는 각종 사회적 변화는 기존의 교육행정체제인 교육청, 교육지원청, 단위학교만의 노력으로 해결하기에는 다소 충분하지 않다는 의견도 제시되고 있다. 즉, 사회적 변화의 요구와 바람에 있어 기존의 교육행정체제만으로 대응하기에는 일정 부분 한계가 있다는 것이다. 이와 관련하여 최근에는 지방자치단체, 지역사회단체, 민간부문 등과 연계하여 빠르게 변화하는 사회적 변화에 대응하는 새로운 교육행정체제가 필요하다는 주장도 설득력을 얻고 있다. 이를테면, 학령인구가 급격하게 감소하고 사회적 인구 이동으로 지역소멸이 극대화되고 있는 지역에서는 기존의 교육청, 교육지원청, 단위학교만으로 소규모학교의 문제를 해결하기에는 한계가 있고, 지방자치단체, 지역사회단체가 함께 소규모학교 문제에 적극적으로 대응해야 한다는 의미이다. 빅데이터·AI 등 신기술이 고도화되면서 학교교육의 모습도 상당 부분 변모시키고 있는 상황에서 교육계만의 노력으로 급격하게 변화하는 기술을 따라가기에는 한계가 있을 수 있고, 민간의 기술과 연계하여 학교교육과 교육행정 대응에 활용해야 한다는 주장도 설득력을 얻고 있다.

요컨대, 사회적 변화에 따라 다가올 미래의 교육행정체제는 지금과 다른 모습을 보일 수 있다. 사회적 변화에 따라 기존의 학교체제는 영향을 받지 않을 수 없다. 이와 같은 변화가 나타나더라도 학교가 교육과정을 안정적으로 운영하고 교원의 사기를 진작시키며 학생과 학부모의 요구와 기대에 부응하기 위해 교육행정은 적극적이고 탄력적으로 대응해 나갈 필요가 있다.

CASE STUDY 해설

● 소규모학교 통폐합 찬성에 대한 논지

소규모학교 통폐합에 찬성하는 논지는 다음과 같다. 첫째, 정상적인 학교교육과정과 수업은 적정 규모가 유지될 때 가능하다는 점이다. 학교 규모가 작으면 작을수록 정상적인 교육과정 운영과 다양한 수업이 어렵다는 한계가 존재한다. 특히, 학교 규모가 더욱 작아지는 경우 이른바 '복식학급(2개 학년이 1개 학급으로 편성)'으로 편성된다. 복식학급의 경우 1명의 교사가 2개 학년 교육과정과 수업을 운영해야 한다는 점으로 말미암아 정상적인 교육과정 및 수업 운영이 불가능하다. 둘째, 소규모학교 통폐합에 따른 경제적 효과를 기할 수 있다는 점이다. 학교도 모종의 조직으로 이해하는 경우 조직은 그 규모가 너무 작은 경우 과도한 비용이 발생할 수 있으며, 너무 큰 경우에도 혼잡비용이 발생할 수 있다. 특히, 조직의 규모가 너무 작은 경우라면 소규모학교에 투입되는 교직원 인건비, 운영비 그리고 경상비 등은 고정적으로 지출될 수밖에 없다. 이와 같은 비용을 인근의 학교와 통합하여 재정의 효율화를 달성한다면 통폐합된 학교는 적정 규모를 달성할 수 있고 소규모학교 학생들에게 보다 높은 재정 투입의 효과를 노릴 수도 있다.

● 소규모학교 통폐합 반대에 대한 논지

소규모학교 통폐합에 대하여 반대하는 논지는 다음과 같다. 첫째, 학교 규모는 학령인구의 감소와 지역 간 인구 이동에 의해 영향을 받고 있다. 학교 규모가 작아지는 것은 학교 외부의 영향요인에 따라 감소하는 것이지 학교 자체적인 교육력 약화에 따라 규모가 작아지는 것은 아니라는 점이다. 따라서, 학교 규모를 적정화시키기 위해서는 지역 간 산업 · 경제 · 일자리 등 균형발전이 보다 중요한 의미를 지닌다. 학교통폐합의 경우 단기적인 시각에서는 효과가 있을지는 몰라도 장기적인 시각에서 생각해 보면 통폐합된 학교도 다시 규모가 작아지고 통폐합된 학교끼리 다시 통폐합을 진행하는 악순환이 되풀이될 수 있다는 점이다. 이 과정에서 학생의 통학거리 증가, 지역인구의 소멸 등 다양한 사회적 문제를 양산하게 될 수 있다는 점에서 학교 통폐합은 신중한 접근이 요청된다. 둘째, 소규모학교의 교육적 효과는 중 · 대규모 학교보다 높을 수 있다는 점이다. 일부 연구 결과에 따르면 소규모학교의 경우 교원 1인이 소수의 학생들을 대상으로 수업을 하고 있기 때문에 학생의 특성에 적합한 수업이 가능하다는 장점이 있다. 또한 소규모학교가 위치한 곳은 대체적으로 자연환경과 함께 체험할 수 있는 교육 여건도 가지고 있으므로 도시에서 경험할 수 없는 교육적 효과도 아울러 누릴 수 있는 장점이 있다.

참고문헌

참고문헌

강원식, 남율수, 이현수(1999). 문민정부 교육개혁방향이 학교경영조직에 미친 효과성에 관한 실증적 연구-중등학교를 중심으로-. 대한경영학회, 20, 3-24.

강인수, 안기성, 박재윤, 정태수, 안규철, 표시열(1995). 교육법론(교육행정학전문서4). 서울: 도서출판 하우.

강주연, 정정희(2016). 교사 발달단계에 따른 자기장학모형개발을 위한 기초연구: 교사 요구도에 관한 델파이조사. 열린유아교육연구, 21(2), 55-79.

경기도교육청(2021). 2021년 교원능력개발평가 시행계획.

경기도교육청(2021). 2021년 교육공무원 인사실무편람.

경기도교육청(2021). 2021학년도 학교회계 예산편성 기본지침.

경기도교육청(2022). 학교운영위원회 핸드북. 경기도교육청.

고영성(2021). 초등학교 저학년을 위한 격려중심 학급경영 실행연구. 2020학년도 한국초등상담교육학회 연차학술대회, 225-248.

고재천(2015). 초등학교 초임교사들이 인식한 수업전문성 개발의 저해요인 탐색. 학습자중심교과교육연구, 15(12), 1051-1074.

공은배, 송기창, 우명숙, 천세영(2007). 한국 교육재정 구조개편 방향 설정 연구. 한국교육개발원, 연구보고 RR 2007-4.

곽윤직(2003). 민법총칙. 서울: 박영사.

교육부(2015). 교원평가제도 개선방안. 보도자료(2015.9.3.).

교육부(2020). 2020년도 교원자격검정 실무편람.

교육부(2021). 2022년 교원 연수 중점 추진방향.

국민권익위원회(2012). 교사 초빙제의 합리화 방안. 2012.07.16. 보도 자료(2012.07.17. 게시)

국회예산정책처(2021). NABO_Focus_제29호.

국회예산처 재정경제통계시스템(www.nabostats.go.kr)

권루미, 박기화(2016). 초등영어 전담교사의 학급경영 사례 연구. *Studies in English Education*, 21(4), 121-152.

권순형, 김도기(2012). 단위학교 교육과정 편성·운영의 법적 성격 고찰. 학습자중심교과교육연구, 12(3), 1-21.

권순형, 정미경, 허 주, 이강주, 민윤경, 정규열, 이광수(2020). 교원의 교육활동 전념을 위한 교원행정업무경감 정책 개선 방안. 한국교육개발원 수탁연구 CR-2020-15.

권순형, 주현성, 김갑성, 김도기(2015). 교사 쏠림 현상 분석을 위한 복잡계 관점의 전제조건 탐색. 교원교육, 31(3), 23-45.

권순형·정미경·이강주·허 주·민윤경·정혜주·박균열·정규열·이호준·안병훈(2021). 학령인구 감소에 따른 소규모학교 지원체제 구축 및 운영 방안. 한국교육개발원.

권은주, 이영림(2005). 불교 유아교사를 위한 자율장학 모형 연구. 종교교육학연구, 21(2005. 12.), 141-176.

권정현, 김도기, 문영빛(2015). 역사적 신제도주의 경로의존성 관점에서의 교장공모제 제한요인 분석. 교육행정학연구, 33(3), 1-28.

김갑성, 박영숙, 정광희, 김기수, 김재춘, 김병찬(2009). 교원양성체제 개편 방안연구. OR2009-02. 한국교육개발원.

김갑성, 정미경, 전제상, 신상명, 강순나, 문찬수(2010). 교원 관련 평가 시스템 재정립 방안 연구. 연구보고 RR 2010-10. 한국교육개발원.

김경철, 이민영(2019). 교원능력개발평가에 참여한 병설유치원 소규모학급 교사 이야기. 학습자중심교과교육연구, 19(11), 217-248.

김달효(2007). 초등학교 현장에서 본 학급경영의 잘못된 사례와 교육적 논의. 교육학연구, 45(4), 1-28.

김달효(2011). 교육행정학. 서울: 학지사.

김도기(2005). 컨설팅 장학에 관한 질적 실행 연구. 서울대학교대학원 박사학위논문.

김도기, 강명자, 김경희, 김상민, 김효정, 박용석, 송일민, 조영숙, 홍미경(2016). 수업컨설팅: 좋은 수업의 조건 5G. 학지사.

김도기, 김효정(2013). 수업컨설팅의 개념과 위상. 교원교육, 29(3), 131-156.

김도기, 문영진, 문영빛, 권순형(2016). 초등학교 학교장의 직무역량 요구분석. 교육행정학연구, 34(5), 437-462.

김도기, 문영진, 문영빛, 권순형(2017). 중등학교 학교장의 직무역량 요구분석. 교원교육, 33(2), 241-262.

김도훈, 문태훈, 김동환(1999). 시스템 다이내믹스. 서울: 대영문화사.

김동환(2004). 시스템 사고. 서울: 선학사.

김동환, 정창권, 김승범(2019). "저출산 정책과 일자리 정책의 연결을 통해 드러나는 피드백 루프". 한국시스템다이내믹스연구, 제20권 제4호, 25-43.

김동희(2002). 행정법Ⅱ. 서울: 박영사.

김성열(2019). 학교장의 직무수행과 리더십: 지향과 현실, 그리고 과제. 교육행정학연구, 37(1), 1-29.

김순남(2004). 학교단위책임경영 실현을 위한 학교단위평가 이론과 실천 전략 연구. 한국교육학회, 42(3), 397-427.

김순남, 김용(2006). 시대적 변화에 따른 학교경영 방향. 제48차 교원교육 학술대회 자료집. 29-69.

김신일(1985). 교육사회학. 서울: 교육과학사.

김요섭(2020). 쉽게 읽는 교육정책 돋보기-교육정책과 학교 현장의 연결고리를 찾아서: 현장과 괴리된 교육정책. 교육을 바꾸는 사람들 칼럼.

김용남(2017). 단위학교 재정 운영의 쟁점 및 개선방안 연구. 교육재정경제연구, 26(1), 119-145.

김은영(2006). 유치원 동료장학의 실태와 효과에 대한 교사의 인식. 이화여자대학교교육대학원 석사학위논문.

김이경, 고대혁, 김재춘, 박상완, 정수현(2004). 교원자격 · 양성제도 개편 방안 연구. 한국교육개발원.

김정한, 박종흡, 우상기(2006). 교육행정 및 학교경영. 형설출판사.

김종철(1985). 현대교육론(Ⅲ) -교육의 행정-. 서울: 서울대학교 출판부.

김종철(2008). 세계관의 판단기준. L'Abri Fellowship Korea.

김지선, 김도기, 권순형, 윤소희, 문영빛(2018). 학교 안 교사학습공동체가 교사효능감에 미치는 효과. 한국교원교육연구, 35(3), 55-81.

김현정, 황혜정(2019). 어린이집 동료장학의 인식과 실태에 따른 교사효능감의 차이. 한국보육학회지, 19(3), 85-97.

김훈호(2016). 일반계 고등학교 담임교사의 학급경영 전략 연구. 한국교원교육연구, 33(4), 329-355.

김희규, 김승미, 김효숙, 안성주, 최상영(2019). 교육행정 및 교육경영. 서울: 학지사.

김희연, 허병기(2018). M. Polanyi의 인격적 지식론이 장학에 대해 갖는 함의. 교육행정학연구, 36(5), 419-444.

나민주(2021). 학교운영위원회 제도와 법령: 추이와 동향. 교육비평, 47, 53-81.

나원희(2020). 중앙과 지방교육 재정정보를 활용한 정부 기능별 통계 산출방안. 재정정보분석, 한국재정정보원, 20-04.

남유진, 김현수(2019). 학급경영자로서 교사 논의에 대한 비판적 성찰: 학급경영 지식의 공식화 과정을 중심으로. 한국교육사회학회 2019년 추계학술대회. 108-123.

남정걸(2012). 교육행정 및 교육경영(제6판). 서울: 교육과학사.

남정걸, 김창걸, 왕기항, 윤종건, 이군현, 이형행(2004). 교육조직론. 서울: 도서출판 하우.

노대현, 함은희, 양진경, 정창권(2021). "기초학력 제고를 위한 시스템 구조와 딜레마". 한국시스템다이내믹스학회 하반기 온라인 학술대회. 2021. 11. 13.

노선옥, 정희섭(2008). 특수학교 교사의 교직 경력별 동료장학 인식 차이에 관한 연구. 특수아동교육연구, 10(3), 285-300.

문영빛(2017). 교직의 전문적 자본 측정 도구 개발. 한국교원대학교 대학원 박사학위논문.

박기찬, 이윤철, 이동현(2005). 경영의 고전을 읽다. 서울: 더난출판.

박남기(2008). 초등학급경영의 개념과 범위 그리고 영역 분석: 단행본, 승진규정, 학급교육과정 운영부를 중심으로. 초등교육연구, 21(1), 1-32.

박상원(2015). "정책사례에 적용된 시스템 사고의 유용성". 사회과학 담론과 정책, 제8권 제2호. 71-89.

박선형, 김혜숙, 권도희, 함승환(2019). 우수교사 확보를 위한 교사교육 개선 방향: 호주, 캐나다, 핀란드, 싱가포르 사례를 중심으로. 한국교원교육연구, 36(3), 183-205.

박성식(2011). 교육행정학. 서울: 학지사.

박수정, 박경희, 김경주, 방효비, 한소민(2021). 혁신교육지구의 마을자원 지도 제작 사례 및 시사점. 학습자중심교과교육연구, 21(15), 357-373.

박영숙, 양승실, 황은희, 허은정, 김갑성, 김이경, 전제상, 정바울, 황지원(2017). 교직환경 변화에 따른 교원 정책 혁신 과제(Ⅰ): 교원 양성 및 채용 정책의 혁신과제. 한국교육개발원.

박영숙, 허주, 이동엽, 김혜진, 이승호, 김갑성, 김이경(2019). 교직환경 변화에 따른 교원 정책 혁신 과제(Ⅲ) - 교원 인사제도 혁신 방안 연구 -. 연구보고 RR 2019-03. 한국교육개발원.

박우진(2004). 학교경영에서의 통제성과 자율성. 교육행정학연구, 22(4), 67-84.

박인서(2020). 승진에 매몰된 체육교사의 생애. 한국체육학회지, 59(4), 131-142.

박종렬(2005). 학습자중심 학교경영의 실천 전략 탐색. 교육행정학연구, 23(1), 137-159.

박찬주(2007). 불문법의 법원성에 대한 새로운 이해(상). 법조협회 , 56(9). 43-81.

박혜경(2008). 임상장학을 통해 살펴본 유치원 장학문화의 특징. 유아교육, 17(4), 187-198.

박혜영, 민찬규(2021). 중등영어교사의 수업 전문성 계발 실태 및 인식조사. 학습자중심교과교육연구, 21(3), 951-971.

박휴용, 송진웅."교육정책이 적용되는 현장의 갈등요인 분석," 교육문화연구, vol.24, no.2, 7-32.

반상진(2004). 학교회계제도의 성과와 전망. 지방교육경영, 8(1), 47-71.

백규호(2012). 교사의 복무에 대한 법체계와 내용 분석. 제주대학교 석사학위논문.

서경혜(2005). 반성과 실천: 교사의 전문성 개발에 대한 소고. 교육과정연구, 23(2), 285-310.

서경혜(2015). 교사학습공동체: 집단전문성 개발의 위한 한 접근. 학지사.

서울시교육청(2019). 2018 유치원 교원능력개발평가 매뉴얼(2019년 변경사항 추가).

서울특별시교육연구원 자율중등장학개선연구팀(2005). 장학 프로그램 개발을 통한 교내 자율장학 활성화 방안. 2005 특별연구과제 연구보고서.

성준우, 허병기(2015). 승진가선점을 위해 벽지학교 전보를 희망하는 교사들의 교직 생활에 관한 사례연구. 교육행정학연구, 33(3), 293-321.

소경희(2003). '교사 전문성'의 재개념화 방향 탐색을 위한 기초연구. 교육과정연구, 21(4), 77-96.

손은경, 김지영(2016). 임상장학을 통한 영아 자유놀이 시간의 교사개입 변화탐색, 한국가족복지학, 21(4), 823-844.

송미섭, 나동환(1993). 교육행정 및 교육경영론. 서울: 형설출판사.

송병춘(2003). 재학계약에 관한 연구. 교육법학연구, 15(2). 107-144.

송윤나, 김새로라, 박희숙(2020). 영유아교사의 민주적인 학급경영에 대한 인식과 실태. 학습자중심교과교육연구, 20(24), 1453-1476.

신상명(1999). 교장의 학교경영능력 초등학교 사례 비교 연구. 한국교육, 26(2), 307-335.

신중식(1984). 신간 현대교육행정학. 서울: 교육과학사.

신현석, 김윤경, 심임섭, 안선회, 정미순, 정창권(2017). 학제 유연화 방안 정책연구. 경기도교육청.

신현석, 안선회, 김동석, 김보엽, 박균열, 박정주, 반상진, 변기용, 양성관, 엄준용, 이 강, 이경호, 이일권, 이정진, 전상훈, 조흥순(2011). 학습사회의 교육행정 및 교육경영. 서울: 학지사.

신현석, 이예슬(2021). 교육정책 패러독스: 탐구 가능성과 과제. 교육행정학연구, 39(2). 205-246.

안암교육행정학연구회(2018). 학교중심의 교육행정 및 교육경영(제2판). 서울: 박영스토리.

양세열, 정영희(2004). 이야기 나누기 수업모형을 적용한 임상장학이 유치원 교사의 수업 개선에 미치는 효과. 미래유아교육학회지, 11(4), 275-307.

양희준(2020). 자유학기제 정책의 구체화 과정 분석: 정책 목표를 중심으로. 한국콘텐츠학회논문지 vol.20, no.12, 441-453.

엄문영(2018). 교원 승진제도에 대한교사들의 경험이야기: 행정적 의사결정론의 관점에서. 학습자중심교과교육연구, 18(10), 713-743.

오석홍(2005). 조직이론. 서울: 박영사.

오영범(2021). 교육지원청 초임 장학사의 경험에 관한 자전적 내러티브: 혼란에서 마주한 성찰과 성장. 내러티브와 교육연구, 9(1), 125-144.

오은석(2020). 동료장학과 자기장학이 교사학습공동체를 매개로 교사 전문성에 미치는 영향. 사회과학연구, 13(1), 123-153.

옥장흠(2000). 학교경영의 효율적 운영에 관한 연구. 교육발전, 19(1), 239-268.

유네스코한국위원회(2021). 지속가능발전교육(ESD) 로드맵(유네스코한국위원회, 역). 유네스코한국위원회(원문 출판 2020년).

윤견수(2014). 비합리적 행동의 합리적 기원 – Deborah H. Stone의 정책역설과 딜레마를 중심으로 –. 한국정책학회보2014, vol.23, no.4, 503-526.

윤기옥(1995). 동료장학의 최근의 동향. 인천교육대학교 논문집, 29(1), 247-256.

윤정일, 송기창, 김명주, 남수경(2021). 교육행정학원론(7판). 서울: 학지사.

윤정일, 송기창, 조동섭, 김병주(2011). 교육행정학원론(5판). 서울: 학지사.

윤정일, 송기창, 조동섭, 김병주(2015). 교육행정학 원론 6판. 서울: 학지사.

이대균, 김주영(2010). 사립유치원 교원의 원내 자율장학의 어려움과 요구. 유아교육학논집, 14(1), 425-446.

이동수(2020). 정책학. 서울: 박영사.

이민희, 이국진, 신재철(2010). 교내장학의 문제점에 관한 교사의 인식 분석. 전남대학교 교육문제연구소, 교육연구, 33, 1-22.

이상철(2018). 전국 시·도교육청 교원업무정상화 정책 현황 분석 및 방향 탐색. 예술인문사회융합멀티미디어연구, 8(3), 23-32.

이선호, 김효정, 김용남, 윤홍주, 이현국(2021). 단위학교 재정운영의 자율성 수준 측정 및 유형화 분석. 교육재정경제연구, 30(2), 1-27.

이순자(2000). 초등학교 병설유치원 교사의 교직생활에 관한 문화기술적 사례연구. 유아교육연구, 20(4), 77-106.

이윤식(2015). 미국과 한국의 장학 변화 동향 분석과 시사점. 교육행정학연구, 33(1), 229-256.

이윤식, 강호경(2007). 초등학교 교사의 자기장학 참여와 전문적 발달간의 관계. 한국교원교육연구, 24(1), 55-76.

이윤식, 신유식(2016). 학술지 논문에 나타난 우리나라 장학의 연구 동향 분석. 교육행정학연구, 34(5), 359-387.

이윤식, 유양승(2016). 2000년대 우리나라 장학의 변화 동향과 교육적 함의. 교육행정학연구, 34(1), 287-310.

이정민, 윤병수, 홍인기, 조연주(2018). 정책기획 이론과 실제. 국가공무원인재개발원.

이종수, 윤영진 외(2008). 새행정학. 서울: 대영문화사.

이종재, 송경오, 김용, 이차영(2015). 교육정책론. 서울: 학지사.

이종태(2004). '교육의 질 관리 기제'로서의 장학개념 탐색. 한국교육, 31(4), 93-122.

이진규, 김종진, 최종인(2016). 경영학개론. 서울: KNOU PRESS.

이치호(2017). 교원업무경감정책의 변화 추이 분석 및 시사점 탐색. 미래교육학연구, 30(1), 51-84.

이혁규(2007). 수업비평의 필요성과 방법에 대한 탐색적 논의. 교육인류학연구, 10(1), 151-185.

이혁규(2010). 수업 비평의 개념과 위상. 교육인류학연구, 13(1), 69-94.

임대웅(2022). "ESG와 글로벌 금융시스템의 변화". 한국시스템다이내믹스학회 학술대회 논집. 2022.3.26. 홈페이지에서 자료 다운 가능.

임연기, 최준렬(2017). 교육행정 및 경영 탐구. 서울: 공동체.

임창희(2004). 조직행동론. 파주: 학현사.

장덕호(2018). 교육정책환경분석과 향후 변화 전망. 한국교육개발원 이슈페이퍼 CP 2018-02.

장한기, 김순득(2006). 중등학교 초임교사의 장학에 대한 인식. 수산해양교육연구, 18(1), 65-77.

전윤숙, 이경진(2017). 좋은 수업에 대한 유아교육전문가 개념도. 유아교육연구, 37(1), 131-152.

전제상(2015). 교원평가시스템의 쟁점과 혁신과제. 뉴스레터, 50(3), 8-19. 한국교육학회.

전제상, 권순형, 안병훈(2021). 포스트 코로나시대, 미래교육체제에 대비한 교원역량 및 연수체계 방향 탐색. 한국교육학술정보원.

정경선, 임은미(2019). 국공립어린이집 교사들이 경험하는 동료장학과 컴패션(compassion)이 업무수행능력에 미치는 영향-긍정적 감정과 집단적 자긍심을 매개로. 학습자중심교과교육연구, 19(21), 453-474.

정바울(2000). 초등학교 장학문화 연구: 중등학교와 비교하여. 교육행정학연구, 18(1), 127-153.

정영수, 김숙이, 김이경, 김민희(2011). 학교업무체계 효율화를 위한 교직원 직무분석. 경기도 교육청 2010년 정책연구개발사업 연구보고서.

정영화(2010). 헌법상 교육기본권과 학교경영책임. 세계헌법연구, 16(2), 509-534.

정정길, 이시원, 정준금, 권혁주, 김성수, 문명재, 정광호(2020). 정책학원론. 서울: 대명출판사.

정창권, 김동환, 김승범, 최진경, 김홍범(2019). 「미래 대한민국의 저출산과 일자리에 숨겨진 피드백 루프와 시나리오」. 국회미래연구원.

정태범(2000). 학교경영론. 교육과학사.

정혜림, 허병기(2009). 초등학교 교내자율장학에 관한 문화기술적 사례 연구. 교육행정학연구, 27(1), 433-456.

조대연, 박용호, 김벼리, 김희영(2010). 학교장의 직무역량에 대한 요구분석. 한국교원교육연구,

27(4), 293-315.
조동섭(2004). 현행 교원양성체제의 발전적 유지. 한국교원교육학회 제41차 춘계학술대회.
조부경, 백은주(2002). 유치원 교사의 발달 수준에 따른 장학 요구도 차이. 한국교원교육연구, 19(2), 109-135.
조부경, 백은주, 고영미, 남옥자(2005). 교사의 전문성 신장을 위한 동료장학자료. 교육인적자원부.
조석훈(2020). 학교와 교육법(제3판). 서울: 교육과학사.
조선일보(2022.3.22) 美 SEC, 상장사 대상 기후변화 공시 의무화한다.
조인수, 김진기(2005). 정신지체 특수학교 교사의 동료장학 운영 실태와 요구분석. 특수교육재활과학연구, 44(1), 107-126.
조자연(2016). 공립유치원 교사의 학급경영 이야기. 석사학위논문. 경인교육대학교 교육전문대학원.
조화태, 전용오, 윤여각, 이동주, 김재웅(2014). 교육의 이해. 서울: 한국방송통신대학교 출판부.
주도연(2011). 학교현장의 컨설팅 장학에 대한 요구 분석. 한국교원교육연구, 28(4), 493-513.
주삼환(1982). 장학의 본질에 비추어본 장학개선 방향. 교육연구논총, 4(1), 81-99.
주삼환(2003). 장학의 이론과 기법. 학지사.
주삼환, 천세영, 김택균, 신붕섭, 이석열, 김용남, 이미라, 이선호, 정일화, 김미정, 조성만(2015). 교육행정 및 교육경영(5판). 학지사.
주삼환, 천세영, 명제창, 신붕섭, 이명주, 이석열(2005). 교육행정 및 교육경영(개정2판). 학지사.
주현준(2007). 우수 학교장의 지도성 역량 분석. 서울대학교대학원 박사학위논문.
주현준, 김민희, 박상완(2014). 교육지도성. 파주: 양서원.
진동섭, 이윤식, 김재웅(2007). 교육행정 및 학교경영의 이해. 서울: 교육과학사.
천세영, 박세희(2019). 장학론 발달사적 관점에서 살펴본 ICALT 수업행동분석연구. 교사교육연구, 58(3), 339-412.
최남희(2003). "시스템다이내믹스 기법을 이용한 서울시 도시동태성 분석과 정책지렛대 탐색: 인과순환구조와 시스템 형태 분석을 중심으로". 한국행정학보, 제37권 제4호. 329-359.
최영진, 김도기, 주현준(2011). 수업컨설턴트의 역량 분석. 한국교원교육연구, 28(4), 1-21.
피터 센게(2014). 학습하는 조직(강혜정 역). 서울: 에이지21(원서출판 2006 개정판).
피터 센게, 넬다 캠브론-맥카베, 티모시 루카스, 브라이언 스미스, 제니스 더튼, 아트 클라이너(2019). 학습하는 학교(한국복잡성교육연구회 역). 서울: 씨아이알(원서출판 2012).
하윤수(2002). 재학계약론에 관한 고찰. 교육법학연구, 14(2). 221-224.
한공우(1971). 교육경영론. 재동문화사.
한국교육개발원(2012). 교원을 위한 한 눈에 들어오는 학교회계.
한국교육개발원(2020). 2020 공립·사립학교(교비)회계분석보고서. 한국교육개발원.
허병기(1997). 교육의 가치와 실천. 교육과학사.
허병기(2008). 교육조직의 문화적 리더십이 갖는 예술성. 교육행정학연구, 26(4). 489-507.
허병기(2013). 장학과 '교육전문영역': 장학의 개념 구성을 위한 예비적 논의. 교육과학연구,

18(한국교원대학교 교육과학연구소), 269–279.

현수(2019). 데이컴 기법을 활용한 직업계고등학교 학교장의 직무 분석. 대한공업교육학회, 44(1), 114–140.

홍창남(2019). 컨설팅장학의 현실과 쟁점. 한국교원교육연구, 36(2), 179–203.

A. Etzioni(1961). *A comparative Analysis of complex Organization*. New York: The Free Press of Cleno. 12.

Adams, J. S.(1965). Inequity in social exchange. In L. Berkowitz (Ed.), *Advances in Experimental Social Psychology*, 2. New York: Academic Press.

Alderfer, C. P.(1972). *Existence, Relatedness*, and Growth. New York: Free Press.

Allan, A. G. (1984). *Differentiated supervision*. Alexandria. 주삼환 역. 장학론 : 선택적 장학체제(1990). 서울: 문음사.

Burns, J. M.(1978). *Leadership*. New York: Harper & Row.

Campbell, R. F., Bridges, E. M., Corbally, J. E., Nystrand, R. O. & Ramseyer, J. A.(1971). *Introduction to Educational Administration*.(4th ed). Boston: Allyan and Bacon INC.

Chester I. Bernard(1938). *The Functions of Executives*. London: Oxford University Press.

Cogan, M. L.(1973). *Clinical Supervision*. Boston: Houghton Miffin Company.

Cohen, M., March, J., & Olsen, J.(1972). A Garbage Can Model of Organizational Choice, *Administrative Science Quarterly*, 17(1), 1–25.

Crawford, C. B., Gould, L. V., & Scott, R. F.(2003). Transformational leader as champion and teacher: Implications for leadership educators. *Journal of Leadership Education*, 2(1), 1–12.

Deborah A. Stone(2002). *Policy Paradox: The Art of Political Decision Making*. W. W. Norton & Company.

Dunn, W. N.(1994). *Public policy analysis(2nd ed.)*. NJ: Prentice Hall.

Etzioni, A.(1967). Mixed Scanning: A Third Approach to Decision Making. *Public Administration Review*, 27(5), 385–392.

Fowler, F.(2004). *Policy Studies for educational leaders: An Introduction*. Pearson.

Francis A. Schaeffer(1968). *Escape from Reason*. IVP.

Glickman, C. D., Gordon, S. P., & Ross-Gordon, J. M.(2014). *SuperVision and instructional leadership: A developmental approach(9th ed.)*. Pearson. 정제영, 강태훈, 김성기, 김왕준, 류성창, 박주형, 신혜숙, 이주연, 이희숙, 정성수, 주현준, 홍창남 역. 장학과 수업리더십(2016). 아카데미프레스.

Greenfield, W. D. Jr.(1991). Rationale and methods to articulate ethics and administrator training. Paper presented at the annual meeting of the American Educational Research Association. Chicago.

Griffin, R., & Moorhead, G.(2007). *Organizational Behavior(8th ed.)*. Boston, New York: Houghton

Mifflin Company.

Hersey, P., & Blanchard, K. B.(1982). *Management of organization behavior: utilizing human resources(4th ed.).* Englewood Cliffs, NJ: Prentice-Hall.

Herzberg, F., Mausner, B., & Snyderman, B.(1959). *The Motivation to Work*. New York: John Wiley.

https://futurechosun.com/archives/63282?fbclid=IwAR2DvjlKdBz-e4EAJyqKYZB6Czdi4wqgye0O5VCd8VrkdCHXIrFFZTqvyOI (2022.3.30.)

IFC (2004) Who Cares Wins - Connecting Financial Markets to a Changing World. https://www.ifc.org/wps/wcm/connect/topics_ext_content/ifc_external_corporate_site/sustainability-at-ifc/publications/publications_report_whocareswins__wci__1319579355342 (2022.3.30. 검색 양호)

Keough, M. & Doman, A.(1992). The CEO as organization designer: An interview with Professor Jay Forrester, the founder of system dynamics. *McKinsey Quarterly*. No.2, 3-30.

Kimbrough, R. B & Nunnery, M. Y. (1988). *Educational Administration An Introduction(3th ed)*. New York: Macmillan Publishing Company.

Kingdon, J.(2003). *Agendas, Alternatives, and Public Policies(2nd ed.)*. N. Y.: Longman.

Koh, Myung-sook & Shin, Sunwoo (2014). A comparative study of elementary teachers' beliefs and strategies on classroom and behavior management in the USA and Korean school systems. *International Journal of Progressive Education, 10(3)*, 18-33.

Kwon., S. H.(2022). A study on Characteristics of School Size Polarization in South Korea -Focused on System Thinking-'. 2021 Systems Thinking and Sustainable Development in K-12 Education. 단국대학교 통합과학교육연구소 국제학술대회.

Lasswell, H. D.(1956). *The Decision Process: Seven Categories of Functional Analysis*. College Park: University of Maryland.

Lasswell, Harold D.(1971). *A Preview of the Policy Sciences*. Elsevier Publishing.

Lindblom, C. E.(1968). *The Policy-Making Process*. Englewood Cliffs: Prentice-Hall.

Locke, E. A.(1968). Toward a theory of task motivation and incentives. *Organizational Behavior and Human Performance*, 3, 157-189.

Maslow, A. H.(1970). *Motivation and Personality*(Revised ed.). New York: Harper & Row.

Morecroft, John.(2015). *Strategic Modelling and Business Dynamics: a feedback systems approach*. West Sussex, UK:Willey

Morecroft, John(2021). 전략 모델링과 비즈니스 다이내믹스. (신호상, 정창권, 정철한, 김동석, 엄재근 역). 서울: 지식플랫폼. (원서출판 2015. 2판).

Neff, T. J., Citrin, J. M., & Brown, P. B.(1999). *Lessons from Top: The Search for America's Best Business Leaders*. New York, Crown Business.

Parsons, T.(1958). Some Ingredients of a General Theory of Formal Organization', in E.

Halperin(ed.), *Administrative Theory in Education*. New York: Macmillan.

Porter, L. W.(1963). Job attitudes in management: Perceived deficiencies in need fulfillment as a function of size of company. *Journal of Applied Psychology, 47*(6), 386-397.

Porter, L. W., Lawler, E. E., & Hackman, J. R.(1975). *Behavior in Organizations*. New York: McGraw-Hill.

Richardson, George P.(1991). *Feedback Thought in Social Science and Systems Theory*. Philadelphia: University of Pennsylvania Press

Scott, W. R.(1981). *Organizations: Rational, Natural, and open System*. NJ: Prentice-Hall, Inc.

Sergiovanni, T. J.(1992). *Moral Leadership: Getting to the heart of school improvement*. San Francisco: Jossey-Bass.

Sergiovanni, T. J., & Starratt, R, J.(2007). *Supervision: A redefinition(8th ed.)*. New York: McGraw-Hill.

Stanley H, Udy(1963). The Comparative Analysis of Organizations. James G. March(ed.). *Handbook of Organizations*. Chicago: Rand McNally.

Steers, R. M.(1984). *Introduction to Organizational Behavior(2nd ed.)*. Northbrook, IL: Scott, Foresman and Company.

Stephan P. Robbins, & Timothy A. Judge(2007). *Essentials of Organizational Behavior(12th ed)*. NY: Pearson Education.

Sterman, John D.(1987). Testing Behaviroal Simulation Models by Direct Experiment. *Management Science. 33(12)*, 1572-1592.

Sterman, John D.(1989) Modeling Managerial Behavior. Misperceptions of Feedback in a Dynamic Decision-Making Experiment. *Management Science*, Vol.35, No.3, 321-339.

Sterman, John D.(2000). *Business Dynamics: Systems Thinking and Modeling for a Complex* World. McGraw-Hill Higher Education

Strong, M. (2011). *The highly qualified teacher: What is teacher quality and how do we measure it?* NY: Teachers College Press.

Vroom, V. H.(1964). *Work and Motivation*. New York: Wiley.

Waldman, J. D.(2012). Thinking Systems Need Systems Thinking. *Systems Research and Behavioral Science 24*, 271-284..

Wayne K. Hoy, Cecil G. Miskel(2008). *Educational Administration(8Th)*. NY: McGraw-Hill.

Wayne K. Hoy, Cecil G. Miskel(2008). *Educational Administration(8Th)*. NY: McGraw-Hill.

Webb, L. D., & Norton, M. S. (2009). *Human resources administration: Personnel issues and needs in education(5th ed.)*. NJ: Pearson.

Yukl, G.(2002). *Leadership in organization(5th ed.)*. Englewood Cliffs, NJ: Prentice-Hall.

平原春好, 牧 柾名(1996). 教育法. 東京: 亨有堂.

저자소개

권순형

춘천교육대학교 교육학사
춘천교육대학교 교육대학원 교육학석사(교육행정)
한국교원대학교 대학원 교육학박사(교육행정)
강원도 초등학교 초등교사(원주/강릉/정선)
한국방송통신대학교 원격교육연구소 일반연구원
한국교육개발원 대학평가본부 대학평가운영/DB 총괄
한국교육개발원 초중등교육연구본부 교원행정업무경감사업 총괄
(현) 한국교육개발원 교육정책네트워크센터 연구위원
• 주관심 분야 : 교육법, 학교조직(소규모학교), 학교컨설팅, 데이터 기반 교육정책 시뮬레이션 분석

안병훈

건국대학교 이학사, 문학사
건국대학교 대학원 교육학석사(교육행정 · 경영)
한국교원대학교 대학원 교육학박사(교육정책)
한국교육개발원 연구원
경북전문대학교 조교수
(현) 선문대학교 조교수
• 주관심 분야 : 교육복지, 학교변화, 교육정책

문영빛

경인교육대학교 교육학사
한국교원대학교 대학원 교육학석사(교육행정)
한국교원대학교 대학원 교육학박사(교육행정)
경기도 초등학교 초등교사(동두천양주/구리남양주)
(현) 경남정보대학교 유아교육과 조교수
• 주관심 분야 : 교원 전문성(전문적 자본), 교육정책, 학교컨설팅

정창권

서울대학교 사범대학 독일어교육학 문학사
알토(Aalto) 대학교 경영학 MBA(국제디자인경영)
서울과학종합대학원대학교 경영학박사(국제경영)
(사)한국시스템다이내믹스학회 학회장/법인대표
이화여자대학교 에코크리에이티브협동과정 연구교수
(현) 시스템리더십교육센터 대표, 세계기후대사
• 주관심 분야 : 시스템사고, 시스템다이내믹스 모델링, 환경교육, 교육정책

교육행정 및 교육경영

초판 1쇄 인쇄 2022년 8월 22일
초판 1쇄 발행 2022년 8월 26일

지 은 이 | 권순형 · 안병훈 · 문영빛 · 정창권
펴 낸 이 | 김기섭
편 집 인 | 오선율 · 최창숙
펴 낸 곳 | 창지사 www.changjisa.com
08589 서울시 금천구 가산디지털 1로 83 파트너스타워 1차 9층
전화 (02)719-2211~3
팩스 (02)701-9386
등　록 | 1977년 4월 28일 · 제1-421호

ISBN 978-89-426-1545-2 (93370)

값 25,000원